Charlotte Kerner, geboren 1950 in Speyer. Studium der Volkswirtschaft und Soziologie, Studienaufenthalte in Kanada und China. Sie lebt in Lübeck und arbeitet als freie Journalistin und Buchautorin. Im Programm Beltz & Gelberg erschienen von ihr u.a. die Romane *Geboren 1999. Eine Zukunftsgeschichte* und *Blueprint Blaupause* (Deutscher Jugendliteraturpreis) sowie die Biographien *Seidenraupe, Dschungelblüte. Die Lebensgeschichte der Maria Sybilla Merian; Lise, Atomphysikerin. Die Lebensgeschichte der Lise Meitner* (Deutscher Jugendliteraturpreis); *»Alle Schönheit des Himmels«. Die Lebensgeschichte der Hildegard von Bingen* sowie *Nicht nur Madame Curie … Frauen, die den Nobelpreis bekamen (Band I).* Zahlreiche ihrer Bücher kamen auf die Auswahlliste zum Deutschen Jugendliteraturpreis. Für ihr Gesamtwerk wurde Charlotte Kerner mit dem GEDOK-Literaturpreis ausgezeichnet.

Charlotte Kerner (Hrsg.)

Madame Curie
und ihre Schwestern

Frauen, die den Nobelpreis bekamen

Madame Curie und ihre Schwestern kam auf die
Auswahlliste zum Deutschen Jugendliteraturpreis.

www.beltz.de
Gulliver Taschenbuch 868
© 1997, 2001 Beltz Verlag, Weinheim und Basel
Programm Beltz & Gelberg, Weinheim
Alle Rechte vorbehalten
Fotonachweis im Anhang
Einbandgestaltung von Dorothea Göbel
Gesetzt nach der neuen Rechtschreibung (außer Zitaten)
Gesamtherstellung Druckhaus Beltz, 69494 Hemsbach
Printed in Germany
ISBN 3 407 78868 1
1 2 3 4 5   05 04 03 02 01

Inhalt

Vorwort

Madame Curie, die erste und bekannteste Nobelpreisträgerin, hat inzwischen siebenundzwanzig Nachfolgerinnen: Vierzehn Frauen, die den Nobelpreis bekamen, wurden in dem ersten Band »Nicht nur Madame Curie ...« porträtiert, der hier vorliegende zweite Band enthält vierzehn neue Porträts. Damit liegt jetzt eine zweibändige Sammlung aller achtundzwanzig Nobelfrauen von 1903 bis 1996 vor.

Als die polnische Lyrikerin Wisława Szymborska 1996 für ihren Nobelpreis dankte, erinnert sie an Marie Skłodowska-Curie, die Vorbild und Ansporn für so viele Frauen war: »Hätte sich meine Landsmännin ... nie gesagt ›Ich weiß nicht‹, dann hätte sie wahrscheinlich an einer Privatschule für höhere Töchter Chemie unterrichtet und in Erfüllung dieses im Übrigen vollkommen respektablen Berufes ihre Tage beendet. Aber sie sagte immer wieder: ›Ich weiß nicht‹, und diese Worte führten sie nicht nur ein-, sondern sogar zweimal nach Stockholm, wo ruhelosen, suchenden Geistern gelegentlich der Nobelpreis verliehen wird.«[1]

Um Fragen stellen und Antworten suchen zu können, mussten Frauen das Recht auf Bildung und Ausbildung – für Männer seit Jahrhunderten selbstverständlich – erst erkämpfen. Als Alfred Nobel im Jahre 1895, ein Jahr vor seinem Tode, mit einem Testament die Nobelpreise ins Leben rief, war Frauen der Zutritt zu den »höheren Lehranstalten« und den Hochschulen noch verwehrt. In einer Umfrage von 1897 über die »Befähigung der Frau zum wissenschaftlichen Studium« behauptete der Physiker Max Planck: »Amazonen sind auch auf geistigem Gebiet naturwidrig.« Sein Name ziert heute das Institut, dem die erste deutsche Medizin-Nobelpreisträgerin des Jahres 1995 vorsteht; Christiane Nüsslein-Volhard ist Direktorin des Max-Planck-Instituts für Entwicklungsbiologie. Nichts zeigt deutlicher, wie sich Frauen seit der Jahrhundertwende durchgesetzt haben. Heute haben Mädchen den freien Zugang zur Bildung, rund 43 Prozent aller Studierenden sind weiblich – ein Jahrhunderterfolg.

Doch je steiler die Karriereleiter, umso mehr Frauen steigen aus. Nur noch rund 28 Prozent der Doktoranden und 10 Prozent der Habilitanden sind weiblich. In der Professorenschaft – Frauenanteil magere 5,5 Prozent – herrscht »weibliche Dürre«.[2]

Weibliche Dürre auch auf dem Gipfel beim Anteil der Nobel-Frauen in den verschiedenen Preiskategorien: Literatur neun Preisträgerinnen (8,8 Prozent), Frieden acht (8,2 Prozent), Medizin/Physiologie sechs (3,6 Prozent), Chemie drei (2,5 Prozent) und Physik zwei (1,3 Prozent). Je härter und männlicher das Image eines Fachs, umso niedriger die Zahlen.

Es ist anstrengend, eine Ausnahme, oft die erste und einzige, zu sein. Durchzuhalten erfordert neben Vorbildern – und dazu taugt jede in diesem Buch vorgestellte

Nobel-Frau auf ihre Art – auch viel Selbstbehauptungs-
willen und ein starkes Selbstbewusstsein. Dieses Rüst-
zeug hatten die meisten Preisträgerinnen: Sie wurden
vom Elternhaus und oft in reinen Mädchenschulen
ohne Einschränkung gefördert und sie wurden nicht in
typische Frauenrollen gedrängt. Die Nobelpreisträgerin für Medizin Rosalyn Yalow hatte in ihrem Büro folgenden Spruch hängen: »Was eine Frau auch tut – damit
sie für halb so gut gehalten wird wie ein Mann, muss sie
doppelt so gut sein wie er. Zum Glück ist das nicht
schwer.«[3]

Dem Beruf – ihrer Berufung – widmeten sich
alle Nobelpreisträgerinnen bedingungslos, sei es die
Schriftstellerin Selma Lagerlöf, die Naturwissenschaftlerin Gertrude B. Elion oder die Politikerin Aung San
Suu Kyi. Marie Curie bildete mit dem Ehemann ein
Forscherteam, andere hatten tolerante Kollegen. Einige
Nobel-Frauen lebten allein, die Mehrheit jedoch heiratete, vereinbarte Kinder und Karriere – unterstützt von
verständigen Ehemännern und Großmüttern, entlastet
rund um die Uhr von Kinderfrauen und Haushälterin-
nen, die den Alltagskram fern hielten: Möglichkeiten
einer kleinen privilegierten Schicht. Wo aber bleiben
heute die Kindergärten und Schulen, deren Öffnungs-
zeiten sich den Arbeitszeiten der Frauen anpassen? Wo
sind Lebenspartner, die ihrer Frau den Karriervortritt
lassen und nicht von anderen belächelt werden? Es gibt
immer noch zu wenig von beiden – auch das erklärt die

»weibliche Dürre« in der Nobel-Landschaft, denn der Aufstieg beginnt unten.

Familie und Beruf zu vereinbaren ist für Frauen weiterhin ein gordischer Knoten, weil ein grundlegendes Dilemma bleibt: Die Zeit der Familiengründung fällt in die kreativsten Forscher-und Berufsjahre. Nein, Frau-Sein ist keine Behinderung mehr wie noch zu Beginn dieses Jahrhunderts, doch Mutter-Werden und Mutter-Sein ist die große Verhinderung geblieben.

Alle vierzehn Porträts sind Lehrstücke über Frauenleben vom Ende des vergangenen Jahrhunderts bis heute. »Das, was wir heute sind«, so die Friedensnobelpreisträgerin Emily Balch, »alles wurde unter großen Mühen von vorhergehenden Generationen erfochten.«[4] Eine Mahnung, nicht überheblich auf die Vergangenheit zu blicken, und ein Ansporn, weiterzugehen und weiterzufragen.

»Ich weiß nicht« – dieser Satz ist »kurz, aber er fliegt auf breiten Schwingen dahin«, sagt die Dichterin Szymborska. »Er erweitert unser Dasein nach den Sphären unseres Innern ebenso wie nach den Weiten des Draußen, in dem unsere winzige Erde hängt.«[5]

Was die fragenden und forschenden Nobel-Frauen gemeinsam hatten und an ihre »Enkelinnen« weitergeben können, hat Rosalyn Yalow in der Erkenntnis zusammengefasst: »Wir Frauen müssen an uns selber glauben, sonst wird es niemand tun.«[6]

Lübeck, März 1997   *Charlotte Kerner*

»Das kostspieligste Element der Welt«

Marie Curie (1867–1934), Nobelpreis für Physik 1903, Nobelpreis für Chemie 1911

Von Cordula Tollmien

Marie Curie ist auch heute noch die bekannteste und populärste Naturwissenschaftlerin der Welt. Wer ihren Namen hört, denkt an die Entdeckung des Radiums und daran, dass sie die erste Frau war, die den Nobelpreis bekam (und das sogar zweimal). Und doch ist sie zu ihren Lebzeiten so gut wie nie als Marie Curie aufgetreten oder so genannt worden. Sie war Madame Curie, auch Madame Pierre Curie, weil es damals üblich war, die Ehefrauen mit dem Vornamen ihres Mannes zu bezeichnen. Doch hat dies in ihrem Fall nichts mit weiblicher Bescheidenheit zu tun, und es zeigt auch nicht, dass sie bereit war, hinter ihrem Mann zurückzustehen, sonst hätte sie nicht, was damals ganz unüblich war, auf viele ihrer Veröffentlichungen zusätzlich noch ihren Mädchennamen gesetzt. Curie war eben nicht *ihr* Name, sondern der ihres Mannes. Sie war Marie Skłodowska oder auch in der ursprünglichen polnischen Form Maria Skłodowska. Denn Marie Curie war – und das wird außerhalb ihres Heimatlandes oft vergessen – Polin und ohne ihre polnischen Wurzeln ist ihr außergewöhnlicher Lebensweg nicht zu verstehen.

Von der ersten Minute ihres Lebens an war Marie Skłodowska, die am 7. November 1867 als die jüngste Tochter in einer Familie mit insgesamt fünf Kindern in Warschau geboren wurde, ständig von Schülern und Lehrern umgeben. Ihr Vater Władysław Skłodowski war Gymnasiallehrer für Mathematik und Physik, und ihre Mutter Bronisława (geb. Boguska) leitete ein Mädchenpensionat. Die Familien wohnten in dem Pensionsgebäude und so fand Marias Geburt praktisch unter den Augen der Schülerinnen statt. Als der Vater wenig später zusätzlich zu seiner Lehrertätigkeit noch eine Stellung als Schulunterinspektor annahm und die Skłodowskis in eine größere Wohnung umzogen, musste die Mutter das Mädchenpensionat allerdings aufgeben. Doch waren da immer noch die vier Geschwister, die schon zur Schule gingen. Von ihrer drei Jahre älteren Schwester Bronisława, die Bronia genannt wurde, lernte Maria ganz nebenbei bereits mit vier Jahren Lesen. Als sie sechs Jahre alt war, verlor ihr Vater aus politischen Gründen seine Stellung. Um seine Familie ernähren zu können, richtete er nun eine kleine Pension ein. Von da an wohnten wieder bis zu zehn Schüler bei den Skłodowskis, und Maria musste jeden Morgen um sechs Uhr ihr Schlafsofa im Esszimmer räumen, damit die Schüler dort frühstücken konnten. Kein Wunder, dass sich Maria, wie ihre Tochter Ève später schrieb, die ganze »Welt wie eine ungeheure Schule« vorstellte.[1]

Während die Mutter mit Maria schwanger war, erkrankte sie an Tuberkulose. Die Krankheit war damals unheilbar und außerdem äußerst ansteckend und deshalb verbot sie sich von da an jegliche Zärtlichkeiten gegenüber ihren Kindern. Auch wenn Marie Curie später ihrer von ihr sehr bewunderten, intelligenten und gebildeten Mutter »ein großes Herz«[2] bescheinigte, muss die kleine Maria unter dieser für sie unverständlichen Zurückhaltung sehr gelitten haben.

Die Mutter starb im Mai 1878, als Maria gerade zehn Jahre alt war. Zwei Jahre zuvor hatte es schon einmal einen Todesfall in der Familie gegeben. Bronia und Marias älteste Schwester Zofia hatten sich bei einem der Pensionsgäste mit Typhus angesteckt. Zofia überlebte die Krankheit nicht. So musste Maria in frühester Kindheit zweimal mit dem Verlust eines geliebten Menschen fertig werden, ohne dass ihr ein Erwachsener beigestanden hätte. Denn als die Schwester starb, war die Mutter selbst schon sehr krank und geschwächt, und nach dem Tod der Mutter war der Vater lange Zeit nicht in der Lage, seine eigene Trauer zu überwinden und sich seinen Kindern zu widmen.

Trost fand Maria nur im Lernen und Lesen. Dabei konnte sie sich so sehr in ihre Lektüre versenken, dass sie buchstäblich alles um sich herum vergaß. Sie las, was sie im Bücherschrank des Vaters fand: Gedichte, Abenteuerromane, aber auch technische Werke und physikalische Lehrbücher, die sie schon sehr früh faszinierten. Denn der Vater nutzte jede Gelegenheit, seinen Kindern naturwissenschaftliche Zusammenhänge zu erklären, und auch die Mutter hatte diese Begeisterung geteilt.

Doch nicht nur der schwierigen familiären Situation entfloh Maria durch ihre Bücher. Sie vergaß beim Lesen auch den politischen Druck, der auf dem ganzen Land lastete und das Leben der Kinder vergiftete. Denn das Polen, in dem die Skłodowskis lebten, war 1815 von Russland annektiert worden. Mehrfach hatte sich die polnische Bevölkerung gegen die Besatzer erhoben. Jedes Mal wurden die Aufstände blutig niedergeschlagen – zuletzt 1863/64. Danach war das Land brutal russifiziert worden: Polizisten, Lehrer und Verwaltungsbeamte waren Russen, und zwar meistens besonders polenfeindliche. Es war verboten, polnisch zu reden; Zeitungen, Bücher, Schulen, Kirchen – alles wurde kontrolliert und überwacht, und jeder Pole machte sich einfach schon dadurch verdächtig, dass er Pole war.

Nur in den wenigen weiter bestehenden polnischen Privatschulen war es möglich, ein wenig nationales Eigenleben zu erhalten. So besuchte auch Maria ein polnisches Mädchenpensionat, in dem parallel zum normalen Unterricht heimlich polnische Sprache und Geschichte gelehrt wurde. Das war nicht ungefährlich, denn es konnten immer überraschend russische Inspektoren auftauchen, um Schülerinnen und Lehrerin zu kontrollieren. Dann mussten die Kinder beweisen, wie gut sie den vorgeschriebenen Stoff beherrschten, und beispielsweise fehlerfrei die Ahnenreihe russischer Herrscher aufsagen. Oft wurde Maria wegen ihres guten Gedächtnisses zur Beantwortung solcher Fragen aufgefordert, was sie – obwohl sie es konnte – immer in große Angst versetzte.

Da die polnischen Schulen keine staatlich anerkannten Zeugnisse ausstellen konnten, wechselte Maria nach ein paar Jahren auf eine zaristische Mädchenoberschule. An diesen russischen Schulen lernten die »ewig verdächtigten und bespitzelten Kinder«[3] vor allem zweierlei: Misstrauen und Empörung. Auch Maria verabscheute die Verstellung, zu der sie gezwungen wurde. Sie litt unter der brutalen Unterdrückung und träumte von der Befreiung ihres Vaterlandes. Doch – obwohl sie sich fast dafür schämte – liebte sie die Schule auch, denn nichts und niemand konnte ihr die Freude am Lernen austreiben. Im Juni 1883, im Alter von fünfzehn Jahren, schloss sie die Schule als Beste ihres Jahrgangs ab. Danach war sie völlig erschöpft und fuhr zu Verwandten aufs Land, um sich zu erholen. Ein ganzes Jahr blieb sie dort und kehrte erst im September 1884 nach Warschau zurück.

Zu diesem Zeitpunkt war ihr Vater gerade in den Ruhestand versetzt worden. Da er aus Altersgründen auch keine Pensionsgäste mehr aufnahm, mussten Maria, ihre Schwestern Helena und Bronia und ihr Bruder

Józef zum Familienunterhalt beitragen. Sie versuchten es mit Nachhilfestunden, ein mühsames Geschäft: Die Konkurrenz war groß und die Bezahlung gering. Doch fanden Maria und ihre Schwestern in dieser Zeit Zugang zu einer »Gruppe begeisterter Jugendlicher, die sich zum gemeinsamen Lernen zusammengeschlossen hatte und sich gleichzeitig mit sozialen und nationalen Fragen befaßte«[4]. Und dieser Kontakt sollte ihr Leben verändern.

Nach den gescheiterten Aufständen gegen die russische Besatzungsmacht hatte sich unter den oppositionellen polnischen Jugendlichen die Überzeugung verbreitet, dass die Lösung der politischen Probleme nicht im bewaffneten Kampf liegen könne, sondern nur in »der großen Anstrengung«, wie Marie Curie es später selbst ausdrückte, »die intellektuelle und moralische Kraft der Nation zu entwickeln«[5]. »Erst Erkenntnis, dann Verbesserung«, hieß das Credo, das die Jugendlichen von dem französischen Philosophen Auguste Comte übernommen hatten. Nach dessen zwischen 1830 und 1854 erschienenem Hauptwerk »Positive Philosophie« nannten sie sich Positivisten. Schon der heimliche Polnischunterricht, den Maria als Kind genossen hatte, war eine typisch positivistische Aktion gewesen.

Nun besuchte Maria gemeinsam mit Helena und Bronia die Kurse der von den Positivisten eingerichteten so genannten »Fliegenden Universität«. Immer in

Angst vor Entdeckung durch die russische Geheimpolizei, trafen sich dort heimlich Jugendliche, unter ihnen viele junge Frauen, und diskutierten naturwissenschaftliche und medizinische Themen, aber auch die sozialen Probleme der Zeit.

Im Land der Unterdrücker, in Russland, gab es etwa zur gleichen Zeit eine ganz ähnliche Bewegung unter der gebildeten Jugend des Landes. Die jungen Russen, die nicht nur gegen Unterdrückung und Rückständigkeit im eigenen Land kämpften, sondern auch den nationalen Befreiungskampf der Polen unterstützten, nannten sich nicht Positivisten, sondern Nihilisten (weil sie die Werte und Traditionen ihrer Väter ablehnten). Aber sie waren von dem gleichen Idealismus, von der gleichen Begeisterung für die Naturwissenschaften, von dem gleichen Willen beseelt, dem unterdrückten, ungebildeten, hungernden Volk zu helfen, wie ihre polnischen Altersgenossen – und sie waren deshalb der gleichen Verfolgung durch die russischen Behörden ausgesetzt wie diese.

Gemeinsam war den Nihilisten und Positivisten auch die Vorstellung von der Gleichwertigkeit von Mann und Frau und die Verachtung aller diesbezüglichen Konventionen, vor allem der weiblichen Koketterie: »Es war das erste Mal, daß ich selbstbewußte Mädchen gesehen habe, mit denen man ohne den üblichen konventionellen Unsinn sprechen konnte«[6], schrieb der polnische Romanautor Stefan Zeromski –

selbst ein Positivist – über die jungen Positivistinnen. Wie ihre russischen Schwestern träumten diese polnischen jungen Frauen statt von schönen Kleidern und Bällen von ernsthafter wissenschaftlicher Beschäftigung: von einem Studium. Doch weder in Russland noch im russisch besetzten Polen konnten Frauen damals studieren. Eine Generation vor Marie Curie hatten deshalb die ersten Russinnen ihr Heimatland verlassen, um eine Universität im westeuropäischen Ausland zu besuchen. Sie wurden zum Vorbild für Frauen in ganz Europa.

Von diesen Frauen hatte auch Maria gehört, und obwohl sie sich noch nicht entschieden hatte, welches Fach sie wählen wollte, beschloss sie damals, deren Beispiel zu folgen. Auch ihre Schwester Bronia träumte von einem Studium im Ausland. Sie wollte wie ihr Bruder Józef Medizin studieren, und zwar in Paris, wo Frauen schon seit 1863 regulär an der Universität zugelassen waren. Doch sie sah keine Möglichkeit, diesen Traum jemals zu realisieren. Dafür hatte die Familie einfach nicht genug Geld. Die damals siebzehnjährige Maria, die ihre Schwester sehr liebte, machte ihr deshalb einen Vorschlag, der durch und durch dem Geist einer »positivistischen Idealistin«[7] entsprach, wie sich Maria gegenüber einer Freundin einmal selbst bezeichnete: Da mit Nachhilfestunden nicht genügend Geld zu verdienen war, wollte sie eine Gouvernantenstelle annehmen und von ihrem Verdienst Bronias Studium in

Paris finanzieren. Wenn die Schwester ihr Studium abgeschlossen hatte, wollten sie die Rollen tauschen. Dann sollte Maria mit Bronias Unterstützung studieren.

Weil sie den Kontakt zur »Fliegenden Universität« nicht verlieren wollte, nahm Maria im Oktober 1885 zunächst eine Stelle bei einer Juristenfamilie in Warschau an. Doch fühlte sie sich in der »durch Reichtum demoralisierten«[8] Familie wie eine Gefangene und entschloss sich daher schweren Herzens, Warschau zu verlassen. Auf dem Lande hoffte Maria mehr verdienen und vor allem mehr sparen zu können und so nahm sie im Januar 1886 in einem drei Bahn- und vier Pferdestunden von Warschau entfernten Dorf eine Stelle bei der Familie Zorawski an. Obwohl das Dorf in einer öden Gegend lag, in der es nichts als Zuckerrübenfelder gab, fühlte Maria sich dort wohl. Die Familie war freundlich und der Unterricht mit den beiden Töchtern machte ihr Spaß. Sie nahm an den dörflichen Vergnügungen teil, ging brav sonntags in die Kirche und vermied tunlichst jedes Gespräch über Frauenemanzipation. Dennoch vergaß sie auch hier auf dem Lande, oder besser gerade hier auf dem Lande, nicht ihre positivistischen Ideale.

Eines der Ziele der Positivisten war es ja, das Volk aufzuklären. Schon in Warschau hatte Maria daher den Arbeiterinnen eines Schneiderateliers vorgelesen und für sie eine kleine polnische Bibliothek zusammengestellt. Hier in dem Dorf der Zuckerrüben begegnete sie nun täglich den armselig gekleideten Kindern der Bauern und Arbeiter, von denen die meisten Analphabeten waren und die wenigen, die zur Schule gingen, nur russisch schreiben lernten. Gemeinsam mit der ältesten Tochter der Zorawskis gab Maria diesen Kindern in ihrem Zimmer täglich mindestens zwei Stunden, manchmal sogar bis zu fünf Stunden illegalen polnischen Unterricht. Nebenbei versuchte sie auch noch, sich selbst weiterzubilden, wobei sie auf die Bücher angewiesen war, die sie sich vom Direktor oder den Angestellten der Zuckerfabrik ausleihen konnte – eine ziemlich unsystematische Auswahl. Dennoch erwarb sie, wie sie später schrieb, dadurch eine Menge nützlicher Kenntnisse und lernte vor allem, selbständig zu arbeiten.[9] Obwohl sie auch literarische und vor allem gesellschaftspolitische Interessen hatte, entschied sie sich in dieser Zeit endgültig für die Studienfächer Mathematik und Physik.

So hätte Maria relativ zufrieden und mit dem Gefühl, etwas Nützliches zu tun, bei den Zorawskis leben können, wenn sie sich nicht in den Sohn des Hauses, der in Warschau Naturwissenschaften studierte, verliebt hätte. Die Liebe beruhte auf Gegenseitigkeit und die beiden schmiedeten Heiratspläne. Als seine Eltern jedoch davon erfuhren, unterbanden sie die Beziehung sofort: Die Gouvernante Maria war für sie nicht standesgemäß. Danach war alle Freundlichkeit wie weggeblasen und besonders die Mutter begegnete Maria nur noch mit größtem Misstrauen. Da Maria sich bei den Zorawski für drei Jahre verpflichtet hatte und die Stelle zudem sehr gut bezahlt war, entschied sie sich Bronia zuliebe, trotz der frostigen Atmosphäre und der ihr entgegengebrachten Ablehnung die noch verbleibenden zwei Jahre in der Familie auszuhalten. Dies überstieg allerdings fast ihre Kräfte und sie litt deshalb zeitweise unter heftigen Depressionen.

Erst im Sommer 1889 konnte Maria die Zorawskis endlich verlassen. Sie fand eine neue Stelle bei einer freundlichen Industriellenfamilie in Warschau und nahm sofort den Kontakt zu den Freunden von der »Fliegenden Universität« wieder auf. Das Wichtigste aber war, dass sie zum ersten Mal in ihrem Leben die Gelegenheit erhielt, ihre nur aus Büchern erworbenen physikalischen Kenntnisse im Experiment zu überprüfen. Um junge Polen in Physik und Chemie auszubilden, betrieb einer ihrer Cousins eine als »Museum für Industrie und Landwirtschaft« getarnte illegale Schule. Dort durfte Maria abends und an den Sonntagen ihre eigenen kleinen Experimente durchführen. Marias großes »positivistisches« Vorbild Auguste Comte hatte einmal gesagt, was sich nicht durch Experimente verifizieren lasse, gehöre nicht in die Wissenschaft, und so machte sie sich völlig im Alleingang und mit Feuereifer an die Arbeit. Ermutigt durch kleine Erfolge, oft aber auch verzweifelt, weil die Versuche misslangen, lernte Maria, wie sie später schrieb, aus diesen ersten Anfängen zweierlei: einmal, dass wissenschaftlicher Fortschritt weder schnell noch leicht zu erreichen ist, und zum anderen, dass sie in Zukunft unbedingt experimentell arbeiten wollte.[10]

Inzwischen hatte sich auch die finanzielle Situation ihrer Familie etwas gebessert. Ihr Vater hatte die gut bezahlte, wenn auch unangenehme Stellung des Direktors einer Besserungsanstalt übernommen und war daher in der Lage, Bronia in Paris selbst zu unterstützen. So konnte Maria für ihre eigene Reise sparen. Als ihr aber Bronia im März 1890 schrieb, sie solle doch nun endlich zu ihr nach Paris kommen, zögerte Maria. Sie fand tausend Gründe, die ihr Kommen unmöglich machten: Sie könne den Vater nicht allein lassen; sie müsse sich um eine Anstellung für Helena kümmern; Józef brauche sie usw.[11] Diese Ausflüchte sind eine gar nicht so seltene Reaktion, wenn ein Mensch zu lange auf etwas gewartet, es zu sehr ersehnt hat. Über ein Jahr brauchte Maria, bis sie endlich alle Bedenken über Bord warf und sich in den Zug nach Paris setzte. Das war im September 1891 – sechs Jahre waren vergangen, seit Maria und Bronia ihren gemeinsamen Plan gefasst hatten. Maria war inzwischen vierundzwanzig Jahre alt.

Mit der ihr seit frühester Kindheit eigenen Willensstärke, ihrem vor allem in den letzten Jahren erprobten Durchhaltevermögen, ihrer ebenfalls von klein auf erworbenen Fähigkeit, auch ganz auf sich allein gestellt ihre Ziele nicht aus den Augen zu verlieren, und ihrer unbändigen Lust am Lernen meisterte Maria in Paris alle auftretenden Schwierigkeiten. Weil ihr Französisch nicht reichte, um den Vorlesungen zu folgen, paukte sie hartnäckig Vokabeln und Grammatik. Doch auch ihre Mathematikkenntnisse waren mangelhaft, und so arbeitete sie doppelt so viel wie ihre Kommilitonen. Im Haus ihrer Schwester, die inzwischen geheiratet hatte, fand sie nicht genügend Ruhe zum Studieren, daher zog sie in ein kleines Mansardenzimmer, wo es im Winter so kalt war, dass das Wasser in der Waschschüssel gefror. Sie wollte kein Geld und vor allem keine Zeit fürs Essenkochen verschwenden, also ernährte sie sich fast ausschließlich von Tee und Butterbroten. Manchmal wurde sie deshalb vor Schwäche ohnmächtig. Sie saß Tag und Nacht über ihren Büchern, gönnte sich keine Abwechslung, sprach tagelang mit keinem Menschen, aber sie spürte dabei eine große innere Zufriedenheit: Das war das Leben, das sie gewollt hatte.

Auch wenn Maria sich manchmal einsam fühlte – jede Geselligkeit, jedes Vergnügen, jede nicht wissenschaftliche Unterhaltung hätte sie nur als Verschwendung von Zeit und Energie empfunden. Dieses Gefühl sollte sie zeit ihres Lebens immer beibehalten. Ohne Ablenkung, mit nur ganz seltenen Erholungspausen, arbeitete sie – auch dann, wenn sie erschöpft, krank oder (selten) auch einmal lustlos war – so, wie sie schon als Kind gelesen hatte: völlig konzentriert, als sei alles andere nicht nur unwichtig, sondern existiere überhaupt nicht.

Im Sommer 1893, im Alter von noch nicht ganz sechsundzwanzig Jahren, schloss Marie, wie sie sich in Frankreich nannte, als Beste ihres Jahrgangs ihr Physikstudium ab, und ein Jahr später bestand sie als Zweitbeste auch ihr Mathematikexamen. Für dieses letzte Studienjahr hatte sie durch die Vermittlung einer Freundin ein Stipendium von 600 Rubeln aus Warschau erhalten, das ihr ein zwar sparsames, aber sorgenfreies Leben ermöglichte. Obwohl dieses Stipendium nicht zurückgezahlt werden musste, sparte sich Marie Curie später diese 600 Rubel von ihrem ersten Verdienst ab und zahlte sie an den Fonds zurück. Nun, da sie das Geld nicht mehr brauchte, sollte ein anderes unbemitteltes Mädchen davon studieren können. Da war sie wieder die »positivistische Idealistin«, die noch 1922 sagte, dass die Ideen, die sie als Jugendliche begeistert hätten, die einzige Möglichkeit seien, eine bessere Welt aufzubauen: Jeder müsse an sich selbst arbeiten, ohne zu vergessen, dass er für alles verantwortlich sei, was in der Welt geschieht, und jeder müsse sich dort nützlich machen, wo er am nützlichsten sei.[12]

Wo sie selbst am nützlichsten sein würde, das war für Marie Skłodowska im Sommer 1894 ganz eindeutig: Sie kehrte nach Polen zurück, um dort ihr Wissen ihrem unterdrückten Vaterland zur Verfügung zu stel-

len. Deshalb hatte sie auch kurz zuvor den Heiratsantrag eines Mannes abgelehnt, zu dem sie sich von Anfang an hingezogen gefühlt hatte. Schon bei ihrer ersten Begegnung im April 1894 waren Pierre Curie und Marie Skłodowska innerhalb weniger Minuten in ein intensives Gespräch vertieft gewesen. »Es drehte sich«, so Marie Curie später, »um wissenschaftliche Fragen, über die ich ganz glücklich seine Meinung einholte, dann auch um soziale und allgemein menschliche Fragen, die uns beide interessierten. Es zeigte sich zwischen seiner Auffassung der Dinge und meiner eigenen trotz des Unterschiedes unserer Nationalität eine erstaunliche Verwandtschaft, die zweifellos zum Teil der ähnlichen moralischen Atmosphäre unserer Familien zuzuschreiben war, in der wir aufgewachsen waren.«[13]

Pierre Curie, damals fünfunddreißig Jahre alt, war der Sohn eines Arztes, der wegen seiner freidenkerischen und sozialreformerischen Anschauungen in Paris beruflich nicht hatte Fuß fassen können. Seit über zwanzig Jahren lebte er deshalb mit seiner Familie zwar in materiell bescheidenen Verhältnissen, aber zufrieden und mit sich selbst im Reinen auf dem Lande. Weder Pierre noch sein dreieinhalb Jahre älterer Bruder Jacques hatten eine reguläre Schulausbildung erhalten, da der Vater die Schule für eine unproduktive Zwangsanstalt hielt. Zunächst von der Mutter, dann vom Vater und einem befreundeten Mathematiklehrer unterrichtet, hatte Pierre dennoch mit sechzehn Jahren das französische Abitur bestanden und bereits zwei Jahre später sein Physikstudium abgeschlossen. Danach hatte er sich mit seinem Bruder zusammengetan und gemeinsam mit ihm einige sehr bedeutende physikalische Entdeckungen gemacht. 1883 hatte Jacques jedoch geheiratet und einen Ruf an die Universität in Montpellier angenommen. Pierre verlor damit nicht nur den engen und regelmäßigen Kontakt zu dem von ihm sehr geliebten Bruder, sondern auch seinen wissenschaftlichen Diskussionspartner und Mitarbeiter. Seitdem war er – bewusst oder unbewusst – auf der Suche nach einem Ersatz für Jacques gewesen, den er nun in Marie Skłodowska gefunden zu haben glaubte.

Obwohl Pierre Maries soziales und politisches Engagement teilte, war er aktiver politischer Einmischung gegenüber misstrauisch. Er glaube nicht, schrieb er ihr nach Polen, dass man die soziale Ordnung verändern könne und dass, wenn man es versuche, dabei etwas Gutes herauskomme. In der Wissenschaft dagegen sei »der Boden fester«, und jede Entdeckung bedeute einen echten Fortschritt.[14] Es sei nicht Egoismus, schrieb er in einem anderen Brief, wenn er sie bitte, zurück nach Paris zu kommen, er glaube nur, dass sie hier besser vorankommen und »wertvollere und nützlichere Arbeit leisten« könne.[15]

Das waren die richtigen Worte. Marie, die in Polen trotz aller Bemühungen keine angemessene Arbeit gefunden hatte, kehrte nach Paris zurück. Sie zögerte dann allerdings noch einige Monate, bis sie dem Werben Pierre Curies nachgab und ihn am 26. Juli 1895 heiratete. Dies war der Beginn einer ungewöhnlichen Beziehung, die mehr Ähnlichkeit mit einer wissenschaftlichen Arbeitsgemeinschaft als – zumindest nach üblichem Verständnis – mit einer Ehe hatte. Nie verlangte Pierre von Marie, sie solle ihre wissenschaftliche Arbeit aufgeben und sich Haushalt und Mutterschaft widmen. Im Gegenteil: Nachdem Marie am 12. September 1897 ihre erste Tochter Irène geboren hatte, reagierte er eifersüchtig, wenn Marie seiner Meinung nach zu viel Zeit mit dem Kind verbrachte, statt mit ihm wissenschaftlich zu diskutieren.

Marie hatte das Glück, sich bei der Betreuung ihrer Töchter – am 6. Dezember 1904 kam ihre zweite Tochter Ève zur Welt – auf ihren Schwiegervater stützen zu können. Nach dem Tod von Pierres Mutter, die kurz nach Irènes Geburt starb, war der Vater froh, sich um seine Enkelin kümmern zu können. Zwei Jahre später zog er bei den Curies ein und sorgte seitdem – bis zu seinem Tode im Jahre 1910 – liebevoll für die beiden Mädchen. Marie hatte also zu ihrem untypischen Ehemann auch noch einen Großvater für ihre Kinder, der Aufgaben übernahm, zu denen normalerweise nur Großmütter bereit sind.

Sie selbst scheint sich des Besonderen ihrer Situation wenig oder gar nicht bewusst gewesen zu sein, auch nicht, wie provokativ vor allem die Vernachlässigung ihrer Mutterrolle auf ihre Umgebung gewirkt haben muss. Für sie, die Konventionen ignorierende »positivistische Idealistin«, war die Vereinbarkeit von Familie und Beruf immer nur eine Frage der Organisation, nie der Moral.

Als es jedoch um die Ausbildung ihrer Kinder ging, scheute Marie Curie weder Mühe noch Aufwand: Weil sie den Methoden der französischen Lyzeen misstraute, organisierte sie kurzerhand eine Art Privatschule, in der sie selbst unterrichtete und für die sie auch andere bekannte Wissenschaftler gewann. Die Kinder besuchten dabei ihre Lehrer zu Hause oder an ihrem Arbeitsplatz und konnten so direkt an deren Arbeit teilnehmen. Vor allem die damals neunjährige Irène profitierte von diesem ungewöhnlichen Unterricht, den sie etwa zwei Jahre lang genießen konnte.

Im ersten Jahr ihrer Ehe hatten Marie und Pierre zunächst noch auf unterschiedlichen Forschungsgebieten gearbeitet, doch dann war Marie auf der Suche nach einem Thema für ihre Doktorarbeit auf die Veröffentlichungen des französischen Physikers Henri Becquerel gestoßen. Dieser hatte durch Zufall entdeckt, dass Uran ohne äußere Einwirkung Strahlen aussendet. Die Herkunft und Entstehung dieser Strahlen aber konnte er sich nicht erklären. Marie entschloss sich, dieses neue geheimnisvolle Phänomen zu erforschen.

Pierre unterrichtete damals an der städtischen Fachschule für Physik und Chemie, in der Ingenieure ausgebildet wurden. Er nutzte einen kleinen Raum im Erdgeschoss der Schule für seine Experimente, und auch Marie hatte die Erlaubnis erhalten, dort zu arbeiten. Später – als die Versuche immer größere Ausmaße annahmen – stellte ihnen der Direktor der Schule einen Schuppen auf dem Hof zur Verfügung, der früher als Seziersaal gedient hatte. Dieser Schuppen hatte ein Glasdach, durch das es hindurchregnete. Im Sommer war es darin so heiß wie im Treibhaus und im Winter gefror das Wasser. Es gab keinen Abzug, so dass viele Experimente im Freien gemacht werden mussten. Die empfindlichen Proben waren zudem ständig der Gefahr der Verunreinigung durch Eisen- und Kohlenstaub ausgesetzt.

In diesem Schuppen leisteten Marie und Pierre Curie eine Arbeit, die das gesamte Weltbild der Physik verändern sollte. Bis dahin hatten Atome als die kleinsten unteilbaren Bausteine der Materie gegolten; nun stellte sich heraus, dass sie unter Abgabe von Energie zerfallen konnten. Auch wenn Marie Curie die zusammenfassende Theorie dieses Atomzerfalls nicht selbst formulierte – dies tat später der englische Physiker Ernest Rutherford –, so lieferten ihre Experimente doch die Grundlage für diese neue Erkenntnis. Und sie gab dem neuen Phänomen den Namen: Sie nannte es Radioaktivität.

Ende 1897 hatte Marie mit der Arbeit begonnen

und zunächst durch Untersuchung aller damals bekannten chemischen Elemente nachgewiesen, dass auch Thorium in der gleichen Weise strahlt wie Uran. Bei der Analyse eines Uranminerals, der so genannten Pechblende, entdeckte sie dann, dass diese eine vierfach höhere Strahlungsintensität hatte als nach dem in ihr enthaltenen Urananteil zu erwarten war. Dies ließ nur einen Schluss zu: Die Pechblende musste ein bisher unbekanntes Element enthalten, das ungleich stärker strahlte als Uran. Ab April 1898 begann Marie Curie, nach diesem neuen Element in der Pechblende zu suchen, und wenige Wochen später unterbrach Pierre seine eigenen Forschungen, um Marie dabei zu unterstützen. Auch er wurde wie Marie bald von einem leidenschaftlichen Interesse für dieses neue Forschungsgebiet gepackt.

Im Juli 1898 veröffentlichten Marie und Pierre Curie in den Nachrichten der französischen Akademie der Wissenschaften ihren ersten Bericht »Über eine neue, in der Pechblende enthaltene radioaktive Substanz«. Als Hommage an Maries Vaterland schlugen sie vor, die neue Substanz Polonium zu nennen. Marie hatte die Nachricht von dem neuen Element auch an ihren Vetter in Warschau geschickt, in dessen »Museum für Industrie und Landwirtschaft« sie ihre ersten Versuche gemacht hatte. Sie erschien daher – ein Symbol für die Zusammenarbeit von Marie Skłodowska und Pierre Curie – in Polen und Frankreich gleichzeitig.

Weitere Untersuchungen ergaben, dass neben dem Polonium in der Pechblende ein zweites, noch viel stärker strahlendes Element vorhanden sein musste. Diesem gaben die Curies in einer zweiten Veröffentlichung vom Dezember 1898 den Namen Radium.

Beide Elemente waren bisher nur durch ihre Strahlungseigenschaften nachgewiesen worden. Marie war jedoch der Meinung, dass die Chemiker ein Recht darauf hätten, die neuen Substanzen wirklich einmal zu sehen. Während Pierre sich der Erforschung der physikalischen Eigenschaften des neuen Stoffes widmete, machte sie sich deshalb daran, das Radium chemisch zu isolieren. Dies war eine mühselige, auch körperlich unglaublich anstrengende Arbeit. Bis zu 20 kg der Ausgangssubstanz mussten nicht nur gekocht und stundenlang gerührt, sondern auch immer wieder umgegossen und von einem Ort zum anderen geschleppt werden. Die riesigen Mengen Pechblende, die Marie für ihre Arbeit benötigte, bekam sie durch Vermittlung der Akademie der Wissenschaften in Wien kostenlos aus Böhmen, wo sie als Abfallprodukt der dort ansässigen Glasindustrie in großen Mengen anfiel. Nur den Transport mussten die Curies selbst bezahlen. Anfänglich hatten sie damit gerechnet, dass die Pechblende etwa ein Prozent Radium enthalte. In Wirklichkeit war es nur ein Millionstel, und Marie brauchte vier Jahre, bis sie am 28. März 1902 endlich ein Zehntel Gramm reines Radiumsalz isoliert hatte. »Wenn man die Summe der Arbeit überblickt, die es gekostet hat, ist es sicherlich das kostspieligste Element der Welt«[16], schrieb Maries Vater seiner Tochter im Mai 1902, wenige Tage vor seinem Tod.

Maries glanzvoll bestandene Doktorprüfung im Juni 1903 erlebte er nicht mehr und auch nicht, dass Marie und Pierre Curie gemeinsam mit Henri Becquerel »als Anerkennung für die außerordentlichen Verdienste, die sie sich durch die Entdeckung der spontanen Radioaktivität und der Strahlungsphänomene erworben haben«[17] im November 1903 der Nobelpreis zuerkannt wurde. »Der große Erfolg von Professor und Madame Curie«, so der Präsident der schwedischen Akademie der Wissenschaften in seiner Laudatio, »ist die beste Illustration des alten Sprichwortes coniuncta valent, Einigkeit macht stark. Das läßt uns auch Gottes Wort in einem neuen Licht erblicken: ›Es ist nicht gut, daß der Mann allein sei; ich will ihm eine Gefährtin geben.‹ Aber das ist nicht alles. Dies gelehrte Paar steht zugleich für die Zusammenarbeit verschiedener Nationalitäten, ein glückliches Omen für die Menschheit, die ihre Kräfte zur Weiterentwicklung der Wissenschaft vereint.«[18]

Dabei war es zunächst gar nicht selbstverständlich gewesen, dass auch Marie der Preis zugesprochen wurde. Obwohl man im Jahr zuvor beide gemeinsam nominiert hatte, war diesmal – aus welchen Gründen auch immer – nur Pierre allein vorgeschlagen worden.

Durch eine gezielte Indiskretion des schwedischen Mathematikers Gösta Mittag-Leffler, der dem Nobelpreiskomitee angehörte und zwanzig Jahre zuvor dafür gesorgt hatte, dass die russische Mathematikerin Sofja Kowalewskaja als erste Frau überhaupt einen Lehrstuhl an einer europäischen Universität erhielt[*], erfuhr Pierre vorab davon. Er bestand darauf, gemeinsam mit Marie ausgezeichnet zu werden, und Mittag-Leffler überredete das Nobelpreiskomitee, Maries Nominierung vom vorigen Jahr auch noch für 1903 gelten zu lassen. Die Curies waren von den Anstrengungen der letzten Jahre allerdings so erschöpft, dass sie nicht zur Verleihung des Preises anreisen konnten. Erst anderthalb Jahre später fuhren sie gemeinsam nach Stockholm, wo Pierre den vorgeschriebenen Nobelvortrag hielt.

Nicht zum ersten Mal fühlten sich Marie und Pierre so krank und erschöpft. Beide litten seit Beginn ihrer Forschungen fast ständig unter Entzündungen, Gelenkschmerzen, Müdigkeit, Schlaflosigkeit und Depressionen und im August 1903 hatte Marie sogar eine Fehlgeburt gehabt. Dass dies alles eine Folge der Strahlung war, erkannten sie jedoch nicht. Zwar hatte Pierre nach einem Selbstversuch die schmerzhaften Verbrennungen, die die Strahlung erzeugte, genauestens beschrieben und gemeinsam mit deutschen Kolle-

[*] Siehe dazu die Lebensgeschichte der Sofja Kowalewskaja, »Fürstin der Wissenschaft«, von Cordula Tollmien (Beltz & Gelberg 1995)

gen herausgefunden, dass die radioaktive Strahlung kranke Zellen zerstört und deshalb als Therapie – damals kurz Curietherapie genannt – für bestimmte Krebsarten geeignet ist. Aber weder er noch Marie kamen auf die nahe liegende Idee, dass die Strahlung auch gesunde Zellen schädigen könne.

Dazu kam, dass die Curies in einem unvorstellbaren Maße überarbeitet waren. Weder Pierre noch Marie erhielten Geld für ihre Forschungen, und so waren beide – auch Marie, die 1896 ihr französisches Staatsexamen abgelegt hatte – zusätzlich zu ihrer kräftezehrenden wissenschaftlichen Arbeit noch als Lehrer tätig. Pierres Bewerbung um einen ordentlichen Lehrstuhl an der Pariser Universität, der Sorbonne, scheiterte zweimal, ebenso sein Antrag auf Aufnahme in die französische Akademie der Wissenschaften. Denn nicht nur Marie blieb als Frau und Ausländerin eine universitäre Karriere versperrt, auch Pierre war wegen seines ungewöhnlichen Bildungswegs und seines unkonventionellen Verhaltens in der engen akademischen Welt Frankreichs ein Außenseiter. Zwar hätten die Curies nach Genf gehen können, wo ihnen die dortige Universität schon im Jahre 1900 ein lukratives Angebot gemacht hatte, aber sie wollten damals ihre Forschungsarbeiten in Paris nicht unterbrechen.

Erst nach dem Nobelpreis bekamen Pierre und Marie endlich auch in Frankreich, was ihnen schon lange zugestanden hätte: Im November 1904 wurde Pierre auf einen Lehrstuhl an der Pariser Sorbonne berufen und 1905 nahm ihn dann auch die Pariser Akademie der Wissenschaften in ihre Reihen auf. Mit dem Lehrstuhl für Pierre waren drei Stellen für Assistenten verbunden, denen Marie als Leiterin vorstehen sollte, so dass auch sie zum ersten Mal in ihrem Leben für ihre wissenschaftliche Arbeit bezahlt wurde. Außerdem hatte man nach zähen Verhandlungen den Curies ein eigenes Laboratorium in Aussicht gestellt, wovon sie schon immer geträumt hatten.

Den Traum von einem eigenen Labor hätten sich Marie und Pierre allerdings schon viel früher verwirklichen können, wenn sie es nicht abgelehnt hätten, ihre Entdeckung finanziell auszubeuten. Das jedoch war mit ihren idealistischen Überzeugungen unvereinbar: Wissenschaft sollte dem Wohl der Menschheit dienen; sie gehörte nicht einem Menschen allein und durfte nicht durch das Streben nach Geld beschmutzt werden. Diese Überzeugung teilten sie mit vielen Wissenschaftlern ihrer Zeit, wenn auch nicht alle so konsequent waren wie Pierre und Marie Curie. Doch auch Conrad Röntgen beispielsweise, der 1901 den ersten Nobelpreis bekam, hatte auf eine finanzielle Ausbeutung der von ihm entdeckten Röntgenstrahlen verzichtet.

Die Fertigstellung des ersehnten Laboratoriums erlebte Pierre Curie nicht mehr. Am 19. April 1906 lief er zerstreut und unaufmerksam in ein Pferdefuhrwerk. Ein Hinterrad überrollte seinen Kopf, er war sofort tot. »Mein Leben ist so zerstört, daß es sich nie mehr einrichten wird«[19], schrieb Marie nach diesem Schicksalsschlag einer polnischen Jugendfreundin. Elf Jahre lang war sie fast nie von Pierre getrennt gewesen, hatte alles mit ihm geteilt, und nun erschien ihr sogar die wissenschaftliche Arbeit sinn- und freudlos, weil Pierre, wie sie in ihr Tagebuch schrieb, davon nichts mehr erfahren würde.[20] Wie schon als Kind beim Tode ihrer Mutter versuchte Marie mit ihrem Schmerz allein fertig zu werden und vertraute ihre Trauer nur ihrem Tagebuch an, in dem sie weiter Gespräche mit Pierre führte. »Ich will dir auch sagen«, notierte sie dort am 14. Mai 1906, »daß ich deinen Lehrstuhl bekommen habe und daß sich Idioten gefunden haben, die mir dazu gratulieren.«[21]

Obwohl für sie mit so viel Schmerz verbunden, war ihr doch bewusst, dass die Übernahme des Lehrstuhls eine Ehre und eine einmalige Chance für sie war. Eine ihr zunächst angebotene Staatspension hatte sie kurz zuvor stolz als Almosen abgelehnt. So akzeptierte Marie das Angebot und hielt am 5. November 1906 ihre erste Vorlesung: Ohne ein einleitendes Wort begann sie genau an der Stelle mit dem Vortrag, wo Pierre in seiner letzten Vorlesung geendet hatte.

Man hatte Marie Curie zunächst nur als außerordentliche Professorin berufen, erst 1908 wurde sie zur ordentlichen Professorin ernannt. Sie war damit nach der Russin Sofja Kowalewskaja, die von 1884 bis

1891 an der Universität Stockholm gelehrt hatte, die zweite Frau im modernen Europa, die jemals ein Ordinariat bekleidete. Um so weit zu kommen, mussten beide Frauen erst Witwen werden. Sofja Kowalewskaja war zwar nicht wie Marie Curie die Nachfolgerin ihres Mannes gewesen, aber sie hatte – obwohl verheiratet – von ihrem Mann getrennt gelebt. Daher war sie, unabhängig davon, wie gut sie als Wissenschaftlerin war, gesellschaftlich völlig inakzeptabel. Erst nachdem sie durch den Tod ihres Mannes den ehrenwerten Status einer Witwe erlangt hatte, ließ sich die Stockholmer Universität – durch Gösta Mittag-Leffler – überreden, ihr eine Stelle anzubieten. Beide Frauen hatten zudem die gleichen politischen Wurzeln: Maria war Positivistin, und die fast achtzehn Jahre ältere Sofja, die sich als Kind intensiv für den Befreiungskampf der Polen begeistert hatte, gehörte zu den russischen Nihilistinnen, deren Vorbild auch Marie beeinflusst hatte.

Auch ohne Pierre arbeitete Marie unermüdlich und sehr erfolgreich weiter. Im Laufe ihres folgenden Lebens wurde sie mit Auszeichnungen und Ehrungen aus aller Welt geradezu überschüttet. Besonders wichtig war ihr selbst die Übertragung der ehrenvollen Aufgabe, die Einheit festzulegen, nach der künftig die Aktivität radioaktiver Strahlung gemessen werden sollte. Seitdem entspricht 1 Curie der Aktivität eines Gramms reinen natürlichen Radiums pro Sekunde.

Doch trotz aller Anerkennung scheiterte Marie wie Pierre bei ihre Kandidatur für die Akademie der Wissenschaften. Auch bei dieser nur sehr knappen Entscheidung gegen sie hatte die Presse bereits Stimmung gegen die »Ausländerin« gemacht, die mit einem französischen Wissenschaftler um einen Sitz in der Akademie konkurrierte. Ein paar Monate später wurde sie dann das Opfer einer wahren Hetzkampagne der französischen Presse. Man warf ihr eine Affäre mit ihrem langjährigen Freund und Mitarbeiter Paul Langevin vor, der verheiratet war. »Ausländerin stiehlt einer französischen Mutter den Ehemann« – das war so ungefähr der Tenor der Artikel gegen sie. Eine bittere Erfahrung für Marie. Nicht nur, dass ihr schmerzlich bewusst wurde, wie sehr sie in Frankreich noch immer als Ausländerin gesehen wurde, sie hatte sich zu Langevin, der von seiner Frau bereits getrennt lebte, tatsächlich hingezogen gefühlt, und so wurden ihre innersten und privatesten Gefühle in den Dreck gezogen.

Auf dem Höhepunkt der Kampagne, im November 1911, erhielt Marie Curie zum zweiten Mal den Nobelpreis, diesmal für Chemie und für die Entdeckung des Radiums. Kurz zuvor war es ihr gelungen, Radiumsalz zum ersten Mal in elementares Radium umzuwandeln. In weiser Voraussicht hatten die an der Vergabe ihres ersten Nobelpreises beteiligten Chemiker damals darauf bestanden, die Entdeckung des Radiums nicht zum Gegenstand der Auszeichnung zu machen. Nur so war es möglich, diese enorme Leistung noch einmal gesondert zu ehren. Nach der Verleihung brach Marie körperlich und seelisch völlig zusammen. Sie musste sich einer Nierenoperation unterziehen und brauchte Monate, um sich zu erholen.

Halbwegs wiederhergestellt, kümmerte sie sich dann um die Fertigstellung »ihres« Radiuminstituts, eines Gemeinschaftsprojekts des Institut Pasteur und der Sorbonne, das Marie nach modernsten Kriterien bis ins kleinste Detail hinein selbst geplant hatte. Es wurde im Juli 1914 eingeweiht. Kurz danach brach der Erste Weltkrieg aus: »Ich war der Meinung, daß ich am besten täte, meine Kenntnisse in den Dienst der Allgemeinheit zu stellen«[22], schrieb Marie Curie im Rückblick. Und genau dies tat sie: Mit der ihr eigenen Tatkraft, zu der sie trotz Krankheit und Erschöpfung immer wieder zurückfand, organisierte sie einen fahrbaren Röntgendienst für die Lazarette an der Front. Da es nicht genügend Fahrer gab, lernte sie kurzerhand selbst Auto fahren (sie war damals immerhin schon siebenundvierzig Jahre alt) und richtete gemeinsam mit ihrer inzwischen siebzehnjährigen Tochter Irène Lehrgänge ein, um Personal für die Bedienung der Apparate auszubilden.

Erst nach dem Krieg konnte sie die Arbeit in dem neuen Radiuminstitut aufnehmen. Dort scharte sie einen ständig wachsenden, exzellenten Mitarbeiterstab um sich, der so produktiv war, dass von 1919 bis zu

Maries Tod im Jahre 1934 insgesamt 483 Veröffentlichungen aus diesem Institut hervorgingen. Doch hatte das Institut anfänglich mit massiven finanziellen Schwierigkeiten zu kämpfen. Der Staat konnte keine Mittel für die Forschung zur Verfügung stellen, und Marie hatte ihr eigenes Vermögen, auch das Geld der beiden Nobelpreise, vollständig in Kriegsanleihen angelegt und verloren. In dieser Situation erhielt sie Unterstützung von der amerikanischen Journalistin Marie Meloney, die Marie Curie sehr bewunderte. Diese sammelte in einem beispiellosen Propagandafeldzug bei den amerikanischen Frauen die 100 000 Dollar, die ein Gramm Radium damals kostete, und Marie Curie reiste 1921 mit ihren Töchtern in die USA, um das Präparat aus den Händen von Präsident Warren Harding persönlich entgegenzunehmen. 1929 fuhr Marie Curie ein zweites Mal in die Staaten, wieder wurde ihr ein Gramm Radium übergeben – diesmal für das im Bau befindliche, nach ihr benannte Radiuminstitut in Warschau.

Auch wenn sie die Arbeit im Labor nie ganz aufgab, widmete sich Marie Curie in den letzten Jahren ihres Lebens verstärkt der Öffentlichkeitsarbeit und reiste durch die halbe Welt, um für ihr Lebenswerk zu werben. 1922 übernahm sie – zum ersten und einzigen Mal in ihrem Leben – ein offizielles politisches Amt: Sie wurde Mitglied der Internationalen Kommission für geistige Zusammenarbeit beim Völkerbund und war zeitweilig sogar deren Vizepräsidentin. Diese Kommission hatte die Aufgabe, die durch den Ersten Weltkrieg zerstrittenen Forscher wieder an einen Tisch zu bringen. Auch Albert Einstein, ein guter Freund von Marie Curie, war Mitglied dieser Kommission.

Marie Curies Gesundheitszustand hatte sich nach dem Krieg ständig verschlechtert. Sie litt vor allem unter Hör- und Sehstörungen und befürchtete, blind zu werden. Insgesamt viermal musste sie sich an den Augen operieren lassen. Daher übergab sie 1932 ihrer Tochter Irène, die in den letzten Jahren ihre engste Vertraute und beste Mitarbeiterin geworden war, die Leitung des Radiuminstituts. 1926, ein Jahr nach ihrer Promotion, hatte Irène ihren Kollegen Frédéric Joliot geheiratet. Auch Irène und Frédéric arbeiteten ihr Leben lang gemeinsam wissenschaftlich, führten also die gleiche Art von Ehe, die Irène von ihren Eltern kannte. 1934 entdeckten sie die künstliche Radioaktivität und erhielten 1935 dafür den Nobelpreis.[*] Den Nobelruhm ihrer Tochter erlebte Marie Curie nicht mehr, wohl aber – was ihr wichtiger gewesen sein wird – die Entdeckung der künstlichen Radioaktivität und auch die Geburt ihrer Enkelin Hélène, die später Kernphysikerin werden sollte.

Am 4. Juli 1934 starb Marie Curie im Alter von siebenundsechzig Jahren in den Armen ihrer Tochter Ève

---

[*] Siehe dazu das Porträt der Chemienobelpreisträgerin Irène Joliot-Curie in: »Nicht nur Madame Curie …« (Beltz & Gelberg 1990).

an Leukämie. Die Musikerin und Schriftstellerin Ève verfasste später eine lebendige und äußerst einfühlsame Biographie ihrer Mutter, die meiner Meinung nach zum Besten gehört, was über Marie Curie je geschrieben worden ist.

»Das kostspieligste Element der Welt«, das Radium, hat Marie Curie viel gekostet: ihre Gesundheit, Kraft, manchmal auch ihre Lebens- und Arbeitsfreude. Doch es gelang ihr, der Natur eines ihrer Geheimnisse zu entlocken, und dafür – so hätte sie wahrscheinlich gesagt – hat es sich gelohnt: »Ich gehöre zu den Menschen«, so Marie Curie in einer Rede ein Jahr vor ihrem Tod, »die glauben, daß die Wissenschaft etwas sehr Schönes ist … Wir sollten uns nicht einreden lassen, daß der wissenschaftliche Fortschritt auf Mechanismen, Maschinen und verschiedene Zahnräder zurückzuführen ist, die übrigens auch einer eigentümlichen Schönheit nicht entbehren. Ich befürchte nicht, daß die Liebe zum Unbekannten und das Verlangen nach dem großen Abenteuer in der heutigen Zeit von der Vernichtung bedroht sind. Das Lebendigste von allem, was ich um mich herum erblicke, sind eben jenes Verlangen und jene Liebe, die sich nicht ausrotten lassen und aufs engste mit der wissenschaftlichen Neugier verbunden sind.«[23]

»Warum tut ihr nichts, ihr jungen Leute?«
Bertha von Suttner (1843–1914), Friedensnobelpreis 1905

Von Irene Stratenwerth

Am späten Abend hält ein Fiaker aus Wien neben dem Spielsalon von Baden, einem kleinen Kurort vor den Toren der österreichischen Hauptstadt. Ein Mädchen, dreizehn Jahre alt, klettert als einziger Fahrgast aus dem Wagen. Bertha Kinsky hat sich ein wenig aufgeputzt in der Hoffnung, älter zu wirken. Selbstbewusst steuert sie auf den Eingang des Spielsalons zu. Doch der Türsteher lässt sich nicht täuschen: Kein Zutritt für Minderjährige!

Da wird das Mädchen, das eben noch ganz erwachsen wirken wollte, wieder zum Kind. »Nur ganz kurz, ich will zu meiner Mama da drinnen!«, bettelt es. Unerbittlich schüttelt der Mann den Kopf. Schließlich kramt Bertha ihre letzten Kreuzer aus dem Portemonnaie, kritzelt ein paar Worte auf ein Stück Papier und drückt dem Mann beides in die Hand, damit er der Mutter die Nachricht bringt: Sie soll herauskommen, mit nach Hause gehen!

Wenig später kehrt der Türsteher zurück. Man möge die Tochter in den Fiaker setzen und zurück nach Wien schicken, hat Sophie Kinsky, Berthas Mutter, verfügt. Aber noch gibt Bertha nicht auf.

»Halt!«, sagt sie zu dem Mann auf dem Kutschbock

nach wenigen Metern, »ich habe kein Fahrgeld mehr! Lassen Sie mich aussteigen.«

Zu Fuß läuft sie durch die Nacht. In Baden wohnt ein Graf, ein Freund der Mutter, der muss jetzt helfen! Sie findet sein Haus, klingelt den Grafen heraus, klagt ihm ihr Leid: dass die Mutter am Abend nicht nach Hause gekommen sei; dass Tante Erna und Mizzy, das Hausmädchen, ganz besorgt seien, weil Mama das letzte Haushaltsgeld mitgenommen habe; dass sie doch noch an den letzten Spielschulden abzuzahlen hätten! Der Graf holt Bertha ins Haus, gibt ihr einen warmen Kakao zu trinken, lässt ihr ein Bett für die Nacht richten, verspricht, alles Nötige in die Hand zu nehmen.

Sophie Kinsky, die am nächsten Morgen ihre Tochter beim Grafen abholt, soll sehr erzürnt gewesen sein. Und, als wolle sie ihr Kind gleich doppelt ins Unrecht setzen: Ausgerechnet an diesem Morgen brachte sie einen satten Gewinn vom Roulettespiel mit.

Bertha von Suttner, geboren im Jahre 1843 in Prag als Bertha Kinksy, hat in ihrem Memoiren über die Mutter kaum ein kritisches Wort verloren und sich selbst eher als eitles, törichtes und egoistisches Kind beschrieben, als ein Mädchen, das mit der Frau, die später den Friedensnobelpreis bekam, kaum etwas gemein hatte. Doch Episoden wie diese zeichnen ein ganz anderes Bild von Mutter und Tochter: Sie erzählen von einem lebensklugen, selbständigen und mutigen Kind, das sich wie eine Mutter um die eigene Mutter sorgt. Und sie zeigen Berthas Mutter als eine etwas launische und unberechenbare Frau, die nie recht erwachsen wurde. Immer wieder zog es sie gegen all ihre guten Vorsätze an den Roulettetisch. Spielsüchtig würde man sie heute nennen. Ihr Leben lang schien sie auf das große Los zu hoffen, das ihrem Schicksal eine völlig neue Wendung geben sollte. Bertha, die Tochter, war dabei einerseits ihre Option auf die Zukunft, andererseits war sie ihr oft ein bisschen im Wege.

Sophie Kinsky, ein Mädchen aus gutem Hause, aber nicht von einwandfreier adeliger Herkunft, heiratete mit gerade achtzehn Jahren den fast fünfzig Jahre älteren Baron Kinsky. Als ihr zweites Kind Bertha geboren wird, ist sie noch nicht dreißig und bereits Witwe. Ihr Ziel, als Ehefrau des angesehenen Barons Zugang zur Welt des österreichischen Hochadels zu bekommen, hat sie erreicht und zugleich verfehlt. Die feine Gesellschaft macht ihr schnell klar, dass sie nur aus Respekt vor dem greisen Kinsky toleriert worden war. Nach seinem Tod kann sie zwar auf eine angemessene Apanage, einen gesicherten Lebensunterhalt zählen, nicht mehr aber auf Einladungen der adeligen Gesellschaft. Sie übersiedelt aus dem Prager Palais der Familie Kinsky nach Brünn, wo der Landgraf Friedrich Fürstenberg künftig als Vormund über die Erziehung der Kinsky-Kinder wachen soll.

Berthas Bruder Arthur, ein kränklicher und etwas eigenbrödlerischer Knabe, kommt schon bald nach dem Tod des Vaters in eine Kadettenschule, entfremdet sich der Mutter und der Schwester. Alle Hoffnung, alle Zukunftsträume der Sophie Kinsky konzentrieren sich nun auf ihre kleine Tochter, die zu einem fröhlichen, lernbegierigen und musikalischen Kind heranwächst. Die Mutter hatte eine angeblich aussichtsreiche Karriere als Opernsängerin zu Gunsten der Ehe aufgegeben und macht darüber immer wieder bittere Bemerkungen. Die ewigen Geldsorgen, die vergeblichen Versuche, zur feinen Gesellschaft zu gehören – das alles soll sich ändern, wenn ihre Tochter erst einmal erwachsen ist. Kein Wunder, dass Bertha bald kein anderes Ziel mehr kennt, als durch Schönheit und Leistung aufzufallen. Entweder durch eine Karriere als Sängerin oder durch Einheirat in eins der großen österreichischen Adelsgeschlechter will sie die gesellschaftliche Stufenleiter hinaufklettern.

In Brünn bleibt Bertha einsam und ohne Kontakt zu anderen Kindern. Der Besuch einer öffentlichen Schule wäre für die Tochter eines Barons nicht standesgemäß. Privatlehrer und Erzieherinnen unterrichten sie in Englisch, Französisch und Italienisch, Klavier und Gesang. Als sie zwölf Jahre alt ist, zieht sie mit der Mutter nach Wien und bekommt dort mit der gleichaltrigen Cousine Elvira eine erste Spielkameradin. Die Tochter eines früh verstorbenen Privatgelehrten ist gewissermaßen in dessen riesiger Bibliothek aufgewachsen und steckt Bertha mit ihrer Bücherleidenschaft an. Gemeinsam lesen sich die beiden Teenager im Laufe der Jahre einmal quer durch die Weltliteratur, diskutieren über Victor Hugo und Descartes, Kant und George Sand. Trotz dieses für ein Mädchen im 19. Jahrhundert äußerst ungewöhnlichen geistigen Horizonts bleiben Berthas Lebensvorstellungen von der Lektüre völlig unberührt. Sie bereitet sich darauf vor, sich einen Bräutigam zu angeln und zwar »den Einen, Einzigen, dem auch mein Herz zufliegen würde, weil er der Vornehmste, Schönste, Gescheiteste, Reichste und Edelste von allen wäre.«[1]

Um für diesen großen Moment gewappnet zu sein, üben die Mädchen in endlosen Rollenspielen schon mal die Begegnung mit dem »Einzigen«. Wenn das Rollenspiel beginnen soll, sagen sie »Puff!«, mit »Paff!« wird es beendet. Elvira betätigt sich dabei als Stichwortgeberin für die charmante Cousine und spielt stets den männlichen Part. Die Unscheinbare, Unattraktivere von beiden hat vor allem geistige Interessen, will unbedingt Schriftstellerin werden. Sie ist begabt, verschickt Leseproben an große Autoren ihrer Zeit und schafft es, deren Interesse auf sich zu lenken. Marie Ebner-Eschenbach und Franz Grillparzer kommen zu Besuch, um Elvira kennen zu lernen – und sind begeistert von ihrer hübschen und fröhlichen Cousine Bertha. Bertha ist es auch, die als Sechzehnjährige mit einer ersten Geschichte, die sie eigentlich nur aus »Neid und Nachahmungstrieb« schreibt, prompt Erfolg hat. Eine Zeitschrift mit dem Titel »Die deutsche Frau« druckt die Geschichte und ermutigt Bertha weiterzuschreiben. Merkwürdig, wie sich die Lebensvorstellungen der beiden Mädchen verkehren: Während Elvira wirklich bald ihren »Einzigen« treffen wird und ihr kurzes Leben in einer glücklichen Ehe verbringt, wird Bertha später Elviras Traum verwirklichen und eine bekannte Schriftstellerin sein.

Davon ahnt Bertha in ihrer Jugend jedoch nichts. Noch träumt sie den Traum von einem märchenhaften Einzug in die adelige Gesellschaft. Und endlich kommt der ersehnte Tag: Eine aufgeregte, schöne und fröhliche Achtzehnjährige wird von Sophie Kinsky zum Debütantinnenball in Wien geführt. Doch kaum jemand interessiert sich an diesem Abend für Bertha. Man zeigt ihr und der Mutter die kalte Schulter. Nur wenige Tänzer finden sich für das attraktive Mädchen in dem mit roten Rosenknospen übersäten Ballkleid und die adeligen Mütter würdigen Sophie Kinsky keines Blickes. Das Ereignis, dem die beiden seit Monaten, seit Jahren entgegengefiebert haben, wird zu einer ihrer bittersten Niederlagen.

Bertha versteht noch nicht, dass die schnöde Abgrenzung gegenüber den »Bürgerlichen«, den nicht ganz lupenreinen Abkömmlingen von »Mischehen«, politische Gründe hat. Der Hochadel sitzt längst nicht so fest im Sattel, wie es den Ausgeschlossenen erscheinen mag. Bertha ist in eine Zeit der Umwälzungen hineingeboren worden. »Freiheit, Gleichheit, Brüderlichkeit!« hat die Pariser Kommune 1789 gefordert, und dieser Ruf ist überall in Europa gehört worden. Revolutionen wurden vielerorts niedergeschlagen, doch das revolutionäre Gedankengut lebt weiter. Mit den vierziger Jahren des 19. Jahrhunderts verändern außerdem neue Produktionsmittel, die Verkehrs- und Kommunikationstechnik die Gesellschaft schnell und radikal. Dampfmaschinen, Eisenbahnen und Telegrafen erschließen den Weltmarkt. Freies Unternehmertum prägt die Wirtschaft mehr als überkommene Besitzstrukturen, die keine Garantie mehr für ein komfortables Auskommen über Generationen darstellen. Die wirtschaftliche und politische Vormachtstellung des Adels ist bedroht, umso verzweifelter verteidigt diese Schicht jetzt ihre Privilegien. Nicht weniger als sechzehn adelige Ururgroßeltern muss ein junger Mann oder eine junge Frau vorweisen können, um in dieser Gesellschaft als ebenbürtig zu gelten. Hochzeiten sind zudem wirtschaftliche Fusionen, die wohl überlegt sein wollen.

Bertha Kinsky hat weder einen lupenreinen Stammbaum noch Geld oder Grundbesitz zu bieten. Ihr Kapital, das begreift sie schnell, ist allein ihre Jugend, ihre Schönheit, ihre Bildung. Und diese sollen möglichst bald Gewinn bringend angelegt werden. Eine erste

Gelegenheit bahnt sich an. Der zweiundfünfzigjährige Baron Gustav von Heine, ein konservativer, mächtiger und reicher Zeitungsverleger, hält bei Sophie Kinsky um die Hand ihrer Tochter an. Er hat seinen Adelstitel selbst durch Geld und politisches Wohlverhalten erworben und schert sich nicht um Herkunft oder Mitgift seiner Braut. Ihm ist wichtig, dass seine zukünftige Ehefrau nicht nur schön ist, sondern auch gebildet und sprachgewandt, um für seine Reisen und zahlreichen gesellschaftlichen Verpflichtungen die richtige Begleiterin zu sein. Er verspricht Bertha Villen, Palais und Equipagen, er fährt mit ihr durch Wien und kauft ihr die teuersten Kleider, den wertvollsten Schmuck. Ja, natürlich, diesen Mann will sie heiraten! Bertha ist begeistert. Erst als ihr Bräutigam sie zum ersten Mal küssen will, schwant ihr, dass diese Reichtümer ihren Preis haben. »Ein alter Mann, ein ungeliebter Mann. – Mit einem unterdrückten Ekelschrei reiße ich mich los und in mir steigt leidenschaftlicher Protest auf. Nein, niemals.«[2] Gegen die Einwände der Mutter löst sie die Verlobung, gibt die Geschenke zurück.

Die zuweilen unwürdige Suche nach dem richtigen Ehemann wird für Mutter und Tochter Kinsky in den nächsten zwölf Jahren zum wichtigsten Lebensinhalt. Gemeinsam und rastlos jagen sie ihrem vermeintlichen Lebensglück nach, in Wien, Venedig, Paris und Berlin. Sie sind überall dort, wo sich die gesellschaftliche »Crème« zu Bällen und Lustbarkeiten trifft. Je weiter man vom heimatlichen Wien entfernt ist, desto mehr mischt sich die adelige Gesellschaft mit den aufstrebenden Vertretern des Bürgertums, desto unwichtiger wird der makellose Ahnennachweis.

Was in diesen Zeiten gesellschaftlich und politisch geschieht, interessiert Bertha nur wenig. Zwei Kriege, die auch in ihrer unmittelbaren Nähe stattfinden, der »deutsche Krieg« zwischen Österreich und Preußen im Jahre 1866 und der deutsch-französische Krieg vier Jahre später, berühren ihren Alltag kaum. Niemand, der ihr nahe steht, ist unter den Soldaten. Der Krieg ist allenfalls ein interessantes Spektakel: »Von einem Balkon unter den Linden sah ich den Einzug der aus Frankreich heimkehrenden Truppen. Ich habe das Bild im Gedächtnis voll Sonnenschein, Jubel, flatternden Fahnen, gestreuten Blumen, Triumphbogen – ein hohes historisches Freudenfest. Wie anders würde heute meine Auffassung sein – doch die Geschichte dieser Wandlung kommt erst viel später!«[3], schreibt sie in ihren Memoiren.

Eine schier endlose Reihe potenzieller Ehemänner zieht in diesen Jahren an Bertha vorüber. Mal werden sie wegen zu geringer gesellschaftlicher Stellung verschmäht, mal entpuppen sie sich als Heiratsschwindler, die sich von Berthas »reichem« Auftreten haben blenden lassen. Nach jeder Enttäuschung wendet sich Bertha auf Drängen ihrer Mutter verstärkt ihrer zweiten Option, der möglichen Bühnenkarriere als Sängerin zu, nimmt Gesangsstunden und probt für kleinere Auftritte. Doch gelingt es ihr nicht, ihr heftiges Lampenfieber in den Griff zu bekommen. Später, als politische Rednerin, wird sie es überwinden. Für die Musik entwickelt sie trotz großer musikalischer Begabung nie eine wirkliche Leidenschaft. All ihre Bemühungen um Erfolg auf dem gesellschaftlichen Parkett oder den Konzertbühnen bleiben Mittel zum Zweck und müssen vielleicht auch deshalb scheitern.

Bertha scheint beinahe wie von einer Last befreit, als sie dreißig Jahre alt wird und noch immer unverheiratet ist. Ihre Jugend ist dahin und auch die finanziellen Möglichkeiten von Mutter Kinsky sind endgültig erschöpft. Erst jetzt kann und muss Bertha, die nach den Vorstellungen ihrer Zeit bereits eine alte Jungfer ist, über eigene Vorstellungen für ihr weiteres Leben nachdenken. Bertha hat sich durch Enttäuschungen und Misserfolge noch nie unterkriegen lassen. Jetzt nimmt sie ihre Zukunft voller Tatkraft in die Hand und sucht sich eine Arbeit.

Die Familie von Suttner, bester österreichischer Hochadel, engagiert Bertha Kinsky als Gesellschafterin, Erzieherin und Begleiterin für ihre vier Töchter im Alter von fünfzehn bis zwanzig Jahren. »Hier erst sollte ich die Krone meines Lebens erringen«, schreibt sie in ihrer immer etwas überschwänglichen Art. »Gesegnet sei der Tag, der mich in dieses Haus geführt.«[4]

Den Winter verbringt Familie Suttner im Stadtpalais

in Wien, den Sommer im ländlichen Schloss Harmannsdorf. Das Leben scheint wenig Anforderungen zu stellen: Man vergnügt sich auf Promenaden und bei Opernbesuchen, mit geistreichen Konversationen und Landpartien, Picknicks und Tanzvergnügen. Nur der alte Baron von Suttner ahnt bereits, dass dieses unbeschwerte Luxusleben allmählich zum falschen Spiel verkommt. Die Suttners leben über ihre Verhältnisse, haben mit der Weltwirtschaftskrise zu kämpfen. Die Ausbeutung der Suttnerschen Steinbrüche, einst Grundlage des Familienvermögens, bringt nicht mehr die notwendigen Erträge. Das Leben im Schloss Harmannsdorf verschlingt Unsummen.

In dieser Atmosphäre scheinbarer Sorglosigkeit und erst jetzt, nachdem alle Hoffnung auf einen Ehemann aufgegeben ist, geschieht es zum ersten Mal: Bertha verliebt sich. Unter den Augen der vier Suttner-Schwestern, die solidarisch schweigen, entwickelt sich ihre Zuneigung zu Arthur, dem liebenswerten, doch nicht allzu strebsamen jüngsten Sohn im Hause. Bertha macht sich keine Illusionen: Als Familienmitglied, das weiß sie, würde sie von den alten Suttners niemals akzeptiert werden. Arthur ist außerdem sieben Jahre jünger als sie. Seine Eltern hoffen darauf, ihn mit einer Frau aus reichem und adeligem Hause zu verheiraten und der Familie damit neue wirtschaftliche Möglichkeiten zu erschließen.

Bertha schmiedet unterdessen ihre eigenen Pläne.

Sie steht im lebhaften Briefkontakt zur Fürstin von Mingrelien, einer Freundin aus alten Tagen. Das Schloss der Fürstin im Kaukasus ist durch einen Krieg zerstört worden; sobald es aber wieder aufgebaut sei, schreibt die Fürstin, müsse Bertha unbedingt kommen. Auch eine Arbeitsstelle wird ihr in Aussicht gestellt. Doch das dauert seine Zeit. Und so entwickelt sich über drei Jahre hinweg im Hause Suttner eine große und ernsthafte Liebe zwischen Bertha und Arthur, die schließlich auch von der Hausherrin entdeckt wird.

Freundlich, aber »eiskalt« erklärt die Baronin ihrer Angestellten eines Tages, dass sie das Haus zu verlassen habe. Sie hat sich bereits um eine Alternative gekümmert, überreicht ihr ein Zeitungsinserat: Ein älterer, vermögender Herr in Paris sucht eine Privatsekretärin. Hinter dieser Anzeige verbirgt sich kein Geringerer als Alfred Nobel, der Erfinder des Dynamits. Schon nach einem kurzen Briefwechsel ist klar, dass Bertha mit ihren Sprachkenntnissen, ihrer umfassenden Bildung und ihrer Begabung zur geistreichen Korrespondenz genau die richtige Kandidatin ist. Tieftraurig und doch überzeugt, dass der Abschied unvermeidlich ist, trennt sie sich im Frühjahr 1876 von Arthur und fährt nach Paris.

Der »ältere Herr« Alfred Nobel, der sie am Bahnhof empfängt, ist zu diesem Zeitpunkt dreiundvierzig Jahre alt. Trotz seiner großen Erfolge wirkt der Wissenschaftler und Unternehmer einsam und depressiv.

Seine Experimente mit dem Sprengstoff haben immer wieder zu Unfällen geführt und schwere Opfer gefordert. Mehrere Arbeiter und auch Alfred Nobels Bruder Emil kamen dabei ums Leben. Dass dieser Mann weniger eine Arbeitskraft als eine ständige Begleiterin sucht, wird Bertha schnell klar. Ein paar Jahre zuvor wäre er genau die richtige Partie für sie gewesen; Alfred Nobel ist ihr zudem ausgesprochen sympathisch. Doch schon nach einer Woche in Paris fasst sie einen Entschluss: Sie will nur eines, zurück nach Wien, zurück zu Arthur. Sie versetzt ihre letzten Schmuckstücke, bezahlt ihre Hotelrechnung und kauft sich eine Fahrkarte.

Mit diesem mutigen Schritt gewinnt sie nicht nur die Liebe ihres Lebens, auch Alfred Nobel akzeptiert die konsequente Entscheidung und bleibt bis zu seinem Tod und über alle politischen Differenzen hinweg ein treuer Förderer von Berthas Ideen und Aktivitäten. Mit ihr diskutiert er, der Erfinder tödlicher Waffen, später leidenschaftlich über Friedens- und Abrüstungsfragen. Aus diesen Debatten und der Freundschaft zu Bertha wird die Idee erwachsen, mit seinem Testament neben den vier Preisen für wissenschaftliche und literarische Leistungen auch einen Friedenspreis zu stiften.

Aber noch hat Bertha ganz andere Dinge im Kopf. Zurück in Wien mietet sie sich in einem Hotel ein und bestellt Arthur unter falschem Namen zu sich: Eine Nachricht von seiner Geliebten erwarte ihn dort. Mit klopfendem Herzen hört sie endlich seine Schritte auf dem Hotelgang nahen. »Ich stürzte ihm mit einem Freudenschrei entgegen. ›Du, du selber‹, rief er, und wieder lagen wir einander schluchzend in den Armen wie an jenem Abschiedsabend, aber diesmal nicht in Schmerz-, sondern in unbegrenztem Glücksgefühl.«[5]

Heimlich heiraten Bertha und Arthur am 12. Juni 1876 in einer entlegenen Vorstadtkirche Wiens. Heimlich verlassen sie das Land in Richtung Kaukasus, wo die Fürstin von Mingrelien den Flüchtlingen Asyl angeboten hat. Die Eltern Suttner fühlen sich überrumpelt und betrogen.

Sie brechen den Kontakt zu ihrem Sohn ab und versagen ihm jede Unterstützung.

Für neun wechselhafte und abenteuerliche Jahre, die Bertha manchmal scherzhaft ihre »verlängerten Flitterwochen« nennt, lebt das Paar an verschiedenen Orten des Kaukasus. Bertha und Arthur werden als Gäste in höchsten Fürstenhäusern herumgereicht, versuchen aber auch, sich eine eigene, bescheidene Existenz aufzubauen, denn, so stellt Bertha bald fest: »Ewig ›gern gesehener Gast‹ zu sein ist schließlich kein Beruf.«[6]

Erste Schritte in ein Berufsleben – beide arbeiten als Privatlehrer – sind nur kurze Zeit erfolgreich. Im Jahre 1877 bricht der russisch-türkische Krieg aus, der Kaukasus wird zum Schlachtfeld. Niemand hat jetzt Interesse an Fremdsprachenlektionen. Berthas Mutter und

Arthurs Schwestern aus Wien schicken besorgte Telegramme: Das junge Paar möge fliehen, es werde gefährlich. Doch Bertha empfindet das Ganze eher als Abenteuer. »Ich erinnere mich nicht, daß wir Angst hatten«, berichtet Bertha. »Auch ein Protestgefühl gegen den Krieg im allgemeinen empfand ich ebensowenig wie in den Jahren 1866 und 1870.« Der Krieg ist für sie noch immer so etwas wie eine unvermeidliche Naturkatastrophe: »Mitten drin zu stehen, das gibt einem selber einen Abglanz von Wichtigkeit.«[7] Wer nicht selbst zur Waffe greift, wird, wie Bertha etwas spöttisch beobachtet, vom »Rote-Kreuz-Fieber« ergriffen, sieht seine Aufgabe darin, die »armen Krieger« zu umsorgen und zu pflegen. Auch Arthur und Bertha gehören zu denen, die sich freiwillig zum Dienst im Lazarett melden. Sie werden allerdings abgelehnt, weil sie auf keinen Fall getrennt werden wollen.

Später werden sich Bertha von Suttners Wege immer wieder mit denen Henri Dunants kreuzen. Als Pazifistin kritisiert sie scharf den Gründer des Roten Kreuzes und seine Bestrebungen zur »Humanisierung des Krieges«, während Henri Dunant Berthas friedenspolitischer Arbeit stets Respekt und Unterstützung zollt. Henry Dunant wird allerdings 1901 den ersten Friedensnobelpreis in Empfang nehmen, den Alfred Nobel wohl eher Bertha zugedacht hatte.

Zunächst aber, im Kaukasus, bringt der Krieg die Suttners auf eine neue Idee. Arthur schickt Korrespondentenberichte über den russisch-türkischen Konflikt an verschiedene europäische Zeitungen und hat damit Erfolg. Auch Bertha versucht sich erneut als Autorin. Sie verfasst ein so genanntes Feuilleton mit dem Titel »Fächer und Schürze«, das prompt von einer Wiener Zeitschrift gedruckt und mit zwanzig Gulden honoriert wird.

Das Thema, mit dem sie sich darin beschäftigt, wird auch zum Stoff eines ihrer frühen Romane: In »Doras Bekenntnisse« geht es um eine junge Frau, die sich entscheiden muss zwischen einem Leben als glanzvolle Bühnenkünstlerin oder als Mutter und Hausfrau im Kreise ihrer Lieben. Bertha plädiert dabei eindeutig für das häusliche Glück, das sie selbst in diesen Jahren mit Arthur erlebt. Dass ihre Ehe kinderlos bleibt, ist Bertha allerdings eher recht: »Denn für eine Schar hungernder Kinder sorgen zu müssen, das hätte uns vielleicht die gute Laune noch verdorben, die uns in unserem Lebensduett niemals verlassen hat.«[8]

Obwohl es lange Zeit ihr Lebensziel war, im Luxus zu schwelgen, macht ihr nun die Armut der kaukasischen Jahre, das Leben in einem kleinen Landhäuschen in äußerster Abgeschiedenheit, wenig aus. »Ein reiches Leben war es«, schreibt sie, »obwohl unser Haushältchen so klein war, daß es geschah (wenn unsere einzige Hilfsdienerin krank war), daß wir selber unser Mittagsmahl bereiteten und einmal auch – hochbelustigt – selber mit Sand und Bürste den Boden scheuerten.«[9]

Die Lebenswelt ihre Kindheit, die operettenhaften Träume ihrer Jugend, werden zum Stoff für Romane, Novellen und Zeitschriftenbeiträge, die Bertha regelmäßig an europäische Redaktionen und Verlage schickt. Sie trifft dabei den Geschmack ihrer Zeit, erzählt oft ein bisschen trivial, aber mitreißend von wahrer und falscher Liebe zwischen adeligen und minderen Ständen, von den Schicksalen großer Sängerinnen oder Schauspielerinnen. Ihre Produktivität wird dabei weder durch Selbstzweifel noch durch hohe literarische Ansprüche gebremst.

Trotz der eher pragmatischen Einstellung zum Schriftstellerberuf, der zur Haupteinnahmequelle des Paares wird, verfolgt Bertha gemeinsam mit Arthur die literarische Entwicklung und Diskussion ihrer Zeit mit großem Interesse. Gemeinsam lesen sie Zeitungen und Bücher, die sie sich aus Europa schicken lassen, diskutieren naturwissenschaftliche und philosophische Neuerscheinungen, entwickeln ihre eigene Weltanschauung, in der Toleranz, Völkerverständigung und Demokratie eine große Rolle spielen. In der Abgeschiedenheit des Kaukasus beschäftigt sich Bertha intensiver mit der politisch-gesellschaftlichen und wissenschaftlichen Entwicklung ihrer Zeit als in ihren rastlosen Wanderjahren durch die Metropolen. Erst hier gewinnt sie Abstand zum hektischen gesellschaftlichen Leben ihrer Jugend, und erst jetzt beginnt sich ihre außergewöhnliche Bildung mit einer neuen Weltanschauung zu verweben. Immer häufiger spinnt sie Zeitfragen in ihre Romane ein. So wird B. Oulot – das Pseudonym, unter dem sie ihre Werke veröffentlicht – in Europa allmählich zu einem bekannten Schriftsteller. Leser und Verleger halten B. Oulot selbstverständlich für einen Mann.

Nach neun Jahren im Kaukasus spüren Arthur und Bertha immer deutlicher, dass ihre Zeit hier zu Ende geht. Sie haben sich bewährt, haben bewiesen, dass ihre Liebe Bestand hat und dass sie auf eigenen Beinen stehen können. Jetzt treibt Bertha die Sorge um ihre Mutter, deren Gesundheitszustand sich offensichtlich verschlechtert. Und auch Arthur hat Heimweh nach seiner Familie, von der zunehmend versöhnliche Botschaften in den Kaukasus dringen.

Im Mai 1885 kehren sie zurück. Zu spät – Sophie Kinsky ist im Winter 1884 gestorben. Berthas erster Weg in Europa führt an das Grab der Mutter. Kurze Zeit später zieht sie zusammen mit Arthur ins Schloss Harmannsdorf ein, das noch immer den Mittelpunkt des Suttnerschen Familienlebens bildet. Zwei unverheiratete Schwestern Arthurs leben dort bei den Eltern, die verheirateten Söhne und Töchter sind samt Anhang häufig zu Besuch. Sich in diesem Familienclan zurechtzufinden, fällt Bertha und Arthur nicht leicht. Neun Jahre lang haben sie ihre Unabhängigkeit und auch ihre Zweisamkeit genossen, nun müssen sie mehrmals täglich am langen Familientisch Platz nehmen, sollen regelmäßig zum Kirchgang und zu anderen gesellschaftlichen Pflichtveranstaltungen antreten. Dass Bertha, die ehemalige Angestellte der Suttners, unübersehbar die führende Rolle in der Ehe mit Arthur übernommen hat, dass sie mit ihren späteren pazifistischen Aktivitäten alles infrage stellt, was der adeligen Gesellschaft heilig ist – das alles ist für ihre Schwiegereltern nicht leicht zu verkraften. Die Spannungen zwischen Bertha und der Suttner-Familie werden sich nie wirklich lösen. »Es muß leider auch festgestellt werden ... dass ihre ›Friedensliebe‹ innerhalb der Familie nicht allzu entwickelt war«, schreibt Carl Suttner fast hundert Jahre später im Vorwort einer Bertha-Biographie, und: »Sie verstand es, sich auch im Privatleben durchzusetzen – nicht immer im Interesse einer heilen Familiengemeinschaft.«[10]

Bei ihrer Rückkehr nach Österreich ist Bertha zweiundvierzig Jahre alt. Nach den Maßstäben ihres Jahrhunderts liegt bereits ein ganzes Frauenleben hinter ihr. Doch ihre große Zeit wird erst noch kommen. Sie hat sich als Autorin etabliert, ist oft Gast in Zeitungsredaktionen und auf Schriftstellerkongressen. Sie lernt die Eitelkeiten des Literaturbetriebes kennen und stellt enttäuscht fest, dass es auch hier häufiger ums Geld geht als um die »Wahrhaftigkeit«, die ihr zu einem hohen Gut geworden ist. Politische und gesellschaftliche

Fragen interessieren sie inzwischen mehr als die Schriftstellerei.

Im Jahre 1888 veröffentlicht sie ein Buch, das auf jede Romanhandlung verzichtet. »Das Maschinenzeitalter« ist ein aus der Perspektive des 20. Jahrhunderts geschriebener Rückblick auf die zweite Hälfte des 19. Jahrhunderts und eine Art politisches Glaubensbekenntnis Bertha von Suttners. Sie polemisiert darin gegen die Borniertheit der adeligen Kreise, plädiert für eine demokratische Gesellschaft und eine verbesserte Stellung der Frau, für internationale Verständigung und Abrüstung, für die Anwendung wissenschaftlicher Erkenntnis statt »toter Dogmen« in allen gesellschaftlichen Bereichen. Dabei hält sie ihre Position als Frau noch für so schwach, dass sie sich hinter dem Pseudonym »Jemand« versteckt. Sie freut sich sogar darüber, »daß unter den zahlreichen Kritikern … nicht ein einziger nur auf die Idee kam, daß ›Jemand‹ dem ›schwachsinnigen Geschlechte‹ angehören könnte«[11]. Unwidersprochen nimmt sie es hin, als in einem Gespräch, das mehrere Herren in ihrer Anwesenheit über das »Maschinenzeitalter« führen, gesagt wird: »O, das ist kein Buch für Damen!«[12]

Zu diesem Zeitpunkt sitzt sie bereits an dem Romanmanuskript, das ihr eigentliches Lebenswerk begründen soll. Im Winter 1886/87 hat sie zum ersten Mal davon erfahren, dass in London eine internationale Friedensliga gegründet worden ist. Bertha ist von dieser Nachricht wie elektrisiert. Kriege durch die Abschaffung von Waffen zu verhindern, die Konflikte unter den Völkern durch internationale Schiedsgerichte klären zu lassen, das sind überzeugende Ideen, die in ihr Bild einer aufgeklärten Welt passen. Es gibt kein eindeutiges Schlüsselerlebnis, das Bertha von Suttner zur Pazifistin gemacht hätte: Sie selbst hatte den Krieg ja mehr als Spektakel und weniger als Grauen erlebt. Ihre pazifistische Überzeugung entsteht als fast unausweichliche Konsequenz all dessen, was sie gelernt hat, und ist auch Ausdruck eines unbedingten Glaubens an den Fortschritt. Gebildete und zivilisierte Menschen, so meint Bertha von Suttner, müssten Interessenskonflikte lösen können, ohne aufeinander einzuschlagen. Ihre Fähigkeit, für ein Massenpublikum zu schreiben, stellt sie nun in den Dienst dieser Utopie.

»Die Waffen nieder!«, so nennt sie ihren Roman. Er erzählt die Geschichte der Offiziersgattin Martha, die ihren Mann auf dem Schlachtfeld sucht, die Leiden des Krieges mit eigenen Augen sieht und schließlich zur leidenschaftlichen Kämpferin für Abrüstung und Frieden wird. Bertha von Suttner hat für dieses Buch gründlich recherchiert und mit Leidenschaft daran gearbeitet. Sie ist überzeugt, dass es ihr bestes Werk ist. Aber zum ersten Mal stößt sie mit einem Manuskript auf Widerstand. Die drastischen Schilderungen der Gräuel des Krieges, die pointiert wiedergegebenen politischen Diskussionen über Sinn und Unsinn des Wettrüstens und auch der programmatische Titel seien dem Publikum nicht zuzumuten, argumentieren die Herausgeber verschiedener Zeitschriften und lehnen eine Veröffentlichung ab. Sogar Berthas Verleger Edgar Pierson, der bislang an jedem ihrer Werke gut verdient hat, will die Autorin dazu überreden, das Buch zu entschärfen.

Doch Bertha von Suttner ist unbeirrbar. Entweder das Manuskript wird Wort für Wort so gedruckt, wie sie es geschrieben hat, sagt sie, oder: »In den Ofen damit!« Pierson gibt nach und bereut es nicht. Die ersten tausend Exemplare, die 1889 auf den Markt kommen, machen so viel Furore, dass der Verlag bald nachdrucken muss. Siebenunddreißig Auflagen werden in den folgenden zwanzig Jahren verkauft, hinzu kommen Volksausgaben, Zeitschriftenabdrucke, Übersetzungen in fast allen europäischen Sprachen. Das Buch wird zu einem beispiellosen Erfolg auf dem Literaturmarkt der damaligen Zeit.

Bertha von Suttner hat mit diesem Roman ihre Zeitgenossen mitten ins Herz getroffen. Mit der Offiziersgattin Martha und ihrem Mann Friedrich hat sie Identifikationsfiguren geschaffen: Menschen, die der alten Welt, der adeligen und militaristischen Gesellschaft entstammen und sich, bewegt durch ihre Erfahrung, ihre Einsicht, ihre Liebe für eine neue, humanere Welt entscheiden. Sie zwingt die Leser dazu, Partei zu ergreifen, und erfährt nun von beiden Seiten heftigste Reaktionen. Begeisterte und wütende Zuschriften landen jeden Tag auf ihrem Schreibtisch. Das Buch wird in den Zeitungen diskutiert und von Politikern zitiert, zahlreiche prominente Zeitgenossen fühlen sich zu einer Stellungnahme herausgefordert. Über »Männer in Unterröcken«[13]– polemisiert der Jurist und Schriftsteller Felix Dahn (»Ein Kampf um Rom«). Er gehört zu der Fraktion empörter Militaristen, die sich durch die Forderung nach Abrüstung offenbar in ihrer Männlichkeit bedroht fühlen. Zustimmung und Unterstützung hingegen gibt es von Leo Tolstoj und dem österreichischen Dichter Peter Rosegger. Alfred Nobel schreibt ihr voll feinsinniger Ironie, dieses Buch stelle sein eigenes Lebenswerk, die Erfindung des Dynamits, infrage: »Denn wo wollen Sie, daß ich im Fall des allgemeinen Friedens mein neues Puder absetze?« Und doch bekennt er sich zur Überlegenheit von Berthas »Waffen«: »Freilich tragen die Ihren – der Charme Ihres Stils und die Größe der Ideen auf andere Weise sehr viel weiter als die Lébels(-Gewehre), Nordenfeld(-Kanonen), de Bange(-Geschütze) und alle anderen Höllenwerkzeuge.« Trotz aller Verehrung, die er Bertha von Suttner entgegenbringt, wird Nobel weiterhin an der Vorstellung festhalten, dass der Friede dauerhaft nur durch Waffen zu sichern sei, die so furchtbar wirken, dass »alle zivilisierten Nationen zurückschaudern und ihre Truppen verabschieden«[14].

Auf ganz und gar unerwartete Weise geht Bertha von Suttners Jugendtraum von Glanz und Ruhm plötzlich in Erfüllung. Ihr langjähriger Mitstreiter und Biograph Alfred H. Fried, mit dem sie vor allem das friedenspolitische Engagement verband, bemerkt dazu später, dass die Schriftstellerin »noch keine Pazifistin war, als sie jene flammende Anklage gegen den Krieg schrieb. Ihr eigenes Buch hat sie erst dazu gemacht. Die Bewegung, die es auslöste, zerrte auch die Verfasserin in das Räderwerk hinein, das sie dann nicht mehr losließ.«[15]

Doch Bertha von Suttner wird nicht zur selbstlosen Kämpferin, die allein für die gute Sache lebt. Es gelingt ihr, die angenehmen Seiten des Erfolgs in vollen Zügen zu genießen. Sie investiert den einen Teil ihrer Einkünfte aus dem Buchgeschäft in das marode Familienunternehmen Schloss Harmannsdorf und benutzt den anderen dazu, immer wieder von dort zu fliehen. Zusammen mit Arthur mietet sie sich zum Beispiel für ein halbes Jahr in einem Palazzo in Venedig ein und hält Hof mit Zofe und Kammerdiener.

Hier trifft sie friedenspolitisch engagierte Parlamentarier und Pazifisten aus England, Italien und Frankreich. Deren Anliegen hat durch Berthas Romanerfolg unerwarteten Auftrieb und Zulauf bekommen. Jetzt erwarten sie Unterstützung und direktes Engagement von der Schriftstellerin. Politisch aktiv zu werden ist für eine Frau ihrer Zeit noch ungewöhnlich und schwierig. Frauen dürfen nicht Mitglied einer Partei sein, geschweige denn ins Parlament gewählt werden.

Doch Bertha von Suttner findet Wege, dennoch Einfluss zu nehmen: Im Hintergrund der offiziellen Organisationen, der Friedensvereine und der Interparlamentarischen Union berät sie die Politiker, hilft sie, Anträge und Entschließungen zu formulieren. Die österreichische Friedensgesellschaft, die 1891 gegründet wird, ernennt Bertha zu ihrer Präsidentin.

Wenig später schon tritt sie beim 3. Weltfriedenskongress in Rom als erste weibliche Rednerin der Weltgeschichte auf dem Kapitol auf. Voller Lampenfieber und Nervosität tritt sie vor die internationale politische Prominenz und Presse – und erntet stürmischen Beifall. 1892 gründet sie zusammen mit Alfred Fried die Zeitschrift »Die Waffen nieder!« und wird deren Schriftleiterin. Im gleichen Jahr reist sie zum 4. Weltfriedenskongress in Bern. Budapest, Antwerpen, Haag sind in den nächsten Jahren weitere Stationen der friedenspolitischen Treffen, auf denen Bertha stets eine wichtige Rolle spielt.

Zwischen all diesen Aktivitäten zwingen finanzielle Sorgen in Schloss Harmannsdorf sie immer wieder dazu, »Schreibphasen« einzulegen, ihren Verleger mit Romanmanuskripten zu beliefern, die nicht besonders anspruchsvoll sind, aber Geld bringen.

Wie Arthur, den Bertha stets etwas besitzergreifend den »Meinen« nannte, den kometenhaften Aufstieg seiner Frau verkraftete, ist wenig bekannt. Bertha selbst berichtet ausschließlich in schwärmerischem Ton

über ihre Ehe, lebenslang scheint ihre Beziehung zu Arthur in rosarotes Licht getaucht. Doch Mitte der neunziger Jahre hatte sie wohl Anlass zur Eifersucht: Arthurs Spaziergänge mit seiner jungen Nichte Marie Louise wurden immer häufiger und ausgedehnter, die Beziehung intensivierte sich unübersehbar. Marie Louise schrieb über die Liebe zu ihrem Onkel einen kaum verschlüsselten Roman, und in Berthas Tagebuch finden sich aus jener Zeit Spuren von herausgerissenen Seiten. Sie spekulierte bei allem, was sie schriftlich niederlegte, auf eine spätere Veröffentlichung und hätte eine Ehekrise und eine eigene Schwäche wie Eifersucht niemals offenbart.

Aber wenn Arthur und Bertha auf Reisen gehen, wenn sie auf Friedenskongressen und Konferenzen zu Gast sind, dann sind sie stets Verbündete für die gemeinsame Sache, dann steht Arthur treu und loyal an der Seite seiner Frau. Dieser Rückhalt wird für Bertha immer wichtiger. So sehr sie das glanzvolle Ambiente der großen Säle und Bankette liebt, so sehr sie es genießt, bei solchen Veranstaltungen im Mittelpunkt zu stehen: Es entgeht ihr nicht, dass die Euphorie der ersten Jahre nach der Veröffentlichung ihres Romans allmählich verfliegt. Utopie und Wirklichkeit der Friedenspolitik sind noch weit voneinander entfernt. Trotz aller Bekundungen ihres Friedenswillens verzichten die Politiker nicht auf ein weiteres Wettrüsten. Und auch die Sozialdemokraten, die Bertha von Suttner anfangs begeistert unterstützten und für ihre Partei gewinnen wollten, gehen allmählich auf Distanz. Dass sie sich die Friedensbewegung als Zusammenschluss von Menschen aller politischen Richtungen und gesellschaftlichen Schichten wünscht, wird ihr als unpolitisch und naiv angekreidet. Vielleicht aber ist sie damit ihrer Zeit einfach nur voraus.

Am 10. Dezember 1896 stirbt Alfred Nobel. Bertha verliert mit ihm einen wichtigen Freund, einen verlässlichen Begleiter und Beschützer, der ihre Anliegen mehrmals auch finanziell unterstützt hat. Wie sehr sie ihn trotz aller kontroversen Debatten für ihre Ideen hat gewinnen können, erfährt sie aus seinem Testament. Dankbar und tief bewegt notiert sie: »Vor aller Welt war da von einem Erfinder von Kriegsmaterial öffentlich erklärt, daß die Verbrüderung der Völker, die Verminderung der Heere, die Förderung der Friedenskongresse zu den Dingen gehören, die das meiste Glück für die Menschheit bedeuten.«[16]

Die Stiftung des Friedensnobelpreises gehört zu den wenigen, ermutigenden Zeichen, die Bertha von Suttner erfährt. Ansonsten beobachtet sie vor der Jahrhundertwende Anzeichen einer eher deprimierenden weltpolitischen Entwicklung.

Während Amerika Spanien den Krieg erklärt, während Deutschland, Frankreich und England sich bis an die Zähne bewaffnen, gibt es im Jahre 1898 noch einmal ein hoffnungsvolles Signal. Völlig überraschend tritt der russische Zar Nikolaus II. mit einem Friedensmanifest an die Öffentlichkeit, fordert Abrüstungsverhandlungen und die Einrichtung eines internationalen Schiedsgerichtes. Ein bisschen kokett und wohl auch wider besseres Wissen spielt Bertha mit dem Gedanken, ihr Roman habe den Zaren auf diese Idee gebracht. Aber sehr ernsthaft stürzt sie sich in die Vorbereitungen für die erste internationale Friedenskonferenz, zu der 1899 Regierungsvertreter von sechsundzwanzig Staaten nach Haag reisen. Diese Konferenz, die ohne greifbare Ergebnisse zu Ende geht, markiert den letzten Höhepunkt der Friedenspolitik jener Zeit und zugleich deren Niedergang.

Mit dem 20. Jahrhundert bricht eine schwierige Phase der Weltgeschichte an und für Bertha von Suttner eine schwere Zeit. Während Friedens- und Abrüstungsverhandlungen stagnieren, werden überall auf der Welt Kriege vorbereitet und geführt. Und auch Glanz und Anerkennung, die Bertha von Suttner so wichtig sind, bleiben häufiger aus. Am 10. Dezember 1901, dem fünften Todestag Alfred Nobels, wird nach jahrelangen Familienstreitigkeiten um sein Erbe endlich der erste Friedensnobelpreis vergeben. Nicht Bertha von Suttner, sondern zwei Männer werden geehrt: Henri Dunant, der Begründer des Roten Kreuzes, und Frédéric Passy, der Gründer der französischen Friedensgesellschaft. »Dieser Preis, gnädige Frau, ist Ihr Werk«[17], schreibt ihr Henri Dunant, der wohl auch die Ungerechtigkeit dieser Entscheidung empfindet – ein schwacher Trost.

Genau ein Jahr später – es ist wieder ein 10. Dezember – erleidet sie den größten Verlust ihres Lebens: Arthur von Suttner stirbt im Alter von zweiundfünfzig Jahren an den Folgen einer unbekannten Krankheit. Bertha ist verzweifelt. Das Leben ohne Arthur kommt ihr sinnlos und leer vor. »Du weißt, daß wir unsere Pflicht fühlen, unser Scherflein zum Besserwerden der

Welt beizutragen ... Mit meinem Heimgang ist für Dich diese Pflicht nicht erloschen«[18], mahnt Arthur sie in seinem Testament.

Seine Witwe nimmt sich diese Worte zu Herzen und bleibt bis zu ihrem eigenen Tode aktiv. Sie bricht sogar noch nach Amerika zu Vortragsreisen auf. Doch alles wird ihr immer mehr zur inneren Pflicht, immer weniger empfindet sie Vergnügen dabei. Fotos aus diesem letzten Lebensabschnitt zeigen eine schwermütige, traurige Frau. Dass sie noch immer gehört und bewundert wird, dass es ihr gelingt, auf einer Tournee die Vortragssäle in einunddreißig deutschen Städten zu füllen, hält sie dennoch aufrecht und in Bewegung. Im Jahre 1905 ist es endlich so weit: Bertha von Suttner wird der Friedensnobelpreis zugesprochen. Grüblerisch notiert sie in ihr Tagebuch: »Fühle mich trotz Glücksfall (der ungeteilte Preis) eigentlich unglücklich.«[19] Wie gerne hätte sie diese Freude, diesen Triumph, mit Arthur gemeinsam genossen! Sie spürt auch, dass der Preis kaum noch eine politische Wirkung entfalten wird. Bertha von Suttner ist prominent, aber ihr Einfluss ist inzwischen gering. Andere Kräfte haben sich längst durchgesetzt. Immerhin sichert der Nobelpreis Berthas Lebensunterhalt bis zu ihrem Tode.

»Warum tut ihr nichts, ihr jungen Leute? Euch geht es vor allem an! Wehrt euch doch, schließt euch zusammen! Laßt nicht immer alles uns paar alte

Frauen tun, auf die niemand hört!«[20] Der junge Mann, dem Bertha von Suttner diese Sätze auf der Straße entgegenschleudert, ist kein Geringerer als Stefan Zweig. Es ist das Jahr 1913, und deutlicher als viele ihrer Zeitgenossen spürt Bertha, dass ein Krieg von ungeahnten Dimensionen droht. Dem Ende ihres eigenen Lebens aber sieht sie eher gelassen entgegen. »Beine noch schlechter. ›Realisiere‹, wie die Engländer sagen, ›voll und ganz‹, wie die Deutschen sagen, daß ich, wie die Österreicher sagen, ›alte Schachtel‹ bin. Ja, nehme Würde und Bürde der 70 auf. Lange wird's ja nicht dauern«[21], vertraut sie ihrem privaten Tagebuch an.

Das Schicksal erspart es Bertha von Suttner, noch erfahren zu müssen, dass die Sozialdemokraten in Deutschland für die Bewilligung der Kriegskredite stimmten. Es verschont sie davor, den Beginn des Ersten Weltkriegs zu erleben. Aber es versagt ihr auch die Nachricht, dass sich Frauen aus aller Welt ein Jahr später zu einem Friedenskongress in Haag treffen und die Internationale Frauenliga für Frieden und Freiheit* gründen. Bertha von Suttner stirbt, einundsiebzig Jahre alt, am 21. Juni 1914 in ihrer Wohnung in Wien. Etwas beschämt erinnert sich Stefan Zweig später daran, dass er die alte Frau auf der Straße damals wohl nicht

---

* Siehe dazu das Porträt der beiden Präsidentinnen und Friedensnobelpreisträgerinnen Emily Greene Balch in diesem Band und Jane Addams in: »Nicht nur Madame Curie …« (Beltz & Gelberg 1990)

so recht ernst genommen hatte, dass er, wie viele Intellektuelle seiner Zeit, ein wenig Herablassung gegenüber der einfachen Botschaft der »Friedensbertha« empfand. In seinen »Erinnerungen eines Europäers« schreibt er: »Sie hatte vielleicht nur diesen einen Gedanken: ›Die Waffen nieder!‹, aber es ist ihre unvergängliche Größe, daß dieser Gedanke nicht nur der richtige, sondern auch der einzig wichtige unserer Epoche gewesen war.«[22]

»Ich bin eine Zuhörerin,
eine Wiedererzählerin«

Selma Ottilia Lovisa Lagerlöf (1858–1940), Nobelpreis
für Literatur 1909

Von Claudia Eberhard-Metzger

Es ist der schönste Tag, den man sich denken kann. Die
Sonne scheint hell, kleine weiße Wolken schweben am
blauen Himmel und die Luft ist sommerlich warm. Die
Droschke steht bereit, frisch gestrichen und glänzend
gelackt, den Pferden ist das beste Geschirr angelegt.
Die Fahrt beginnt – vorbei an Heustadeln, die so voll
gestopft sind, dass Türen und Luken offen bleiben müssen, und an Apfelbäumen, die sich unter der Last der
reifenden Früchte biegen. Auf den Roggenfeldern stehen die Garben in dichten Reihen. »Wie sehr das alles
Leutnant Lagerlöf gefallen hätte«, denkt die grauhaari-
ge Frau im Innern der Kutsche und erinnert sich daran,
wie es früher war, als sie als Kind mit ihrem Vater auf
dem Kirchplatz vorfuhr: »Die Leute wichen mit
freundlichem Gruß vor dem Wagen aus, in dem Leutnant Lagerlöf mit fröhlichem Lächeln saß und unauf-
hörlich die Hand an den Hutrand legte.«[1]

Doch jetzt ist der Platz vor der Kirche einsam und
leer. Sie verlässt die Droschke, in der Hand einen
Kranz, geht zum Kirchhof und legt das Gebinde auf
das Grab ihres Vaters. Heute, am 17. August 1919, hät-

te er seinen hundertsten Geburtstag gefeiert. Ein Fest, zu dem früher die Leute aus ganz Värmland auf den alten Herrenhof Marbacka geströmt sind: Die Gäste tanzten, sangen und lachten, in Versen und Prosa beglückwünschten sie den Vater, ein Theaterstück wurde aufgeführt, und gegen Abend erstrahlte der Garten in festlicher Beleuchtung.

Die glücklichen Kindheitstage sind längst Vergangenheit. Nun steht die Tochter vor dem Grab und weint um all die Toten, die da liegen: Vater, Mutter, Großmutter, Tante Lovisa und die alte Haushälterin. Alle hat sie hierher auf den Friedhof von Ämtervik geleitet. Sie sehnt sich nach ihnen, wünscht inständig, sie könnten wiederkommen, um mit ihr zusammen auf Marbacka zu wohnen. Doch die Toten hören sie nicht. »Aber vielleicht«, schreibt sich die Trauernde den Schmerz von der Seele, »hörten sie mich doch. Vielleicht, daß diese Erinnerungen, die mich in den letzten Jahren umschwebt haben, von ihnen ausgesandt waren! Ich weiß es nicht, aber ich will es so gerne glauben.«[2]

Als Selma Lagerlöf die Droschkenfahrt zu ihren verlorenen Lieben, denen sie so viel zu verdanken hat, in ihren Erinnerungen, dem Buch »Marbacka«, beschreibt, ist sie vierundsechzig Jahre alt. Sie ist heimgekehrt zu dem Hof in der mittelschwedischen Landschaft Värmland, auf dem sie aufgewachsen ist. Aus dem ernsten Mädchen mit den dicken blonden Zöpfen ist eine hoch geehrte Schriftstellerin geworden. Sie ist die Schöpferin des verzauberten »Nils Holgersson«, der auf dem Rücken einer Wildgans direkt in die Herzen der Kinder in aller Welt geflogen ist. Sie ist die erste Frau, die als Mitglied in die Schwedische Akademie aufgenommen wurde, die Universität Uppsala hat sie zum Ehrendoktor der Philosophie ernannt – und sie ist Literatur-Nobelpreisträgerin.

Als erste Frau erhielt sie im Jahr 1909 die Auszeichnung »in Würdigung des hohen Idealismus, der lebendigen Einbildungskraft und der durchgeistigten Darstellung, die sich in ihren Werken offenbaren«. Sie selbst hat ihre Leistung mit weniger großen Worten beschrieben. Sie sei »eine Zuhörerin, eine Wiedererzählerin«[3], meint sie bescheiden in einem Brief aus dem Jahre 1925. Vieles von dem, was sie in ihren Werken »wiedererzählt«, hat mit Marbacka zu tun, mit ihren Erlebnissen auf dem Hof, mit den Menschen aus Värmland, vor allem aber mit den wundersamen Geschichten, die sie als Kind von ihrem Vater und ihrer Mutter, von der Großmutter, ihrer Tante und der alten Haushälterin gehört hat.

Eine dieser wundersamen Geschichten spinnt sich um ihre eigene Geburt. Die Dichterin hat das Ereignis als kleines Mädchen erzählt bekommen und anlässlich ihres fünfzigsten Geburtstages niedergeschrieben: Kurze Zeit, nachdem Selma Ottilia Lovisa Lagerlöf am Abend des 20. November 1858 auf Marbacka zur

Welt gekommen ist, besucht Frau Pastor Wennervick ihre Schwester, Selmas Großmutter. Wie zufällig trägt Tante Wennervik die Spielkarten in ihrem »Ridiküll«, ihrem Handarbeitsbeutel, mit sich. Sie ziert sich zunächst ein wenig, erklärt sich dann aber doch bereit, die Zukunft des neugeborenen Kindes mithilfe der Karten zu deuten. »Sie wird nie heiraten«, weissagt Frau Pastor zum Leidwesen der Großmutter. Aber »gut und freundlich«, tröstet sie rasch, werde Selma ihr Leben lang sein und es »viel mit Büchern und Papieren zu tun haben«[4]. Alles, was die Pastorengattin in den Karten liest, sollte eintreten. Auch dass Selma zeitlebens unter einer Krankheit zu leiden hat.

Diese Prophezeiung erfüllt sich früher als alle anderen. Selma ist dreieinhalb Jahre alt, als ihr Vater an einem Frühsommertag mit seinen drei Kindern Johann, Anna und Selma vom Baden zurückkehrt. Die Kinder sind müde, und das Kindermädchen legt sie zu Bett, damit sie sich bis zum Mittagessen ausruhen können. Als Selma, die Jüngste, erwacht, sind ihre Geschwister schon aufgestanden. Niemand kommt, um sie zu holen, also versucht sie, alleine aus dem Bett zu steigen. Doch es gelingt ihr nicht. Immer wieder müht sie sich, immer wieder sinkt sie in die Kissen zurück. Die Beine gehorchen ihr nicht – sie hat die Gewalt über sie verloren. »Das kleine Mädchen geriet außer sich vor Entsetzen«, schreibt Selma Lagerlöf später. »Das Gefühl von Ohnmacht, das sie beschlich, als der Körper ihr den

Dienst versagte, war so unheimlich, dass sie sich noch lange, lange nachher, ja ihr ganzes Leben lang daran erinnern konnte.«[5]

Die Sorge der Eltern ist groß. Alles Mögliche wird unternommen, um Selma zu helfen. Auf Rat eines Arztes reist die ganze Familie im Sommer 1863 nach Strömstad an der schwedischen Westküste, nahe der norwegischen Grenze. Die Seebäder, so hofft man, werden dem Kind, das nun schon ein ganzes Jahr weder stehen noch gehen kann, gut tun. Während des Aufenthalts in Strömstad bessert sich Selmas angeborene Hüftfehlstellung tatsächlich, manche Quellen reden auch von einer Kinderlähmung, welche die vorübergehende Lähmung verursacht haben soll. Jedenfalls wird sie ihr Leben lang ein wenig hinken.

Der aufregende, erlebnisreiche Aufenthalt am Meer hat noch eine andere, nicht minder wichtige Bedeutung für das Kind: Selma lernt nicht nur wieder gehen, sondern auch sehen. »Dank der Reise«, schreibt sie in ihren Erinnerungen, »wußte sie nun, wie all ihre Lieben aussahen, zu der Zeit, wo sie noch in der Blüte ihrer Jahre standen und sich des Lebens freuten. Wäre diese Reise nicht gewesen, so wäre alles aus jener Zeit aus ihrem Gedächtnis entschwunden.«[6]

Vor allem der Vater ist ihr aus jener Zeit gut in Erinnerung geblieben. Noch Jahrzehnte später schildert Selma Lagerlöf lebendig und liebevoll seine »menschenfreundliche Natur«. Er ist der Freund seiner

Kinder, ein geselliger, beliebter, phantasievoller Gastgeber und der lebensfrohe Eigentümer von Marbacka. Das Anwesen war seit Beginn des 18. Jahrhunderts Pfarrhof gewesen, bis im ersten Jahrzehnt des 19. Jahrhunderts der Regimentsschreiber Daniel Lagerlöf einheiratete. Dessen Sohn, der Leutnant Erik Gustav Lagerlöf – Selmas Vater –, führt den Hof mit lockerer, freigiebiger Hand und ist nebenher als Steuereinnehmer tätig. Er spielt Klavier, singt mit seinen Kindern die sinnenfrohen, heiter-melancholischen Lieder von Carl Michael Bellman, einem der volkstümlichsten Dichter Schwedens, und sammelt alte värmländische Sagen. Seine Tochter wird sie später ordnen und aus ihnen zahlreiche Motive für ihren Erstlingsroman »Gösta Berling« und andere Werke schöpfen.

Die heitere Gestalt des Vaters steht im Vordergrund, wenn Selma ihre Kindheit schildert. Von der Mutter berichtet sie nur wenig. Was sie aber über sie sagt, ist besonders eindringlich: »Sie war wie ihr Bruder auf Gardsjö. Es war dasselbe kluge Gesicht, derselbe klare Kopf, dasselbe ernste Wesen, dieselbe Liebe zur Arbeit, dieselbe Gleichgültigkeit gegenüber Vergnügungen und dieselbe Abneigung gegen alles Unsichere und Abenteuerliche.«[7]

Selmas Mutter, Louise Elisabeth Lagerlöf, geborene Wallroth, ist die Tochter eines wohlhabenden Kaufmanns und Grubenbesitzers aus Philipstad. Selma war nach Johann und Anna ihr drittes Kind, es folgten die

Schwester Gerda und der Bruder Daniel. Zeitgenossen beschreiben Louise Lagerlöf als stille, wortkarge Frau. »In den Herzen derer zu lesen, die sie liebte«, charakterisiert Selma ihre Mutter, »war für Frau Lagerlöf ebenso leicht wie in einem Buch zu lesen; aber in erregten Augenblicken ihre Gedanken in Worte zu kleiden, war ihr ebenso unmöglich, wie hebräisch zu sprechen.«[8]

Die Liebe zur Dichtung, die in Marbacka lebendig ist, teilt auch Frau Lagerlöf. An den langen Winterabenden vor dem Kamin liest sie ihren Kindern die Märchen von Hans Christian Andersen und die Erzählungen des bedeutenden finnischen Dichters Johan Ludvig Runeberg vor. Tagsüber ist es die Großmutter, die den Kindern Geschichten erzählt. »Sie erzählte, vom Morgen bis zum Abend«, berichtet Selma. Die Lagerlöf-Kinder sitzen währenddessen still neben der betagten Frau auf dem Ecksofa im Schlafzimmer und hören staunend zu. »Das war ein herrliches Leben«, erinnert sich Selma. »Es gab keine Kinder, denen es so gut ging wie uns.«[9]

An einem Morgen des Jahres 1864 bleibt das Ecksofa leer. Selma ist fünf Jahre alt und sie fühlt einen »großen Schmerz«. Nie mehr, gesteht sie, habe sie einen größeren Kummer empfunden. Wie sollen die Stunden und Tage ohne die Großmutter und ihre Geschichten vergehen? »Ich erinnere mich«, schreibt sie, »wie Märchen und Lieder vom Hause wegfuhren, in einen langen schwarzen Sarg gepackt, und niemals wiederkamen. Ich erinnere mich, daß etwas aus dem Leben verschwunden war. Es war, als hätte sich die Tür zu einer ganzen schönen, verzauberten Welt geschlossen, in der wir früher ein und aus gehen durften. Und nun gab es niemand mehr, der sich darauf verstand, diese Tür zu öffnen.«[10] Erst ganz allmählich lernen die Lagerlöf-Kinder, mit Spielzeug und Puppen zu spielen und »zu leben wie andere Kinder auch«[11].

Die Atmosphäre auf Marbacka bleibt trotz der Befürchtungen Selmas auch nach dem Tod der Großmutter voll von Märchen und Geschichten. Besonders viele wunderbare Begebenheiten hat die alte Haushälterin, Maja Persdotter, zu erzählen. Und es gibt Tante Ottiliana, eine Schwester des Vaters. Sie fasziniert die Kinder mit ihren Geschichten von den tolldreisten Värmland-Kavalieren, die betagt, verarmt, aber nicht minder lebens- und abenteuerlustig, von einem Hof zum andern ziehen.

Sieben Jahre ist Selma alt, als sie, die immer nur auf dem abgelegenen Herrenhof in Värmland gelebt hat, eine Welt kennen lernt, von der weder ihre Großmutter noch die Tante jemals gesprochen hatten. Diesen Einblick in unbekannte Lebenswelten verdankt Selma »Oceola«, einem Indianerroman von Mayne Reid, den ein Zufall nach Marbacka gebracht hat. Selma, kaum des Lesens mächtig, verschlingt das dicke Buch. Sie liest von Liebe und Hass, edlen Helden und niedrigen Schurken, Freud und Leid, Glück und Schmerz. »Der ganze Reichtum des Lebens«[12] entfaltet sich vor der Siebenjährigen, die von der Lektüre tagelang »ganz benommen, ganz bezaubert« ist. Später, als Selma Lagerlöf schon eine bekannte Schriftstellerin ist, entdeckt sie in einer Bahnhofsbuchhandlung ihr ehemaliges Lieblingsbuch. Sie blättert darin und ist enttäuscht. Der Roman, der sie als Kind so tief beeindruckt hat, ist ein »armseliges, langweiliges, schlecht übersetztes Buch«[13]. Doch der Schmöker hat damals in ihr ein »tiefes, starkes Verlangen« erweckt, einmal »etwas ebenso Herrliches«[14] zustande zu bringen. Seit sie »Oceola« gelesen hat, weiß Selma, womit sie sich eines Tages beschäftigen will: Sie will Romane schreiben.

Fortan verschlingt sie alle Bücher, derer sie habhaft werden kann. Mit fünfzehn Jahren hat sie sämtliche Werke gelesen, die in der Bibliothek der Lagerlöfs zu finden sind, und an einem Frühlingsabend des Jahres 1874 gelingt ihr das erste Gedicht. »Stelle dir vor«, schreibt die Fünfzehnjährige über ihre gerade entdeckte Fähigkeit, »daß du blind warst und plötzlich sehen wirst, daß du bettelarm und auf einmal ganz reich bist ... Stelle dir vor, was du willst, an großem unerwarteten Glück, und du wirst dir doch kein größeres denken können, als das ich in diesem Augenblick empfand ...«[15]

Früh und spät, Tag und Nacht fügt Selma nun

Verse zusammen, viele Jahre lang. Rückblickend wird sie ihre ersten dichterischen Gehversuche »Geschreibsel« nennen. Doch noch sitzt Selma auf dem stillen, abgelegenen Herrenhof ihres Vaters und wartet darauf, dass jemand kommen, ihre Werke entdecken und sie schön finden wird.

Das geschieht am 13. August 1880. Selma Lagerlöf ist zweiundzwanzig Jahre alt und nimmt als Brautjungfer an einer Hochzeit in Värmland teil. Dort hält sie die Brautjungfernrede in Form eines Gedichts von zwölf Strophen zu je sechs Zeilen. Unter den Hochzeitsgästen ist Eva Fryxell, Schriftstellerin und eine der Führerinnen der jungen schwedischen Frauenbewegung. Die gereimte Rede gefällt ihr, und sie fordert Selma auf, ihr einige ihrer besten Gedichte nach Stockholm zu schicken. Sie wolle versuchen, diese bei einer Zeitung unterzubringen.

Die junge Nachwuchs-Dichterin ist überglücklich. Doch es folgt eine herbe Enttäuschung. Nach langer Wartezeit kommt im Frühjahr 1881 ein dicker Brief mit allen ihren Gedichten zurück: Niemand hat sie drucken wollen. Die tatkräftige Eva Fryxell lässt es dabei jedoch nicht bewenden. Sie erkennt, was Selma fehlt: Lebenserfahrung und Wissen. Wenn sie immer nur zu Hause im engen värmländischen Winkel bleibe, erklärt sie unumwunden, könne niemals etwas aus ihr werden. Selma glaubt ihr. Im Jahr 1881 verlässt sie ihr geliebtes Marbacka und reist nach Stockholm.

Dort besucht sie ein Jahr lang Sjöbergs Mädchenlyzeum, um sich auf die Aufnahmeprüfung des Lehrerinnenseminars vorzubereiten. Selma strebt die Ausbildung zur Lehrerin nicht nur an, um solides Wissen zu erwerben und ihre Dichtkunst zu verbessern, es gibt noch einen anderen Grund. Mit Marbacka, dem kleinen Herrenhof, war es immer weiter bergab gegangen. »Wir sind zu Hause seit einigen Jahren sehr arm«, bekennt die Gutsbesitzertochter. »Ich muß lernen, mir mein eigenes Brot zu verdienen, wenn ich nicht im Elend versinken will.«[16]

Im Herbst 1882 besteht Selma die Aufnahmeprüfung. »Ich bin nicht mehr hilflos und abhängig«, schreibt sie glücklich. »Ich werde im Stande sein, mir selbst mein Brot zu verdienen. Ich werde selbst über mein Tun und Lassen bestimmen. Künftighin hängt es von mir allein ab, ob ich das erreichen werde, was ich erreichen will.«[17]

Im selben Jahr tritt sie in das Höhere Lehrerinnenseminar in Stockholm ein. Selma ist jetzt vierundzwanzig Jahre alt und damit schon um einiges älter als ihre Mitschülerinnen, junge Mädchen von siebzehn, achtzehn Jahren. Die zurückhaltende junge Frau in ländlicher Tracht, die noch immer ihren dicken, doppelt geflochtenen Zopf auf dem Rücken trägt, ist im Lehrerinnenseminar sehr beliebt. Sie ist eine strebsame Schülerin und arbeitet die nächsten drei Jahre energisch und zielbewusst. Für ihre Schriftstellerträume hat sie keine Zeit. Gern übt sie jedoch ihre Versgewandtheit und verfasst Sonette, in denen sie die Vorzüge und Schwächen von Lehrern und Mitschülern darstellt. Es macht ihr Freude, ihre Gedanken »in diese kleinen niedlichen Zwangsjacken zu pressen«[18].

Im Frühjahr 1885 verlässt Selma Lagerlöf das Seminar mit dem seltenen Prädikat »Unterrichtsbefähigung rühmenswert«. Am liebsten wäre sie in Stockholm geblieben, um ihren Beruf auszuüben, und so war es zunächst eine Enttäuschung für sie, dass man sie noch im selben Jahr an die Höhere Schule für Mädchen im ländlichen Landskrona schickt. Zwölf Jahre lang sollte sie in dem kleinen südschwedischen Hafenstädtchen am Oresund bleiben, das ihr immer besser gefällt. »Ich habe noch nie so viele prächtige Menschen an einem kleinen Fleck beisammen getroffen wie in Landskrona«[19], schreibt sie viele Jahre später. Ihr Leben ist anspruchslos. Das Gehalt beträgt tausend Kronen im Jahr, und es ist nicht leicht für sie, mit dieser Summe auszukommen, zumal im selben Frühjahr, in dem sie ihre Studien beendet, ihr Vater im Alter von sechsundsechzig Jahren stirbt: Selma erbt eine Hinterlassenschaftsschuld von zweitausend Kronen.

Wie früher das Lernen betreibt sie nun auch das Lehren mit großer Intensität. Sie unterrichtet Geschichte, Naturkunde, Geographie und Mathematik. An ihrer Arbeit hat sie viel Freude: »Eine gute Stunde zu geben«, schreibt sie an eine ihrer Seminarkolleginnen, »so daß die Kinder vor Interesse glühen und die Zeit fliegt, ist mein einziges Vergnügen, mein höchster Ehrgeiz ... Klingt das nicht schön?«, ergänzt sie zweifelnd. »Aber ich weiß nicht, ob ich wirklich möchte, daß man mich beim Wort nimmt.«[20]

Die Schülerinnen sind von ihrer Lehrerin begeistert. Eine von ihnen, Ann Clara Alvén-Romanus, beschreibt die Besonderheit ihres Unterrichts. Jede ihrer Stunden sei »frei von jedem Zwang« gewesen. Sie habe »ein wundervolles Vermögen« gehabt, »so zu schildern und zu erzählen, daß wir es alle verstanden«, so dass die Mädchen »zuweilen Zeit und Raum vergaßen und tief aufseufzten, wenn die Klingelglocke verkündete, daß die Stunde um war«[21].

In ihrer knappen freien Zeit übt sich Selma noch immer im Verseschmieden. Sie versucht, »ihre Kavaliere«, die merkwürdigen Gestalten der värmländischen Heimat, von denen Tante Ottiliane erzählt hat, in ein Versdrama zu zwingen. Vor allem aber schreibt sie weiterhin Sonette, »Bühneneindrücke« genannt, in denen sie sich die Helden und Heldinnen aller Theaterstücke vornimmt, die sie gelesen hat.

Eine Anzahl dieser Sonette schickt Gurli Linder, eine ehemalige Seminarkollegin, ohne Selmas Wissen an Sophie Adlersparre. Die Stockholmer Freiherrin ist eine Vorkämpferin der schwedischen Frauenbewegung und Herausgeberin der Zeitschrift *Dagny*. Im Herbst

1886 hält die völlig überraschte, achtundzwanzigjährige Lehrerin in Landskrona einen Brief der einflussreichen Freiherrin in Händen, in dem sie Selmas Sonette als »pittoresk, scharfsinnig, überraschend, gleich kleinen wohlgeformten Schmuckstücken«[22] lobt. In den nächsten Jahren veröffentlicht Sophie Adlersparre eine Reihe von Selmas Gedichten in der *Dagny*. Aber die Verse und ihre Verfasserin bleiben unbeachtet.

»Es sind Arbeiten von Rang«, urteilt der Literaturwissenschaftler Walter Berendsohn, »aber doch nur Stilübungen … Auf Grund der gedruckten Gedichte … konnte wirklich niemand etwas von ihrer eigenartigen Begabung ahnen. Die lag auf ganz anderem Gebiet.«[23]

Dieses andere Gebiet ist die Prosa, die, wie es die Literaturwissenschaft definiert, »geradeaus gerichtete, nicht durch Rhythmus oder Reim gebundene, im Akzent freie Redeweise der Umgangssprache.«[24] Und damit genau das, was Selma als Kind mit der kraftvollen Erzählkunst ihrer Familie aufgesogen hat.

Ihre Gönnerin Sophie Adlersparre erkennt, dass Selmas Ausdrucksmittel nicht die in Form gezwungene, sondern die freie, lebendig erzählende Sprache ist. Sie macht die Dichterin damit auf etwas aufmerksam, was Selma selbst schon lange fühlte, sich jedoch nicht einzugestehen traute. Bereits in ihrer Jugend hatte sie die Meister des Prosastils wie Dickens, Daudet, Flaubert, Turgenjew oder Tolstoi kennen gelernt; besonders beeindruckt war sie während ihrer Seminarzeit von Thomas Carlyle, dem schottischen Denker und Historiker. Als sie Carlyles Buch »Helden, Heldenverehrung und das Heldenhafte« las, hatte sie das »seltsame Empfinden ... etwas Verwandtes zu besitzen«. Sie bewunderte »das Vermögen, so geradewegs aus dem Herzen zu schreiben, so frei und unbehindert mit dem Leser umzugehen«, und hatte das »deutliche Gefühl«[25], selbst solche Prosa schreiben zu können. Doch bis Selma Lagerlöf sich von den Versen löst und zu ihrer eigentlichen Begabung finden kann, muss noch ein weiteres Ereignis eintreten.

Im Jahr 1888 muss ihr Bruder Johann, der den heimatlichen Hof nach dem Tode des Vaters übernommen hat, Konkurs anmelden. Marbacka steht zum Verkauf. Ehe der Gutshof in andere Hände übergeht, reist Selma noch einmal nach Hause, um Abschied zu nehmen. In der vertrauten Umgebung ihrer Kindheit fasst sie einen wichtigen Entschluss. In »Eine Geschichte von einer Geschichte« erzählt sie von der Entscheidung, die ihr Leben verändern sollte: »An dem Abend, bevor sie von dort abreisten, mit dem Gedanken, diesen teuren Platz nie wieder zu sehen, beschloß sie in aller Demut, das Buch auf ihre eigene Art und nach ihrem eigenen geringen Vermögen zu schreiben. Es würde kein Meisterwerk werden, wie sie gehofft hatte. Es würde ein Buch werden, über das die Menschen vielleicht zu lachen wagen würden ...« Sie wollte das Buch trotz dieser Befürchtungen schreiben, »um das zu retten, was sie noch von der Heimat retten konnte: die lieben alten Geschichten, den heiteren Frieden sorgloser Tage und die schöne Landschaft mit dem lang gestreckten See und den blau schimmernden Hügeln«[26].

Ihr Vorhaben, sich der »lieben alten Geschichten« anzunehmen, ist mutig, stellt sie sich damit doch gegen die Zeitströmung. Denn die achtziger Jahre stehen in Schweden ganz im Zeichen der realistischen Wirklichkeitsschilderungen, des »Naturalismus«, vor allem vertreten durch den norwegischen Dramatiker Henrik Ibsen (1828–1906) und den schwedischen Schriftsteller August Strindberg (1849–1912) mit ihrer analytischen, emotionslosen Sprache. Selma Lagerlöf aber liebt die Romantik, das Überwirkliche, das Wunderbare und Schaurige. Ihre Phantasie ist voll von Gespenstern und wilder Liebe, von wunderschönen Damen und abenteuerlichen Kavalieren. All das lässt sich nicht in eine nüchterne, realistische Sprache pressen.

Die Reise ins verlorene Marbacka hat Selma aufgewühlt, setzte alte Erinnerungen frei. An ihrem Schreibtisch in Landskrona arbeitet sie fortan unermüdlich daran, die Geschichten, die sie mit ihrer Jugend auf dem Hof verbinden, aufzuschreiben, miteinander zu verketten und weiterzuentwickeln. Sie hat jetzt keine Angst mehr »vor den starken Worten, den Ausrufen, den Fragen«. Sie fürchtet nicht mehr, »sich selbst zu geben mit ihrer ganzen Kindlichkeit und mit allen ihren Träumen«. Ihre Feder fliegt nur so dahin, die Geschichten drängen wie von selbst aufs Papier. Selma Lagerlöf ist nun sicher, das Buch in ihrem eigenen Stil schreiben zu können. Ebenso sicher ist sie allerdings, »daß niemand die Geduld haben würde, es zu lesen«[27]. Im Frühling 1890 schreibt die Frauenzeitschrift *Idun* einen Preis von fünfhundert Kronen für eine Novelle aus. Auf Drängen ihrer Schwester Gerda beschließt Selma, während der Sommerferien fünf ihrer Geschichten zu einer Novelle zusammenzufügen. Sie reicht ihre Arbeit im Juli ein – und wartet. Eine der Geschichten trägt den Titel »Gösta Berling«. Einen Monat später teilt die Zeitschrift *Idun* mit, dass mehr als zwanzig Arbeiten eingegangen, einige davon jedoch so wirr geschrieben seien, dass sie von vornherein ausscheiden müssten. Selma Lagerlöf begräbt die Hoffnung auf den Preis. Im November erhält sie ein sonderbares Telegramm von drei ehemaligen Seminar-Kolleginnen mit den Worten »Jubelnde Glückwünsche«. Erst am nächsten Tag liest sie in einer Stockholmer Zeitung, dass einer Selma Lagerlöf aus Landskrona der Preis der Zeitschrift *Idun* zuerkannt worden sei.

In den Weihnachtsferien des Jahres 1890 reist Selma nach Stockholm. Der Herausgeber von *Idun*, Frithjof Hellgren, der die Arbeit der Unbekannten als »recht merkwürdig, nicht ohne Originalität und Poesie«[28] charakterisiert hat, regt an, Selmas Arbeiten als Roman mit dem Titel »Gösta Berling – Erzählung aus dem alten Värmland« zu drucken. Doch bislang hat Selma nur einzelne, unzusammenhängende Geschichten geschrieben. Sophie Adlersparre hilft ihr, das Werk zu vollenden. Die engagierte Freiherrin beschließt spontan, Selma eine großzügige Geldspende zukommen zu lassen, damit sie sich von der Schule ein Jahr beurlauben lassen kann. Selma Lagerlöf nimmt das Angebot ihrer Gönnerin an und zieht sich zu Freunden auf den Hof Rocklunda im Sörmland zurück. Dort schreibt sie während des Frühjahrs und Sommers 1891 den Roman fertig.

»Man muß schreiben und immer nur schreiben«, berichtet sie einer Schulkollegin, »Tag und Nacht, stehend, sitzend und liegend. Es ist, als sei das Gehirn eine erhitzte Bronzemasse, und da soll alles, solange es noch warm ist, auf einmal in Form gegossen werden.«[29] Sie habe graue Haare und Runzeln bekommen, gesteht sie humorvoll, und sie sei derart zerstreut, dass die Leute ständig über sie lachten.

Das Schreiben ist harte Arbeit für sie und wird es immer bleiben. Als Selma Jahre später von einer jungen Freundin um Rat gebeten wird, ob auch sie zur Schriftstellerin tauge, antwortet Selma der Nachwuchsliteratin mit ihren leidvollen Erfahrungen: »Du sollst dich nicht der Literatur hingeben, wenn du nicht einen kräftigen Körper und gestählte Nerven hast. Geht es dir gut, dann erfordert es eine übermenschliche Arbeit,

gegen die alles andere ein Kinderspiel ist ... Sich die Gedanken anderer anzueignen ist nichts gegen das Produzieren eigener Gedanken. Geht es schlecht, und das tut
es immer einmal, so zerrt es an den Nerven und kann
das Leben zu einer solchen Qual machen, dass alle
Freude vergeht.«[30]

»Gösta Berling« erscheint kurz vor Weihnachten
1891 im Verlag der Zeitschrift *Idun*. In einer Reihe lose
verknüpfter Episoden erzählt Selma Lagerlöf das
Schicksal des gefallenen Priesters Gösta Berling, der,
vor dem Freitod gerettet, eine hemmungslose Genuss-
sucht entwickelt, seine Verfehlungen jedoch schließlich
reumütig erkennt. Doch der unter großer Anstrengung
entstandene Erstling wird nicht der Überraschungser-
folg, den sich die jetzt dreiunddreißigjährige Schriftstellerin insgeheim erhofft hat. Die führenden schwedischen Kritiker sind sehr kurz angebunden und das
Buch verkauft sich schlecht. Zu ungewöhnlich ist die
Ausdrucksweise, die vom Stil der achtziger Jahre völlig
abweicht. Bemängelt wird die improvisierte, fast zufäl-
lige äußere Form und die scheinbar willkürliche Vermi-
schung von lebenswahren und sagenhaften Gestalten
und Vorgängen. Vor allem im Schluss, heißt es in einer
Kritik, liege »zu viel Herzenswärme und Pädagogik«[31].
Der Dichter und Kritiker Oscar Levertin allerdings erkennt in Selmas Debüt den Beginn einer neuen Epoche
der schwedischen Literatur.

Im Jahr 1892 erscheint »Gösta Berling« in dänischer

Übersetzung. Der einflussreiche dänische Literaturhistoriker und Kritiker Georg Brandes wird auf das Werk aufmerksam und setzt sich als wohlwollender Förderer junger Talente für das Buch ein. Brandes lobt die Originalität von Stil und Inhalt, hofft aber gleichzeitig, die Autorin werde in ihrem nächsten Buch weniger verschwenderisch mit ihrem Material umgehen. Das Urteil des mächtigen Kritikers beeindruckt auch die schwedischen Leser, sodass 1895 eine zweite Auflage erscheinen kann. Selma Lagerlöf, die bereits an ihren Katheder in Landskrona zurückgekehrt war und fürchtete, ihre schriftstellerischen Misserfolge würden sich mit »Gösta Berling« fortsetzen, erhält von König Oskar und Prinz Eugen ein Stipendium von tausend Kronen. Im Frühjahr 1895 gibt sie ihre Stelle an der Schule für immer auf.

Von 1895 nutzt sie ihre gewonnene Freiheit zu weiten Reisen. Sie besucht Italien, die Schweiz, Deutschland und Belgien. Der literarische Hauptertrag dieser einjährigen Reise in den Süden ist der Roman »Die Wunder des Antichrist«, der 1897 erscheint. In ihm betrachtet sie die sozialen Probleme ihrer Zeit und versucht, eine Brücke zwischen den humanitären Ideen des Sozialismus und ihrem tiefem christlichen Glauben zu schlagen. Um die Jahrhundertwende folgt eine Reise in den nahen Orient, nach Ägypten, Palästina, die Türkei und Griechenland.

Der Besuch des Heiligen Landes inspiriert Selma Lagerlöf zu ihrem zweibändigen Werk »Jerusalem«, das 1901 veröffentlicht wird. Darin erzählt sie die wahre Geschichte einer Gruppe Bauern aus dem schwedischen Dalarne, die aus religiösen Gründen ins Heilige Land auswandern, und preist die Tugenden der Nächstenliebe, Demut und Barmherzigkeit. Mit »Jerusalem« hat Selma Lagerlöf ihren ersten wirklich großen Bucherfolg.

Auf den meisten Reisen wird Selma Lagerlöf von Sophie Elkan begleitet. Die weltgewandte, begabte, geistreiche und sehr belesene Witwe eines reichen Musikalienhändlers ist ebenfalls Schriftstellerin. Als sich Selma Lagerlöf und Sophie Elkan 1894 in Stockholm zum ersten Mal treffen, meint Sophie, dass ihr die Verfasserin des viel genannten »Gösta Berling« besser gefalle als das Buch. Trotz dieser offenen Worte entwickelt sich zwischen den beiden im Temperament grundverschiedenen Frauen eine enge Freundschaft und anregende Arbeitsgemeinschaft, die beinahe dreißig Jahre andauert. »Sie machte mir das ganze Leben heller und reicher«[32], gesteht Selma. Ihr Werk »Jerusalem« hat sie Sophie Elkan mit den Worten »meiner Freundin in Leben und Dichtung« gewidmet.

Sophie Elkan begleitet Selma im Sommer 1904 auch auf eine Studienreise nach Nordschweden. Der Grund für die Reise ist Selma Lagerlöfs Plan, ein Lesebuch für schwedische Kinder zu schreiben. In ihm will sie einen kleinen Jungen namens Nils Holgersson in ein Wichtelmännchen verwandeln und auf dem Rücken eines Gänserichs landauf, landab über Schweden fliegen lassen – und dabei den Schulkindern so ganz nebenbei ihre schwedische Heimat näher bringen. Wer Nils Holgersson aber auf diese Fahrt schicken will, muss vieles mit eigenen Augen gesehen haben.

Schon zwei Jahre zuvor war die schwedische Schulbehörde an die Dichterin mit der Bitte herangetreten, ein erdkundliches Lesebuch über Schweden für Schwedens Kinder im Alter von neun bis elf Jahren zu verfassen. Die Pädagogin in Selma Lagerlöf ist angesprochen und sie nimmt den ungewöhnlichen Auftrag an. Doch zunächst weiß sie nicht, wie sie den Stoff dichterisch gestalten soll.

Wie immer in schwierigen Entscheidungsphasen reist sie nach Marbacka, auf den Hof ihrer Vorfahren, der jetzt in fremden Händen ist. Ihre Fahrt dorthin beschreibt sie rückblickend im 49. Kapitel von »Nils Holgersson« mit der Überschrift »Ein kleiner Herrenhof«. Da heißt es: »Sie war seit vielen Jahren nicht mehr dort gewesen … Eigentlich sehnte sie sich dorthin, wo in der Welt auch immer sie sich befand. Sie sah wohl, daß andere Orte schöner und besser waren; aber nirgends konnte sie ein solches Geborgensein und Wohlbehagen finden.«[33]

In ihrer vertrauten heimatlichen Umgebung erinnert sie sich an eine wahre Begebenheit. Die alte Haushälterin hatte ihr einst erzählt, wie sich im Frühling ein Hausgänserich vorüberziehenden Wildgänsen zugesellt und im Herbst mit einer Wildgans und einer Schar von Jungen zurückgekehrt war. Die tragende Idee für ihr neues Buch war geboren, das im Jahr 1906 als Märchen- und Schulbuch mit dem Titel »Wunderbare Reise des kleinen Nils Holgersson mit den Wildgänsen« erschien. Der verzauberte Bauernsohn, dessen abenteuerliche Fahrt auf dem Gänserücken beginnt und ihn über ganz Schweden führt, wird schnell zu einer weltberühmten Figur und ist es bis heute geblieben.

»Nils Holgersson« gilt als Selma Lagerlöfs Meister- werk. Wie weit sich das Buch verbreitete, geht aus ei- nem Artikel im »Svenska Dagbladet« vom 10. März 1925 hervor. Der Autor berichtet, er habe in einer Buchhandlung der Stadt Algier vergeblich nach Strind- berg und Ibsen gefragt. Stattdessen habe er sechs Wer- ke von Selma Lagerlöf gefunden. »Nils Holgersson«, wurde ihm gesagt, verkaufe sich am besten.

Nach dem Erscheinen der »Wunderbaren Reise« er- fährt die Dichterin, dass es in Värmland einen wirk- lichen Nils Holgersson gibt, ein sechsjähriges Waisen- kind. Sie nimmt das Kind in Falun auf, wo sie seit 1897 mit ihrer Mutter und Tante Lovisa in der Nähe ihrer verheirateten Schwester Gerda Ahlgren wohnt, sorgt für seine Ausbildung und bleibt ihm zeitlebens eine zweite Mutter.

Als Selma Lagerlöf ihr fünfzigstes Lebensjahr vollendet, feiert ganz Schweden die beliebte und erfolgreiche Schriftstellerin. Doch noch immer gibt es auch abfällige Stimmen. So schreibt etwa der Kritiker und Schriftsteller David af Wirsén, der ihr schon beim Erscheinen des »Gösta Berling« nicht gerade wohlgesonnen war, in einem Zeitungsbeitrag anlässlich ihres Geburtstages: »Selma Lagerlöf sollte … lernen, Schwulst und Künstelei zu vermeiden.«[34] Andere hingegen, etwa der schwedische Literaturhistoriker Ruben Berg, stellt zum ersten Mal öffentlich die Frage, warum man ihr nicht den Nobelpreis verleihe. Das sollte ein Jahr später geschehen.

Am 10. Dezember 1909 nimmt sie aus der Hand König Gustavs von Schweden den Literaturpreis der Nobel-Stiftung entgegen. Der Präsident der Stiftung, Claes Annerstedt, würdigt die charakteristische Eigenart ihrer Dichtung: »Die Sprachbehandlung in Selma Lagerlöfs Schriften verdient die vollste Anerkennung. Das reiche Erbe der Muttersprache hat sie mit kindlicher Liebe verwaltet; aus dieser Quelle stammen die Reinheit des Sprachbaues, die Klarheit des Ausdrucks und der musikalische Wohlklang, die ihr Werk auszeichnen.«[35]

Wie üblich bei dieser Verleihung, dankt Selma Lagerlöf mit einer Rede, und sie tut das in ihrer eigenen, bescheidenen, unakademischen Weise: Sie erzählt eine Geschichte. In ihr fragt sie ihren verstorbenen Vater, wie sie angesichts der hohen Ehre all jenen danken könne, die ihr Talent geweckt und gefördert haben. »Denn, denke nur Vater«, sagt sie in der Nobelpreis-Rede, »es ist ja nicht nur Ehre und Geld, was sie gegeben haben. Es ist auch das, daß sie eine gute Meinung von mir haben, daß sie es wagten, mich vor aller Welt auszuzeichnen.«[36]

Die Dankesschuld an den Vater trägt sie gleich nach der Verleihung des Nobelpreises ab. Das Preisgeld in Höhe von 170000 Kronen verwendet Selma Lagerlöf, um das gesamte Gut Marbacka mit all seinen Äckern und Wäldern, den Wirtschaftsgebäuden und Tagelöhnerhäuschen zurückzukaufen. Als sie viele Jahre später gebeten wird, sich über die Bedeutung zu äußern, die der Nobelpreis für sie persönlich gehabt habe, schämt sie sich ein wenig, dass sie den Preis nicht für Werke der Barmherzigkeit, zur Unterstützung wissenschaftlicher Forschungsinstitute oder zur Förderung einer großen Idee verwendet hat. Aber schließlich meint sie, dass Alfred Nobel sie sicher verstanden hätte. Denn sie wäre nie Dichterin und Nobelpreisträgerin geworden, wäre sie nicht auf Marbacka aufgewachsen, an diesem Ort »mit seinen uralten Bräuchen, seinem Reichtum an Sagen und Geschichten, seinen guten, sanften Menschen«[37].

Als Selma das Gut zurückkauft, sieht es aus wie zu ihres Vaters Zeiten: ein niedriges, einstöckiges Gebäude, das auf jeder Seite des großen Dachbodens ein Gie-

belzimmer hat. Selma Lagerlöf macht im Laufe der Zeit aus dem Hof das, wovon schon ihr Vater geträumt hatte: ein großes, vornehmes, weißes Gutshaus. Sie verbringt zusammen mit ihrer Mutter zunächst die Sommer in Marbacka. Als die alte Frau Lagerlöf 1918 im Alter von achtundachtzig Jahren auf Marbacka stirbt, überlässt Selma ihrer Schwester Gerda das Haus in Falun und übersiedelt ganz in ihr Geburtshaus. Sie kümmert sich um die inzwischen wieder florierende Landwirtschaft und schildert in den autobiographischen Büchern »Marbacka« (1922), »Aus meinen Kindertagen« (1931) und »Tagebuch« (1932) nüchtern rückblickend ihr Leben. Die »Löwenskold-Trilogie«, die in den Jahren 1925 bis 1929 erscheint, ist die letzte umfangreiche Arbeit aus ihrer Feder. Die drei Romane enden mit der Einsicht ihrer Akteure, dass niemand Gott lieben kann, ohne auch die Menschen zu lieben. Diese Botschaft zieht sich wie ein roter Faden durch alle Werke der überzeugten Christin.

Nach Marbacka heimgekehrt, ist Selma Lagerlöf immer weniger bereit, die Stätte ihrer glücklichen Kindheit und Jugend zu verlassen. Sie geht nicht mehr auf große Reisen. Wer sie kennen lernen will, muss zu ihr ins stille Värmland kommen, wo er ein gern gesehener Gast ist. Viel Zeit verbringt die Nobelpreisträgerin in ihrem lang gestreckten Arbeitszimmer, aus dessen drei Fenstern sie auf den prächtigen Garten und die weiten Felder des Guts blickt. Über den Bücherregalen hängen die Zeichnungen zu »Gösta Berling« von Georg Pauli, an »Nils Holgersson« erinnert ein holzgeschnitzter, vergoldeter Gänserich mit dem verzauberten Jungen. In der Mitte des Zimmers steht ihr großer Schreibtisch, an dem sie sitzt und liest – vor allem klassische Literatur, vornehmlich Goethe, aber auch die Bücher ihrer jungen Kolleginnen und Nachfolgerinnen. Hin und wieder schreibt sie ein wenig, unter anderem an einer Biographie ihrer Freundin Sophie Elkan, die 1921 gestorben ist. Als Schlafzimmer hat sie sich ihr früheres, voll Erinnerungen steckendes Kinderzimmer eingerichtet. Daneben befindet sich das Wohnzimmer mit den Möbeln ihrer verstorbenen Freundin. Je älter Selma Lagerlöf wird, desto mehr versinkt sie in »tiefe Einsamkeit«[38]. Immer mehr gedenkt sie der Toten, so, als lebten sie noch. »Weißt du«, bekennt sie in einem Brief an eine Freundin, »dass es gar nicht schön ist … alt zu sein. Wenn man so weit gekommen ist, kann man über das Wort von der Bürde der Jahre nicht mehr lachen.«[39]

Ihren achtzigsten Geburtstag am 20. November 1938 erlebt sie geistig rüstig. Doch sie fühlt sich alt, gebrechlich und sehr müde. Schneeweiß ist ihr Haar geworden, tiefe Falten haben sich in ihr Gesicht gegraben. Lebhaftes Reden ist nie ihre Stärke gewesen, im hohen Alter wird sie noch schweigsamer und wenn, dann redet sie mit leiser, dunkler Stimme.

In jener Zeit spricht sie mit einem ihrer Gäste über

die Aufgabe des Dichters. »Ich habe nie eine Absicht mit dem gehabt, was ich schrieb«, erklärt sie. »Ich dichtete, weil ich Lust daran hatte, weil ich es tun mußte. Es lag mir nicht, zu moralisieren und zu belehren. Doch immer gefiel mir das Schöne und Gute mehr als das Häßliche. Mag sein, daß meine Bücher ungewollt doch einen gewissen Einfluß ausgeübt haben.«[40]

Selma Lagerlöf stirbt am 16. März 1940 auf Marbacka.

*»Die Sitten und Gewohnheiten ändern sich alle
Tage, nicht aber die Herzen der Menschen«*
Sigrid Undset (1882–1949), Nobelpreis für
Literatur 1928

Von Charlotte Kerner

Malerin will Sigrid Undset werden. Eifrig füllt sie
schon als Schulkind Skizzenbuch um Skizzenbuch mit
Zeichnungen und Aquarellen. Doch neben den gemal-
ten Landschaften, Häusern und Pflanzen schreibt sie
immer häufiger ihre Gedanken und Gefühle nieder.
Bis zu ihrem zwanzigsten Lebensjahr entstehen so ihre
ersten und einzigen Gedichte. Sie heißen »Der nackte
Frühling« und »Ewigkeit«, beschreiben einen »Abend
auf dem Kirchhof« und die »Aprilsonne«, handeln von
»Trost« und »Trauer«, sprechen natürlich auch »Über
die Liebe«.[1] Sie werden erst viel später unter dem Titel
Ungdom (Jugend) veröffentlicht.

Die Heranwachsende spürt immer deutlicher, »dass
ich Schriftstellerin werden will … In mir schreit es danach, etwas zu vollbringen.«[2] Ihrer Brieffreundin Dea
offenbart sie mit neunzehn Jahren: »*Ich will Kunst
schaffen. Das ist mein einziger Wunsch. Aber Künstler
will ich sein, ein weiblicher* Künstler und keine Frau,
die nur einen Federhalter hält.«[3] Dieser hohe Anspruch
treibt sie an: Siebenundzwanzig Jahre später hält Sigrid
Undset den Nobelpreis für Literatur in Händen.

Am 20. Mai 1882 wird Sigrid Undset geboren – nicht in Norwegen, sondern in dem dänischen Städtchen Kalundborg, der Heimat ihrer Mutter Charlotte Gyth. Die Tochter einer angesehenen Juristenfamilie hatte mit fünfundzwanzig Jahren im Sommer 1881 den Archäologen Ingvald Undset geheiratet, einen drei Jahre älteren Norweger aus Trondheim. Sie begleitete ihn fortan auf seinen Reisen, übersetzte für ihn und fertigte Zeichnungen, mit denen er seine Veröffentlichungen illustrierte. In ihrem Hochzeitsjahr erschien Ingvald Undsets hoch gelobtes wissenschaftliches Werk über »Die Anfänge der Eisenzeit in Nordeuropa«.

Der stolze Vater will die robuste, stämmige Tochter Ingvild nennen – das ist die weibliche Form seines Vornamens –, doch die Mutter setzt Sigrid durch. Erst in dem späteren autobiographischen Rückblick auf ihre Kindheit und Jugend »Elleve Aar« (Elf Jahre) erfüllt Sigrid Undset dem Vater seinen Wunsch und nennt sich »Ingvild« – ein Zeichen, wie wichtig er für ihr Leben war.

Die ersten beiden Jahre verbringt Ingvild/Sigrid behütet und umsorgt im Haus der Großeltern, in deren herrlichem Garten sie gern mit der Erde spielt: »Die stille brennende Sommerwärme und die leichten Windstöße machen das kleine Kind zu einem Teil von all den anderen Dingen, die im Garten leben, was das Kind mit einer Art orgiastischer Freude spürt.«[4]

Dieses erste Glücksgefühl des fünfzehn Monate

alten Mädchens kontrastiert stark mit seinem ersten bewussten Erleben von Widerwillen: Eine Tante schenkte Ingvild/Sigrid eine Puppe in einem steifen, senfgelben Kleid und mit einem harten Porzellankopf. Die Puppe ist ein totes Ding, dem sie nur die Beine zusammendrücken kann. »Das quietschende Geräusch macht sie froh und trotzig. Sie bricht in begeistertes Lachen aus. Sie weiß wohl, dass die anderen mitlachen, wenn sie lacht. Dann wirft sie die Puppe weg, viel weiter als beim ersten Mal.«[5]

In diesen beiden Bildern, die Sigrid Undset im Alter von zweiundfünfzig Jahren niederschreibt, fängt sie das Wesen des Kindes ein, das sie einmal war, und offenbart damit viel über die Frau, die sie geworden ist. Sie porträtiert sich in »Elleve Aar« als sehr willensstark, als jemand, der mehr empfindet und intensiver lebt und sich freut, aber auch stärker leidet als andere. Sie ist ein Mensch mit extremen Reaktionen und innerlichem Aufruhr, jemand, der mit allen Sinnen wahrnimmt. Die Wochentage denkt sie sich als Kind in Farben: Den Montag als etwas Bleigraues, der Samstag leuchtet grün. Auch Namen von Menschen erinnern sie an Farben und Formen – der Name Ingeborg etwa an rotgelbe Rosen.

Als Sigrid zwei Jahre alt ist, wird die Schwester Ragnhild geboren, und die Familie zieht nach Norwegen in ein großes, stilles Gartenhaus nicht weit von der Stadtgrenze Kristianias, das erst ab 1924 Oslo heißen wird. Der Vater, der Sigrid über alles liebt, lässt sie mit einer Terrakottafigur spielen, die der Archäologe Schliemann in Troja ausgegraben hat. »Papas Museum« nennt sie seine Sammlung, die alte Gerätschaften und Streitäxte, Schmuck und Urnen aus der Wikingerzeit enthält. Von Anfang an begreift sie – im wirklichen Sinn des Wortes –, was Geschichte ist. Sie besichtigt mit dem Vater alte Kirchen, studiert die Runenschrift oder begleitet ihn in das Universitätsinstitut und lauscht den Gesprächen mit Fachkollegen.

Über Ingvald und Charlotte Undset schreibt die Tochter später: »Papas Verhältnis zu den Menschen war ein Teil seiner Natur, nicht eine Kultur wie bei der Mutter.«[6] Diese regt als Aquarellmalerin die älteste Tochter zum Zeichnen an. Die Erzählungen der Kindermädchen hingegen, die Lektüre von Dramen, Märchen und alten Sagen wecken schon früh Sigrids Lust am Erzählen und Fabulieren und an Literatur überhaupt. Lesen bringt ihr die Mutter schon vor der Schule bei. Wo immer sie zu Besuch ist, sucht sie in Bücherregalen neuen Lesestoff.

Auf den vielen Sommerreisen zu den Großeltern nach Dänemark entdeckt Sigrid das Meer, aber sie liebt auch die Berge, den Wind und jubiliert: »In der Natur aufzugehen, aufhören zu fühlen und zu denken, das ist das Glück, das ist Nirwana.«[7] Wer in seiner Jugend die Namen der Wildblumen gelernt hat, so wird sie später sagen, kann niemals ganz unglücklich sein. Die Natur bleibt für sie ein Leben lang ein Zufluchtsort, ein Ort, wo Widersprüche verschwinden, ein Ort des Trostes und der Ruhe.

Schon früh verdunkelt aber auch ein Schatten Sigrids Kinderleben. Ab dem vierten Lebensjahr wird ihr bewusst, dass der Vater ernsthaft krank ist, denn das Laufen bereitet ihm immer größere Mühe. Um näher an seinem Arbeitsplatz an der Universität zu sein, mietet die Familie im Herbst 1886 zunächst eine Wohnung in einem recht ländlichen Teil Kristianias. Dort wird im März 1887 die dritte und letzte Tochter Signe geboren. Drei Jahre später zieht die fünfköpfige Familie noch näher an die Universität, und zwar in eine graue, vierstöckige Mietskaserne ganz im Zentrum der Hauptstadt, deren alte Stadtviertel Sigrid fortan durchstreift. Dieser Umzug markiert das Ende der »schönen Jugend«[8], sie wird endgültig aus dem Garten Eden vertrieben, wo sie sich »wie eine junge Schlange auf einem sonnengewärmten Hügel«[9] fühlte. Die Krankheit des Vaters erzwingt schließlich einen letzten Umzug in eine kleinere, billigere Wohnung, die noch trister ist als die vorherige.

Sehr wahrscheinlich leidet Ingvald Undset an einer Spätform der Syphilis, *tabes dorsalis* genannt; die Diagnose soll 1883 ein venezianischer Arzt gestellt haben. In diesem Stadium ist die Geschlechtskrankheit, die heute mit Antibiotika geheilt werden kann, nicht mehr ansteckend. Doch die Infektion schädigt das

zentrale Nervensystem und verursacht Gleichge-
wichtsstörungen. Der kranke Ingvald Undset kann immer schlechter gehen, und Nachbarn tuscheln deshalb
über diesen vermeintlichen Trinker. Die Syphilis ist
eine Krankheit, die damals weniger als heute stigmati-
sierte – sie gilt lange als die Künstlerkrankheit
schlechthin –, aber sicher isoliert und bedrückt des Vaters Zustand die ganze Familie.

Sigrid reagiert auf diese Bedrohung, indem sie sich
in sich selbst zurückzieht. Sie lebt *ihr* Leben, will
glücklich sein. Nur wenn Sigrid reden will, spricht sie,
aber sie verlangt von den anderen, ihr stundenlanges
Schweigen zu respektieren. Oft verbirgt die Mutter
nur mühsam ihre Angst, wenn »dieses merkwürdige,
halberwachsene Kind« morgens das Haus verlässt,
»ohne zu sagen wohin«, und abends mit allerlei Getier
und Pflanzen in einer Botanisiertrommel zurückkommt. Einmal bringt Sigrid eine große Kreuzotter,
die sie selbst erschlagen hat. Voll Begeisterung fordert
sie alle auf, den »wundervollen und vollkommenen
Körperbau« und die »Zahnstellung« der Schlange zu
bewundern.[10]

Den Vater liebt Sigrid über alle Maßen: »Er war der
einzige Mensch, nach dem sie sich freiwillig und vor-
sätzlich sehnte.«[11] Je kränker er wird, umso enger rücken sie zusammen. Und sie widerspricht ihm wahrscheinlich nicht, wenn er davon träumt, dass sie einmal
in seine Fußstapfen treten wird. Sie selbst sagt aller-

dings nie, dass sie Archäologin werden will, und die Mutter sieht in ihr die geborene Gärtnerin.

Auf einer Reise zum Großvater im Jahr 1891 entdeckt die Neunjährige »ein Buch, das zum Wendepunkt meines Lebens wurde«[12], so jedenfalls sieht sie es im Rückblick. Es ist die »Njáls-Saga«, die sie ihrem Vater vorliest, weil er selbst nicht mehr lesen kann. Sie taucht ein in die isländische Sagenwelt, die etwas in ihrem tiefsten Innern anrührt. Sie ist fasziniert und erahnt zum ersten Mal etwas von »den ewigen Konflikten« des Lebens: den Konflikten zwischen dem Gewissen eines Mannes und seiner Umgebung, zwischen den Generationen und zwischen Mann und Frau.

Im Dezember 1893 stirbt Ingvald Undset, er wurde gerade vierzig Jahre alt. »Wenn sie den Toten berührte, war er auf eine andere Art kalt als alles andere Kalte. Die Kälte des Todes glich keiner anderen Kälte.«[13] Sigrid begreift, dass es eine unverrückbare Grenze gibt zwischen den Toten und denen, die weiterleben. Und doch bedeutet der Tod des Vaters nicht nur Schmerz und Unglück. Sein Siechtum ist auch für die Tochter ein Gefängnis gewesen, jetzt ist sie frei, kann erwachsen werden. Als Sigrid am Morgen, der auf des Vaters Todestag folgt, aus dem Fenster blickt, strahlt die Morgensonne an einem klaren, blauen Himmel: »Der Berg, der da draußen lag und glänzte, das Zuhause, das sich zusammengekrümmt hatte, nachdem der eine weg war, und anfing, wieder zu heilen, die Freiheit, die dort auf den Feldern wartete – sie war von solcher Freude über all das erfüllt, dass sie es kaum aushalten konnte, so froh zu sein.«[14]

Das Erinnerungsbuch »Elf Jahre« und besonders sein Schluss offenbaren Eigenschaften, die Sigrids ganzes Leben prägen und auch bei vielen Heldinnen ihrer Bücher aufscheinen: ein unbändiger Lebens- und Überlebenswille, eine große Glückssehnsucht und Glücksfähigkeit und ein starker Wunsch nach Unabhängigkeit. »Nachdem Papa tot war, gab es niemanden, von dem sie abhängig sein wollte. Nicht einmal von Mama, jedenfalls nicht länger, als es unbedingt nötig war.«[15]

Nach dem Tod ihres Mannes verkauft Charlotte Undset, die sich Arbeit suchen muss, die Esszimmermöbel, viele Bücher und Stücke aus Ingvalds Antiquitätensammlung. Sie braucht das Geld, doch in der neuen, billigeren Wohnung in der Steensgaten wäre für all diese Sachen sowieso kein Platz. Trotz dieses weiteren äußerlichen Abstiegs lebt Sigrid in dem neuen Zuhause auf und dichtet:

> »Ich liebe dieser Straße Bild,
> So schmutzig-grau, so trüb so trist.
> Hier lernte ich die Sehnsucht mild
> Nach allem, was versagt mir ist.«[16]

Als eine »Künstlernatur« erlebt sie sich, die in der Schule nichts Wichtiges mehr lernen kann. In der angesehenen Privatschule von Ragna Nielsen, die sie seit ihrem siebten Lebensjahr besucht, hat sie sich sowieso nie wohl gefühlt. Die Schule gilt als sehr progressiv, weil sie als eine der ersten die Koedukation eingeführt und Lehrerinnen beschäftigt hat. Doch dieser Freigeist und die »Fortschrittsfreude« sind Sigrid zuwider. Den protestantischen Glauben, wie sie ihn dort erlebt, empfindet sie als freudlos und steril, sie verlangt nach anderen festen, ewigen Werten. Doch ihre religiösen Gefühle verstehen weder die liberalen Eltern noch stillt die Schule diese Sehnsucht.

Mit einem harschen Nein jedenfalls brüskiert Sigrid die Direktorin Nielsen, die den drei Undset-Töchtern nach dem Tod des Vaters das Schulgeld erlässt und ihr anbietet, das Abitur zu machen. Ihr graust vor der Verpflichtung, nun besonders eifrig lernen zu müssen, auch in den Fächern, die sie nicht mag. Sigrid, die auf keinen Fall studieren will, geht nach einer exzellenten Mittelschulprüfung ab und besucht eine Sekretärinnenschule.

Im Frühjahr 1899 nimmt sie eine Stellung in einer norwegischen Niederlassung der deutschen AEG an. Sigrid Undset ist siebzehn, als sie sich in das Heer der »Bürosklaven« einreiht. Sie macht diese Arbeit, weil Sigrid zum Lebensunterhalt der Familie beitragen will, aber auch, weil sie nur so ihr »wirkliches Leben«[17] leben kann. Und das beginnt erst nach Büroschluss. Dann liest sie und erwirbt eine Bildung, die sie später zu einer der führenden Intellektuellen Norwegens macht.

Bis spät in die Nacht schreibt sie – die nächsten zehn Jahre lang. In dieser Zeit findet die junge Frau, die unbedingt Schriftstellerin werden will, ihre Themen und zu sich selbst. Das verraten auch die Briefe an die schwedische Brieffreundin Andrea Hedberg, kurz Dea genannt. Über eine Anzeige haben sich die beiden 1898 gefunden, es entwickelt sich eine Brieffreundschaft, die vierzig Jahre überdauert. Die Briefe an die »Kjaere Dea« (liebe Dea) sind für Sigrid ein Ventil in einer Umgebung, in der sie allein ist und anders als ihre Umwelt.

Verschlossen und unnahbar wirkt sie zeitlebens in der Öffentlichkeit, als legendär gilt ihre Schweigsamkeit, und alles zusammen erweckt leicht den Anschein von Arroganz. Doch gerade die Briefe, die Sigrid Undset an Dea schreibt, offenbaren ganz andere Seiten ihrer Persönlichkeit, nämlich Humor, eine unglaubliche, fast schmerzhafte Wahrhaftigkeit – nicht zuletzt sich selbst gegenüber –, viel Herzenswärme und Offenheit. Doch so kennen sie nur sehr wenige, nahe Menschen.

»Ich bin, wie du mir schreibst, hübsch«, kommentiert die neunzehnjährige Sigrid ein Foto für die Brieffreundin. »Ich bin groß und kräftig gebaut, habe schöne Hände, herrliches hellbraunes Haar, recht hübsche Augen und einen so wunderbaren Mund, der so schön ist, dass ich mich manchmal, wenn ich mich im Spiegel betrachte, oft selbst darüber wundere. – Ich weiß auch haargenau, was nicht so schön an mir ist. Mein Gesicht ist zu rund und ich habe zuviel Haar, als dass man es hübsch frisieren könnte. Ich gehe schief in Stiefeln ... ich kann hübsch lächeln, aber Lachen entstellt mich, und tanzen kann ich schon gar nicht und kokettieren und mit den Augen werfen. Bei alldem würde ich einfach abscheulich und lächerlich wirken ... Mir stehen diese modernen Kleider nicht. Ein schwarzes, glattes Kleid mit einem altmodischen, spitzenbesetzten Leinenkragen und großen Manschetten, eine Silbernadel im Haar und eine Rose auf der Brust – das steht mir ...«[18]

Sigrid, die eigentlich zwei Leben hat, unterscheidet sich von ihren Kolleginnen und ist doch genauso einsam wie viele von ihnen, teilt ihre Sehnsucht nach Liebe. Heiraten sei schlecht und nicht heiraten auch, so beklagt sie das Elend der Frauen. Sie war noch nie verliebt, denn keiner der »Studenten, Kadetten, Ingenieure, Buchhalter und Idioten, die ich bisher getroffen habe«, weckten den Wunsch in ihr, sie wieder zu sehen, »dabei ist alles, was ich verlangen würde, nur ein kleines bisschen Geist und Wissen und Charme in den Gedanken eines Mannes – er kann ruhig hässlich sein ... Herrgott, Dea, antworte mir, glaubst du, dass es noch Männer gibt, oder gibt es nur Kerle?«[19]

Sie bewohnt inzwischen ein eigenes Zimmer, dessen Wände sie blutrot und die Möbel darin dunkelgrün angestrichen haben soll. Dort schreibt sie bis spät in die

Nacht, kehrt aber zum Schlafen in die mütterliche Wohnung zurück. Charlotte Undset und ihre Töchter bleiben eng verbunden, die Familie ist Sigrid immer ein Halt.

»Ehe ich mich dazu bequemen kann, meine Gedankenbilder niederzuschreiben, müssen mir ihre Schicksale und Sorgen Alpträume bereiten, mich regelrecht quälen …«, gesteht sie Dea im Jahr 1902. »Ich habe einen einzigen Trost: Ich *will* … Ich will das werden, was ich werden kann. Wenn ich nicht werden kann, was ich werden *will*, werde ich das werden, was ich *kann*. Und wenn es schiefgeht, trifft mich allein die Schuld und die Strafe«.[20]

Im Frühjahr 1904 hat sie ihren ersten Roman fertig, der im Mittelalter spielt und »Aage Nielson de Ulvholm« heißt. Angetan mit einem hellen Kleid und einem Sommerhut voller Blumen auf dem Kopf, spricht sie mit dem Manuskript bei dem dänischen Verlag Gyldendal vor. Einen Monat später erhält sie einen ablehnenden Bescheid und den Rat, sich an etwas »Modernem« zu versuchen. Sie kommt »verrückt vor Wut«[21] nach Hause und fängt sofort an, »Frau Martha Oulie« zu schreiben. Das sei modern genug, findet sie. Zwei Jahre später wird dieser achtzig Seiten starke Roman veröffentlicht, der mit dem für die damalige Zeit gewagten Satz beginnt »Ich habe meinen Mann betrogen«. In einer Art Tagebuch erinnert sich die Heldin am Totenbett ihres Mannes, der sie in jeder Hinsicht

enttäuschte, an ihren Ehebruch mit ihrem Jugend-
freund. Undsets Erstlingswerk erscheint im Jahr 1907,
dem Geburtsjahr eines »neuen Realismus« in der Literatur Norwegens, das sich erst zwei Jahre zuvor von
Schweden gelöst hat.

Ermutigt durch den Erfolg, stellt die Fünfundzwan-
zigjährige den Novellenband »Das Glückliche Alter«
zusammen, der nur ein Jahr später erscheint. Mit gna-
denlosem Blick porträtiert sie in vier Geschichten moderne und gleichzeitig entwurzelte Frauen Kristianias,
die eine Arbeit haben, »von der wir leben müssen, wir
können freilich nicht für sie leben«. Sie erzählt von
dem trostlosen Leben zwischen den grauen Tagen und
den glitzernden Träumen, dem Pendeln zwischen Bo-
hème und Bürgerlichkeit, ihrem vergeblichen Warten
auf den Richtigen. Auch in späteren Büchern, etwa
den 1917 verlegten Novellen »Frau Hjelde« und »Ha-
riet Waage«, bleibt das ein zentrales Thema: Wie die
Ideale und Wünsche gerade von Frauen an der Wirklichkeit zerbrechen, ja zerbrechen müssen. Und dabei
wollen doch alle das Gleiche: »Einen einzigen Augenblick leben, mit unserem ganzen Wesen nach innen ge-
wandt, sodaß wir … schauen in unser eigenes brennen-
des Herz.«[22]

Das zweite Buch verschafft Sigrid Undset ein
Staatsstipendium. Deshalb kann sie im Mai 1909 nach
zehn Jahren Fronarbeit »dieses verfluchte Büro« verlassen. Sie ist nur noch Schriftstellerin und endlich mit

siebenundzwanzig Jahren ihr »eigener Herr«. Nachdem ihr drittes Buch »Viga-Ljot und Vigdis«, eine Geschichte aus der Wikingerzeit, erschienen ist, packt sie
im Herbst 1909 ihre Koffer und reist nach Italien. Der
Aufenthalt in Rom, Hauptstadt und Wiege der europäischen Kultur und Zentrum der katholischen Welt,
verändert ihr Leben.

Schnell findet sie Aufnahme in einem Kreis skandi-
navischer Künstler und Künstlerinnen, bewohnt zwei
Zimmer in einer Pension mit einer Dachterrasse, auf
der Orangen und Zitronen blühen, schreibt »Reise-
briefe « für norwegische Zeitungen und an einem neu-
en Roman. Im Dezember kommt der Kunstmaler Anders Castus Svarstad nach einer Reise in die Ewige
Stadt mit den vielen Kuppeln zurück. Der norwegische Impressionist ist ein Mann, der auffällt. Er ist
groß, mit einem sensiblen Mund und einem Vogelpro-
fil, dreizehn Jahre älter als Sigrid Undset, verheiratet
und Vater dreier Kinder. Er wird ihre erste große und
einzige Liebe, er ist der Mann, »den sie hatte lieben
müssen«[23]. Als sie ihm ihr Skizzenbuch zeigt, regt er
die Veröffentlichung der Jugendgedichte an, die 1910
auch tatsächlich erscheinen. Sie dankt ihm mit dem
Gedicht »Ewige Liebe«.

Die Beziehung ist ein Skandal, doch Charlotte Undset schweigt wie immer und empfängt den zukünftigen
Schwiegersohn. Zwei Jahre lebt das Paar mehr oder
weniger heimlich zusammen. Die frisch verliebte Sig-

rid genießt das Künstlerleben. Auf einer Reise nach Paris malt Svarstad das berühmte Porträt seiner Geliebten mit einer altmodischen Capelline. Würde strahlt sie aus, Unnahbarkeit und Klugheit. Das Haar in der Mitte gescheitelt, die hohe Stirn umrahmt von Locken. Darunter die großen Augen, die starr an dem Betrachter vorbei sehr weit und tief zu blicken scheinen. Verschlossen der dunkelrote »wunderschöne« Mund, als habe sie Angst, zu viel zu sagen oder zu lächeln. Das Ölbild zeigt sie in der vielleicht glücklichsten Zeit ihres Lebens. Und sollte alles schief gehen, so hat sie »ihre Zeit der Gnade gehabt«, genau wie die gleichaltrige Jenny, die Hauptperson ihres neuen Romans, der 1911 erscheint und als erstes ihrer Bücher ins Französische und Deutsche übersetzt wird. »Jenny« ist – so würde man heute sagen – ein Bestseller, ein Künstlerinnenroman, der großes Aufsehen erregt, »keine Kost für Kinder, (und) auch nicht für den schwachen Magen Erwachsener«[24].

In Rom lebt die begabte Malerin Jenny Winge, der nichts ferner liegt als eine bürgerliche Ehe. Sie hofft auf eine Liebe wie ein »Unwetter, das im Nu einen anderen Menschen aus ihr schüfe«[25]. »Sie wollte keinen Liebhaber, denn sie erwartete ihren Gebieter.«[26] Halbherzig verlobt sich die leidenschaftliche Frau mit Helge Gram. Als sie in Norwegen ihre zukünftigen Schwiegereltern besucht, verliebt sie sich in Helges Vater, lebt diese Liebe. Als sie schwanger wird, trennt sie sich von ihrem Geliebten. Doch der Säugling stirbt bald nach der Geburt. Als sie nach Rom zurückkehrt, vergewaltigt sie ihr ehemaliger Verlobter. Jenny sieht für sich keinen Ausweg mehr: »Das Leben einer Frau hat keinen Sinn, wenn sie nicht irgendjemandem zur Freude dient. Mir war es nie beschieden …«[27] Zu spät ist es auch für eine Liebe mit dem Maler Gunnar Heggen, mit dem es vielleicht möglich gewesen wäre, Liebe, Kunst, Mutterschaft zu vereinbaren. Jenny – ein weiblicher Werther wird sie auch genannt – schneidet sich die Pulsadern auf. An ihrem Sarg fragt Gram: »Weshalb tat sie es? Meinetwegen – seinetwegen – deinetwegen?« Und Heggen antwortet: »Nein, sie tat es allein ihretwegen.«[28]

Autobiographische Anklänge gibt es viele in diesem Roman, doch Sigrid Undset ist nicht Jenny, sie löst in dieser Romanfigur »eine problematische Wesensmöglichkeit von sich ab, die mit der Wirklichkeit nicht fertig wird«[29]. Während konservative Kreise geschockt sind über die offene Darstellung weiblicher Sexualität, applaudieren Frauenrechtlerinnen, denn Heggen argumentiert geradezu feministisch, wenn er in einer zentralen Szene mit Jenny beklagt, dass zu viele Frauen ihre Fähigkeiten nicht entwickeln oder vergessen, sobald sie einen Mann lieben. Dann wollen sie »nicht Menschen sein und arbeiten, sondern nur Weibchen«[30]. Andererseits stirbt die Heldin, weil sie sich schuldig gemacht hat – eine Warnung an Frauen, nicht zu viel zu wollen? In den Osloer Sufragettenclub jedenfalls sind im Februar 1912 an die dreihundert Frauen gekommen, um heftig über »Jenny« zu streiten. Die anwesende Autorin lauscht still und mit einem kleinen Lächeln. Als sie gefragt wird, ob sie enttäuscht oder ärgerlich sei, antwortet sie: Ganz im Gegenteil, sie habe nichts anderes erwartet.

Ein wenig kokettiert Undset später auf humorvolle Art mit dem »schlechten Ruf«, den ihr »Jenny« eingebracht hat. Denn als eine Dame wissen will, welches ihre Themen seien, entgegnet – so eine Anekdote – die Schriftstellerin trocken: »Das Unmoralische.«

Sigrid Undset ist bereits schwanger, als Svarstad im Juni 1912 geschieden wird. Sie heiraten in Antwerpen, die Hochzeitsreise führt sie nach England. Von dort schreibt sie an Dea: »Welch bewegtes, wunderbares Leben.« Der konventionellen Ehe gegenüber bleibt sie dennoch skeptisch: »Ich werde mich nie wie eine richtige Ehefrau fühlen.«[31] Als die Niederkunft bevorsteht, reist das Ehepaar nach Rom, lebt in demselben Zimmer mit der großen Dachterrasse wie damals, als sie sich kennen lernten. Doch Rom ist kalt und unwirtlich im Winter. Nachdem Anders junior im Januar 1913 geboren ist, kränkelt er, und Sigrid Undset muss um sein Leben fürchten. Sie reist mit dem Kind zu ihrer Mutter nach Kristiania, um es gesund zu pflegen. Svarstad, der sein Malen wichtiger nimmt, bleibt zurück – vielleicht der Beginn der Entzauberung ihrer Ehe und Liebe. Undset schrieb in »Jenny«: »Keine Frau hat je das Kind geboren, von dem sie träumte, als sie schwanger war. Kein Künstler hat je das Werk geschaffen, das er in der Stunde der Eingebung vor sich sah. Wir erleben Sommer auf Sommer, aber keiner ist wie der, den wir herbeisehnten, als wir uns niederbeugten und die ersten nassen Blüten unter den Sturmschauern des Lenzes pflückten. Keine Liebe wurde so, wie die zwei erträumten, die einander zum ersten Male küssten.«[32]

Die Familie Undset-Svarstad lebt dann in Norwegen längere Zeit zusammen, zunächst in Ski und später in Sinsen, kleinen Orten in der Nähe von Kristiania. Undset veröffentlicht 1914 den Roman »Frühling«, ihre optimistischste Ehegeschichte. Im Herbst des folgenden Jahres kommt Maren Charlotte auf die Welt. Mosse nennt sie das Kind zärtlich, das ihr so ähnlich sieht. Nach einem Jahr wird zur traurigen Gewissheit, dass die Tochter behindert ist: »Sie kann kaum reden, kann sich nicht selbst helfen, und immer muß jemand bei ihr sein und auf sie aufpassen. Darum ist sie das verwöhnteste Kind im Haus. Wenn Mutter (S. U., die Verf.) vom Arbeitszimmer zu ihr hinaus geht, um sich auszuruhen, nimmt sie Tulla auf den Schoß und singt ihr etwas vor.«[33] So beschreibt Undset in einem Buch die Tochter, die manchmal in einer anderen Welt lebt. »Wegen dieses kleinen Mädchens fühlte ich mich nie wohl, wenn ich von zu Hause weg war, und war immer traurig, wenn eine Reise sich zu lange hinzog.«[34] Die Schriftstellerin organisiert eine Rund-um-die-Uhr-Betreuung, und manchmal, wenn sie sich nicht anders zu helfen weiß, bindet sie das Kind an das Bein ihres Schreibtisches. Ein Drittel ihres Nobelpreises wird sie später in eine Stiftung einbringen, die Eltern finanziell unterstützt, die ein behindertes Kind zu Hause versorgen.

In der Ehe nehmen die Schwierigkeiten zu. Immer häufiger leben die beiden getrennt, sie mit den Kindern, er im Atelier in der Stadt. Svarstad, so urteilt Undsets Schwester Signe, war »als Ehemann unmöglich ..., weil er seine Frau überhaupt nicht verstand«[35]. Als die Schriftstellerin Mitte dreißig ist, fühlt sie sich um vieles älter und durchlebt eine große, innere Krise. Während draußen der Erste Weltkrieg tobt, entdeckt sie in diesem Chaos das Christentum für sich neu und schreibt 1917: »Die Kirche vertritt immerhin Ideale, auf die wir einen Augenblick verzichten zu können glauben, aber die wir schließlich doch anerkennen müssen.«[36]

Im krassen Gegensatz dazu steht das Pamphlet »Die Rache der Juden«[37], das der fünfzigjährige Svarstad 1918 publiziert: Er schildert nicht nur äußerliche Merkmale »des Juden« wie »platte Füße« oder »schmieriges Lächeln«, sondern sieht »die Juden« zum Beispiel als Hintermänner der russischen Revolution und des preußischen Militarismus. Auch geistig haben sich die Ehepartner weit voneinander entfernt! Im August 1919, noch vor der Geburt ihres dritten und letzten Kindes Hans Benedict, trennt sich die Schriftstellerin von ihrem Ehemann und zieht zu Freunden nach Lillehammer. Die offizielle Scheidung wird fünf Jahre später vollzogen. Undset macht diesen Schritt, obwohl sie in ihren Büchern immer wieder das Ausharren, die Demut fordert, das Familienideal hochhält und grundsätzlich die Unauflöslichkeit der Ehe vertritt. Doch in ihrem Leben folgt sie ihren Gefühlen, ihrem Gewissen, gleichgültig, ob sie damit gegen Konventionen verstößt und ihren eigenen Idealen zuwiderhandelt. Keine glatte, sondern eine widersprüchliche, unbequeme Frau ist sie.

Im Jahr 1919 findet Sigrid Undset für sich, ihre Kinder – besonders für Mosse – und natürlich auch für ihr Schreiben eine neue Heimat: Oberhalb des Städtchens Lillehammer zwischen dem Mjösensee und dem Gudbranstal kauft sie ein großes Holzhaus, Teil eines alten Bauerngutes. Sie tauft es »Bjerkebaek« nach einer national gesinnten norwegischen Gestalt aus dem Werk eines dänischen Dichters. Zweiundzwanzig Jahre wird sie in dem Haus leben, von dessen Schlafzimmerfenster im oberen Stockwerk sie das Rauschen der Wasserfälle am Waldhang hört.

Es ist kein Zufall, dass sie in diesem Jahr das Buch »Ein Frauenstandpunkt« veröffentlicht, in dem sie zum Thema Emanzipation eine (Lebens-)Bilanz zieht.

Die wirtschaftliche, politische, juristische Gleichstellung der Frauen hat sie nie bekämpft und selbst gelebt. Doch dass weibliche Werte, besonders mütterliche, pflegerische, selbstlose Qualitäten der Emanzipation geopfert werden, dagegen tritt sie auf. Das Anderssein der Frauen will sie bewahren, hierin ist sie ganz konservativ. Immer wieder thematisiert sie in ihrer Literatur jedoch den auch heute noch ungelösten Konflikt von Tradition, Ehe, Familienleben und Mutterschaft auf der einen und Kunst, Freiheit, Liebe und Erotik auf der anderen Seite, Widersprüche, die auch sie selbst er- und gelebt hat.

Die schwere, trübe Zeit vor und nach der Trennung von ihrem Mann verändern Sigrid Undset äußerlich. Schwer und mächtig wie eine Statue wirkt die ein Meter achtzig große Frau mit dem geraden Rücken. Als nordische Walküre wird sie fortan oft beschrieben. Verschwunden ist alle Jugendlichkeit, ein trauriger Zug um den Mund hat sich tief eingegraben. Unglaublich auch, was sie alles bewältigt: Sie muss ihre drei kleinen Kinder großziehen, zu denen manchmal noch Svarstads Kinder aus erster Ehe hinzukommen, und nie verlässt sie die besondere Sorge um Mosse. Sie liebt es, ihr Haus schön einzurichten und immer mit Blumen zu schmücken, Feste zu feiern und für die ganze Familie und die vielen Freunde zu kochen. An einem Weihnachtsfest bestellt sie zum Beispiel ein ganzes Schwein, ein Schaf und ein halbes Rentier, die gekocht, gebraten, eingelegt oder zu Würsten verarbeitet werden. Sie hat Haushaltshilfen, trotzdem lebt sie jahrelang an der Grenze ihrer Möglichkeiten und manchmal auch über ihre Kräfte – Schwächezustände diagnostizieren dann die Ärzte.

Wie besessen arbeitet sie und sammelt – ganz Ingvald Undsets Tochter – Material zu den Lebensumständen im Mittelalter, vom Kochrezept bis zu Klosterregel. Bis zwei und drei Uhr nachts schreibt sie – aufgeputscht von Zigaretten, Alkohol und Unmengen Kaffee – an ihrem Welterfolg »Kristin Lavranstochter«: Im Jahr 1920 erscheint der erste Band »Der Kranz«, 1921 das zweite Buch »Die Frau«, das sie dem Andenken ihres Vaters widmet, und 1922 als letzter Teil der Trilogie »Das Kreuz«. Zusammen bilden sie eine »nordische Ilias«.

Im vierzehnten Jahrhundert spielt die Geschichte der eigenwilligen und schönen Kristin, die den Mann ablehnt, den ihr Vater für sie erwählt hat. Sie ist dem Ritter und Frauenverführer Erlend Nikolaussohn verfallen. Die beiden heiraten und bekommen sieben Söhne, schicksalhaft aneinander gekettet, »wie zwei Schlangen, die einander in den Schwanz beißen«. Nie verzeiht sie ihm, dass er der Grund für die Auflehnung gegen den Vater war. Verbittert treibt sie Erlend in den Ehebruch und in eine Revolte, Selbstmitleid und ihre Selbstgerechtigkeit sind mitschuldig an seinem Tod. Kristins Leben gleicht einer Pilgerfahrt auf der Suche nach Sühne; am Ende nimmt sie den Nonnenschleier. Im Pestjahr 1349 rettet sie einen Jungen, der einer heidnischen Göttin geopfert werden soll. Der Pöbel verlangt dafür, dass sie eine Pestleiche in ein geweihtes Grab legt: Ihr sicherer Tod.

Undset erzählt im Stil einer alten Saga. Dramatische Ereignisse – Mord, Tod, Verrat, Naturkatastrophen – treiben die Handlung schnell voran. Mit einer ungeheueren, psychologischen Genauigkeit legt Undset die inneren Kämpfe dieser Menschen bloß, die noch wissen, dass in jedem Einzelnen Gut und Böse streiten und »die Menschheit der Berührungspunkt zweier Welten ist, zwischen Zeit und Ewigkeit, zwischen Erde und Himmel«[38].

Das Etikett »katholisch« haftet Undset bis heute an, schreckt viele Leser und Leserinnen. Doch ihre Hauptpersonen sind keine Abziehbilder von Heiligen; sie lehnen sich auf gegen den göttlichen Willen, »ungehorsame Diener« wie die Autorin selbst. Nachdem »Kristin Lavranstochter« in Deutschland erschienen ist, wird »ihr Eintreten für die Unauflöslichkeit der ehelichen Gemeinschaft« gelobt, doch finden es dieselben kirchliche Kreise bedenklich, dass »die künstlerische Gestaltung des Geschlechtlichen die Sinne stärker erregt«[39]. Vorurteilslos beschreibt Sigrid Undset die menschliche Wirklichkeit, auch wie sie gleichzeitig das Alltagsleben im Mittelalter lebendig macht, ist heute noch spannend zu lesen.

Ihr erster großer Mittelalter-Roman macht die Dichterin so bekannt, dass eine sehr private Entscheidung öffentliches Aufsehen erregt: Am 1. November 1924, kurz nach ihrer Scheidung, tritt Undset in die katholische Kirche ein. Sie ist am Ende einer Suche angelangt, die in der Kindheit begonnen hatte. In zwei Büchern, den sehr autobiographischen Konvertitenromanen »Gymnadenia« (1929) und »Der brennende Busch« (1930) beschreibt sie auch ihren eigenen Weg, wenn sie die Hauptperson Paul Semler sagen lässt: Er empfand es als »unheimlich ..., dieses Gefühl, mit dem Kopf gegen eine Mauer von Wahrheit gerannt zu sein. Ungefähr so, wiewenn man in einem dichten, wolligen, nassen Nebel gegen ein Haus stößt, von dem man nur die Umrisse erkennt und nur gefühlsmäßig weiß, daß es groß ist. Wenn es sich aber so verhielte, daß dort drinnen die Wahrheit selber wohnte ... ja, dann war er gezwungen, sich bis zur Tür vorzutasten, anzuklopfen und um Einlaß zu bitten. Oder davonzulaufen und das ganze Leben lang zu wissen, mit der Wahrheit will ich am liebsten keine Bekanntschaft machen.«[40] Undset hat immer betont, dass ihr Glaube eine Sache des Gefühles *und* Verstandes ist. 1928 schließt sie sich durch ein Gelübde enger an das St. Dominikus-Kloster in Oslo an.

Im selben Jahr – die Schriftstellerin ist sechsundvierzig Jahre alt – wird ihr der Nobelpreis zugesprochen, »vor allem für ihre kraftvollen Schilderungen des nordischen Lebens im Mittelalter«. Das schließt außer

»Kristin Lavranstochter« insbesondere die 1925 erschienene zweibändige Geschichte von »Olav Audunssohn« ein, die etwas früher im 13. Jahrhundert spielt. Sigrid Undset ist oft vorgeworfen worden, sie beschreibe in diesen Romanen keine mittelalterlichen, sondern moderne Menschen mit ihren moralischen Konflikten. Sie hat entgegnet: »Die Sitten und Gewohnheiten ändern sich alle Tage, nicht aber die Herzen der Menschen.«[41]

In den Jahren 1927–1939 entstehen in ihrem Arbeitszimmer in Bjerebaeck und im Sommer auf einer Berghütte dreizehn weitere Bücher: Neben Heiligenlegenden und den beiden Konvertitenromanen, neben ihren Essays über Christentum und Germanentum und der Autobiographie »Elleve Aar« schreibt Undset auch wieder »moderne« Romane, u.a. »Ida Elisabeth« (1932), »Das getreue Eheweib« (1936) und »Madame Dorothe« (1939). In ihrem Leben ist Frieden eingekehrt, die Söhne sind bald erwachsen, Anders beginnt ein Ingenieurstudium in England, Hans bereitet sich auf sein Abitur vor. Freunde und Gäste bewundern »ihr entzückendes Heim mit den alten Möbeln in der Atmosphäre des Mittelalters, in dem sie wie eine Königin für alles sorgte und immer froh war, wenn ihr etwas gelang, was die anderen bewunderten«[42].

Sie arbeitete seit den zwanziger Jahren in der Führung des norwegischen Schriftstellerverbandes mit und ab 1937 auch im Präsidium des gesamtskandinavischen

Autorenkongresses. Schon Anfang der dreißiger Jahre hat sie gegen den Marxismus, aber insbesondere gegen Rassismus und das »neue Heidentum« der Nationalsozialisten harte Worte gefunden. Der norwegische Dichter Knut Hamsun spricht sich 1935 gegen die Verleihung des Friedensnobelpreises an den deutschen Pazifisten Carl von Ossietzky aus, den die Nazis gefangen halten. Undset, gerade zur Präsidentin des norwegischen Schriftstellerverbandes gewählt, unterstützt öffentlich eine Gegenerklärung und fällt den Nazis sicher nicht zum ersten Mal auf.

Ihre frühe und stetige Opposition gegen den Nationalsozialismus verbietet es auch, Sigrid Undset in die Nähe des Nazi-Mutterkultes zu rücken. Wenn die Norwegerin das hohe Lob der Mutterschaft und der Mütterlichkeit singt, schlägt sie andere Töne an: Ihre Heldinnen sind zu gebrochen und schwierig, zu aufmüpfig und sinnlich, als dass sie dem Nazi-Ideal entsprechen. Ihre auch in Deutschland sehr erfolgreichen Bücher jedenfalls gelten bald als unerwünscht und wurden aus den Bibliotheken entfernt.

Im Jahr 1939 stirbt die Tochter Moss mit vierundzwanzig Jahren. Kurz nach der Beerdigung offenbart Sigrid Undset ihrer Schwester Signe: »Ich vermisse sie furchtbar, aber in gewissem Sinne bin ich auch froh, denn nun weiß ich, dass sie nie Fremden überlassen sein wird.«[43] Der Tod der Tochter und sechs Monate später der ihrer Mutter machen Sigrid Undset frei.

Als 1940 die Deutschen in Norwegen einmarschieren und ihr geliebtes Land besetzen, hat sie das Gefühl, »das Ende der Welt zu erleben«[44]. Noch einmal spricht sie im Rundfunk zu ihren Landsleuten, dann muss sie sich vor der Gestapo retten. Nur das Allernötigste kann sie auf ihre abenteuerliche Flucht mitnehmen. Zusammen mit einer befreundeten Familie geht es in allen möglichen Gefährten, manchmal auch auf Skiern, über die verschneiten Berge durch Nord-Norwegen Richtung schwedische Grenze. Am 10. Mai 1940 endlich fährt ihr Zug in Stockholm ein, wo eine Freundin und ihre Schwester Ragnhild sie sehr bewegt umarmen. Am folgenden Tage teilen sie den Grund dafür mit: Während ihrer Flucht war Sigrids Lieblingssohn, der siebenundzwanzigjährige Anders, bei Kämpfen gefallen. Sigrid Undset ist tief getroffen.

Trotzdem nimmt Undset am selben Tag einen Termin bei ihrem schwedischen Verlag wahr. Als der literarische Direktor Ragnar Swanström die Schriftstellerin trifft, wirkt sie »majestätisch gefaßt, durch und durch geprägt von vornehmer Ruhe, die so typisch für sie war … Das einzige, das Außergewöhnliches vermuten ließ, war, daß sie, die bekanntlich nicht viel sprach, mit leiser Intensität und Überzeugung zu reden begann. Sie leitete selbst das Gespräch auf die aktuelle Lage hin …«[45] Das ermutigt ihn zu fragen, ob sie einen Beitrag für die Zeitung *Nordens Frihet* (Freiheit des Nordens) schreiben wolle, und zwar anlässlich des 17. Mai, des norwegischen Nationalfeiertages, der dieses Jahr ein Un-Freiheitstag war. Einen Augenblick Schweigen, dann fragt Sigrid Undset: »Haben Sie eine Schreibmaschine?«[46]

In nur einer Stunde tippt sie im Direktionszimmer einen Artikel, der durch »ihre unbeugsame Persönlichkeit«[47] beeindruckt. Sie stellt klar: »Es ist unser, dieses Land. Keine Gewalt kann uns das Recht auf Norwegen nehmen ... Laßt sie niemals glauben, daß wir die Forderung nach Gerechtigkeit aufgeben, die Hoffnung, daß unsere Kinder eines Tages als freies Volk in einem freien Norwegen leben werden ... Am Tage, da dies geschieht, da können wir froh unseren Toten begegnen, den Toten der alten Zeiten, unseren Vätern, und unseren jungen Toten dieses Frühlings.«[48]

In Stockholm ist Sigrid Undset in einem großen antifaschistischen Freundeskreis aufgehoben, geht in Bibliotheken, versucht, etwas zu arbeiten. Jeden Tag studiert sie die letzten Kriegsberichte und besucht danach die Messe in einer kleinen Dominikanerkirche. Endlich wird zur Gewissheit, dass ihr Sohn Hans wohlbehalten aus dem Krieg zurückgekehrt ist und sich in Oslo um die Papiere für seine Ausreise nach Schweden bemüht.

Während Sigrid Undset auf weitere Nachrichten wartet, reist sie Ende Mai nach Hammerby zum Herrenhaus des berühmten schwedischen Insektenforschers Carl von Linné. »Denn schon seit meiner frühesten Jugend war Linné für mich eine Art von weltlichem

Schutzheiligen gewesen.«[49] Ehrfürchtig durchwandert sie Garten und Haus und küsst »den Deckel des Schreibpultes, wo Linnés Hand so oft geruht haben mochte«[50].

Ende Mai kündigt ein Telegramm die Ankunft von Hans an, den sie am Bahnhof von Stockholm abholt. Selten ist sie glücklicher gewesen. Doch am 8. Juni nach nur sechzig Tagen Krieg kapituliert Norwegen. Die Heimat ist verschlossen, ihnen bleibt nur Amerika.

Über Russland und Japan reist Sigrid Undset mit ihrem letzten Kind nach San Francisco und dann weiter nach New York. Wach und genau beobachtet sie alles. Die Reiseeindrücke sind später Teil des ersten Buches, das sie im Exil auf Englisch schreibt und das im Januar 1942 erscheint. Sie schildert in »Return to the Future« (Wieder in die Zukunft) nicht nur ihre Flucht, sondern rechnet auch hart mit dem deutschen Ungeist ab. »Die Absonderlichkeiten des nationalsozialistischen Deutschlands ... waren schon seit undenklichen Zeiten Charakterzüge des deutschen Volkes«[51] ist da zu lesen. Und weiter: Die Deutschen, von denen sich alle anderen Völker »von Natur aus«[52] unterscheiden, »hatten stets ihre eigenen mit Tod und Vernichtung verbundenen Ehrbegriffe«[53]. Der Philosoph Karl Jaspers antwortet Undset darauf nach Kriegsende: »Hoffnungslosigkeit darf es nicht geben, wenn Menschen mit Menschen leben. Ein

Volk im ganzen oder jedes Mitglied dieses Volkes summarisch zu verurteilen, scheint mir gegen die Forderung des Menschseins zu verstoßen.«[54]

Während des Zweiten Weltkrieges lebt die Schriftstellerin in Brooklyn und bereist während ihrer Exiljahre Amerika von Ost bis West, hält Vorträge und gibt Interviews, trifft Kolleginnen und andere Exilanten, darunter Thomas Mann. Sie arbeitet für die *New York Times* und den *New York Herald Tribune,* ist eine wichtige antifaschistische Stimme, die über die Lage in Norwegen informiert. Als Botschafterin norwegischer Kultur schreibt sie für das amerikanische Publikum nordische Sagen und einen Überblick über die skandinavische Literatur, in dem sie Knut Hamsun mit keinem Wort erwähnt. In den Vereinigten Staaten lernt Undset trotz vieler bitterer Erfahrungen, »wieder in die Zukunft« zu blicken: »Es braucht Mut, den Schwierigkeiten zu begegnen, und Mut, den Erfolg zu ertragen … Den Weg nach vorwärts zu unseren Zielen können wir einzig und allein durch unsere eigenen Anstrengungen finden, durch unermüdliche geduldige und mutige Arbeit.«[55]

Nach dem Ende des Zweiten Weltkrieges besteigen Sigrid Undset und ihr Sohn ein Schiff, das sie in die Heimat zurückbringt. Am 30. Juli 1945 betritt sie Norwegen, wo inzwischen auch ihr geschiedener Mann begraben wurde. Anfang August kehrt sie nach dem von Nazitruppen geplünderten und verwüsteten Bjerebaek zurück, das sie wieder zu ihrem Heim macht. Den Sohn Hans, dem ein exzentrisches Leben nachgesagt wird, sieht sie selten, auch wegen finanzieller Fragen soll es zunehmend zu Spannungen gekommen sein.

Sigrid Undset wirkt noch schwerer und langsamer als früher, alles – auch das Schreiben – macht ihr Mühe, sie leidet an Rheumatismus. In diesen durchdringenden, graublauen Augen leuchtet nicht mehr das innere Feuer auf, das sie schon als kleines Mädchen so entschlossen und erwachsen aussehen und als Zwanzigjährige sagen ließ: »Ich habe einen Trost: Ich will.«[56]

Jetzt ist sie müde, will nicht mehr viel, nur noch das letzte – ihr dreiunddreißigstes – Buch vollenden. Sie arbeitet an einer Roman-Biographie der Catharina von Siena, einer Heiligen und Kirchenlehrerin aus dem 14. Jahrhundert. 1948 lehnt ein amerikanischer Verlag die Veröffentlichung ab. Sicherlich war ihr ein Trost, dass der norwegische König sie im Juli 1947 mit dem St.-Olavs-Verdienstorden ausgezeichnet hat.

»Ich bin jemand, der zweitausend Jahre in diesem Land gelebt hat«[57], hat Sigrid Undset einmal mit einem Lächeln gesagt, jetzt geht ihr Leben zu Ende. Ihr Körper, dem sie jahrzehntelang die Strapazen nächtlicher Schreibarbeit zugemutet hat, versagt 1948 zum ersten Mal. Ein Jahr später erleidet die Siebenundsechzigjährige im Sommer einen Gehirnschlag. In einer Klinik in Lillehammer scheint sie sich langsam zu erholen. Nach einer eher ruhigen Nacht schickt sie die Schwester, die neben ihr die Nacht durchwacht hat, zum Ausruhen nach Hause. Allein im Krankenzimmer, ohne Familie und Freunde an ihrer Seite, ohne die Sterbesakramente empfangen zu haben, stirbt Sigrid Undset am 10. Juli 1949. Die norwegische Regierung ordnet ein Staatsbegräbnis an. Auf dem Kreuz, das ihr Grab ziert, stehen die Worte aus dem Lukas-Evangelium: »Siehe, ich bin des Herrn Magd.«

Zwei Jahre nach ihrem Tod, fünf Jahre nach dem Ende des Zweiten Weltkriegs und dem Abwurf der ersten Atombombe und zu Beginn des Kalten Krieges, erscheint in Norwegen Sigrid Undsets »Catarina Av Siena« (Katharina Benincasa). In diesem Buch, das manche ihr Vermächtnis nennen, schreibt sie: »Die Menschen unserer Zeit haben das unerschütterliche Vertrauen zu den sinnlich sichtbaren, greifbaren und genießbaren Dingen verherrlicht und zu einem Glaubensbekenntnis gemacht, ob sie dieses nun Materialismus, selbstherrlichen Humanismus, Kollektivismus oder wie immer nennen mögen. Alle haben jedoch auch einen blassen Schimmer davon erfahren, wie äußerst unzuverlässig die materiellen Dinge sind.

Im Lichtschein der gesprengten Atome wird der solide Stoff gleichsam durchsichtig, etwas, das verschwindet. Wer aber kann sagen, wie die Menschen auf die neuen Erfahrungen reagieren werden?«[58]

»Mein Vaterland ist die Erde«
Emily Greene Balch (1867–1961), Friedensnobelpreis 1946

Von Hania Luczak

Wellesley College, 30. September 1996: Die jungen Frauen, die mit Büchern unter dem Arm durch das knirschende Herbstlaub zu den alten Gebäuden der ehrwürdigen Universität eilen, schütteln den Kopf, zucken die Achseln oder schauen einfach nur verwundert. »Emily Greene Balch, kenne ich nicht«, sagt die Studentin, die aus einem Sportwagen aussteigt. »Sorry, noch nie von ihr gehört«, antwortet die Joggerin, die mit kurzer Hose über den parkartigen Campus trabt. Und die Dozentin, die mit einem Projektor unterm Arm über die Straße hetzt, ruft »Wer bitte?«, und streift sich die Kopfhörer eines Walkmans von den Ohren.

Emily Greene Balch? Niemand kann Auskunft geben auf dem Gelände des Wellesley College, wo jetzt eine Generation von Frauen studiert, die völlig selbstverständlich die schweren Türen der Vorlesungssäle aufstoßen, als hätte es nie einer Art Revolution bedurft, Mädchen das Recht auf Studium zu gewähren.

Viele Prominente – wie Hillary Clinton etwa – haben an dieser traditionsträchtigen Frauen-Lehranstalt studiert, und Emily Greene Balch hat hier als eine der ersten Frauen über zwanzig Jahre lang Ökonomie und Soziologie gelehrt. Aber es ist wie im ganzen Land: Fragt man nach der Friedensnobelpreisträgerin von 1946, bleiben selbst viele Menschen aus gebildeten Kreisen eine Antwort schuldig.

»Vielleicht wissen die Leute im Archiv Bescheid!«, hat die Dozentin mit dem Walkman noch gerufen. Und wirklich, im großen Bibliotheksgebäude nickt eine Dame freundlich und reicht zwei angestaubte Pappmappen mit Zeitungsausschnitten über den Tisch – darin das Leben einer ungewöhnlichen, fast vergessenen Frau.

Emily Greene Balch: Geboren am 8. Januar 1867 in Boston, Massachusetts. Studium der Wirtschaftswissenschaften. Von 1896 bis 1919 Lehrtätigkeit und Professorin mit Lehrstuhl am Wellesley College. Pazifistin und Aktivistin der Welt-Frauenbewegung, Mitbegründerin der Internationalen Frauen-Liga für Frieden und Freiheit, mehrere Veröffentlichungen, 1946 Verleihung des Friedensnobelpreises, gestorben am 9. Januar 1961 im Alter von vierundneunzig Jahren in Cambridge, Massachusetts. Eckdaten, die wenig über die Persönlichkeit eines Menschen verraten.

Eine vergilbte Fotografie, obenauf in der Archivmappe, zeigt eine Frau, die bereits vor hundert Jahren hier am Professorinnenpult stand: Der schlanke Körper in schwarzem, bodenlangen Rock, die weiße Bluse geschmückt mit einer schwarzen, korrekt gebundenen

Schleife. Das dunkle Haar zurückgebunden, das Gesicht klar und herb, die grauen Augen hinter einer Brille, ausgeprägt der Mund, hoch die Stirn. Gelassen schaut sie dem Betrachter ins Gesicht. Eine Frau, die in sich ruht. Das Antlitz einer starken Persönlichkeit.

Sie gehörte zur ersten Frauengeneration an den Universitäten, die alten Konventionen trotzte, Wissenschaft betrieb und die halbe Welt bereiste, die international politisch aktiv wurde, die keine eigenen Kinder gebar, dafür aber einen neuen Geist und eine neue Kraft in die Welt brachte – und die für ihre Ideen und Rechte zu kämpfen gelernt hatte.

Selten haben weibliche Mitglieder der Gesellschaft das Glück, für ein Rebellenleben geehrt zu werden. »Sie hat das heilige Feuer in sich«[1], titelte eine norwegische Zeitung, als Emily Greene Balch der hoch dotierte Preis zugesprochen wurde. Die Zeitung zitierte das Nobelkommitee weiter: »Sie hat uns gelehrt, dass die Wirklichkeit, nach der wir trachten, durch harte und unermüdliche Plackerei verdient werden muss ..., aber sie hat uns noch mehr gelehrt: Erschöpfung ist unbekannt, und Niederlagen geben demjenigen frischen Mut, dessen Seele durch die heilige Flamme angefeuert wird.«[2]

Die Suche nach Menschen, die Emily Greene Balch gekannt haben, erweist sich als äußerst schwierig. Keine ihrer Kommilitoninnen ist noch am Leben, ebenso wenig ihre damaligen Mitstreiterinnen. Und von den Verwandten lebt allein noch eine beinahe achtzig Jahre alte Nichte: Ellen Eppenheimer, die ihre Tante auf vielen Reisen begleitet hatte und die mit dabei war, als Emily zu ihrer Nobelansprache nach Oslo in See stach. Ich sitze mit der weißhaarigen Dame in einem Café in Boston. Versonnen rührt sie in ihrer Tasse, versucht nach innen zu blicken, dahin, wo die Erinnerungen verborgen sind. Schon lange habe kein Mensch sie mehr nach ihrer Tante gefragt, die jungen Leute würden sich nicht mehr für Emily interessieren, sagt die ehemalige Kunsterzieherin und Malerin. Emily sei ein »großartiger Mensch« gewesen, eine »stabile Persönlichkeit«, ohne die »typischen Probleme des Temperaments«. Zur Entspannung hätte auch sie gemalt, kleine Aquarelle. »Aber das alles ist schon so lange her.«

Emily Greene Balch war keine schillernde Persönlichkeit, keine extravagante, sprühende Schönheit. Sie war ein wohlerzogenes Mädchen, tief gläubig und eher unscheinbar, das in der spätviktorianischen Gesellschaft Neuenglands als Zweitälteste von sechs Geschwistern aufwuchs. Ihr Vater Francis, Jurist in Boston, hatte als Sekretär bei Senator Charles Summer gearbeitet, einem entschiedenen Gegner der Sklaverei. Emily sah in ihrem Vater den »selbstlosesten Menschen«, den sie je gekannt hatte. Ihre Mutter Maria, die kurze Zeit als Lehrerin arbeitete, wurde duch ihre offene und lebensfrohe Art zum Mittelpunkt im Leben der Tochter. Die

Liebe zu ihr hatte »etwas Leidenschaftliches«[3], beschrieb Emily die Beziehung.

Die Balchs waren eine liberale Familie, Bildungselite der besten Art mit großem Zusammengehörigkeitsgefühl. Jedes Familienmitglied durfte jederzeit eigene Gäste mit nach Hause bringen, und manchmal saßen mehr als zwanzig Menschen um den Tisch, Theaterstücke wurden einstudiert, Literatur vorgelesen und diskutiert.

Emily war von Kindheit an »die Gescheite«, verschlang zahllose Bücher – auch in deutscher und französischer Sprache –, und schon als Siebenjährige konnte sie mit Wörterbüchern umgehen. Sie besuchte mit großem Erfolg private Mädchenschulen in Boston. Früh geprägt durch den Altruismus des Vaters, die fröhliche Natur der Mutter und die liebevolle Familienatmosphäre erlernte das Mädchen »soziale Kompetenz« in Reinform, wie Psychologen es heute nennen würden. Emily »konnte« mit Menschen, ja sie liebte sie geradezu.

Einmal erzählte die Achtjährige ihrer Mutter, dass sie ein Nachbarsmädchen nicht leiden könne, weil diese »immer die erste sein wollte«. Ihre Mutter schaute sie an und fragte: »Ist es deshalb, weil du selbst die erste sein willst?« Dies sei ihr »erster Akt von bewusster Selbsterkenntnis«[4] gewesen, wird sich Emily als Erwachsene noch erinnern. Die Augen auch auf sich selbst zu richten, bevor man andere verurteilt –

eine von Emilys Fähigkeiten, die ihr Leben prägen sollten. Diese Fähigkeit verlieh ihr eine harmonische Ausstrahlung, einen gewissen »Adel« und machte »ihre Stimme so ruhig und musikalisch«[5], wie Balchs Biographin Mercedes M. Randall in ihrem Buch »Improper Bostonian« (Unschickliche Frau aus Boston) vor mehr als dreißig Jahren feststellte.

Als Heranwachsende legte Emily ein spirituelles Gelübde ab. Nach einer flammenden Predigt in ihrer unitarischen Kirche, die dazu aufforderte, der Gesellschaft zu dienen, wie schwierig es auch sein möge, schwor sich Emily, diesem Aufruf zu folgen – und nahm diesen Entschluss so ernst wie eine Nonne ihren Schwur. In späteren Jahren sollte sie sagen, dass sie, abgesehen von einigen Momenten der Schwäche, dieses Gelübde nie gebrochen habe.

Doch der »glühende Glaube« und die »fürsorgliche Güte«, wie ihre Nichte sich erinnert, Emilys Mangel an Aggression und Selbstsucht, beinahe ein Übermaß an Bescheidenheit und Menschenliebe, sind wohl auch Gründe dafür, dass sie im Bewusstsein der heutigen, von eher pragmatischen Werten geleiteten Generation kaum vorkommt. »Ich bin keine Prinzessin, sondern von allen alten Jungfern und ehemaligen Lehrerinnen Neuenglands die unauffälligste, aber für eine kurze Zeit in meinem Leben hat es sich ergeben, dass ich mit Männern zusammenarbeitete, die an der Macht waren«[6] – typisch für Emily Greene Balch, sich derart über ihre Arbeit zu äußern, als sei sie nur zufällig dabei gewesen, als andere große Taten vollbracht haben.

Dabei waren ihre eigenen Taten groß.

In einer Zeit, in der Frauen lediglich untergeordnete Rollen spielten, wollte sie unbedingt studieren. Nach dem Tod »unserer wundervollen Mutter«[7], der die Siebzehnjährige tief traf, formte sich diese Entscheidung. Doch vorher ermöglichte ihr der Vater, um ihren Kummer zu beschwichtigen, eine lebensprägende Erfahrung. Am 6. April 1885 schrieb Emily in ihr Tagebuch: »Vorgeschlagen, dass ich ins Ausland gehen sollte.« Am 7. April ist zu lesen: »Entschieden.« Und wenige Tage darauf: »Von New York mit der Archimedes gegen eins weggesegelt.«[8] Sie begleitete eine befreundete Familie auf einer Europareise – der Anfang ihrer internationalen Bildung und Erfahrung, ihrer Philosophie als Weltenbürgerin.

Zurückgekehrt nach Neuengland, erwartete sie eine traurige Situation: Auf den meisten Universitäten waren den Mädchen die Türen noch verschlossen. Eine Freundin Emilys wollte sich gar als Junge verkleiden, um eine Universität besuchen zu können. Andere mussten ihren Heimatort verlassen, da die Familien die Schande nicht ertragen wollten, eine Tochter im College zu haben. Aber gerade hatte unweit von Boston ein Quäker-College für Frauen seine Pforten geöffnet: »Bryn Mawr« wollte den Mädchen eine genauso gute Bildung gewähren, wie Harvard es für deren Brüder tat.

Als Emily mit ihrem Vater 1886 zur Besichtigung hinfuhr, war Bryn Mawr bereits zum Mekka lernwilliger Frauen geworden. Geführt von der damals nur achtundzwanzig Jahre alten Präsidentin Carey Thomas, die kurz zuvor als eine der ersten Studentinnen mit einem »summa cum laude«-Abschluss der Universität Zürich ausgezeichnet worden war, herrschte in diesem College die Aura der intellektuellen Emanzipation. Die junge Direktorin hatte bereits mit vierzehn Jahren in ihr Tagebuch geschrieben: Ein Ziel ihres Lebens sei es zu zeigen, »dass Frauen mit Männern lernen, mit ihnen Vernunft entwickeln und mit ihnen konkurrieren können in den großen Bereichen der Literatur und Wissenschaft«[9].

Dieser Geist und diese Gemeinschaft prägten Emilys Entwicklung, die sich nach ihrer Aufnahme in das College zunächst dem Studium der Literatur widmete. Ihr ganzes Leben lang schrieb sie ihre Gedanken und Erlebnisse nieder – auf Schnipsel, lose Blätter, in Notiz- und Tagebücher. Und sie konnte an nichts Geschriebenem vorbeigehen, ohne es zu lesen. Bücher formten ihren Geist, waren ihre größten Lehrer. Nach der Lektüre von Descartes etwa notierte sie für sich selbst: »Ich wünschte mir, ich hätte jemals Zeit, Mut, Energie und Macht, um zu denken.« Aber sie war nicht nur ein »Blaustrumpf« – Gogols »Taras Bulba« etwa regte eine andere Seite ihrer Persönlichkeit an: »Oh, ein wilder Kosak zu sein! Hart kämpfen, hart

trinken und hart reiten. Hinaus in die wilde Steppe …
Eine neue Welt wird uns eröffnet, ein neues Leben,
eine neue Nation, eine neue Zeit.«[10]

»Hinaus in die wilde Steppe«, diesem Ruf folgte sie
auf ihre stille Weise. Sie wechselte ihr Fach und stürzte
sich, für Frauen damals eher unüblich, auf Ökonomie
und Soziologie, um nicht nur ästhetisch, sondern auch
ethisch etwas ausrichten zu können. Sie habe »ihre
Entscheidung niemals bereut«[11], denn »soziale Reue
lag in der Luft«[12]. Für sie waren engagierte Bücher
über die armseligen Lebensbedingungen »der anderen
Hälfte« der Gesellschaft eine bewegende Lehre: »Es
mangelte mir in meiner Umgebung niemals an Liebe
und zärtlicher Fürsorge, noch an Komfort oder Sicherheit.« Und es war ein Schock für sie zu erkennen, dass
»diese Dinge nicht universell sind«[13].

Studieren, um die sozialen Strukturen zu verbessern, wurde immer mehr zu ihrem Leitsatz. Und nach
ihrem brillanten Abschluss in Bryn Mawr bekam sie
eine weitere Chance: Die größte Auszeichnung, die
das College damals vergeben konnte, war ein einjähriges Stipendium für Studien in Europa. Emily – in einem typischen Anfall von Selbstverleugnung – wollte
es zunächst nicht annehmen, da sie es ihrer Meinung
nach nicht verdiente. Ihr College sah das ganz anders:
»Sie ist zweiundzwanzig Jahre alt, eine Frau von ungewöhnlichen Fähigkeiten; von außerordentlicher
Schönheit des moralischen Charakters, großer Diskre-

tion und Ausgewogenheit im Urteil, sehr unselbstsüchtig und in jeder Art geeignet, das College zu repräsentieren.«[14]

Schon als Jugendliche hatte ihr Vater sie gerne wegen ihrer moralischen Integrität und ruhigen geistvollen Art »Jeanne d'Arc« genannt. Jahre später pflegte Jane Addams[*], ihre Freundin, Mitstreiterin und erste amerikanische Friedensnobelpreisträgerin, Emily als die »moralischste Person, die ich je getroffen habe«[15], vorzustellen. Tatsächlich sollte diese Eigenschaft dazu führen, dass sie sich ihr Leben lang mit einem inneren Zwiespalt herumschlagen würde: Wie sollte sie die Selbstlosigkeit, zu der ihr Vater sie erzogen hatte, wie ihren altruistischen Glauben, wie die Rolle der Frau im späten 19. Jahrhundert, die Dienen und Unterordnung verlangte, mit ihrem ebenso starken Wunsch verbinden, »jemand zu sein«?[16] In den Tagebüchern ihrer Jugendzeit sprach sie immer wieder davon, dass ein Ungeheuer in ihr wüte: der egoistische Drang, berühmt zu sein.

Ihre akademische Laufbahn in Europa erlebte die Studentin – 1890/91 hörte sie an der Sorbonne Volkswirtschaft – als mühselig und unbefriedigend. Sie erarbeitete zwar eine soziale Studie mit dem Titel »Öffentliche Unterstützung der Armen in Frankreich«, tat sich aber schwer, ihre Richtung zu finden. Sie wusste noch

---

[*] Siehe dazu das Porträt der Friedensnobelpreisträgerin Jane Addams in: »Nicht nur Madame Curie …« (Beltz & Gelberg 1990)

nicht, ob sie praktisch oder theoretisch arbeiten sollte. Als »die Intellektuelle«, wie sie in Paris genannt wurde, 1892 in die USA zurückkehrte und an einer Sommerschule über angewandte Ethik teilnahm, merkte sie, dass ihr Wissen lediglich aus Büchern stammte: »Völlig aus zweiter Hand und unwirklich.«[17]

Zu diesem Zeitpunkt schloss sie Freundschaft mit Jane Addams und anderen engagierten, hochgebildeten Frauen, die soziale Einrichtungen in Boston gegründet hatten, um »nützlich zu sein«. Einer Art Schuldkomplex folgend, meinte damals nicht nur Emily, ihre exzellente Ausbildung der Gesellschaft mit Sozialarbeit danken zu müssen. Sie versuchte, in der Arbeit aufzugehen, doch trotz aller Bewunderung für die »Bostoner Aristokratie des Guten« fühlte Emily sich unbefriedigt mit ihren »philantropischen Bemühungen«[18]. Der Zwiespalt ihres Lebens wurde wieder deutlich: Ist es möglich, intelligent und akademisch zu arbeiten und gleichzeitig gut zu sein?

Wenn Zweifel an sich selbst eine Grundlage für einen wachen Geist und eine warme Seele sind, dann wurde die Fähigkeit, sich selbst zu hinterfragen, schon sehr früh in Emily geweckt. Als Mädchen hörte sie eine kluge Freundin der Mutter sagen: »Die hässlichste Erscheinung in der Welt sei wohl eine Person, die versucht, gut zu sein.« Dieser Satz habe ihr ein Leben lang »gewaltig zu denken gegeben«, kommentierte Emily – und benützte damit ihren Lieblingsspruch, den ihre Studentinnen als ihr Markenzeichen ansahen. Nüchtern fügte sie hinzu: »Es führte aber auch dazu, jede Tendenz … von Selbstkult zu korrigieren.«[19]

Schon sehr früh erkannte die junge Frau, dass Toleranz anderen gegenüber nur aus einer gewissen Toleranz sich selbst gegenüber entstehen könne, dass also auch das Unbewusste unser Handeln bestimmt. Sie notierte in ihr Tagebuch: »Mach es so gut du kannst, und dann akzeptiere, dass du nicht verantwortlich bist für die Unvollkommenheit.« Oder: »Sei geduldig zu dir, sei fair zu dir.«[20]

Sie kehrte schließlich der Sozialarbeit den Rücken und verschrieb sich ganz der Lehre und Forschung. Diese erschienen ihr als »langer Arm eines Hebels« effektiver zu sein, um jungen Menschen die Augen für soziale Verantwortung zu öffnen. Sie setzte ihr sozialwissenschaftliches Studium unter anderem an der University of Chicago fort. Ein Studienjahr an der Universität Berlin folgte – als eine der ersten Studentinnen mit Neugier beäugt und nicht selten beschimpft. In Deutschland kam sie zum ersten Mal in Kontakt mit der Philosophie des Sozialismus, die von vielen Studenten in Europa mit Enthusiasmus als eine Chance für eine bessere Welt empfunden wurde. Auch Emily gab diese neue Strömung wieder einmal »gewaltig zu denken«.

An Bord des Schiffes, das sie 1896 zurück nach Amerika brachte, traf sie zufällig Katherine Coman,

Professorin am Wellesley College, die ihr eine Stelle anbot. Das Angebot des berühmten Elite-Colleges unweit ihres Elternhauses war nicht nur verlockend, sondern auch eine glückliche Fügung, denn Emily hatte verzweifelt nach einem Berufsweg gesucht, der sie nicht von ihrem Vater trennen würde. Wellesley sollte ihr »ein mehr als zwanzig Jahre glückliches Berufsleben« bescheren – bis 1919 ihre Professur zu einem plötzlichen Ende kam.

Zunächst jedoch führte die neunundzwanzigjährige Hochschullehrerin voll Elan und Phantasie viele Neuerungen durch. Sie verband in ihren Vorlesungen ökonomische Theorie, Statistik, Geschichte der Arbeiterbewegung und des Sozialismus mit praktischer Feldforschung in den Gemeinden. Zum Entsetzen von Eltern und Kollegen ging sie mit ihren Studentinnen in die Armenviertel und Bordelle von Boston, um die dort herrschenden Lebensbedingungen zu untersuchen. Bisweilen konnte Professorin Balch aber auch einen schottischen Highlander-Tanz hinlegen und ihre Klasse zu Lachanfällen reizen.

Sie hielt Vorlesungen über Immigration, eines ihrer Spezialgebiete, und erforschte die Lebensbedingungen der amerikanischen Einwanderer, die mehr oder weniger geächtet wurden. Um ihr wissenschaftliches Hauptwerk »Our Slavic Fellow Citizens« (Unsere slawischen Mitbürger), das 1910 erscheinen sollte, zu erarbeiten, bereiste sie mehrfach Osteuropa und alle slawischen Siedlungsgebiete in den Vereinigten Staaten. In einem weit entlegenen frauenlosen Goldgräbercamp in Colorado bekam sie den ersten und einzigen Heiratsantrag ihres Lebens: Während eines Spaziergangs bat ein Grubenarbeiter höflich um ihre Hand. Ruhig teilte sie ihm mit, dass sie Professorin sei und wie viel sie verdiene. Das Gespräch über eine Heirat erstarb auf der Stelle.

Emily habe selten über Ehe und Liebe gesprochen, erzählt ihre Nichte im Bostoner Café: »Ein dunkler Punkt im Leben meiner Tante.« Schon als junges Mädchen hätte sie nur die Achseln gezuckt, wenn sie die typischen Ratschläge bekam, »ihre Jugend zu genießen, auszugehen, junge Männer kennen zu lernen«. Dann hätte sie meistens geantwortet: »Das liegt jenseits von mir.« Mit vierunddreißig Jahren schrieb Emily Balch: »Ich bin glücklich als eine unverheiratete Frau (nicht nur unverheiratet, sondern auch emotional jungfräulich; habe niemals geliebt oder bin jemals geliebt worden), aber ich weiß, dass ich nur einen kleinen Teil des Lebens innehabe. Die Leidenschaft, ob Mutter oder Frau, ob Freude oder Tragödie, ist nicht für mich bestimmt.«[21]

Doch ihre Tante sei nicht verbittert gewesen, im Gegenteil, sagt Ellen Eppenheimer mit Nachdruck. Mit zweiundneunzig Jahren habe sie noch über ihr Leben erzählt: »Ich war niemals allein, niemals unbeschäftigt, niemals gelangweilt.« Und: »Ich habe ein …

langes Leben gehabt und ich würde auch gern denken, kein völlig nutzloses.«[22]

Professorin Balch lebte für ihren Beruf und für soziale Reformen, daneben war alles andere zweitrangig. Voll Idealismus war sie und überzeugt, der Mensch habe die Verpflichtung, ständig Opfer zu bringen und frohgemut Gutes zu tun, auch wenn das Ergebnis nicht immer befriedigend ausfällt: »Ich kann nicht beurteilen, ob das, was mich antreibt, als religiöser Glaube, als unwiderstehlicher innerer Drang oder als Fanatismus zu bezeichnen ist.«[23]

Etikette empfand sie oft als lästig: Sie konnte mit Zeit oder Kleidung nicht umgehen, Mode interessierte sie nicht, sie neigte dazu, Hüte verkehrt herum aufzusetzen oder »sechs Schirme in einer Woche zu verlieren«, wie ihre Nichte erzählt, die bei dieser Erinnerung lächeln muss. Bereits als Studentin hatte Emily eine Abhandlung mit dem Titel: »Die Nachteile der Konventionalität« geschrieben, in der sie ausführte, dass in moralischen Belangen der Einzelne, wenn es die Umstände erfordern, die Konventionen brechen müsse – und auf ihre stille Weise tat sie es.

Emily Greene Balch war keine »gute« Lehrerin im klassischen Sinn. Sie »stürmte in letzter Minute in den Lehrsaal«, schreibt eine ehemalige Studentin, »beladen mit allen möglichen Papieren, Pamphleten, Berichten und schweren Nachschlagewerken. Oft vergaß sie, uns die Testpapiere wieder zurückzugeben«, und nicht selten verpasste sie eine Stunde. Dann hieß es: »Unsere Lehrerin gibt einen Vortrag in Boston oder New York.«[24] Sie war ein ganz neuer Typ von College-Lehrer: Mit ihrem Bemühen um soziale Reformen, dem Engagement in der Arbeiterbewegung – sie gründete zum Beispiel die Bostoner Gewerkschaft für Frauen – war sie ein Teil dessen, was sie zu lehren versuchte. Dieses Wissen aus erster Hand und ihre Authentizität sei faszinierend gewesen. »Welche Vision haben wir?«, war eine ihrer Hauptfragen an die Studentinnen – aber ihr Leben lang auch an sich selbst.

Am 31. Dezember 1906, nach ihrer Rückkehr aus Osteuropa, schrieb Emily, sie habe entschieden, »mich selbst Sozialistin zu nennen«. Ihr war klar, dass es »sicher zu einigen Missverständnissen führen« wird, »aber ich hoffe, auch zu ein wenig besserem Verständnis«.[25] Sie hatte lange gekämpft mit ihrer Beziehung zum Sozialismus, da sie mit einigen Thesen von Marx nicht einverstanden war. Aber eine kleine Begebenheit hatte ihr endgültig klargemacht, dass sie aus Nächstenliebe nur »Sozialistin« werden konnte: »Es war in Prag, an diesem einen unerträglich kalten Wintermorgen, als ich einen Mann mit bloßen Fingern in einem Aschkasten hantieren sah, auf der Suche nach etwas Essbarem. Der Himmel weiß, ich habe genug Elend und Hunger gesehen … aber die bloßen Finger in der gefrorenen Asche hatten etwas Endgültiges.« All ihre Studien verstärkten ihr soziales Verantwortungsgefühl und immer stärker war sie überzeugt von der »Notwendigkeit einer großen sozialen Veränderung«[26] hin zu mehr Gerechtigkeit. Gerade deshalb traf sie der Ausbruch des Ersten Weltkriegs besonders tief.

Emily Balch empfand den Krieg als einen gewaltsamen und katastrophalen Rückschlag für die soziale Bewegung. Gesellschaftlicher Fortschritt war mit einem Schlag unwichtig geworden. Und ihr wurde bewusst, wie tief »unser gesamtes soziales und ökologisches System, unsere Skala der Werte, unsere Ideen von Recht und oberster Wichtigkeit«[27] verbunden sind mit Krieg. Emily betrachtete ihren Pazifismus als eine Art Kreuzzug, der von Jane Addams angeführt werden sollte. Von 1916 bis 1918 ließ sie sich vom Wellesley College beurlauben, um ihre ganze Kraft auf die Friedensarbeit zu konzentrieren. Sie war Mitbegründerin mehrerer Organisationen, die sich bemühten, die USA aus dem Krieg herauszuhalten – wie etwa der »Amerikanischen Union gegen den Militarismus« oder der »Frauen-Friedenspartei«.

Am 25. Januar 1915 trafen sich 3 000 Mitglieder der Friedenspartei im großen Ballsaal des New Willard Hotels in Washington D.C. »Sie erließen ein Manifest, unübertroffen, wie wir denken, in seiner Macht und moralischen Glut«, beschrieb *The Independent Magazin* als einzige Zeitung das Ereignis. »Radikal, laut, staatsmännisch, konstruktiv«, sei die Botschaft der Frauen: »Wir fordern, dass Frauen teilhaben sollen in der Entscheidung über Krieg und Frieden … im Haus, in der Schule, der Kirche, der industriellen Ordnung und im Staat.«[28]

Der erste Schritt war getan und die Frauen gingen weiter. Im April 1915 nahm das Dampfschiff »Noordam« zweiundvierzig ungewöhnliche Passagiere an Bord: eine Gruppe von prominenten amerikanischen Damen, welche die »erste College-Generation« hervorgebracht hatte. Unter ihnen Rechtsanwältinnen, Ärztinnen, Literatinnen, Wissenschaftlerinnen – mutige Frauen, die über verminte Gewässer ins kriegerische Europa fuhren, um eine Mission zu erfüllen. Sie waren auf dem Weg nach Den Haag zu einem Weltkongress, der einzigartig in der Geschichte werden sollte. Unter den Reisenden waren auch die Freundinnen Jane Addams und Emily Greene Balch.

Frauen aus aller Welt hatten sich in der Mitte dieses weltbewegenden Krieges zusammengerufen, um gegen den Alptraum zu protestieren, ihn wenn möglich zu stoppen und Konzepte gegen zukünftige Kriege zu entwerfen. Zum ersten Mal in der Geschichte arbeiteten Frauen verschiedener Nationen und Klassen sowie verschiedener politischer Ideologien gemeinsam daran, Mittel und Wege gegen den Krieg zu finden. »Feindinnen« sprachen miteinander, oft gegen den Willen ihrer Regierungen und Familien. Viele Menschen witterten Verrat, andere sahen darin eine neue Art von Heroismus. Die couragierten Forderungen der Friedenskämpferinnen: Einrichtung eines internationalen Gerichtshofs, einer internationalen Militärpolizei, Internationalisierung der Weltmeere und strategisch wichtiger Wasserwege – und das Wahlrecht für alle Frauen.

Natürlich wurden sie bekämpft und – was noch viel schlimmer war – belächelt. »Dumm und feige«, hieß es in Politikerkommentaren. Die Frauen wurden als »Friedens-Champions« bezeichnet, die beeinflusst seien »durch physische Feigheit«[29]. Angesichts der Schlachtschiffe, der Minen, der Kriegsgier, die sie umgab, schrieb Emily in ihr Tagebuch: »Wir wissen, dass wir lächerlich wirken. Aber selbst Lächerlichkeit ist manchmal nützlich wie bei jenen ›enfants terribles‹, die laut sagen, was gesagt werden muss.«[30] Und sie sprach und schrieb unbeirrt weiter über den »organisierten Barbarismus«, der allein mit brutalen Armeen internationale Konflikte lösen will.

Der Kongress in Den Haag beschloss am Ende, so genannte Botschafterinnen des Friedens zu den neutralen Staaten zu schicken, um diese zu einer Vermittlerrolle zu bewegen. Emily sollte mit vier anderen Frauen die »Nord-Tour« nach Skandinavien und Russland übernehmen, weil sie mit ihren Sprachkenntnissen bestens dazu geeignet war: Sie hatte Griechisch und Latein studiert, argumentierte fließend in Deutsch, Französisch, Italienisch. Russisch, Tschechisch, Polnisch und Holländisch waren ihr ebenfalls geläufig. Sie, für die »jegliche menschliche Interaktion eine Kunst ist, eine schöne und notwendige Kunst«[31], war berühmt für ihre Liebenswürdigkeit und Kompromissbereitschaft. So konferierte sie mit Königen, Premierministern und Präsidenten.

Ihr Hauptanliegen war die Einberufung eines »andauernden Vermittlungsausschusses« der neutralen Länder, der die Krieg führenden Mächte beeinflussen könnte. Nach einer monatelangen Reise durch die Kriegsgebiete verlief die letzte Etappe besonders unbefriedigend: In ihrer Heimat war Präsident Wilson nicht dazu zu bewegen, die Vermittler anzuführen, da »dies nicht der richtige Weg sei«[32]. Stattdessen verkündete das Weiße Haus am 2. April 1917 den Eintritt der USA in den Krieg.

Die Versammlungen der Pazifisten wurden danach immer öfter verboten, Leute auf der Straße verfolgt, Truppen angefordert, um diese »unamerikanischen« Treffen zu verhindern. Die Zeitungen titelten: »Land in kriegerischer Laune«, Pazifisten schalteten Anzeigen in der *New York Times*: »Krieg ist nicht notwendig« oder demonstrierten vor dem Capitol in Washington.[33]

»Die Arbeit für den Frieden hat bisweilen ihre stürmischen Momente«, schrieb Emily lakonisch. Sie verfasste weiter Bücher, etwa über ihre Erfahrungen mit den »Frauen in Den Haag«. Die nächsten Jahre reiste die Professorin häufiger nach New York und stemmte sich mit einigen neu gegründeten Organisationen gegen das »militärische Gefühl in den Vereinigten Staaten«[34]. Sie schrieb Artikel, hielt Reden, organisierte große Friedenstreffen – alles umsonst, der Krieg war mächtiger. Doch trotz aller Niederlagen und Rückschläge notierte sie: »Niemals wieder dürfen Frauen es wagen zu glauben, dass sie keine Verantwortung tragen, weil sie keine Macht haben. Öffentliche Meinung ist Macht; starkes und angemessenes Gefühl ist Macht, Entschlossenheit, eine Zwillingsschwester des Glaubens oder der Vision, ist Macht.«[35]

Pazifistin in Kriegszeiten zu sein, bedeutete häufig das Ende einer Karriere. Keiner wusste besser als Emily, dass sie professionellen Selbstmord verübte. 1919 beschloss die Verwaltung des Wellesley College, sie gegen den Protest vieler Kollegen nach mehr als zwanzigjähriger Lehrtätigkeit nicht wieder auf ihrer Stelle einzusetzen. Die Begründung: Man zweifle an ihrer »Loyalität«.

Im Alter von zweiundfünfzig Jahren stand sie ohne Arbeit und ohne Pension da. Sie verzichtete darauf, vor Gericht auf ihrer akademischen Freiheit zu bestehen, stattdessen übte sie sich in ihrer leisen Art der Rebellion: Als sie von ihrer Entlassung erfuhr, steckte sich die Nichtraucherin sofort eine Zigarette an – und brach ein Tabu auf dem College-Campus. In ihrer lakonischen Art meinte sie, »die bekannte Liberalität des Wellesley College«[36] überstrapaziert zu haben. Doch Freunden gegenüber sprach sie von einem Schock.

Ebenso wie andere Pazifisten litt Emily darunter,

mit ihrer Haltung so »allein dazustehen und einer Woge der Kriegsbegeisterung standzuhalten«[37]. Ein paar Wochen vor ihrer Entlassung waren ihr Name und der von Jane Addams auf einer amtlichen Liste von so genannten »Subversiven« erschienen. Doch ihr Leben der politischen Pionierarbeit für den Frieden ging weiter. Unspektakulär, ohne erkennbaren Dank, scheinbar sinnlos, Sisyphus gleich.

Wieder ein Frauenkongress, 1919 in Zürich – Geburtsstätte der »Internationalen Frauenliga für Frieden und Freiheit«, bis heute eine weltweite Organisation mit Tausenden von Mitgliedern. Emily wurde zur Schatzmeisterin und Sekretärin gewählt, Jane Addams zur Präsidentin.

Nach der Gründung richtete die Liga ihr Hauptquartier in Genf ein, das »Maison Internationale«, nicht weit vom Versammlungsort des Völkerrats. Emily arbeitete dort drei Jahre. Sie organisierte Kongresse, schrieb Briefe, Memoranden, Petitionen. Sie lebte für die Liga, diese streng anmutende Frau, die immer hinter der brillanten Jane Addams in der zweiten Reihe zu stehen schien. Doch ihr »inneres Feuer« war nicht zu löschen. Um Menschen von ihrer Sache zu überzeugen, reiste sie nach Nordafrika, in den Mittleren Osten, den Balkan und nahm überallhin ihre Losung mit: »Wir haben Platz für Sozialisten und für Nicht-Sozialisten, für Katholiken und Quäker, für Agnostiker und Freidenker«, aber keinen Platz für Menschen, die »Gewalt nicht als essenziell destruktiv empfinden«[38].

Erstmals fühlte die achtundfünfzigjährige Emily Erschöpfung in sich aufsteigen, litt an Müdigkeit und Nervosität. 1925 kehrte sie nach Neuengland zurück und lebte fortan mit zwei Freundinnen in einem Haus in Wellesley. Sie nannte ihr Haus »Domichek«, was auf Böhmisch »Kleines Haus« bedeutet. Als Blumen- und Naturliebhaberin war sie glücklich mit ihren Tulpen vor der Tür und dem Garten hinter dem Haus, den sie bewirtschaften konnte.

Doch schon nahte erneut Unheil für die Welt. Die Jahre 1929 bis 1939 brachten den Menschen eine weltweite Depression, eine gescheiterte Abrüstungskonferenz, Mussolinis Äthiopien-Überfall, die japanische Invasion in China und Hitlers Annektierung von Österreich und der Tschechei – schlimme Herausforderungen für Emily und ihre Mitstreiterinnen. Jane Addams Tod im Mai 1935 war ein weiterer Schlag. »Hilf mir, das zu tun, was sie tat«[39], vertraute Emily ihrem Tagebuch an.

Als wollte das Schicksal sie trösten, brachte ihr das Ende des Jahres eine tiefe Genugtuung: Das Wellesley College lud sie ein, die große Rede am »Armistice Day« zu halten, dem Gedenktag zum Waffenstillstand von 1918. Und ein weiterer Trost: 1937 wurde sie von ihrer Frauen-Liga zur internationalen Ehrenpräsidentin gewählt – als Nachfolgerin ihrer geliebten Jane.

Diese Anerkennungen gaben ihr neue Kraft: Sie verbreitete Schriften zu Problemen wie Abrüstung, Füchtlingsfragen oder Internationalisierung des Flugverkehrs. Und immer wieder kehrte sie zurück zu ihrem wichtigsten Thema, dem Frieden. »Unterwegs zu einer planetarischen Zivilisation« sah sie die Welt und kämpfte für die Einrichtung »von übernationalen Autoritäten, die Länderdifferenzen schlichten könnten«[40]. Der Völkerbund sandte ihre Vorschläge an alle Regierungen. Ihre Vorstellungen über eine Internationalisierung der Polargebiete sind später von den Vereinten Nationen übernommen worden. Doch die größte Herausforderung sollte ihr noch bevorstehen.

Der Zweite Weltkrieg führte sie in eine innere Krise, in einen »langen und schmerzlichen mentalen Kampf«[41], den sie nie ganz entscheiden, nie gewinnen konnte. Aber angesichts des Überfalls auf Pearl Harbor und der Gräueltaten im Dritten Reich rückte sie zum Teil von dem Konzept des absoluten Pazifismus ab. Kritik der Mitstreiterinnen an dieser neuen Position, innere Zerrissenheit – alles, wofür Emily gearbeitet hatte, ja geatmet hatte, schien zusammenzubrechen. Ein Zusammenrücken der Welt, eine internationale Organisation von freundlich kooperierenden Menschen mit »moralischer Qualität« schien 1942 lächerlich und sogar ein gefährlicher Irrtum zu sein. Aber aufgeben wollte sie nicht: »Sogar in den dunkelsten Stunden können wir glauben, und wenn wir nicht glauben können, dann wenigstens hoffen, daß wir trotz allem auf dem Weg zu Befreiung sind.«[42]

Kurz nach Ende des Krieges kam das, was Emily als »das erstaunliche Ereignis der Osloer Verleihung des Nobelpreises«[43] bezeichnete. Als das Radio an einem Novembernachmittag bekannt gab, dass sie 1946 zusammen mit John R. Mott als Preisträgerin ausgewählt worden war, lag sie mit einer schlimmen Bronchitis im Krankenhaus. Sie sei die einzige von allen nominierten Laureaten gewesen, hieß es, die alle drei Forderungen Alfred Nobels erfüllt hätte: Sie habe das meiste oder das Beste getan für die Brüderlichkeit unter den Nationen, für die Abschaffung oder Reduktion von Armeen und für das Abhalten und die Förderung von Friedenskonferenzen. Aber sie, die sich als Patriotin sah in ihrem »Vaterland: der Erde«[44], glaubte in ihrer bescheidenen Art, dass sie die Ehrung weniger verdient habe, »als all jene, die gelitten haben für den Frieden«. Wie schon Jane Addams behielt sie nur einen kleinen Teil des Preisgeldes für sich, da ihr diese Ehrung »symbolisch« für die Frauen-Liga übergeben worden sei.

Begleitet von ihrer Nichte, reiste Emily 1948 nach Norwegen. Einen Tag vor ihrer wegen der Krankheit um zwei Jahre verspäteten Preisrede traf die Neunundsiebzigjährige, zerbrechlich und knochig, mit König Haakon zusammen, der sie als eine alte Bekannte begrüßte. Vor mehr als dreißig Jahren hatte sie als

Friedensbotschafterin bereits mit dem Norweger konferiert und ihm mit ihrem direkten, manchmal ein wenig spöttischen Blick in die Augen geschaut. Doch schon die Audienz beim damaligen Kronprinzen, erinnert sich ihre Nichte, sei der Tante ein wenig zu offiziell gewesen. Nach ein paar Minuten schon dankte sie seiner königlichen Hoheit höflich, stand auf und floh aus den majestätischen Hallen.

»Miss Balch ist Neuengländerin bis in den Kern«, schrieb ein Journalist des Boston Daily Globe, der die Preisträgerin in jenen Jahren interviewte: »Unprätentiös, ein bisschen scheu, mit einem netten, trockenen Witz.« Und vor allem sei sie eine Person, die immer versucht, gerecht zu sein.[45] »Als ich jung war, beschloss ich, sehr schön sein zu wollen«, schrieb Emily selbstironisch. »Dann erkannte ich, dass das nicht möglich war. So entschied ich mich, sehr klug zu sein. Bald erkannte ich, dass dieses genauso wenig möglich war, also beschloss ich, nur gut zu sein.«[46]

Der gemeinsame »gute Wille« sei »das Feuer, das die Maschine zum Laufen bringt«[47], sagte Emily Greene Balch. Vor allem um diesen »guten Willen« ging es ihr, denn der sei nötig, um das »feindliche« Gegenüber, dessen Handlungen und dessen Probleme zu verstehen. In ihrer Preisrede vor dem Auditorium in Oslo appellierte sie unter dem Titel: »Hin zur Einheit der Menschen, oder jenseits des Nationalismus« an alle Pazifisten der Welt, konfliktfähig zu bleiben und immer daran zu denken, dass man »kein Tuch weben könne, wenn alle Fäden nur in einer Richtung verlaufen«[48]. Der Frieden, den sie meinte, »muss ein Stadium von dynamischer Harmonie sein, nicht starr und engstirnig ... wie ein lebender Organismus, der sich durch die vitalen Prozesse des Wachstums verändert«[49].

Die große Ehrung veränderte Emily nicht. Sie blieb ihrem alten Motto treu: Und jetzt an die Arbeit, es gibt viel zu tun. Also fuhr sie rasch wieder in ihre Heimat zurück. Sie hielt sich die letzten Jahrzehnte auch an die nicht sehr schmeichelhafte Devise ihres Großvaters: »Eine alte Frau ist so zäh wie eine gekochte Eule.«[50] Und zäh kämpfte sie weiter, jetzt gegen den »strategischen« Imperialismus ihres Landes nach dem Zweiten Weltkrieg. Sie plädierte für ein Maßhalten der Weltmacht Amerika, schrieb an gegen das Konzept des Atomaren Gleichgewichts und verfasste offene Briefe an das chinesische Volk und an Jüdinnen in Palästina, in denen sie Menschlichkeit und Toleranz anmahnte. Sie beantwortete eine Flut von Postsendungen, die nach dem Nobelpreis in Wellesley eingetroffen waren, aber sie las auch viel, malte und lebte bescheiden in der Gemeinschaft ihrer Freundinnen.

Ungebrochen war ihre Vision einer Existenz ohne Feindseligkeiten. In ihrem Idealismus war sie maßlos, in ihrer Hoffnung für die Zukunft wirkte sie geradezu jugendlich ungestüm und in ihrem Glauben an die Menschen grenzenlos: »Die menschliche Natur erscheint mir wie die Alpen. Die Tiefen sind wirklich, schwarz wie die Nacht und erschreckend, aber die Höhen sind genauso real, erhoben zum Sonnenschein.«[51] Und diese Höhen gelte es zu erklimmen.

Die letzten vier Jahre ihres Lebens verbrachte Emily Greene Balch geschwächt und gebrechlich in einem Pflegeheim in Cambridge. Sie war gelangweilt von den Tagen, die so »trüb« sein konnten »wie Abwasser«, wie sie ihren Freundinnen gestand. Doch der Familie gegenüber habe sie immer beteuert, wie gut es ihr in diesem Heim gehe, sagt ihre Nichte und senkt den Blick auf die leere Kaffeetasse. Es ist zu spüren, dass die alte Dame sich heute noch Vorwürfe macht, sich in den letzten Jahren zu wenig um die Tante gekümmert zu haben. Nie habe diese sich beklagt, sei bis zum Ende selbstlos geblieben. »Vielleicht war sie ein wenig zu bescheiden?«, sagt die Nichte. »Sie machte es einem leicht, sie zu vergessen.«

Emily Greene Balch starb einen Tag nach ihrem vierundneunzigsten Geburtstag – ruhig und ohne großes Aufsehen, so wie es ihr entsprach, und in dem Bewusstsein: »Ich habe mit meinem Leben genau das gemacht, was ich machen wollte.«[52]

Sie fühlte sich bis an ihr Lebensende »glücklich, als Bürgerin der Welt«[53]. In ihrem kleinen Gedichtband »Wunder des Lebendigen« fasste sie die tiefe Zufriedenheit, die ihr jene Philosophie des Erdenbürgertums ermöglichte, in folgende Zeilen: »Mir nahe, jenseits aller Worte mir nahe/Ist die Erde/Wo auch immer ich gehe, ich bin zu Hause.«[54]

Wellesley College, 15. November 1996: Anlässlich des 50. Jahrestages der Verleihung des Friedensnobelpreises an Emily Greene Balch hat die Internationale Frauenliga für Frieden und Freiheit eine kleine Gedenkfeier organisiert. Das Wellesley College stellt die Räume und serviert Kaffee und Kuchen. Die College-Präsidentin hält eine kleine Rede, Frauen tragen aus den Schriften Emily Greene Balchs vor. Auch Emilys Nichte ist zugegen. Die zumeist grauen Köpfe im Publikum neigen sich bisweilen erschöpft nach unten. Ein älterer Herr im feinen Anzug schüttelt den Kopf und murmelt etwas von »Naivität«. Gerade eine Hand voll Studentinnen hat den Weg über den Campus zum Bibliothekssaal gefunden, um etwas über jene Frau zu erfahren, die vor hundert Jahren in diesem College jungen Menschen gesagt hat: »Das was wir heute sind, alles wurde unter großen Mühen von vorhergehenden Generationen erfochten.«[55]

»*Wir Frauen müssen an uns glauben,*
sonst wird es keiner tun«

Rosalyn Sussman Yalow (*1921), Nobelpreis für
Medizin 1977

Von Susanne Paulsen

New York, Bronx, 1924. Ein »Armleutemeer«, das »einen schwarzen Gürtel auf der Boston Road hatte und eine Bodegapiste unter der Bahn am Southern Boulevard, eine Mauer Iren rund um den Crotona Park und ein Kernland, in dem Italiener und Juden lebten, bitterarm.«[1] Eine jüdische Mutter tritt mit ihren beiden Kindern aus einem Vororttheater. Clara Sussman hat sich mit Rosalyn und Alexander eine Kindervorstellung angesehen und macht sich auf den Heimweg. Doch die dreijährige Roslayn trotzt wieder einmal. Sie setzt sich mitten auf den Bürgersteig, hat einen anderen Nachhauseweg im Kopf als die Mutter.

Clara Sussman seufzt. Ein sich sträubendes Energiebündel den ganzen Weg nach Hause zu schleppen, ist ihr zu mühsam. Sie gibt nach und die Tochter triumphiert. Das ist sicher nichts Besonderes. Doch Rosalyn bewahrt ihren kleinen Sieg im Gedächtnis auf wie eine Kostbarkeit. Noch als alte Frau wird sie den Zwischenfall als Sinnbild ihres Lebensgefühls sehen: Ihr fällt nichts in den Schoß. Sie muss sich durchsetzen und das tut sie auch.

Clara Sussman kann und will ihre Tochter nicht zähmen. Schon in der Geburtsnacht, erzählt sie, habe Rosalyn sich aufmerksam umgeblickt. Das sei sogar dem Arzt aufgefallen. »Es wird ein helles Köpfchen werden«, hatte er der stolzen Mutter geschmeichelt, und in Clara war ein unerschütterliches Vertrauen in die Vernunft ihrer Tochter gewachsen. Wenn ihr Kind sich als äußerst eigensinnig und entschlossen erweist, findet sie das »entzückend«. Die Schneiderstochter aus Berlin erkennt sich in ihrer eigenwilligen und unabhängigen Tochter wieder.

1890 hatte die fünfjährige Clara mit ihren Eltern und Geschwistern in Hamburg die Fähre nach Liverpool bestiegen und dort das Dampfschiff in die Vereinigten Staaten. Seit 1903 lebt ihre Familie nun in New York. Gegen den Rat ihrer Eltern ging Clara mit dreizehn Jahren von der Schule ab und verdiente als Verkäuferin ihr eigenes Geld. Später beschloss sie zu heiraten, denn sie wollte Kinder haben, Söhne und Töchter, die aufs College gehen würden, um »etwas aus sich zu machen«[2]. Beim Tanzen lernte Clara ihren zukünftigen Ehemann Simon Sussman kennen, den, wie sie ihr Leben lang sagen wird, »für mich besten Mann der Welt«[3]. Simon stammt aus der Lower East Side von New York, dem Schmelztiegel osteuropäischer Einwanderer. Die Sussmans sind nicht religiös, aber stolz darauf, Juden zu sein.

Simon arbeitet erst als Straßenbahnschaffner und

führt dann in Rosalyns Jugendzeit ein kleines Kurzwarengeschäft. Zu Geld bringt er es nie, die Zeiten sind nicht danach. New York ist bankrott, die große Wirtschaftsdepression liegt über Amerika. Clara näht in Heimarbeit für einen Onkel, der eine Kragenfabrik besitzt, und auch die Tochter hilft selbstverständlich mit: »Wenn man etwas wollte, hat man dafür gearbeitet. Das hielt mich nicht davon ab, meine Hausaufgaben zu machen.«[4]

Rosalyn liebt ihren Vater sehr. Sie genießt es, wenn er sie zu den Baseballspielen des *Yankee Teams* mitnimmt. Sie sei genauso viel wert wie die Jungen, sagt er ihr immer wieder. Die heranwachsende Tochter versucht ihre Stärken herauszufinden. »Ich konnte nicht singen, ich konnte nicht malen. In der Tanzschule war ich tolpatschig, und zur Athletin war ich auch nicht geboren«[5], erinnert sie sich später. Doch sie ist auf einem anderen Gebiet begabt: Die Welt der Logik erschließt sich ihr wie selbstverständlich.

Menschen, die wie Rosalyn einen starken Hang zum logischen Denken haben, begegnen dem Leben auf spezielle Weise. Sie interessieren sich für Regeln und nicht für Ausnahmen, schätzen die Ordnung, hassen alles Chaos. Gebiete, die dem menschlichen Geist noch unzugänglich sind, wollen sie urbar machen. Sie sind geborene Naturwissenschaftler. Rosalyn verfügt darüber hinaus noch über einen zweiten, mit ihrer Liebe zur Logik verknüpften Wesenszug: Sie ist eine begeisterte Faktensammlerin, die es einfach »liebt, Dinge zu wissen«[6].

Kein Wunder, dass sie schon in der Grundschule brilliert! Regelmäßig trägt sie Sterne aus Goldpapier für gute Leistungen nach Hause. Später auf der Walton High School darf sie sogar eine Klasse überspringen. Lehrer halten sie für ein »Genie«. Sie interessiert sich für Chemie und natürlich auch für Mathematik, die logischste aller Wissenschaften.

So tritt sie als Teenager nach und nach in eine Welt ein, die ihren Eltern unbekannt ist. Simon und Clara haben nur wenig Schulbildung genossen. In ihrer Wohnung steht kein einziges Buch. Trotzdem ist Rosalyn bei ihren Eltern gut aufgehoben. Denn sie wahren wie die meisten ihrer vielen jüdischen Nachbarn eine ehrwürdige Tradition: Als Angehörige des »Volks des Buches« achten sie Bildung hoch. Rosalyns Mutter versucht, ihren Kindern auf deren Entdeckungsreisen ins Reich des Wissens zu folgen: Sie liest Rosalyns und Alexanders Lehrbücher. Die Tochter darf, seit sie mit fünf Jahren lesen gelernt hat, Woche für Woche mit ihrem Bruder oder ihren Freunden in die Leihbibliothek gehen.

Denn wie die meisten Bewohner der Bronx, diesem »riesigen Loch«, diesem »Kontinent des Kleinbürgertums«[7], träumt wahrscheinlich auch Clara den amerikanischen Traum von der *upward mobility*, dem sozialen Aufstieg. Die jüdischen Familien sind besonders aufstiegshungrig; ihr Nachwuchs, hoffen sie mit aller Kraft, wird es weiterbringen als sie.

Rosalyn ist empfänglich für solche Erwartungen. Das selbstsichere und ehrgeizige Mädchen glaubt tief im Innern, dass sie »alles erreichen kann«. Bereits mit acht Jahren beschließt sie, eine »große Forscherin« zu werden. Damals in der Grundschule stellt sich ihre ganze Clique vor, später grübelnd am Experimentiertisch zu stehen. Doch Rosalyn nimmt den kollektiven Kindertraum besonders ernst und hält hartnäckig an ihm fest. Sie traut sich auch mehr zu als ihre Freundinnen. Die wollen dem Beruf zuliebe auf Ehemann und Kinder verzichten. Rosalyn plant von Anfang an, einmal eine Familie zu haben und zugleich eine glänzende Wissenschaftlerin zu sein: »Wenn ihr jetzt darüber nachdenkt, wie man sich verheiratet, dann werdet ihr beides schaffen«[8], erklärt sie mit fünfzehn ihren Mitschülerinnen.

Als Rosalyn mit sechzehn die Schule abschließt, bedrängen Simon und Clara die Tochter, Grundschullehrerin zu werden – »das war ganz einfach das, was kluge jüdische Mädchen in den Dreißigern taten«[9]. Doch Rosalyn will höher hinaus und ergattert einen Platz im New Yorker Hunter College, einer sehr angesehenen städtischen Hochschule für Frauen, die keine Studiengebühren verlangt. Dort wählt sie als Schwerpunktfach Physik: »Ende der dreißiger Jahre, als ich zum College ging, war Physik und besonders Kernphysik das aufregendste Gebiet der ganzen Welt. Es schien, als brächte jedes Experiment den Nobelpreis.«[10]

Rosalyn ist fasziniert, dass es den Erforschern der Radioaktivität gelingt, so viel Neues über den Aufbau und die Eigenschaften der Materie herauszufinden. Außerdem interessiert sie sich besonders dafür, wie radioaktive Stoffe in der Medizin eingesetzt werden können. Von Kind an hat sie mit der Rolle einer Helferin und Heilerin geliebäugelt. Wenn ihr Bruder Alexander krank war, hatte sie ihre von der Mutter genähte Schwesterntracht angezogen und darauf bestanden, ihm seine Pillen zu verabreichen. Schon in ihrer Schulzeit hat sie davon geträumt, einmal medizinische Forschung zu betreiben.

Als siebzehnjährige Physikstudentin nimmt sie sich eine Frau zum Vorbild, die Physik, Chemie und Medizin gleichermaßen bereichert hat: Marie Curie, die Entdeckerin des Radiums.[*] Eve Curie, die Tochter der zweifachen Nobelpreisträgerin Marie, hat gerade die Biographie ihrer vor einigen Jahren verstorbenen Mutter veröffentlicht. »Jede Wissenschaftlerin las das Buch zwanzigtausendmal«, erinnert sich Rosalyn später. Sie identifiziert sich mit Madame Curie, der Physikerin mit dem »stählernen Willen« und dem »unvorstellbaren Eigensinn«. Das Schicksal der Forscherin ist eine Ermutigung für ihr Streben, ganz nach oben zu gelan-

[*] Siehe Porträt von Marie Curie, S. 11

gen: »Für mich war der wichtigste Teil des Buches, dass sie Erfolg hatte, obwohl sie von Anfang an auf Ablehnung stieß. Das passte zu meinem Hintergrund, zu meinem Draufgängertum.«[11]

Die junge Studentin Rosalyn weiß, dass Wissenschaftlerinnen ihre Karriere oft teuer erkaufen. In Madame Curies Biographie steht zu lesen, wie »ärmlich und gehetzt« die berühmte Frau normalerweise aussah. Sie stand unter »erbittertster Anspannung«, war »überlastet von Arbeit, Haushalt, Mutterschaft, Lehrtätigkeit.« Tapfer unterdrückte sie »jede impulsive Regung, jedes Eingeständnis der Schwäche ... vielleicht jeden Hilferuf, der sich ihr auf die Lippen drängte«[12]. Doch die Aussicht auf Entbehrungen scheint Rosalyn nicht zu schrecken, vielleicht fühlt sie sich sogar angezogen. Sie spürt, dass sie hart zu sich selber sein kann. Im Hunter College fällt die Physikstudentin als außergewöhnlich flinke Denkerin auf. Jahrzehntelang wird sich Professor Jerrold Zacharias an seine Vorlesung »Optik für Fortgeschrittene« erinnern: »Der Kurs fing direkt nach dem Mittagessen an und die Mädchen waren oft schläfrig. Deshalb habe ich eines Tages angekündigt, dass ich zwei Fehler machen würde. Rosalyn fand drei, und sie hatte recht.«[13]

Doch die scharfsinnige junge Frau irritiert auch, besonders ihre weiblichen Lehrkräfte. Dass Rosalyn Lippenstift benutzt, sich mit jungen Männern verabredet, offensichtlich sogar zu heiraten beabsichtigt, scheint so gar nicht zu einer aufstrebenden Wissenschaftlerin zu passen. »Keine meiner beiden Physik-Professorinnen hat auch nur einen Finger gerührt, um mich voranzubringen«[14], beschwert Rosalyn sich später. Dabei hätte sie Unterstützung bitter nötig. Sie ist doppelt benachteiligt, erstens als Frau und zweitens als Jüdin. Ihr Traum vom Medizinstudium scheint aussichtslos, weil die US-amerikanischen medizinischen Hochschulen in den vierziger Jahren noch nicht einmal jüdische Männer aufnehmen.

Im letzten Studienjahr versucht sie, ihr Ziel durch die Hintertür zu erreichen. Sie nimmt eine Teilzeitstelle als Sekretärin bei einem Biochemiker an der Medizinischen Fakultät der Columbia Universität an. Dadurch kann sie inoffiziell an einigen Kursen der Fakultät teilnehmen. Gleichzeitig bemüht sie sich, einen Fortgeschrittenen-Studienplatz in Physik zu bekommen. Aber auch das ist so gut wie unmöglich. Sie bewahrt sich trotzdem ihre Zuversicht: »Falls ich es nicht auf die eine Art geschafft hätte, dann eben auf eine andere.«[15]

Der Lauf der Weltgeschichte verhindert, dass ihre Hartnäckigkeit allzu sehr auf die Probe gestellt wird. Als sie 1941 das College zwei Jahre vor ihren Kommilitoninnen und mit »magna cum laude« abschließt, bereiten sich die Vereinigten Staaten auf den Eintritt in den Zweiten Weltkrieg vor. Viele junge Männer werden eingezogen, die Hochschulen öffnen sich für kurze Zeit den Frauen. Rosalyn bekommt eine Assistentenstelle in Physik am College for Engineering an der Universität von Illinois angeboten.

Auch dort ist sie Exotin: Die erste Studentin und Assistentin seit 1917, das einzige weibliche Wesen unter den vierhundert Männern der Fakultät. Als Frau erscheint sie ihren Vorgesetzten nicht qualifiziert genug, Ingenieursstudenten zu unterrichten. Sie wird den zukünftigen Medizinern, die weit weniger von Physik verstehen als die Ingenieure, als Lehrerin zugeteilt. Nur ein Professor, Robert Payton, ist bereit, sie als Mitarbeiterin zu akzeptieren. Frauen arbeiteten seiner Erfahrung nach »peinlich genau«, erklärt er später. »Außerdem war ich der einzige, der so alt war, dass seine Motive nicht verdächtig sein konnten.«[16]

Rosalyn stürzt sich nun also wieder ins Physikstudium, ernsthaft und ehrgeizig, und sie fällt ihren Mitstudenten zwangsläufig von Anfang an auf. Ein Detail bleibt dem jungen Aaron Yalow aus Syracuse im Bundesstaat New York im Gedächtnis, als er seine dunkelhaarige Kommilitonin zum ersten Mal sieht: Rosalyns Bronx-Akzent, dieses typische Lispeln. Aaron lässt ein paar abfällige Bemerkungen fallen und Rosalyn sieht sich den Spötter genauer an. »Ich würde es Interesse auf den ersten Blick nennen«, erinnert sie sich später. »Zumindest von meiner Seite.«[17]

Kurze Zeit später sind die beiden fest befreundet. Sie heiraten nur deshalb nicht, weil Rosalyn dadurch sofort ihre Assistentenstelle verlieren würde. Denn auch Aaron arbeitet als Assistent, und der Universität ist es verboten, zwei verwandte oder verheiratete Personen gleichzeitig anzustellen. Theoretisch soll diese an US-amerikanischen Universitäten weit verbreitete Regel die Vetternwirtschaft bekämpfen, doch in der Praxis führt sie meist dazu, die Karriere verheirateter Wissenschaftlerinnen zu bremsen.

Aaron und Rosalyn sind beide begabt, doch vom Typ her ganz verschieden. Um die Charakterunterschiede zu verdeutlichen, erzählt Rosalyn später gern folgende Geschichte aus der gemeinsamen Studienzeit: Der Leiter des Fachbereichs Physik kann die junge Frau, diesen Fremdkörper an seiner Männer-Fakultät, nicht leiden. Das lässt er in einer wichtigen Prüfung auch ihren Verlobten spüren. Aaron soll ein und denselben mathematischen Satz auf zwölf verschiedene Arten beweisen. Er gehorcht und schwitzt deshalb länger im Examen als je ein Student am College for Engineering.

Als Rosalyn antritt, stellt ihr der Fachbereichsleiter die gleiche Aufgabe wie Aaron. »Goldhaber und Nye haben es mir auf diese eine Art beigebracht«, kontert sie, »und wenn daran irgendetwas falsch ist, dann setzen Sie sich besser mit den beiden in Verbindung.«[18] Der Prüfer verlässt den Raum und taucht nicht wieder auf. Rosalyn hat ihr Examen in rekordverdächtig kurzer Zeit bestanden. Sie ist stolz auf den Erfolg, den sie durch ihre Angriffslustigkeit errungen hat, und berichtet später freudig davon. Diese Seite ihres Charakters präsentiert sie der Öffentlichkeit nur zu gern.

Im Juni 1943 heiraten Aaron und Rosalyn. Aaron hat kurz zuvor seine Assistentenstelle aufgegeben und ein Forschungsstipendium angenommen. Rosalyn darf deshalb *ihre* Assistentenstelle behalten, besucht weiterhin Vorlesungen und steht stundenlang im Labor, um Experimente für ihre Doktorarbeit durchzuführen. Die Zweiundzwanzigjährige hat kein medizinisches, sondern ein kernphysikalisches Thema gewählt. Sie beschäftigt sich mit der faszinierenden Eigenschaft der Atomkerne, radioaktive Strahlung abzugeben und sich dabei zu verwandeln.

Marie Curie, die durch ihre Entdeckungen die Kernphysik mitbegründet hat, ist nach wie vor ihr großes Vorbild. Wie gebannt sitzt Rosalyn im Kino und schaut sich den gerade in Hollywood gedrehten Film über die berühmte Forscherin an: »Bis zu meinem Tode werde ich mich an Greer Garson und Walter Pidgeon erinnern ... wie sie nachts ins Labor zurückkommen und jenes Schimmern sehen, das bedeutet, dass sie die Radioaktivität entdeckt haben. War das spannend!«[19]

1945 besteht die junge Frau das Rigorosum. Ihr Doktorvater ist ein geachteter Wissenschaftler: Maurice Goldhaber, der spätere Direktor der Brookhaven National Laboratories. Kurz nach der Prüfung kehrt

Rosalyn nach New York zurück. Eine Anstellung als Kernphysikerin hat sie nicht gefunden und deshalb eine Ingenieursstelle im Forschungslabor des Federal Telecommunications Laboratory angenommen. Besser, als untätig zu Hause zu sitzen, ist das allemal. Aaron, der seine Doktorarbeit noch nicht abgeschlossen hat, muss sehen, wie er in Illinois allein zurechtkommt. Seiner Frau ist es sehr wichtig, dass die Ehe das Berufsleben nicht stört. »Du musst dir einen Mann aussuchen, der zu dem Lebensstil passt, den du anstrebst«[20], wird Rosalyn, eine Freundin von Faustregeln, später verkünden.

Allerdings wird diese nur einige Monate dauernde Trennung die einzige Zeit, in der sie ihre häuslichen Aufgaben »im Stich« lässt. Im Beruf mag sie unkonventionell handeln, die Kollegen ihren Willen spüren lassen, doch privat ist sie lammfromm. Als verheiratete Frau will sie »eine Gattin sein«, mehr nicht. So akzeptiert sie zum Beispiel ohne Murren, dass Aaron von ihr verlangt, beim Kochen die jüdischen Speisegesetze zu beachten, obwohl sie selbst nicht religiös ist. Auch den gemeinsamen Haushalt führt sie wie selbstverständlich allein. Und wenn sie auf Dienstreise geht, kocht sie das Essen für den Ehemann vor.

Als Frau, glaubt Rosalyn, habe sie nun einmal andere Pflichten auferlegt bekommen als die Männer. Dagegen will sie nicht ankämpfen, dann würde sie sich verzetteln, ihre Stärke aufzehren. So versucht sie, ihre

Doppelbelastung zu verleugnen oder als »trivial« abzutun. Das Wichtigste ist ihr die Karriere und darauf konzentriert sie ihre ganze Durchsetzungskraft.

Zunächst kommt sie nicht so recht vorwärts; ihr kernphysikalisches Fachwissen ist im Forschungslabor der Telefongesellschaft nicht gefragt. Als ihre Arbeitsgruppe 1946 New York verlässt, geht Rosalyn zurück ans Hunter College, um Physik zu lehren. Doch kernphysikalische Forschung kann sie auch dort nicht betreiben. Aaron, der inzwischen als Medizinphysiker im Montefiori Hospital in der Bronx arbeitet, rät ihr deshalb zu einer Umorientierung. Mit ihren Kenntnissen über radioaktive Stoffe habe sie das Zeug, Pionierin in einem sich neu entwickelnden Gebiet der Heilkunst zu werden.

Gerade halten künstliche, in Kernreaktoren hergestellte »Radioisotope« ihren Einzug in die Kliniken. Sie spielen bis heute eine wichtige Rolle in der Medizin, denn durch ihre energiereiche Strahlung können einige dieser Stoffe Tumore töten. Andere helfen, Krankheiten zu diagnostizieren: Die Ärzte spritzen sie den Patienten ein, messen, wie die Radioaktivität sich im Körper verteilt und erfahren so viel über den Gesundheitszustand der inneren Organe.

Im Jahr 1947 nimmt Rosalyn zusätzlich zu ihrer Dozentinnentätigkeit eine Teilzeitstelle am Veterans Administration Hospital in der Bronx an. Das VA ist ein

Krankenhaus der amerikanischen Streitkräfte für aktive und ehemalige Soldaten, zivile Mitarbeiter sowie deren Familien. Aaron hat Rosalyn mit einem angesehenen Medizinphysiker bekannt gemacht, und der hat sie dem VA empfohlen. Rosalyn soll die Ärzte mit medizinisch nutzbaren radioaktiven Stoffen versorgen. Als Arbeitsraum wird der Sechsundzwanzigjährigen ein schmales Zimmerchen zugewiesen, das vorher einem Hausmeister als Abstellraum gedient hat.

Dort richtet sie eines der ersten Radioisotopen-Labors in den USA ein. Geigerzähler gibt es dort, Schutzschirme aus dicken Bleibausteinen, Röntgenfilme, die sich in radioaktiver Strahlung schwärzen, dazu Zentrifugen und eine Unzahl von Röhrchen, Gläschen, Filtern, Pipetten und Chemikaliengefäßen. Rosalyn produziert alle Radioisotope, die das Krankenhaus braucht. Zusätzlich macht sie sich daran, weitere medizinische Anwendungen der Radioaktivität zu erarbeiten. Sie ist begeistert von ihrer Aufgabe. Radioaktive Strahlung empfindet sie – ganz im Einklang mit dem Zeitgeist – als »Fackel, die den Weg zu einer enthüllenden, forschenden Medizin beleuchtet«[21].

Gemeinsam mit verschiedenen VA-Ärzten stellt sie mehrere Forschungsprojekte auf die Beine. Sie ist sehr produktiv: Binnen zwei Jahren veröffentlicht sie acht Artikel zur medizinischen Anwendung der Radioaktivität. Im Januar 1950 beginnt sie ganztags für das VA-Krankenhaus zu arbeiten und gibt ihre Dozentinnentätigkeit am Hunter College weitgehend auf. Nur eine einzige Lehrveranstaltung lässt sie noch ein Semester lang weiterlaufen, und zwar aus einem persönlichen Grund: Sie will sich einer jungen Studentin aus diesem Kurs annehmen, die ihr außergewöhnlich begabt erscheint.

Mildred Spiewak Dresselhaus, später Physikprofessorin am renommierten Massachussetts Institute of Technology, ist die erste von Rosalyn Yalows zahlreichen »Berufs-Kindern«. Sie solle statt Grundschulpädagogik als Hauptfach Physik wählen, rät die neunundzwanzigjährige Rosalyn der jüngeren Frau. Mildred empfindet ihre Lehrerin als »bestimmt, nüchtern und inspirierend«. Sie fühlt sich im positiven Sinne bemuttert und protegiert. »Es fällt ihr ganz natürlich zu«, beschreibt sie Rosalyns weiche Seite. »Es ist einfach instinktiv. Sie weiß gar nicht, dass sie es tut.«[22]

Ihre meist männlichen Kollegen und Konkurrenten dagegen erleben Rosalyn oft als aggressiv, dabei setzt sie sich nur durch. Dazu meint Mildred Spiewak Dresselhaus: »Sie konnte ihre Argumente nur auf eine einzige Art anbringen: Sie mußte sehr präzise, entschlossen und energisch auftreten. Sonst hätte ihr keiner zugehört. Sie war in jeder Hinsicht eine Außenseiterin. Sie arbeitete in einem neuen Feld der Physik, und sie hatte keine medizinische Ausbildung. Sie musste ihnen klarmachen, dass sie es ernst meinte.«[23]

Im Jahr 1950 gewinnt die Einzelkämpferin Rosalyn einen Mitstreiter. Sie beginnt, mit dem drei Jahre älteren Internisten Solomon A. Berson zusammenzuarbeiten. Berson ist Sohn eines russischen Juden. Bevor er schließlich doch zum Studium an der New Yorker University Medical School zugelassen wurde, war er wegen seiner jüdischen Herkunft einundzwanzigmal abgelehnt worden. Er hat gerade seine klinische Ausbildung beendet und ist in der wissenschaftlichen Welt noch unbekannt. Zwei völlig verschiedene Charaktere haben sich gefunden.

Rosalyns große Kraft fließt in engen Bahnen. Sie kann sich voll auf berufliche Fragen konzentrieren, diese akribisch Detail für Detail bearbeiten. Wenn ein Forschungsobjekt ihr Rätsel aufgibt, wacht sie um zwei oder drei Uhr nachts auf, grübelt bis zum Morgengrauen und kommt mit der richtigen Lösung ins Labor. Bei gemeinsamen Auftritten mit Berson spricht sie wenig.

Solomons Energie dagegen ufert aus und schlägt mächtige Wellen. Er fällt seinen Mitmenschen als begnadeter und kenntnisreicher Redner auf, ist außergewöhnlich charmant und liebenswert. Er glänzt als Violinist, Schachspieler, Kunstkenner und Amateurphilosoph. Ein begabter, zu wagemutigem Denken geborener Wissenschaftler ist er obendrein. Bernard Straus, damals Chef des Medizinischen Services des VA, wird später sagen, Solomon und Rosalyn seien

»poetry and pottery«[24] gewesen – der Mann reine Poesie, die Frau ein irdenes Gefäß.

Im Laufe von zweiundzwanzig Jahren wird dieses ungleiche Paar seine Zusammenarbeit perfektionieren. Beide tauchen tief in das Fachgebiet des jeweils anderen ein. Solomon beginnt, über klassische Mechanik zu schreiben und denkt daran, Mathematik zu unterrichten. Rosalyn weiß nach einiger Zeit mehr über die biochemischen Prozesse im menschlichen Körper als so mancher berühmte Physiologe. Sie wird als eines der wenigen nichtärztlichen Mitglieder in die Vereinigung amerikanischer Physiologen aufgenommen.

Wenn Außenstehende Rosalyns und Solomons Isotopen-Labor besuchen, halten sie die zwei Wissenschaftler oft für ein Ehepaar, dabei sind beide anderweitig glücklich verheiratet. Rosalyn und Solomon schwärmen voneinander, wirken unzertrennlich und scheinen fast telepathisch zu kommunizieren. Sie beginnt einen Satz, er setzt ihn fort – oder umgekehrt. Kollegen, die die beiden gut kennen, sind sich einig: Da ist echte Synergie am Werk. Gemeinsam sind Solomon und Rosalyn ungleich kreativer und produktiver, als jeder allein es jemals sein könnte.

Trotzdem schreiben viele im Nachhinein Berson die geistige Führungsrolle zu. »Er stellte die biologische Brillanz zur Verfügung, sie die mathematischen Muskeln«[25], urteilt zum Beispiel ihr Kollege Bernard Straus. Solomon sei für die große Linie verantwortlich gewesen, Rosalyn für die Details, behauptet ein anderer Kollege. Ob das so richtig ist oder nicht, lässt sich heute nicht mehr abschätzen. Doch eine Tatsache mag dazu beigetragen haben, die Auffassung von Rosalyn zu verzerren: Sie nimmt auch in ihrer beruflichen Partnerschaft die klassische Frauenrolle ein.

Natürlich hat es nichts mit Intelligenz oder wissenschaftlicher Kreativität zu tun, ob sich die Forscherin auf Partys von Berson »zu den Ehefrauen« schicken lässt oder ob sie – wie Rosalyn es tut – ihrem Kollegen das Mittagessen zubereitet und Flüge reserviert, auf seine Termine achtet oder die gemeinsam geplanten Experimente durchführt. Doch manch eine, manch einer wird denken: Der Mann, dem so der Rücken freigehalten wird, muss intelligenter und wichtiger sein als die Frau, die ihn entlastet.

»Ich fügte mich Männern, so wie ich mich Sol fügte«, sagt Rosalyn Jahrzehnte später einer Journalistin, »sie mussten nur besser als ich sein.« »War Sol denn besser?«, fragt ihre Gesprächspartnerin und Rosalyn erklärt: »Nein, er war anders … Er war eine Führungspersönlichkeit … Er wäre empört gewesen, wenn ich mich nicht gefügt hätte. Und außerdem hatte ich nichts zu verlieren.«[26] Da spricht auch das Kind aus dem Armenviertel, die Jüdin, die junge Frau, die sich auf dem Weg nach oben den Regeln der Männerwelt unterwirft, die Zähne zusammenbeißt und nie eine Schwäche erkennen lässt.

In den fünfziger Jahren widmet Rosalyn sich den Forschungsarbeiten, für die sie später den Nobelpreis bekommen wird, bringt zwei Kinder zur Welt und zieht sie auf. Als 1952 ihr Sohn Benjamin geboren wird, fehlt Rosalyn nur sieben Tage im Labor. Danach macht sie zehn Wochen lang regelmäßige Pausen, um nach Hause zu gehen und ihr Kind zu stillen. Eine Kinderfrau, die bei der Familie lebt, betreut den Jungen, und auch Rosalyns Mutter Clara kommt regelmäßig zum Aufpassen. Der Sohn schläft einen großen Teil des Tages, und nachts, wenn Rosalyn zu Hause ist, spielt sie mit ihm.

Zwei Jahre später, 1954, kommt eine Tochter zur Welt. Sofort nach der Entlassung aus dem Krankenhaus – nur acht Tage nach Eleannas Geburt – fährt Rosalyn nach Washington, um einen Vortrag zu halten. »Ich habe den Inbegriff weiblichen Erfolgs gesehen«, beschreibt die erwachsene Tochter später ihre Mutter. »Ich habe die Belohnungen und die Opfer gesehen. Ich würde nie siebzig oder achtzig Wochenstunden ableisten, wie meine Mutter es getan hat. Sie hat wahrscheinlich auch nicht immer mitbekommen, was es bedeutet, die eigenen Kinder aufwachsen zu sehen.«[27]

Ob Rosalyn ihre Kinder Benjamin und Eleanna manchmal vermisst hat, während sie im Labor stand, verrät sie nicht: »Man darf nie danach fragen, was Menschen fühlen. Man muss fragen, was Menschen tun.« Und sie hat sich nun einmal entschieden, den größten

Teil ihrer Zeit der Arbeit zu widmen. »Sie wussten, dass sie eine Berufung in sich trugen«, erinnert sich ein Kollege später an Rosalyn und Solomon. »Es war ihre Aufgabe, die Erscheinungen der Welt zu verstehen.«[28]

Im Labor und in den Krankenzimmern des Veterans Hospital versucht Rosalyn, dem menschlichen Körper seine Geheimnisse zu entreißen. Dazu benutzt sie immer wieder den gleichen biophysikalischen Trick: Wenn sie eine Substanz – etwa ein Hormon – untersuchen will, dann »markiert« sie es. Das heißt, sie hängt an jedes Hormonmolekül ein Atom, das radioaktiv strahlt.

Für die Zellen unseres Körpers bedeutet das wenig. Sie reagieren auf die meisten markierten Substanzen, als seien sie unverändert. Für die Physikerin Rosalyn jedoch ist die Radioaktivität wichtig. Es ist, als hätte sie den Hormonmolekülen Sender umgehängt: Mit Messgeräten kann sie das Hormon orten. Sie kann seine Verteilung und Konzentration feststellen.

Für manche Fragestellungen muss sie die markierten Substanzen den Patienten verabreichen. Dann verwendet sie möglichst Radioisotope, deren Strahlung schnell wieder abklingt. Einige Fragen lassen sich auch mit Reagenzglas-Versuchen beantworten. Dabei werden die Kranken weniger belastet und müssen sich nur eine Blutprobe abnehmen lassen.

In den fünfziger Jahren erforschen Rosalyn und Solomon unter anderem den Jodstoffwechsel der Schilddrüse. Sie untersuchen das Verhalten von Blutbestandteilen. Außerdem beschäftigen sie sich mit der Diabetes, einer altbekannten Stoffwechselstörung.

Diabetes hat mit dem Hormon Insulin zu tun, das in der Bauchspeicheldrüse entsteht. Manche Diabetes-Patienten produzieren eine zu geringe Menge des Hormons, andere können Insulin nicht richtig verwerten. Viele Betroffene müssen sich deshalb regelmäßig große Mengen Insulin spritzen. Die beiden Forscher wollen wissen, was im Körper der schlechten Insulinverwerter geschieht. Wird das Hormon vielleicht von aggressiven Molekülen zerstört? Um diese Idee zu testen, spritzen sie Diabetes-Patienten markiertes Insulin – und werden überrascht: Das Hormon verschwindet keineswegs blitzartig aus den Adern ihrer Versuchspersonen. Es scheint in den Diabetikern »hängen zu bleiben«. In ihrem Blut kreist es viel länger als in dem von Gesunden.

»Liegt das an der Diabetes?«, fragen sich die beiden. Nein, stellen sie fest, alle Menschen, die längere Zeit mit Insulin behandelt worden sind, zeigen diese Besonderheit des Stoffwechsels. Etwa gleichzeitig mit ihnen machen noch andere Forscher diese damals überraschende Beobachtung. Doch nur Rosalyn und Solomon sind frech genug, um – wie eine Journalistin es später ausgedrückt hat – eine »heilige Kuh der Wissenschaft« aus dem Weg zu räumen.

Sie stellen die Hypothese auf, dass Diabetiker Antikörper gegen Insulin produzieren. Antikörper sind eine Art Körperpolizei, die unser Immunsystem nach Bedarf herstellt. Normalerweise »halten« sie Bakterien und Viren »fest«. Zu Beginn der fünfziger Jahre sind alle Forscher überzeugt: Das Immunsystem reagiert nicht auf kleine Moleküle wie das Insulin. Deshalb darf es keine Insulin-Antikörper geben. Rosalyn und Solomon haben daher große Schwierigkeiten, ihre Hypothese zu veröffentlichen. Das *Journal of Clinical Investigation* nimmt ihren Artikel schließlich an. Doch der Herausgeber besteht darauf, dass das Wort »Insulin-Antikörper« aus der Überschrift gestrichen wird.

Rosalyn ärgert sich sehr darüber. Sie wird es der wissenschaftlichen Welt schon zeigen! Sie und Solomon beharren auf ihrer Antikörper-Hypothese, brüten über ihr, betrachten sie von allen Seiten. Irgendwann entwickeln sie – als »Nebenprodukt« – die Idee, die sie berühmt machen wird: Das, was im Körper der Diabetiker abgelaufen ist, lässt sich in Reagenzgläser verlegen und nutzen.

Man kann in jedes Reagenzglas eine bekannte Menge Insulin-Antikörper hineingeben und eine bekannte Menge radioaktiv markiertes Insulin zufügen. Dann halten die Antikörper das Insulin fest. In einige der Antikörper-Insulin-Gläser wird zusätzlich noch etwas Insulinlösung unbekannter Konzentration getropft, zum Beispiel das Blut eines Diabetikers. Dort verdrängen die neuen Insulinmoleküle einige der markierten

Insulinmoleküle von den Antikörpern. Anschließend misst man nach, wie viel markiertes Insulin jetzt noch auf den Antikörpern sitzt. Aus den Ergebnissen dieser Versuchsreihe lässt sich ausrechnen, wie viel Insulin die unbekannte Lösung enthält.

Die Idee der beiden Forscher ist, mit wissenschaftlichen Maßstäben gemessen, einfach. Sie umzusetzen erweist sich jedoch als technische und rechnerische Knochenarbeit. Rosalyn und Solomon brauchen Jahre, bis ihr Test, der Radioimmunassay (RIA), 1959 endlich perfekt funktioniert, Jahre, in denen kaum jemand ihre Tätigkeit wahrnimmt. Was sie durchhalten lässt, ist sicherlich die Herausforderung, eine unglaublich feine Messmethode zu entwickeln, die die wissenschaftliche Welt staunen lassen wird.

Rosalyn wird den ersten RIA später mit dem ersten Teleskop und dem ersten Mikroskop vergleichen. Wie das Teleskop der Menschheit den Himmel und das Mikroskop ihr die Welt der Mikroben geöffnet habe, so eröffne der RIA ganz neue Gebiete der Medizin. In der Tat: Mit dieser Methode können Forscher und Ärzte zum Beispiel plötzlich in einer winzigen Blutprobe den Milliardsten Teil eines Gramms Hormon bestimmen. Vor der Einführung des RIA mussten Diabetiker sich etwa 100 Kubikzentimeter Blut – das ist eine halbe Tasse – abnehmen lassen, wenn ihre Insulinwerte bestimmt werden sollten. Jetzt reicht ein halber Fingerhut aus.

Als der RIA sich gegen Ende der sechziger Jahre durchsetzt, revolutioniert er die medizinische Forschung und Praxis. Mit seiner Hilfe lässt sich praktisch jeder chemische Stoff in geringsten Konzentrationen messen. Wissenschaftler können nun endlich erforschen, wie das Gehirn Wachstum und Fruchtbarkeit steuert. Ärzte können Patienten mit Schilddrüsen-Erkrankungen, Diabetes, Zwergwuchs und hohem Blutdruck differenzierter behandeln als zuvor. Blutbanken lernen, routinemäßig festzustellen, ob die Spenden, etwa mit Hepatitisviren, verunreinigt sind.

Rosalyn und Solomon werden immer bekannter. Wie Madame Curie verzichten sie darauf, das Ergebnis ihrer wissenschaftlichen Arbeit patentieren zu lassen. Sie stellen den RIA unentgeltlich zur Verfügung. Jahrelang testen sie begeistert die Möglichkeiten ihrer Messmethode, erproben sie erfolgreich in ständig wechselnden Forschungsgebieten. 1968 geht Solomon als Professor an die New Yorker Mount Sinai School of Medicine. Für seinen Geschmack ist der RIA weit genug entwickelt. Er will Neues tun, will Medizin, Mathematik und Philosophie unterrichten.

Rosalyn, eher zum Verharren geschaffen als ihr vielseitiger Arbeitspartner, hält die Stellung. Solomon kommt abends ins Veterans Hospital, um gemeinsam mit ihr die Nacht durch zu forschen – erst zweimal die Woche, später nur noch einmal. Im März 1972 erleidet er einen leichten Schlaganfall. Einen Monat später stirbt er mit nur vierundfünfzig Jahren an einem Herz-infarkt.

Zweiundzwanzig Jahre lang hat Rosalyn Yalow mit Solomon Berson gegrübelt, gearbeitet und um Aner-kennung gekämpft. Gemeinsam haben sie auf den No-belpreis gehofft, »the Big One« – den Großen – haben sie ihn genannt. Jetzt scheint alle Hoffnung vergebens gewesen zu sein, denn noch nie hat der oder die Über-lebende eines Wissenschaftlerteams den Preis verliehen bekommen. Außerdem weiß Rosalyn, dass sie in Solo-mons Schatten gestanden hat. Viele meinen, sie habe weniger Anteil an der Entwicklung des RIA als er.

Rosalyn braucht mehr als ein Jahr, um ihrer Ver-zweiflung Herr zu werden. Doch ihre Kämpfernatur kommt wieder zum Vorschein, sie will sich neuen wis-senschaftlichen Ruhm erringen. Sie nimmt einen jun-gen Forschungspartner in ihr Labor auf, das sie inzwi-schen zur Erinnerung an ihren verlorenen Freund in Solomon A. Berson Research Laboratory umbenannt hat. Statt achtzig arbeitet sie hundert Stunden die Wo-che und zwar effektiv: Zwischen 1972 und 1976 veröf-fentlicht sie sechzig wissenschaftliche Artikel. Sie ge-winnt – allein – ein Dutzend medizinischer Preise. In Fachkreisen wächst die Einsicht, dass diese Frau auf eigenen Füßen steht.

Rosalyn macht kein Geheimnis daraus, dass sie ge-gen alle Regeln doch »the Big One« bekommen will.

Nicht einmal ihre renommiertesten männlichen Wissenschaftlerkollegen wagen es, sich derart »unbescheiden« zu geben. Rosalyn kümmert sich nicht darum, dass ihr Verhalten als unfein und unfraulich beurteilt wird. Jedes Jahr im Oktober stellt sie Sekt kalt und kleidet sich schicker als sonst. Wenn es wieder nicht geklappt hat, fragt sie Aaron: »Was muss ich tun, um zu gewinnen?«[29]

Am 13. Oktober 1977 erfüllen sich endlich ihre Erwartungen. Morgens um Viertel vor sieben klingelt in ihrem Labor das Telefon. Professor Rolf Luft vom Karolinischen Institut in Stockholm teilt ihr mit, dass sie den Nobelpreis für Physiologie und Medizin gewonnen hat. Wenig später gibt Rosalyn eine Pressekonferenz. Aaron Yalow, inzwischen Physikprofessor am New Yorker Cooper Union College, ist dabei und so stolz auf seine Frau, dass er eine Frage nach der anderen selbst beantwortet. »Aaron, Aaron, lass mich doch reden«, unterbricht sie ihn schließlich.

Rosalyn teilt ihren Preis mit ihren Landsleuten Roger Guillemin und Andrew Schally. Die beiden Männer haben unabhängig voneinander aufgeklärt, dass das Gehirn Hormone produziert. Mit diesen Botenstoffen nimmt es entscheidenden Einfluss auf die Funktionen des Körpers. Ohne Rosalyns RIA wären Guillemins und Schallys Forschungsarbeiten unmöglich gewesen.

»In naher Zukunft können wir nicht erwarten, dass alle Frauen, die ›Freiheit und Gleichheit‹ suchen, sie

auch finden«, sagt Rosalyn in ihrer Nobelpreisrede in
Stockholm. »Aber wenn wir Frauen unser Ziel erreichen wollen, dann müssen wir selbst an uns glauben,
sonst wird es keiner tun.«[30] Gefragt, was sie mit dem
Preisgeld anfangen wolle, zuckt sie die Schultern: »Mir
fällt nichts ein. Ich habe weder das College noch die
Uni noch irgendetwas anderes auf dem Silbertablett
serviert bekommen. Ich musste sehr hart arbeiten.
Aber ich tat es, weil ich es wollte. Das ist der Schlüssel
zum Glück.«[31]

Einige Monate später besucht Elizabeth Stone von der New York Times Rosalyn in ihrem Labor. Sie findet eine Frau, die voller Siegesfreude lächeln kann, persönliche Fragen geschickt abblockt und in den letzten Tagen so viel gearbeitet hat, dass sie hart und müde aussieht. »Wer sorgt eigentlich für Sie?«, fragt die Journalistin. »Ich«, antwortet die Interviewte stolz. »Mir scheint, es ist schwierig, ihnen etwas zu geben«, sinniert Elizabeth Stone. »Sehr«, antwortet Rosalyn. »Unmöglich.«[32]

Seit sie Nobelpreisträgerin ist, kann sie, die von Kind auf Eigenständige, sich ausleben. In den Jahren nach der Verleihung genießt es Rosalyn, dass die Welt ihr endlich zuhört. Sie nimmt Gastprofessuren an, hält Vorträge und erarbeitet eine Radioserie über ihre geliebte Madame Curie.

Im Jahr 1985 zieht Rosalyns neunundneunzigjährige Mutter in ein Pflegeheim in Rosalyns Nähe, in die Bronx. Rosalyn besucht ihre Mutter häufig. »Ich weiß gar nicht, wie sie das macht«, sagt Clara. »Sie ist ein so beschäftigter Mensch ... Sie arbeitet so hart. Sie reist so viel. Ich glaube, sie übertreibt. Sie ist ja schließlich kein Küken mehr. Aber sie sagt: ›Was soll ich denn tun? Zu Hause bleiben und den Flur wischen?‹«[33]

Erst 1991, mit siebzig Jahren, fühlt Rosalyn sich wirklich erschöpft. Sie gibt die Laborarbeit auf. Kurze Zeit später trifft sie ein schwerer Verlust: Aaron, ihr Mann, stirbt. Rosalyn reißt sich zusammen. Bis zum

März 1993, als sie einen Schlaganfall erleidet und sich ins Privatleben zurückziehen muss, tritt sie in der Öffentlichkeit auf. Sie referiert über Themen, die ihr am Herzen liegen: Über die ihrer Meinung nach übertriebene, an »Massenhysterie« grenzende Furcht vor radioaktiver Strahlung. Über die Erfordernis, Schülern mehr Chemie, Physik und Mathematik zu vermitteln. Über die dringende Notwendigkeit, viele gute Kinderhorte zu eröffnen, damit mehr Frauen qualifizierten Berufen nachgehen können.

Obwohl Rosalyns Kinder von Kindermädchen betreut worden sind, ist ihr das Thema vertraut. Ihre Tochter Eleanna leitet in Kalifornien eine Firma, die Kindertagesstätten einrichtet, zuvor hat sie an der renommierten Stanford Universität in Erziehungswissenschaften promoviert. »Ich bekam [als Jugendliche] ständig gesagt, wie wichtig mein berufliches Fortkommen sei«, sagt Eleanna. »Aber ich muss nicht unbedingt beweisen, dass eine Frau in einer Männerwelt bestehen kann.«[34] Sie hat nie ernsthaft erwogen, Medizin zu studieren, wie Rosalyn es sich gewünscht hätte.

Auch Sohn Benjamin hat sein eigenes berufliches Feld gewählt. Nachdem er wie seine Eltern ein Grundstudium in Physik absolviert hatte, wurde er Computerfachmann. Den unbändigen Ehrgeiz Rosalyns teilt auch er nicht. »Meine Mutter wünscht mir, dass ich erfolgreich sei, Ruhm und Reichtum suche, schnell aufsteige«, hat er nach der Nobelpreisverleihung den Reportern erzählt. »Aber ich finde nicht, dass das sehr anziehend klingt.« Als »warme, liebevolle Mutter« hat er Rosalyn damals beschrieben und als eine Frau, die etwas Übermenschliches hat, eine »perfekte Heldin abgeben würde«[35].

Wie wahr! Rosalyn hat immer um beruflichen Erfolg gekämpft, als sei er das Wasser des Lebens oder das goldene Vlies. Schließlich hat sie gesiegt. Und jetzt, im Alter, muss sie es sich gefallen lassen, dass die Welt mit alternden Heldinnen nicht eben sanft umgeht. Viele Kollegen und Bekannte kritteln öffentlich an Rosalyns Charakter herum. Manche sagen, die Aggressivität, die sie nach oben gebracht hat, habe sich in den Jahren nach der Nobelpreisverleihung ins Unerträgliche gesteigert. Sie vergesse, welchen Anteil Berson an der gemeinsamen Leistung gehabt habe, und glaube, immer Recht zu haben. Ob einem Mann diese Verhärtung eher verziehen würde?

Aber Rosalyn hat es ja ein Leben lang ertragen, anders betrachtet zu werden als ihre männlichen Kollegen. Aus ihrer Sicht steht sie seit der Verleihung des Nobelpreises endgültig auf der Seite der Gewinner. Über männliche Kritik kann sie hinwegsehen. In ihrem Labor hing lange ein gerahmtes Schild, auf dem zu lesen war: »Was eine Frau auch tut – damit sie für halb so gut gehalten wird wie ein Mann, muss sie doppelt so gut sein wie er. Zum Glück ist das nicht schwer.«[36]

»Ich bin ein Werkzeug, ein kleiner Bleistift
in der Hand des Herrn«

Mutter Teresa (1910–1997), Friedensnobelpreis 1979

Von Renate Ries

Im Jahr 1983, mit zweiundsiebzig Jahren, erkrankte Mutter Teresa zum ersten Mal ernsthaft. Das Herz der weltberühmten Ordensgründerin war schwach geworden. In den folgenden Jahren musste die Nonne ihren Dienst an den Ärmsten der Armen in den Slums von Kalkutta immer wieder unterbrechen, um sich im Krankenhaus behandeln zu lassen. Sechs Jahre später wollte die erschöpfte Greisin ganz aufgeben. Im Jahr 1989 bat Mutter Teresa den Vatikan um ihren Rücktritt. Bereits einige Jahre zuvor hatte sie zu ihren Mitschwestern gesagt: »Ich bin alt und müde. Die Arbeit fällt mir schwer. Es wäre jetzt besser, eine andere Schwester zu haben.«[1]

Der Vatikan gab der Bitte der bekanntesten Frau unserer Zeit in der katholischen Kirche nach, doch nicht die Regionaloberinnen und Delegierten der »Missionaries of Charity« (Missionarinnen der Nächstenliebe), wie Mutter Teresa ihren Orden genannt hat. Im September 1990 brachte die Abstimmung ein unerwartetes Ergebnis: Einstimmig wünschten die Schwestern, dass Mutter Teresa ihr Oberhaupt bliebe. Ebenso wenig, wie eine Mutter aus einer intakten Familie wegzudenken ist, war auch für die Missionaries of Charity das Leben unvorstellbar ohne die lenkende Hand von »Mutter«, wie die Ordensfrauen ihre Wegbereiterin liebevoll nennen.

Gehorsam nahm Mutter Teresa die Wahl an. »Ich wollte frei sein, aber Gott hat seine eigenen Pläne.«[2] Sie sei nur ein Werkzeug, ein kleiner Bleistift, in der Hand Gottes – so beschreibt Mutter Teresa oft ihre Bedeutung.

Doch was wurde und wird mit diesem Stift alles auf der Erde geschrieben: Bis heute sind Tausende Schwestern und Brüder dem Vorbild der Ordensgründerin gefolgt. Die Missionaries of Charity versorgen weltweit mehrere hunderttausend Arme, Kranke, Waisen, Sterbende. In über hundert Ländern der Welt sind sie für Bedürftige da: für die Hungrigen in Kalkutta, die Aids-Kranken in New York und die Einsamen in Berlin. Dazu verdanken unzählige Opfer von Hungersnöten und Katastrophen der Vision Mutter Teresas ihr Leben.

Weltweit ist die gebückte, kleine Gestalt in ihrem weißen Sari mit den drei blauen Streifen zum Inbegriff von Selbstlosigkeit und Nächstenliebe geworden. Mutter Teresa gehört zu den Frauen auf der Erde, die am meisten verehrt werden. Aus Bewunderung für Arbeit und Leben der Nonne melden sich alljährlich mehr junge Frauen, die ihr auf ihrem harten Weg folgen wollen, als der Orden aufnehmen kann. Weit über fünfhundert Ordenshäuser wurden bislang eingeweiht. Dennoch müssen die Missionaries of Charity als einziger Schwesternorden eine Warteliste für Novizinnen führen.

Aus dem Ein-Frau-Unternehmen ist in fast fünfzig Jahren ein multinationaler Konzern geworden. Schätzungen zufolge fließen jedes Jahr Spenden in Höhe von 50 Millionen US-Dollar an den Orden. Präsidenten, Könige und Diktatoren suchen die Nähe der unscheinbaren Frau an seiner Spitze. Mit ungezählten Preisen und Ehrungen würdigten Regierungen, Stiftungen und Universitäten das Engagement der Ordensfrau für die Ärmsten der Welt.

Seit der Verleihung des Friedensnobelpreises im Jahre 1979 verkörpert der »Engel von Kalkutta« das Weltgewissen. Viele Menschen sehen in der asketischen Nonne gar eine lebende Heilige. »Ihr gegenüber kommen wir uns alle ganz klein vor«, sagte die frühere indische Ministerpräsidentin Indira Gandhi, »und wir empfinden Scham vor uns selbst.«[3]

Die Vielgepriesene scheint unberührt von ihrem Ruhm. Wer sie nach ihrer Lebensgeschichte fragt, erntet in der Regel ein Schulterzucken. Mutter Teresa spricht ungern über sich selbst. Es kursieren nur wenige Geschichten über ihre Kindheit und Jugendzeit, die sich zudem in ihren Details unterscheiden. »Ich bin nur ein kleines Kabel«, erklärt sie immer wieder ihre Zurückhaltung, »Gott ist der Strom.«[4]

Eine göttliche Kraft hat Mutter Teresa schon in ihrem tiefreligiösen Elternhaus gespürt. Am 27. August 1910 wird Maria Teresa Bojaxhiu in Skopje geboren, einer ursprünglich albanischen Stadt, die später zu Jugoslawien gehört. Die Eltern lassen ihr drittes Kind auf den Namen Agnes taufen. Im Familienkreis wird das kleine Mädchen jedoch Gonxha gerufen, was auf albanisch »Blütenknospe« heißt.

Zunächst erlebt Agnes eine sorgenfreie Kindheit mit ihren beiden älteren Geschwistern Aga und Lazar. Der Vater, Nicholas, ist als Bauunternehmer und Mitglied des Stadtrates erfolgreich und angesehen, und auch die Mutter, Dranafile, stammt aus einer bürgerlichen Familie. Die Bojaxhius wohnen in einem großen Haus mit ausgedehntem Garten. Sie sprechen albanisch und serbokroatisch.

Im überwiegend muslimischen Skopje gehören Agnes' Eltern zu einer Minderheit: Sie sind Katholiken und bemühen sich, diesem Glauben gemäß zu leben und ihn an ihre Kinder weiterzugeben. Vor allem die starke Religiosität der Mutter bestimmt das Familienleben und bereitet den Boden für die spätere Berufung ihrer jüngsten Tochter.

Die ersten Schuljahre verbringen Agnes und ihre Geschwister in der Schule der Herz-Jesu-Kirche. Auch als die Kinder längst staatliche Schulen besuchen, werden sie weiterhin zu Hause und in der Gemeinde im katholischen Glauben unterrichtet. Der

Tag der Familie Bojaxhiu beginnt mit einer Messe in der nahe gelegenen Kirche und endet mit einem gemeinsamen Rosenkranzgebet.

Die Kinder begleiten ihre Mutter auch, wenn sie einmal wöchentlich in die Stadt geht, um Kranke zu besuchen und Bedürftigen Lebensmittel und Kleidung zu bringen. Dranafile Bojaxhiu lebt die Worte Jesu: »Was ihr für einen meiner geringsten Brüder getan habt, das habt ihr mir getan.« Von ihren Kindern wird sie »Nana Loke« genannt, »Mutter meiner Seele«.

Vor allem Agnes eifert ihrem Vorbild nach. Ihre enge Bindung an die Mutter wird sicher noch verstärkt, als im Jahr 1919 der Vater plötzlich stirbt. Es heißt, er sei Opfer eines politischen Komplotts geworden. Von einem Tag auf den anderen steht die Familie nicht nur psychisch, sondern auch finanziell am Rand des Abgrundes. Nach dem ersten Schrecken nimmt Dranafile das Leben der Familie ganz in ihre Hände. Aus dem Nichts baut die resolute Frau ein kleines Unternehmen auf, das Teppiche, Stickereien und andere handwerkliche Produkte verkauft. Die Einnahmen reichen aus, um die Familie zu ernähren.

Durch die Tragödie schließen sich die vier noch enger zusammen, und auch die Bindung zur Herz-Jesu-Kirche wird intensiver. Mit zwölf Jahren bereits, erinnert sich Mutter Teresa später, verspürt sie zum ersten Mal den Wunsch, Nonne zu werden. Einige Jahre später lauscht die Jugendliche begeistert Berichten eines neuen Gemeindepfarrers über die Arbeit jugoslawischer Missionare in Indien. Pater Jambrenkovic erzählt auch von Nonnen des Loreto-Ordens. Dieser irische Zweig der Englischen Fräulein, eines Ordens, der 1609 von der englischen Ordensfrau Mary Ward gegründet wurde, um auch Mädchen eine Schulausbildung zu ermöglichen, unterrichtet Kinder in der indischen Provinz Bengalen. Agnes fühlt sich immer stärker berufen, den Lebensweg einer Ordensschwester einzuschlagen. Als Achtzehnjährige bittet sie, in den Loreto-Orden in Bengalen aufgenommen zu werden.

Der Weg nach Indien führt zunächst über Irland. In der Loreto-Abbey im irischen Rathfarman müssen die Novizinnen Englisch lernen. Im September 1928 verlässt die nur 1,52 Meter große Agnes ihre Familie und reist allein nach Irland. Sie wird Mutter und Schwester nie wieder sehen.

Schon im November 1928 kann Agnes ihre lang ersehnte Reise nach Indien beginnen. Im Januar des folgenden Jahres geht sie im Hafen von Kalkutta an Land und taucht zum ersten Mal ein in das Menschengewimmel der Millionenstadt. Sie sieht die prunkvollen Kolonialbauten der herrschenden Engländer und die Besitzlosen auf der Straße. Diese fremde Welt mit ihren fremdartigen Gerüchen, Farben und Sprachen hat die junge Europäerin sicher tief beeindruckt.

Der Aufenthalt in Kalkutta dauert nur wenige Tage. Danach reist Agnes weiter nach Darjeeling im Himalaya, wo die Loreto-Novizinnen in frischer Bergluft die ersten zwei Jahre ihres Ordenslebens verbringen. Agnes lernt dort weiterhin Englisch, zudem Bengali und ein wenig Hindi. Zwei Stunden täglich unterrichten die Novizinnen arme Kinder, um sich als Lehrerinnen zu üben. Am 24. März 1931 legt Agnes ihre ersten Ordensgelübde ab. Die Zwanzigjährige gelobt Armut, Keuschheit und Gehorsam. Als »Braut Christi« trennt sie sich den Ordensregeln gemäß von ihrem bürgerlichen Namen. Von nun an nennt die junge Nonne sich Maria Teresa nach der gerade erst heilig gesprochenen Französin Thérèse von Lisieux[*].

Der Orden schickt Schwester Teresa nach Entally, einem Vorort von Kalkutta, wo sie als Lehrerin arbeiten soll. Sie unterrichtet an der St. Mary's High School die höheren Töchter indischer Familien vor allem in den Fächern Geographie, Geschichte und Katechismus: »Ich weiß nicht, ob ich eine gute Lehrerin war. Ich weiß nur, daß mir das Unterrichten große Freude gemacht hat.«[5]

Ihre Mitschwester Marie-Thérèse Breen, die im Jahr 1929 die heute weltberühmte Nonne kennen lernte, erinnert sich an die Anfangsjahre: »Damals hatte sie nichts Besonderes an sich. Sie war einfach ein schlichtes, normales Mädchen. Sehr sanftmütig, voller Froh-

---

[*] Die Karmeliterin Thérèse von Lisieux wurde im Jahr 1925 heilig gesprochen. Sie wird auch »die kleine Theresia« genannt, um sie von der – bereits dreihundert Jahre vor ihr heilig gesprochenen – spanischen Karmeliterin Therese von Avila zu unterscheiden.

sinn … Wir hätten niemals gedacht, daß sie einmal so viel erreichen würde.«[6]

Siebzehn Jahre lang folgt Schwester Teresa dem Weg, den ihre Vorgesetzten im Loreto-Orden für sie vorsehen. Am 24. Mai 1939 leistet sie ihr ewiges Gelübde. Ein Jahr später wird sie zur Leiterin der St. Mary's School bestimmt. Sie ist nun Oberin und wird zum ersten Mal »Mutter Teresa« genannt. Die als streng, pünktlich und sehr fromm geltende Nonne lebt hinter hohen, grauen Mauern in einem Haus im Kolonialstil mit Veranda, umgeben von gepflegten Rasenflächen.

Doch vom Fenster der Schule aus kann sie die Baracken des Motijhil-Bustees sehen, eines Slums, der direkt an das Gelände des Loreto-Konvents angrenzt. Mutter Teresa hört von dem Elend der schmutzigen und zerlumpten Kinder und dahinsiechenden Parias. Doch ihr Orden hat sie nicht dazu bestimmt, diesen Armen zu helfen. Als gläubige und gehorsame Schwester kann sie nur für die Elenden beten.

Auch im Kriegsjahr 1942 sind Mutter Teresa die Hände gebunden. Japan ist in den Zweiten Weltkrieg eingetreten und hat das benachbarte Burma besetzt. Kalkutta wird zum Befehlszentrum der britischen Armee für Kriegseinsätze im Osten. Weil die Militärbehörden alle Flussschiffe und Eisenbahnen für Truppentransporte beschlagnahmt haben, gelangt kein Reis mehr nach Kalkutta. Die Armen und die Flüchtlinge, die zu Tausenden in die Stadt geströmt sind und auf den Straßen kampieren, erwartet der Hungertod. Mindestens zwei Millionen Menschen sterben während des Winters 1942/43 in der Stadt, die Mutter Teresas Heimat geworden ist.

In den nächsten Jahren führt die bevorstehende Unabhängigkeit Indiens zu politischen Unruhen und weitere Flüchtlingsströme drängen in die längst übervölkerte Stadt. Im August 1946 erschüttern blutige Straßenkämpfe zwischen Moslems und Hindus Kalkutta. Am 10. September 1946 besteigt Mutter Teresa den Zug nach Darjeeling, wo sie für einige Tage in Klausur gehen will. Solch eine Zeit der Besinnung gibt es in allen Klöstern. Während der Fahrt durch die Teeplantagen hört Teresa plötzlich eine innere Stimme. Sie vernimmt ihre zweite Berufung: »Die Botschaft war ganz deutlich, es war ein Befehl. Ich sollte den Konvent verlassen. Ich fühlte, daß Gott mehr von mir verlangte. Er wollte, daß ich arm sein und ihn in der traurigen Gestalt der Ärmsten der Armen lieben sollte.«[7]

Oft hört Mutter Teresa während der folgenden Tage in sich hinein und bleibt sich sicher. Der belgische Jesuitenpater Celeste van Exem, bis zu seinem Tod 1994 ihr Beichtvater und geistiger Berater, bestätigte: »Sie fühlte deutlich, daß sie Loreto verlassen und ihr eigenes Werk beginnen mußte. Mutter hat daran nie gezweifelt, nicht einen einzigen Moment lang.«[8]

Doch wie soll die sechsunddreißigjährige Nonne,

die bislang immer in der Sicherheit ihrer Familie oder ihres Ordens gelebt hat, den ersten Schritt in die Unabhängigkeit tun? Was sie vorhat, kommt einer kleinen Revolution innerhalb der katholischen Kirche gleich. Sie will aus ihrem Orden austreten und den Armen helfen, ohne mit der Kirche zu brechen. Sicher hat sie Angst vor diesem Wagnis. In ihrer Not wendet Teresa sich an Pater van Exem. Diesem gelingt es, den Erzbischof von Kalkutta, Monsignore Perier, für den abenteuerlichen Plan der unbekannten Nonne zu gewinnen. Er leitet Mutter Teresas Anliegen nach Rom weiter. Das bange Warten auf eine Entscheidung nimmt kein Ende. Mehr als eineinhalb Jahre, nachdem Teresa den Ruf vernommen hat, stimmt endlich im April 1948 Papst Pius XII. dem Vorhaben zu: Mutter Teresa darf außerhalb eines Konvents arbeiten, aber weiterhin Nonne bleiben.

Am 17. August des gleichen Jahres legt Mutter Teresa die Tracht ab, die sie fast zwanzig Jahre getragen hat. Von nun an hüllt sie sich in den weiß-blauen Sari, das Gewand der einfachen Frauen in Bengalen. Still und leise verlässt sie den Konvent in Entally. »Es war das Schwerste, was ich jemals getan habe«, gesteht sie später. »Es war ein größeres Opfer, als meine Familie und mein Land zu verlassen, um Nonne zu werden.«[9]

Die Ärmsten der Armen, denen Mutter Teresa von nun an dienen will, werden von vielerlei Krankheiten geplagt. Deshalb lässt die Ordensfrau sich bei den

Schwestern der Medizinischen Mission in Panta im Nachbarstaat Bihar einige Wochen in erster Hilfe ausbilden. Zum ersten Mal fasst Teresa Menschen an, denen die Lepra die Gliedmaßen verstümmelt hat. Andere sind von Kopf bis Fuß mit Geschwüren bedeckt. Vielen Kindern quellen Würmer den Leib auf.

Nach ihrer Rückkehr kann Mutter Teresa bei den Kleinen Schwestern der Armen, die in Kalkutta ein Heim für besitzlose alte Menschen führen, unterkommen. Sie beginnt ihre Arbeit in Motijhil, dem Slum, den sie jahrelang direkt vor Augen gehabt hat. Es fehlt dort an allem: Es gibt weder sauberes Wasser noch eine Kanalisation, eine Krankenstation oder eine Schule. Die Hütten drängen sich um einen Tümpel, aus dem die Menschen Trinkwasser schöpfen und in dem sie ihre Kleider waschen.

Neben diesem stinkenden Wasserloch beginnt Mutter Teresa mit der Arbeit, die ihr am vertrautesten ist: Sie unterrichtet. Es gibt keinen Raum und keine Schultafel, weder Kreide noch Schiefertafeln für die Jungen und Mädchen. Also nimmt sie einen Stock und schreibt die Buchstaben in den Staub. Die Slumbewohner bestaunen die weiße Frau, die in einem billigen Sari, die bloßen Füße in groben Ledersandalen, auf dem Boden sitzt, um einer Klasse zerlumpter Kinder das Alphabet beizubringen.

Ein Pfarrer spendet Mutter Teresa hundert Rupien. Mit diesem Geld mietet sie zwei Räume, die jeweils fünf Rupien pro Monat kosten, einen für die sich so rasch entwickelnde Schule und einen für eine Krankenstation. Die »Slum-Schwester«, wie die engagierte Nonne bald genannt wird, hat diese Projekte nicht langfristig geplant. Damals wie heute sieht Mutter Teresa die Not eines Einzelnen und packt dann sofort an. Alles Weitere entwickelt sich von selbst. Ihr Vertrauen in den Gottesauftrag ist unerschütterlich. Da dies alles Sein Werk sei, würde Er schon dafür sorgen, dass alles gelinge, sagt sie. Daher beginnt die Ordensfrau viele Hilfsaufgaben nahezu gleichzeitig.

An Geld fehlt es ihr nie, obwohl Mutter Teresa es damals wie heute ablehnt, um Spenden zu werben. Auch auf einen regelmäßigen Zuschuss der Regierung oder der Kirche verzichtet sie. »Wir tun unsere ganze Arbeit für den Herrn. Er muß für uns sorgen. Wenn Er will, daß etwas getan wird, muß Er uns die Mittel dazu geben. Wenn Er uns die Mittel nicht gibt, zeigt das, daß Er diese spezielle Arbeit nicht will, dann lasse ich es sein.«[10]

Innerhalb von vierzehn Tagen hat Mutter Teresa eine Krankenstation eingerichtet. In jeder freien Minute zieht die Helferin der Armen außerdem durch die Hütten, besucht Familien, putzt, leistet erste Hilfe. Sie merkt jedoch schnell, wie wenig sie alleine bewirken kann angesichts der großen Not, die sie umgibt. Sie benötigt Helfer, die ebenso selbstlos wie sie dienen können. Sie braucht Mitschwestern, denn nur ein religiöses, gemeinschaftliches Leben kann ihr die Kraft geben, diese Arbeit für längere Zeit durchzuhalten. Eine ihrer ehemaligen Schülerinnen stößt als Erste zu ihr: Subashini Das, die spätere Schwester Agnes.

Zu dieser Zeit ist Mutter Teresa bereits umgezogen. Weil das Haus der Kleinen Schwestern der Armen zu weit von »ihrem« Slum entfernt ist, wohnt sie jetzt im Obergeschoss eines dreistöckigen Hauses in der Creek Lane Nr. 14. Pater van Exem hat sich erinnert, dass im Haus der Familie Gomes einige Räume leer standen. Auf seine Anfrage hin darf Mutter Teresa die Zimmer nutzen.

In den nächsten Monaten füllen sich die Räume mit weiteren Mitschwestern, meist ehemaligen Schülerinnen der St. Mary's School. Mutter Teresa ist mit ihren Helferinnen bereits in fünf verschiedenen Slums tätig. Gleichzeitig erarbeitet sie zusammen mit Pater van Exem eine Satzung für die neue Ordensgemeinschaft. Neben Armut, Keuschheit und Gehorsam enthält diese ein viertes Gelübde: Die Teresa-Schwestern verpflichten sich, den Armen von ganzem Herzen ohne Gegenleistung zu dienen. Am 7. Oktober 1950 nimmt die Heilige Kongregation in Rom die 275 Regeln der Satzung an. Der Orden der Missionaries of Charity ist geboren.

Die Schwestern leben nach strengen Regeln. Sie dürfen nicht mehr besitzen als die Armen, denen sie dienen. Jede Gabe, jedes Geschenk, das sie erhalten, und seien es nur Blumen, geben sie sofort weiter. Jede von ihnen besitzt nur das Nötigste: drei Baumwoll-Saris, einen Rosenkranz, ein Kruxifix, mit dem sie ihren Sari feststecken, eine Strohmatte zum Schlafen, eine Bibel und ein Essbesteck. Keine Bücher, Fotos, Andenken. Wie einst die Jünger Jesu gehen die Missionarinnen paarweise in die Slums. Oft sparen sie dabei das Geld für den Bus und legen weite Strecken zu Fuß zurück. Dabei hört man sie das Rosenkranzgebet murmeln. Außerhalb ihres Schwesternhauses dürfen die Missionarinnen nichts essen und nichts trinken, was sie nicht selbst mitgebracht haben. »Es ist einfacher, von niemandem etwas entgegenzunehmen. Auf diese Weise wird keiner verletzt.«[11]

Nach einigen Jahren wohnen fast dreißig junge Schwestern in der Creek Lane. Sie unterrichten Kinder, besuchen Kranke und versuchen, diese in städtischen Krankenhäusern unterzubringen. Oft genug gelingt es ihnen nicht. Viele der Armen sterben auf der Straße. Trotz der harten und belastenden Arbeit ist die kleine Gemeinschaft fröhlich. Das Lachen der jungen Frauen schallt während der Freistunden durch das ganze Haus.

Im Februar 1953 kauft Mutter Teresa mit einem Kirchendarlehen ein schlichtes dreistöckiges Gebäude in der Lower Circular Road Nr. 54 a, der späteren J. C. Bose Road. Das Gebäude ist bis heute das Mutterhaus des Ordens. Jeden Morgen um Viertel vor sechs Uhr versammeln sich hier Novizinnen und Schwestern in der Kapelle, einem kahlen rechteckigen Raum mit Neonbeleuchtung, durch dessen Fenster der Lärm der belebten Geschäftsstraße dringt. Als Altar dient ein einfacher Tisch. Nur die Figur der Jungfrau Maria ist mit Blumen geschmückt. Die Frauen knien auf billigen Jutematten. In der letzten Reihe kauert die Ordensgründerin, tief versunken in ihr Gespräch mit Gott.

»Die Messe ist die geistige Nahrung, die mich erhält. Ich könnte nicht einen einzigen Tag oder eine Stunde meines Lebens ohne sie sein«[12], bekennt Mutter Teresa. Ihre Gebete sind einfach, wie ihre ganze Sprache. Sie betet für die Kirche, die Verbreitung der Bibel und für den Papst, für Waisen, Gefangene, Misshandelte, Trinker, Richter, Sterbende, Moslems und Hindus.

Nach der Messe sieht man die Frauen im Innenhof des Gebäudes ihre Kleidung waschen. Jede besitzt nur drei Saris, die immer wieder ausgebessert werden. Alle Tätigkeiten im Ordenshaus werden bis heute mit den einfachsten Mitteln verrichtet und so wäscht jede Schwester ihren Sari in einem Metalleimer. Eine Waschmaschine lehnt Mutter Teresa ab. Das einfache Essen kochen die Nonnen – genauso wie die Armen – auf einem Holzkohlefeuer. Als eine der wenigen Neuerungen hat die Ordensleiterin nach langem Sträuben der Installation eines einzigen Telefonapparates zugestimmt.

Gegen acht Uhr stärken sich die Missionarinnen

mit einem einfachen Frühstück und schwärmen aus in die Elendsviertel der Stadt. Vier Stunden später kehren sie zum Mittagessen zurück, danach ruhen sie sich eine halbe Stunde aus. Von vierzehn bis achtzehn Uhr arbeiten sie erneut, oft an anderen Orten als am Vormittag. Nach einer einstündigen Gottesanbetung folgt das Abendessen. Danach beten die Schwestern nochmals eine halbe Stunde, dann gehen sie schlafen.

Im Laufe der Jahre richten Mutter Teresa und ihre Schwestern Häuser ein, in denen Menschen Zuflucht finden, für die sonst niemand sorgt. Das erste und heute berühmteste ist das Haus für Sterbende. Den Anstoß, einen solchen Ort einzurichten, gab ein Erlebnis, von dem Mutter Teresa in öffentlichen Reden oft erzählt: In den ersten Monaten ihrer Arbeit in den Slums habe sie eine halb bewusstlose Frau mittleren Alters entdeckt, die einem Bündel Lumpen gleich vor einem Hospital lag. Ihr Gesicht war teilweise von Ratten und Ameisen zerfressen. Das Krankenhaus wollte sie nicht mehr aufnehmen, da sie ja ohnehin im Sterben läge, Mutter Teresa solle sie am besten auf den Gehweg zurücklegen. »Damals beschloß ich, einen Ort für Sterbende zu suchen und mich dort selbst um sie zu kümmern.«[13]

Die Suche ist erfolgreich. Im Jahr 1952 wird das »Heim des reinen Herzens« eröffnet. Bis heute sind im »Nirmal Hriday« mehr als 60000 Kranke und Sterbende aufgenommen worden. Das Sterbehaus liegt im

Süden von Kalkutta, in Kalighat. Es ist einer der belebtesten Plätze der Stadt, und hier steht auch der berühmte Tempel der Göttin Kali. Zwischen Pilgern, Händlern und Prostituierten tragen Hindus ihre Toten am Tempel vorbei zum Hooghly-Fluss, um sie an dessen Ufer zu verbrennen.

Die Stadtverwaltung übergab Mutter Teresa zwei ehemalige Pilgerhallen, die direkt an den Kali-Tempel angrenzen. In dem einen Raum stellt die Nonne Feldbetten für sterbende Frauen auf, im anderen für Männer. Die Anwohner beäugen die christliche Missionarin zunächst misstrauisch. Gerüchte kommen auf, die katholische Nonne taufe todkranke Hindus und beerdige sie als Christen. Die Priester des Kali-Tempels fordern die Räumung des Sterbeheims. Doch der Widerstand ebbt ab, als nach und nach bekannt wird, dass die Teresa-Schwestern alle Toten, von denen niemand weiß, welcher Religion sie angehören, nach hinduistischem Ritual verbrennen lassen.

Im Nirmal Hriday praktiziert Mutter Teresa in Reinform, was sie als ihren Auftrag sieht: Voller Liebe pflegt sie jeden, der aus den Gossen eingeliefert wird, und seien seine Wunden noch so Ekel erregend und stinkend. Wenn sie einem Elenden mit äußerster Hingabe und einem Lächeln Wurm für Wurm aus dem offenen Fleisch zieht, dann ist der Kranke für sie »Christus, den wir in den zerstörten Körpern der Hungernden und Elenden berühren«[14].

Alle Besucher des Sterbehauses berichten von der Ruhe und Fröhlichkeit, die dort herrscht. Die Schwestern plaudern und scherzen mit den Patienten, während sie ihnen Wunden verbinden, ihnen Medikamente geben oder sie füttern. Für die Menschen auf den Pritschen ist es oft das erste Mal, dass sich jemand um sie kümmert. Viele – meist junge – Menschen aus aller Welt suchen als Freiwillige den Frieden des Hauses. Geduldig rasieren sie ausgemergelte Männergesichter, liebevoll waschen sie runzelige Rücken. Jedem Zweiten der bereits Totgesagten tut das regelmäßige Essen, die Ruhe und Pflege im Sterbeheim so gut, dass er sich wieder erholt und zurückgeht in den Großstadtdschungel.

Kritiker werfen Mutter Teresa vor, sie helfe den Todkranken weit weniger, als es in der Macht ihres reichen Ordens läge. Tatsächlich ist die medizinische Versorgung der Patienten mangelhaft. Todkranke leiden oft unter entsetzlichen Schmerzen. Doch für eine professionelle Behandlung sind die Schwestern nicht ausgebildet. Nur zweimal in der Woche kommt ein Arzt in das Sterbeheim. Er bringt eine Stunde Zeit für über hundert Patienten mit.

»Sie verwechseln Tuberkulose mit anderen Krankheiten«, urteilt der britische Arzt und ehemalige Teresa-Helfer Jack Preger über die Ordensschwestern. »Sie haben ein Sterbehaus, in dem 50 Prozent der Patienten überleben – und wenn die Hälfte mit derart einfacher

Pflege überlebt, würden vielleicht 75 Prozent mit professioneller Behandlung überleben. Anders gesagt: Viele Sterbende dort müssen im medizinischen Sinn nicht sterben, sie sind nur sehr arm und sehr krank.«[15] Ende der siebziger Jahre gründet der engagierte Mediziner selbst zwei Straßenkliniken in Kalkutta. Hier versucht er gemeinsam mit anderen Helfern, den Armen die bestmögliche medizinische Hilfe zu gewähren. Gleichzeitig schafft er Arbeitsplätze und unterstützt die Hilfesuchenden finanziell, um den Teufelskreis von Krankheit und Armut zu durchbrechen.

Mutter Teresa trifft solche Kritik nicht. »Wir sind ein spiritueller Orden, kein Krankenhaus«, sagt sie. »Wir sind vor allem religiös; wir sind keine Sozialarbeiter, keine Lehrer, keine Krankenpfleger, keine Ärzte. Wir sind Nonnen.«[16] Und für diese seien die Patienten letztlich nur Mittel zum Zweck, sagen die Kritiker. »Wir dienen Jesus durch die Armen«, so sieht es Mutter Teresa. »Wir pflegen Ihn, füttern Ihn, kleiden und trösten Ihn in den Armen, den Verlassenen, Kranken, den Waisen und Sterbenden. Aber alles, was wir tun, ist für Jesus.«[17] Der Journalist Alexander Smoltczyk schrieb in seinem Buch über Mutter Teresa: »Der liebende Dienst am Todkranken ist ein Gottesdienst. Das Sterbehaus mit seinen 105 Pritschen ist eine Kirche.«[18]

Jeden Tag werden aus dem Sterbehaus ein bis zwei Tote in ihren Laken herausgetragen. Für die Missionarinnen hat der Tod keinen Schrecken. »Ich habe wie ein Tier auf der Straße gelebt, aber nun werde ich wie ein Engel sterben, geliebt und umsorgt«, zitiert Mutter Teresa in ihrer Nobelpreisträgerrede einen Sterbenden, den sie madenzerfressen von der Straße auflas. Und sie fährt fort: »Er starb wunderschön. Er ging heim zu Gott.«[19]

Mehrmals täglich besuchen Touristengruppen das Sterbehaus. Spektakuläre Bilder der Elenden gehen fortan um die ganze Welt und lassen den Spendenstrom fließen. Ebenso berührt werden die, die im Überfluss leben, von Bildern, die Mutter Teresa mit einem winzigen Säugling auf dem Arm zeigen. Nachdem die Oberin ihre Idee von einem Sterbehaus verwirklicht und weitere Unterkünfte dieser Art eingerichtet hat, gründet sie im Jahr 1955 das erste einer ganzen Reihe von Heimen, in denen zwischen zwanzig und zweihundert Kinder aufwachsen.

»Shishu Bhawan« heißt jede dieser Einrichtungen. Hier nehmen die Schwestern die Waisen und Verlassenen auf, denen die Gesellschaft ihren Platz verweigert. Dazu gehören auch Säuglinge, die abgetrieben werden sollten, aber überlebt haben. Mädchen sind in Indien wegen der Mitgift, die sie ihre Familie kosten, oft unerwünscht. Daher werden besonders viele weibliche Föten abgetrieben, manchmal noch im siebten Schwangerschaftsmonat.

»Wenn es irgendwo ein ungewolltes Baby gibt, laßt es nicht sterben, sondern schickt es mir«[20], bietet

Mutter Teresa immer wieder an. In den Brutkästen und Gitterbetten ihrer Heime liegen Babys, die in Zeitungspapier gewickelt auf der Straße gefunden oder den Schwestern vors Haus gelegt werden. Jahrelang schmuggelte eine Angestellte einer Privatklinik abgetriebene lebensfähige Föten unter ihrer Schürze zu Mutter Teresa. Manche überleben, viele sterben, und andere bleiben zeitlebens behindert.

Obwohl die Schwestern Jahr für Jahr etwa dreihundert Kinder an Adoptiveltern im Ausland und ebenso viele an indische Familien vermitteln, quellen heute die Shishu Bhawans über. Trotzdem zieht Mutter Teresa öffentlich und weltweit gegen eine Empfängnisverhütung durch Kondome oder Pille zu Felde. Das Wort »Abtreibung« ist ihr ein Gräuel. »Der größte Zerstörer des Friedens ist heute der Schrei des unschuldigen, ungeborenen Kindes«, wettert sie bei der Verleihung des Nobelpreises in Oslo 1979. »Wenn eine Mutter ihr eigenes Kind in ihrem eigenen Schoß ermorden kann, was für ein schlimmeres Verbrechen gibt es dann noch, als wenn wir uns gegenseitig umbringen.«[21]

Bei Mutter Teresa finden auch die Ausgestoßenen Zuflucht. Im Jahr 1957 klopfen fünf Leprakranke an die Tür des Mutterhauses und bitten um Hilfe. Sie gehörten Familien der Mittelschicht an und waren geachtete Personen. Doch als ihre Angehörigen entdeckten, dass sie Lepra hatten, vertrieben sie die Erkrankten aus ihren Häusern. Die Verstoßenen verloren ihre

Arbeit, ihre Familie, alles. In ihrer Not erinnerten sie sich an die mildtätigen Missionarinnen. Die Schwestern nehmen die ersten Leprakranken auf und lassen sich von einem Arzt in der Behandlung der Krankheit unterweisen.

Bald darauf schenkt die indische Eisenbahngesellschaft Mutter Teresa einen stillgelegten Bahndamm, sieben Kilometer lang und fünfzig Meter breit. Er liegt in Titagarh, eine Stunde von Kalkutta entfernt. In den Güterschuppen richten die Schwestern Räume für Leprakranke ein, in denen diese behandelt werden, leben und arbeiten. Lepra ist eine bakterielle Erkrankung, die ohne Therapie dazu führt, dass die Kranken ihre Gliedmaßen verlieren. In Titagarh haben die Betroffenen dennoch die Möglichkeit zu arbeiten. Man sieht beinamputierte Frauen Getreide sieben und andere mit verstümmelten Armen und Beinen Stoffe weben. An den Dutzenden Webstühlen entstehen die Saris der Teresa-Schwestern. Das Zentrum leiten heute die »Missionsbrüder der Nächstenliebe«. Diesen neuen Zweig des Ordens richtet Mutter Teresa 1963 ein, als sie erkennt, dass Männer für bestimmte, etwa körperlich schwere Arbeiten besser geeignet sind als Frauen. Die Missionsbrüder leben weniger zurückgezogen als die Schwestern und tragen keine Ordenstracht.

Geisteskranke, Alte, ehemalige Prostituierte – für alle diese Vergessenen und Gestrandeten, die auf den Verkehrsinseln der 14-Millionen-Metropole oder am

Rande von Märkten und Müllkippen dahinvegetieren, sucht und findet Mutter Teresa Essen und Unterkunft.

Bis 1960 beschränkt sich die Arbeit des Ordens auf die Erzdiözese Kalkutta, danach eröffnet sie Häuser in ganz Indien. 1965 erlaubt der Vatikan den Missionarinnen und Missionsbrüdern der Nächstenliebe weltweit aufzutreten. Das erste Haus außerhalb Indiens richtet Mutter Teresa im Jahr 1965 in Caracas (Venezuela) ein. Es folgen Zentren in Colombo (Sri Lanka), Rom (Italien) und Tabora (Tansania). Im Jahr 1969 weiht sie im australischen Bourke ein Haus für Aborigines ein, die Ureinwohner des fünften Kontinents.

Heute sind die Schwestern im weiß-blauen Sari in nahezu allen sozialen Brennpunkten der Welt anzutreffen: in London, New York, der ehemaligen UdSSR, Südafrika und auch in Teresas Heimatland Albanien. Selbst im Vatikanstaat nutzen die Schwestern einen Raum, der an den Audienzsaal grenzt, um Essen an Arme zu verteilen. Nur die Volksrepublik China hat den Missionarinnen bislang die Einreise verweigert.

In allen diesen Ländern kümmern sich die Schwestern um die Not der einzelnen Menschen. Auf die Frage, ob Armut nicht besser an ihrer Wurzel bekämpft werden sollte, indem ungerechte Strukturen beseitigt würden, antwortet Mutter Teresa: »Davon verstehe ich nichts. Es obliegt den Regierungen, Ursachen der Armut anzupacken. Ich bete unablässig für diese Leute, damit sie die Nöte der Menschen erkennen und berücksichtigen.«[22]

Im Jahr 1979 wird in Deutschland das erste Zentrum eingerichtet: eine Suppenküche für Obdachlose in Essen. »Die Menschen kommen nicht unbedingt hierher, weil ihr Magen knurrt«, sagt Schwester Lumina, die in einem später gegründeten Berliner Heim Essen austeilt. »In Deutschland muß niemand verhungern; aber sie wollen hier sein, weil sie spüren, daß sie bei uns willkommen sind.«[23] Die geistige Armut des Westens sei weit größer als die physische Armut in den so genannten Entwicklungsländern, verteidigt Mutter Teresa ihr Engagement in den Wohlstandsländern. Hier besuchen ihre Schwestern die »Eingeschlossenen«, einsame Menschen, die völlig für sich leben.

Schon vor der Verleihung des Nobelpreises erhält der »Engel von Kalkutta« eine Fülle von Auszeichnungen. Die erste wird der Ordensgründerin 1962 in Indien verliehen, deren Staatsbürgerin sie seit 1942 ist: Der Padma Shri-Preis, der Lotus-Orden, geht zum ersten Mal an eine Frau, die nicht in Indien geboren ist. Im gleichen Jahr zeichnet sie der Staatspräsident der Philippinen mit dem Magsaysay-Preis für internationale Verständigung aus. Papst Paul VI. überreicht Mutter Teresa 1971 den ersten Friedenspreis Papst Johannes XXIII., Prinz Philip von Edinburgh zwei Jahre später den Templeton-Preis für die Förderung der Religion.

Weitere Auszeichnungen und Ehrendoktorwürden von Universitäten auf der ganzen Welt folgen. Im Jahr 1975 ziert Mutter Teresas Konterfei eine Medaille der Welternährungskommission.

»Das Markenzeichen ihrer Arbeit ist die Achtung des einzelnen Menschen, seines Wertes und seiner Würde. Die Einsamen und Verzweifelten, die hilflos Sterbenden, die ausgestoßenen Leprakranken sind von ihr und ihren Schwestern mit herzlichem Mitgefühl ohne jede Herablassung aufgenommen worden, aus Ehrfurcht vor Christus in jedem dieser Menschen«[24], begründet John Sannes, der Vorsitzende des norwegischen Nobelkomitees, die Auszeichnung Mutter Teresas. Sie habe den Friedensnobelpreis verdient, weil sie den Frieden durch ihre Bestätigung der Unverletzlichkeit der Menschenwürde auf ganz grundlegende Weise fördere.

»Das habe ich nicht verdient«[25], sagt Mutter Teresa spontan, als sie von der hohen Ehrung erfährt. Doch sie reist nach Oslo, um den Friedensnobelpreis am 10. Dezember 1979 »im Namen der Armen« entgegenzunehmen. Ihre Dankesrede in der Aula Magna der Universität Oslo beginnt die kleine, gebückte Gestalt im Sari mit einem Friedensgebet des heiligen Franziskus von Assisi.

Immer wenn Mutter Teresa erfährt, dass mit einem ihr verliehenen Preis eine Geldsumme verbunden ist, verplant sie das Geld sofort für ihre Projekte. Auch die knapp 300000 Mark des Friedensnobelpreises fließen in ihre Arbeit ein. Sie versteht es sogar, diese Summe zu mehren, indem sie das Nobelkomitee davon überzeugt, das übliche Festbankett zu streichen und die eingesparten 9000 Mark für die Armen zu spenden.

Der Nobelpreis macht die pressescheue Nonne endgültig in aller Welt bekannt. Spenden aus zahllosen Ländern erreichen sie, Kinder schicken ihr Taschengeld, Reiche mitunter ein Vermögen. Mehr denn je wird sie zur Weltreisenden in Sachen Nächstenliebe. Die Fluggesellschaften gewähren ihr Freiflüge. Heute versorgen die Missionaries of Charity pro Jahr schätzungsweise eine halbe Million Familien in der ganzen Welt mit Nahrung, unterrichten 20000 Slumkinder und versorgen 90000 Lepröse. Zehntausende von Freiwilligen aller Religionen unterstützen die Arbeit der Schwestern.

In Kalkutta kennt jeder Taxifahrer den Weg zu dem Haus in der Lower Circular Road mit dem kleinen Schild »Mutter Teresa« an der Eingangstür. Ein Schieber darunter verkündet, ob die Ordensgründerin »in« oder »out« ist. Besucher lädt Mutter Teresa zur frühmorgendlichen Messe ein. Danach ist sie für jeden zu sprechen. Auch viele Machthaber suchen die Nähe der »lebenden Heiligen«. Der Palästinenserführer Jassir Arafat, der ehemalige US-Präsident Ronald Reagan und die britische Königin Elisabeth II. sind nur einige der vielen Prominenten, die sie besucht oder als Gast empfangen haben.

Besonders verbunden fühlt sich die Ordensgründerin Papst Johannes Paul II. Sicher schätzt dieser seinerseits, dass Mutter Teresa in allen Fragen stets die Grundsätze der römisch-katholischen Kirche vertritt. Sie sei »die letzte gehorsame Frau« der Kirche, sagen Kritiker, die Mutter Teresa angesichts der Aids-Epidemie besonders ihr vehementes Eintreten gegen Kondome vorwerfen.

Immer noch steht die greise Oberin an der Spitze ihres Ordens, alle wichtigen Entscheidungen liegen nach wie vor in ihren Händen. Gehorsam befolgen die Schwestern Mutters Wort, denn für sie ist es Gottes Wort. Die deutsche Schwester Andrea, die seit 1959 mit Mutter Teresa arbeitet, sagt: »Sie ist wie ein Katalysator; wer sie erlebt, fühlt, wie nah sie bei Gott ist.«[26]

Für die gottesfürchtigen Missionarinnen geschieht beinahe jeden Tag ein Wunder, und zwar jedes Mal dann, wenn eine Spende genau zu dem Zeitpunkt eintrifft, an dem sie gebraucht wird. Eines Donnerstagmorgens beispielsweise waren die Vorratskammern leer. Wie sollten neuntausend Menschen am Wochenende verpflegt werden? »Wir warten ab«, riet Mutter einer besorgten Mitschwester. »Geh erst einmal in die Kirche, um Jesus die Sache darzulegen.«[27] Und siehe da, am Freitagmorgen um neun Uhr kam plötzlich ein Lastwagen voller Brötchen, Marmelade und Milch. Er brachte

das Pausenfrühstück der städtischen Schulen, die just an jenem Morgen überraschend von der Regierung geschlossen worden waren und das Essen deshalb nicht brauchten. Von Zufall hält Mutter Teresa nichts. »Ich glaube, daß Gott eingegriffen hat, um uns zu helfen.«[28]

Auch um den Fortbestand ihres Ordens hat sie nie gebangt. »Er wird rechtzeitig für jemand sorgen«, antwortete sie jahrelang auf sorgenvolle Fragen von außen und deutete dabei mit ihren knorrigen Fingern gen Himmel, »ich bin doch nicht wichtig«.[29]

Inzwischen hat Mutter Teresa, deren Gesundheitszustand keinen Aufschub mehr duldete, eine Nachfolgerin: Am 13. März 1997 wählte der Orden der Missionarinnen der Nächstenliebe fast einstimmig die dreiundsechzigjährige Schwester Nirmala zur neuen Oberin; sie stammt aus einer indischen Offiziersfamilie und konvertierte vom Hinduismus zum Katholizismus.

Ihr Leben sei glücklich gewesen, sagt die greise Mutter Teresa.[30] Ihr Gesicht ist von tiefen Falten durchzogen, die Haut zerknittert. Unter den ewig lächelnden jungen Inderinnen ihres Ordens – das Durchschnittsalter liegt bei fünfunddreißig Jahren – wirkt sie ernst.

Über den Mythos Mutter Teresa schreibt Alexander Smoltczyk: »Ihr Glaube ist so einfach wie das Heiligenbild in einer Bauernstube. Auf zweifelnde Fragen antwortet sie mit absoluter Gotteszuversicht.« Sie sei weder eine Theologin noch habe sie Charisma, obwohl manche das so empfinden. »Das ist das eigentliche Wunder von Kalkutta: Mutter Teresa ist ein ›Wie-Jedermann‹ und hat doch so viel erreicht.«[31]

Am 5. September 1997 versagt Mutter Teresas Herz endgültig. Am 14. September, einem stickig heißen Tag, richtet ihr die indische Regierung ein Staatsbegräbnis aus – mit Pomp und militärischer Präzision. 12 000 Ehrengäste aus der ganzen Welt, darunter Staatsoberhäupter und Regierungsvertreter aus siebenundvierzig Ländern, kommen nach Kalkutta und erweisen der Ordensfrau die letzte Ehre, die in einem offenen weißen Sarg in einem großen Sportstadion aufgebahrt ist. Ihre »Kinder«, die Bettler, Leprösen, Kranken und Siechen bleiben draußen, während ein Kardinal als Vertreter des Papstes die Messe liest. Es wird eine Trauerfeier ohne religiöse und ethnische Grenzen und Unterschiede, für deren Überwindung Mutter Teresa ihr Leben lang eingetreten ist. Am Ende seiner Predigt sagt der päpstliche Legat: »Willkommen im Paradies, Mutter Teresa.«

Niemand zweifelt heute daran, dass an einem zukünftigen Tag der heiligen Teresa von Kalkutta gedacht wird, der ersten katholischen Heiligen mit indischer Staatsbürgerschaft. Papst Johannes Paul II. jedenfalls hat versprochen, den langwierigen, offiziellen Heiligsprechungsprozess für diesen »Engel der Armen« zu beschleunigen.

»Die wahre Belohnung ist die Heilung von
Patienten«

Gertrude B. Elion (1918–1999), Nobelpreis für
Medizin 1988

Von Birgitt Sickenberger

In einem großen Park im New Yorker Stadtteil Bronx
sitzt ein kleines Mädchen mit flammend rotem Haar
und lauscht andächtig den Erzählungen ihres Großvaters. Der alte Herr redet jiddisch, und auch Trudy, wie
sie ihre Freunde heute noch nennen, antwortet ihm
von Zeit zu Zeit in dieser Sprache. Jiddisch ist die
Muttersprache ihrer Eltern, die beide Anfang dieses
Jahrhunderts als Kinder aus Osteuropa in die USA
einwanderten. Als Trudy drei Jahre alt war, folgte der
Großvater aus Russland nach. Damals hatte sein Au-
genlicht bereits so stark nachgelassen, dass er nicht
mehr als Uhrmacher arbeiten konnte. Er hatte viel Zeit
für seine Enkelin, die begierig alles in sich aufsaugte,
was sie von dem einstigen Bibelgelehrten erfahren
konnte. »Ich war wie ein Schwamm«, erinnert sich
Gertrude Elion später.[1]

Das innige Verhältnis der beiden währte dreizehn Jahre, dann starb der geliebte Großvater an Magenkrebs.
Die fünfzehnjährige Gertrude musste seinem Leiden
hilflos zusehen – Eindrücke, die sie »zutiefst prägten«.
Sie nahm sich vor, in ihrem Leben dazu beizutragen,

diese schreckliche Krankheit zu heilen. »Es war ein Ziel, das ich niemals aus den Augen verlor.«[2] Ihr Wunsch sollte tatsächlich in Erfüllung gehen: Fünfundfünfzig Jahre später hielt Gertrude B. Elion den Nobelpreis für Medizin in Händen, weil sie neben vielen anderen bedeutenden Arzeimitteln auch ein Medikament gegen Blutkrebs mitentwickelt hatte.

In ihrer Eigenschaft als Nobelpreisträgerin ist Gertrude Elion im Sommer 1996 wieder zu der alljährlichen Tagung der Laureaten nach Lindau am Bodensee gereist. In der Hotelhalle erkenne ich die Achtundsiebzigjährige sofort. Die kleine rundliche Frau entspricht so gar nicht dem gängigen Bild einer weltberühmten Wissenschaftlerin. Mit ihrem grauen Haar, in dem noch ein roter Schimmer zu erkennen ist, in ihrem blassgrünen Kleid und der cremefarbenen Strickjacke und mit ihrer Handtasche auf dem Schoß wirkt sie wie eine liebe Großmutter, die ihre Enkelkinder erwartet. Und genau so herzlich sind auch die Begrüßung und ihre Einladung, für das Gespräch auf dem Balkon ihres Hotelzimmers Platz zu nehmen.[3]

Der Nobelpreis ist die bedeutendste Auszeichnung von Gertrude Elion, »aber er war nicht das Bedeutendste, was mir in meinem Leben widerfahren ist«, erzählt sie. »Die wahre Belohnung für meine Arbeit kam bereits viele Jahre vor dem Nobelpreis, als ich sah, wie Patienten durch meine Arzneimittel geheilt wurden.«

In einem Ordner bewahrt sie sorgfältig viele Dankesbriefe auf, darunter auch diesen aus dem Jahre 1988:

»Liebe Frau Elion – als ich in der Zeitung las, dass sie den Nobelpreis bekommen haben, war ich von Gefühlen überwältigt. Mein kleiner Junge ist vor zwei Jahren an akuter Leukämie erkrankt. Seit dieser Zeit nimmt er jeden Abend zwei Tabletten 6-Mercaptopurin ein, und es geht ihm gut. Wir haben uns oft gefragt, wer wohl dieses wunderbare Medikament entwickelt haben mag. Nun wissen wir es. Ich möchte Ihnen meine unendliche Dankbarkeit dafür ausdrücken, dass Sie ein Leben gerettet haben, das mir so nahe steht, und das vieler anderer Menschen dazu. Ich schreibe Ihnen, um schlicht und einfach, aber aus aufrichtiger innerer Bewegung nur ein Wort zu sagen: Danke!«[4]

Gertrude Belle Elion kam am 23. Januar 1918 in New York auf die Welt. Ihr Vater, der als kleiner Junge aus Litauen in die USA emigriert war, hatte es als Zahnarzt zu bescheidenem Reichtum gebracht und betrieb seit über drei Jahren eine Praxis in Manhattan, Kreuzung 116. Straße und Madison Avenue. Gertrudes Mutter Bertha Cohen war erst mit vierzehn Jahren aus dem heutigen Polen in die USA gekommen. Englisch lernte sie auf einer Abendschule und tagsüber verdiente sie als Näherin ihr Geld. Mit neunzehn Jahren heiratete sie Robert Elion. Eineinhalb Jahre später wurde ihr erstes Kind, eine Tochter, geboren.

Gertrude Elion wuchs behütet auf, getragen von der »Liebe und Unterstützung meiner Eltern, die ich damals als ganz selbstverständlich betrachtete«[5]. Die Familie lebte in einer Wohnung, die an die Praxisräume des Vaters angrenzte. »Ich kann mich an viele Abende in meiner Kindheit erinnern, als mein Vater die unterschiedlichsten Bücher laut vorlas, Gedichte, Geschichte, Biographien und Romane.«[6] Auch Bertha, die ja niemals eine höhere Schule besucht hatte, las gern und erstaunlich viel. Sie hatte »mehr gesunden Menschenverstand als alle anderen, die ich kennen gelernt habe«, schreibt Gertrude später über ihre Mutter. »Sie wäre überall erfolgreich gewesen.«[7] Dass sie diese Chance nie gehabt hatte, darüber klagte Bertha Elion nie. Aber dass ihre Tochter einmal alle Möglichkeiten haben und auch ergreifen sollte, von denen sie selbst nur geträumt hatte, vermittelte sie dem Mädchen von klein auf.

Als Gertrude in die erste Klasse kam, wurde ihr Bruder Herbert geboren und kurz darauf zog die Familie in die Bronx – damals noch ein Vorort von New York. Von Anfang an liebte sie die Schule: »Ich hatte ein großes Verlangen zu lernen, allein die Anhäufung von Wissen fand ich aufregend und machte mir Freude.«[8] Viermal übersprang sie Jahrgänge, weil sie den Schulstoff so schnell bewältigte. Den gleichaltrigen Kameradinnen war sie deshalb immer voraus und dadurch hatte sie als Teenager »einige soziale Probleme«. Doch ansonsten fand sie ihre Zeit an einer reinen Mädchen-High-School »nicht bemerkenswert«[9].

In den zwanziger Jahren engagierte sich Gertrudes Vater im Immobiliengeschäft und handelte mit Aktien. Er war bekannt als weiser und intelligenter Mann, und viele Einwanderer suchten ihn auf, um Rat einzuholen. 1929 stürzte ihn seine Menschenfreundlichkeit fast in den Ruin. Obwohl von Verwandten bedrängt, seine Aktien wegen der schlechten Wirtschaftslage zu verkaufen, hielt er die Papiere dennoch zurück, um anderen Investoren nicht zu schaden. Im Oktober 1929 brachte der große Börsenkrach Robert Elion um sein Vermögen. Die sorglose Zeit war vorbei, Familie Elion musste aufs Geld schauen. An die Bezahlung hoher Schulgelder für Trudy, die jetzt aufs College wollte, und auch später für den Bruder war nicht mehr zu denken. Andererseits war den Eltern eine gute Ausbildung ihrer Kinder wichtiger als vieles andere. »Unsere jüdische Abstammung war sicher auch ein Grund für diese Einstellung. Insgesamt hatten die damaligen Einwanderer viel mehr als die Amerikaner begriffen, dass man es mit Bildung am ehesten zu etwas bringen kann.« Besonders Bertha Elion machte Gertrude immer wieder klar, dass sie einen Beruf ergreifen und unabhängig sein müsse.

Trudy schaffte mit fünfzehneinhalb den Sprung von der Highschool aufs College, aufgrund ihrer exzellenten Leistungen hatte sie ein Stipendium bekommen. Jeder Lehrer im Hunter College wollte den scheuen Bücherwurm zum Studium seines Faches überreden – nur der Chemielehrer nicht. Aber genau dafür entschied sich Gertrude, denn sie hatte ja ein Ziel. Um einmal Medikamente gegen Krebs zu entwickeln, schien ihr ein Chemiediplom »der beste Weg«[10] zu sein.

Warum sie denn nicht Medizin studiert habe, frage ich die Nobelpreisträgerin. »Einerseits war es damals für eine Frau nahezu unmöglich, einen Platz an einer medizinischen Hochschule zu bekommen. Andererseits habe ich auch nie richtig mit dem Gedanken gespielt, Ärztin zu werden«, gibt sie zu. Sie wollte zwar helfen, aber nicht »nur ausführend« sein, sondern forschen und neue Wirkstoffe finden, wirklich grundlegend etwas ändern. »Diese Vorstellung war damals ziemlich naiv«, Gertrude Elion lächelt nachsichtig, »aber es war das, was ich mir vorgenommen hatte.«

Im Jahre 1937 machte sie am Hunter College mit »summa cum laude« ihren Abschluss. Die meisten ihrer Kommilitoninnen wurden Lehrerinnen, nur einige strebten wie sie in die Forschungslabors. Trudy glaubte tatsächlich, mit dem Diplom in der Tasche stünden ihr nun alle Türen offen, doch es war die Zeit der wirtschaftlichen Depression und die wenigen Stellen gingen nicht an Frauen. Eine bittere Erfahrung für die junge, motivierte Neunzehnjährige, die unbedingt Wissenschaftlerin werden wollte, aber zu hören bekam: »Sie sind zwar qualifiziert, aber als Frau stören sie nur.«

Auch die Universitäten lehnten sie ab. Bei fünfzehn »Graduate Schools« bewarb sie sich um ein Stipendium – vergebens. Einen ganzen Sommer lang suchte sie eine Stelle, dann war Trudy mürbe, ihre Selbstsicherheit bröckelte. Sie wollte nur noch »etwas Nützliches« lernen und meldete sich auf einer Sekretärinnenschule an. »Doch schon nach sechs Wochen rettete mich die New Yorker Schwesternschule«, die sie für drei Monate als Biochemielehrerin verpflichten wollte. Ohne eine Sekunde zu zögern, und obwohl sie wusste, dass sie bald wieder arbeitslos sein würde, ergriff Gertrude diese Chance – »meine Karriere als Sekretärin war vorbei«[11].

Seit diesem Zeitpunkt übte sie immer wieder Lehrtätigkeiten aus. »Trudy ist diesbezüglich ein Naturtalent. Sie hat eine wundervolle Art, beim Erklären die Dinge auf den Punkt zu bringen«[12], erinnert sich Herbert Elion, der als kleiner Junge von der Lehrbegabung seiner Schwester profitiert hat. Wenn er mit den Hausaufgaben nicht mehr weiterkam, ließ er sich von ihr auf die Sprünge helfen.

Die erste »richtige« Stelle im Labor fand die junge Frau mit zwanzig Jahren. Ein Chemiker hatte ihr auf einer Party eine Assistentenstelle angeboten, zunächst ohne Bezahlung – sie nahm an. Nach einem halben Jahr verdiente sie zwölf und später zwanzig Dollar pro – Woche: »Ich hatte großes Glück mit meinen Eltern, die selbst knapp bei Kasse – in dieser Zeit meinen Lebensunterhalt weitgehend bestritten.« Doch auch moralisch stützten Vater und Mutter die Tochter, sie vertrauten darauf, dass sie ihren Weg machen würde.

In diesen schwierigen Zeiten schaffte es Gertrude trotzdem, in eineinhalb Jahren genug Geld zur Seite zu legen, um ein Jahr lang das Schulgeld einer Graduate School bezahlen zu können. Anschließend gab sie ihre Stelle als Laborassistentin auf und schrieb sich an der Universität von New York im Fach Chemie ein – als einzige Frau in diesem Jahrgang. Um das Geld für Fahrt- und Essenskosten aufzubringen, arbeitete sie nebenbei im Empfang einer Artzpraxis, später dann als Aushilfslehrerin in New Yorker Schulen. Nur nachts und am Wochenende konnte sie über ihrer Magisterarbeit sitzen, zu Zeiten, an denen die Heizung in den Labors meistens aus Kostengründen abgestellt war. Ihr Arbeitsraum war so kalt, dass sie im Wintermantel arbeiten und den Raum notdürftig mit einem Bunsenbrenner heizen musste. Ihre Ausbildung schloss sie 1941 an der New Yorker Universität mit dem »Master of Science« in Biochemie ab.

Im Dezember 1941 war Amerika in den Zweiten Weltkrieg eingetreten und mehr und mehr Männer wurden eingezogen. Der Arbeitsmarkt veränderte sich dramatisch, Stellen in der Industrie wurden frei. »Der zweite

Weltkrieg schaffte schließlich das, was ich selbst nicht geschafft hatte: Er öffnete die Türen der Forschungslabors für die Frauen.«[13] Gertrude fand die erste ihrer Ausbildung angemessene Anstellung im Labor eines Lebensmittelunternehmens. In der Abteilung Qualitätskontrolle bestimmte sie die richtige Zuckerkonzentration in Konfitüren, prüfte den Säuregehalt von Essiggurken und die richtige Mayonnaisefarbe. Nicht die aufregendste Beschäftigung für eine junge Wissenschaftlerin voller Tatendrang, aber sie verdiente Geld und lernte eine Menge analytischer Verfahren und Instrumente kennen, »die ich im College nie gesehen hatte«. Doch »nach eineinhalb Jahren war es Zeit weiterzuziehen«[14].

Im Jahre 1943 wechselte die Biochemikerin Elion zum Unternehmen Johnson & Johnson, das gerade eine eigene Pharmasparte aufbaute: »Zum ersten Mal hatte ich das Gefühl, ich sei auf dem richtigen Weg.«[15] Das Glücksgefühl währte nicht lange. Nach nur sechs Monaten erfolgte ein Wechsel in der Geschäftsführung, die Aktivitäten in der Arzneimittelbranche wurden eingestellt. Gertrude lehnte es ab, in einer anderen Abteilung zu arbeiten, kündigte und begab sich erneut auf Stellensuche.

Der Zufall spielte ihr das Ärztemuster eines Schmerzmittels aus der Praxis ihres Vaters in die Hand. Sie las, dass der Hersteller Burroughs Wellcome in Tuckahoe ansässig war, nur etwa dreizehn Kilometer vom New Yorker Stadtteil Bronx entfernt. Kurz entschlossen rief sie an und fragte keck, ob das Unternehmen vielleicht Forschung betreibe und Leute einstelle. Auf beides erhielt sie eine positive Antwort. Ein Vorstellungsgespräch wurde sogleich für einen der kommenden Samstage vereinbart.

Gertrude zog ihr bestes Kostüm an, und mit einem eleganten Hütchen auf dem roten Schopf machte sie sich auf den Weg, um George H. Hitchings zu treffen. Der dreizehn Jahre ältere Biochemiker war seit zwei Jahren bei dem englischen Pharma-Unternehmen tätig, arbeitete bereits mit der jungen Chemikerin und Bakteriologin Elvira Falco zusammen und suchte eine zweite Assistentin. Anstatt die junge Bewerberin auszufragen, erzählte er – wohl auch angestachelt durch Gertrudes neugierige Fragen – von seinen Forschungsvorhaben. »In Wirklichkeit war ich es, die ihn interviewte«[16], so beschreibt sie später das erste Zusammentreffen.

Hitchings wollte sich mit den Bausteinen der Erbsubstanz DNS beschäftigen und wegkommen von dem blinden Ausprobieren, das die meisten Wissenschaftler bei der Suche nach neuen Arzneimitteln praktizierten. Wenn man die Zellteilung grundlegend verstünde, so sein Glaube, müsse es doch möglich sein, Unterschiede zwischen Tumorzellen oder Bakterien und normalen Zellen herauszufinden. Dann ließen sich vielleicht Substanzen finden, die z.B. nur Krebszellen schädigen und gesunde Körperzellen verschonen. Hitchings plante, so genannte Antimetaboliten herzustellen, Moleküle, die den natürlichen Bausteinen der Erbsubstanz DNS zum Verwechseln ähnlich sind, so dass auch Tumor- oder Bakterienzellen zunächst darauf hereinfallen. Sie bemerken den Unterschied erst, wenn es zu spät ist, wenn sie die »Fälschungen« schon verarbeitet haben und nicht mehr zurückkönnen. Die Folge davon ist, dass die Zellen absterben und der Patient gesundet.

Trudy, die ja noch nie wirklich geforscht hatte, wurde von dieser Idee mitgerissen, und Hitchings muss wohl ihre Begeisterung, ihren Eifer gespürt haben. »Sie verlangte ein Gehalt von fünfzig Dollar pro Woche und ich fand, sie sei es wert«[17], erinnert er sich später. Am 14. Juni 1944 begann eine Zusammenarbeit, die dreiundzwanzig Jahre dauern und mit dem Nobelpreis gekrönt werden sollte. Nur Elvira Falco äußerte anfangs Bedenken gegen die Neue: »So elegant, wie sie aussieht, wird sie sich nicht die Hände schmutzig machen wollen.«[18] Gertrude Elion schmunzelte später über dieses Fehlurteil: »Würden Sie nicht auch Ihr bestes Kostüm zu einem Vorstellungsgespräch anziehen?«[19]

Sie stürzte sich in die Arbeit und genoss es, endlich richtig forschen zu können, auch wenn die Bedingungen in der alten Gummifabrik, in denen Burroughs Wellcome untergebracht war, alles andere als komfortabel waren. Im Stockwerk tiefer betrieb eine Firma eine Trockenanlage für Säuglingsprodukte. Die darüberliegenden Labors heizten sich dadurch im Sommer extrem auf, es gab weder einen gut funktionierenden Ventilator, noch eine Klimaanlage. Um sich vor dem zeitweise sechzig Grad heißen Fußboden zu schützen, trug Gertrude bei der Arbeit dicke Krankenhausschuhe aus Gummi.

Nebenbei versuchte sie noch zu promovieren. Zwei Jahre lang fuhr sie jeden Tag nach der Arbeit mit der U-Bahn quer durch New York zum Polytechnischen Institut nach Brooklyn und spät am Abend eine Stunde zurück zur Wohnung ihrer Eltern in die Bronx. Dann stellte der Dekan sie vor die Wahl, sich entweder ganztägig ihrer Doktorarbeit zu widmen oder aufzuhören. Sie entschied sich für ihren Job und sagt rückblickend: »Ich wusste, dass ich dort etwas Nützliches tun konnte. Außerdem hätte ich nach dem Krieg als Frau nie wieder so eine Anstellung wie bei Burroughs Wellcome bekommen.« Damals allerdings war sie sich ihrer Entscheidung nicht so sicher, und über viele Jahre zweifelte sie daran, ob es tatsächlich richtig gewesen war, ihren Traum vom Doktortitel aufzugeben. Die letzten Zweifel verflogen, als ihr die George Washington und die Brown Universität im Jahre 1969 die ersten beiden Ehrendoktorwürden verliehen. Dass ihre Eltern die Zeremonie nicht mehr miterleben konnten, bedauert sich noch heute. Besonders ihre Mutter, die sich für ihre Tochter so sehr eine berufliche Karriere gewünscht hatte, wäre stolz auf sie gewesen. Inzwischen ist die Zahl von Getrude Elions Ehrendoktortiteln auf fünfundzwanzig angewachsen. »Darunter ist auch einer vom Polytechnischen Institut in Brooklyn«, das ihr damals den »echten« verwehrte. Die Nobelpreisträgerin freut sich immer noch über diesen späten Triumph.

Die grobe Forschungsrichtung gab Hitchings vor, ließ seiner Mitarbeiterin dann jedoch weitgehend freie Hand. Er unterwies alle in seinem »erleuchteten Empirismus«[20], der verlangte, sich immer erst klarzumachen, was der Mechanismus sein könnte, bevor eine Substanz getestet wurde. Als Gertrude Elion nach einigen Monaten zum ersten Mal bestimmte Purine herstellte (Verwandte der Stoffe, aus denen die Nukleinsäuren DNS und RNS aufgebaut sind), die so noch nirgends beschrieben waren, »war ich so aufgeregt wie ein Erfinder, der eine neue Materie erschuf«[21].

Als »faszinierend« hat Gertrude Elion diese erste Zeit in Erinnerung: »Die Nukleinsäureforschung fand noch in einem Elfenbeinturm statt. Alle Wissenschaftler, die sich mit diesem Gebiet beschäftigten, hatten an einem Tisch Platz.« Die Erkenntnis, dass die DNS überhaupt die Trägerin der Erbinformation ist, war noch ganz neu. Ihre Helixstruktur und den so genannten genetischen Code klärten James Watson und Francis Crick erst 1953 auf. Nach und nach fügte sich ein Baustein des Mosaiks zum anderen.

Vorurteile gegenüber Wissenschaftlerinnen kannte Trudys Chef nicht. »Er ermöglichte mir, so schnell ich konnte zu lernen und voranzukommen, obwohl ich keinen Doktortitel besaß. Es gab nicht viele, die das gemacht hätten, und nicht viele Orte, wo das möglich gewesen wäre«[22], erinnert sie sich später. Hitchings erlaubte es sogar – und das war in männlich dominierten Wissenschaftszirkeln durchaus nicht selbstverständlich –, dass auf wissenschaftlichen Publikationen, die sie verfasste, ihr Name zuerst erschien. In der Fachwelt war das schließlich ein Indiz dafür, wer den größten Anteil an den Ergebnissen hat. »George war in dieser Hinsicht seiner Zeit voraus«, lobt Gertrude Elion den Kollegen. Einen kleinen Unterschied gab es allerdings: Während Gertrude in ihren Veröffentlichungen immer »wir« schrieb, benutzte Hitchings stets die Ich-Form – ganz frei von einem Konkurrenzgefühl war er wohl doch nicht.

Die Pharmakologin Elion wurde bald zu großen Kongressen eingeladen, um Vorträge zu halten, denn inzwischen hatte sie einiges aus dem Labor zu berichten: Über den von ihnen hergestellten Wirkstoff Diaminopurin zum Beispiel, der die Verdoppelung der DNS hemmt und dadurch die sich schneller als normal teilenden Krebszellen sehr viel stärker schädigt als gesunde Zellen. Diese Chemotherapie der Leukämie war ein erster Lichtstrahl am Horizont zu einer Zeit, als die todkranken Patienten – meistens Kinder – nur drei bis vier Monate den Ausbruch der Krankheit überlebten. Aber das Medikament, das 1948 zum ersten Mal getestet wurde, war noch nicht gut genug und verursachte zu viele Nebenwirkungen, unter anderem Übelkeit und heftiges Erbrechen. Hitchings und Elion hatten noch nicht geschafft, was sie eigentlich wollten: ein Mittel zu finden, das nur die Tumorzellen abtötet und dem gesunden Gewebe nicht schadet.

Mit 6-Mercaptopurin, kurz 6-MP genannt, kamen sie einen Schritt weiter. Nach einer Behandlung mit diesem Medikament beobachteten Ärzte plötzlich, dass alle Krebszellen verschwanden. Diese Erfolge veranlassten die amerikanische Arzneimittelbehörde im Jahre 1953, das Medikament 6-MP innerhalb weniger Tage offiziell zuzulassen. An akuter Leukämie erkrankte Kinder, die 6-MP und zusätzlich Cortison erhielten, überlebten nun durchschnittlich zwölf Monate, einige sogar mehrere Jahre.

Als ein Journalist in einem Radiobeitrag über dieses neue Krebsmittel berichtete, quoll zwei Tage später der Briefkasten von Burroughs Wellcome über. Mehr als sechshundert Ärzte, Patienten und verzweifelte Eltern fragten nach dem neuen Medikament. Jede im Labor verfügbare Arbeitskraft wurde jetzt zur Synthese von 6-MP abgestellt, der Bedarf war kaum zu decken.

Auf die Euphorie folgte Anfang der fünfziger Jahre Ernüchterung: Die Ärzte mussten feststellen, dass 6-Mercaptopurin allein die akute Leukämie nicht heilen konnte. Die meisten Kinder erlitten einen Rückfall und sprachen nicht mehr auf das Medikament an. »Es tat mir in meinem tiefsten Inneren weh, das mitansehen zu müssen. Wir schienen der Lösung nah und waren von dem Ziel doch so weit entfernt«[23], erinnert sich Gertrude Elion. Unvergesslich ist ihr die Krankengeschichte einer dreiundzwanzigjährigen Frau mit den Initialen J. B., die an Blutkrebs erkrankt war. Mit dem neuen Medikament Diaminopurin konnte sie zunächst geheilt werden. Das war 1950 so spektakulär, dass die Ärzte zunächst an eine Fehldiagnose glaubten. Doch zwei Jahre später wurde die Diagnose Blutkrebs in trauriger Weise bestätigt: J. B. erlitt einen Rückfall und starb. »Das war Enttäuschung und Ansporn zugleich.«[24]

Elion kehrte in ihr Labor zurück, um härter zu arbeiten denn je. »Diaminopurin war nicht gut genug. Ich musste unbedingt herausfinden warum, um dann bessere Substanzen machen zu können. Wir mussten noch viel lernen«, ist ihr heute klar. Etwa, dass Krebszellen in entlegenen Nischen des Körpers schlummern können, auch wenn sie mit dem Mikroskop nicht mehr auszumachen sind; dass die Behandlung auch nach der offensichtlichen Heilung noch über längere Zeit fortgeführt werden muss und ein Medikament allein meist nicht genügt.

Das Labor war immer der Mittelpunkt von Gertrude Elions Leben. Arbeitstage bis spät in die Nacht waren keine Seltenheit, am Wochenende brütete sie häufig über der Fachliteratur und plante die nächsten Experimente. Trotzdem hat sie nie verlernt, auch das Leben außerhalb der Forschung zu genießen. Reisen und Musik sind ihre zwei größten Leidenschaften. »Trudy sparte nicht für ein neues Auto oder neue Möbel, sondern plante den nächsten Trip, sobald sie ein wenig Geld zur Seite gelegt hatte«[25], sagt Elvira Falco über ihre frühere Kollegin.

Als Gertrude Elion später über die Grenzen der USA hinaus bekannt war und häufig zu Vorträgen ins Ausland eingeladen wurde, konnte sie Reisen und Beruf verbinden. Nach und nach erkundete sie einen guten Teil der Welt – auch sehr entlegene Flecken: Im Alter von sechsundsiebzig fuhr sie noch in die Antarktis. Man hätte ihr abgeraten, es sei zu beschwerlich, immer in die Schlauchboote ein- und auszusteigen. »Aber ich werde ja nicht jünger. Also dachte ich mir, jetzt oder nie.« Auch während des Gesprächs zeigt Gertrude Elion keinerlei Ermüdigung, obwohl sie erst am Vormittag aus New York angekommen ist. In ihrem mit Sommersprossen übersäten, rundlichen Gesicht funkeln die Augen wach und unternehmungslustig.

Eine eigene Familie hat Gertrude Elion nie gegründet und manchmal bedauert sie es. Verlobt war sie einmal, aber ihr Bräutigam starb an einer bakteriellen

Herzmuskelentzündung, nur kurze Zeit bevor 1943 die Antibiotika entdeckt wurden, die ihn hätten heilen können. Lange Zeit kam sie über diesen Verlust nicht hinweg. Später habe sie, wie sie sagt, nicht mehr ernsthaft ans Heiraten gedacht. Beruf und Familie seien damals auch kaum zu vereinbaren gewesen. Viele Betriebe entließen Frauen, die ein Kind bekommen hatten, und oft war Heiraten allein schon ein Kündigungsgrund. »Heute ist manches einfacher geworden, obwohl es immer noch nicht leicht ist, beides unter einen Hut zu bekommen. Die Hauptlast tragen noch immer die Frauen«, sagt die Laureatin. Und wenn sie die weite Reise zur Tagung der Nobelpreisträger und -trägerinnen nach Lindau macht, dann auch, um junge Studentinnen zu treffen. »Ich will sie motivieren und überzeugen, dass auch sie es schaffen können. Es lohnt sich für die Menschen und für die Wissenschaft.«

Ende der fünfziger Jahre eröffnete sich für einen von Gertrude Elions Wirkstoffen unverhofft ein ganz anderes Anwendungsgebiet. Die Wissenschaftler hatten beobachtet, dass eine Chemotherapie auch das Immunsystem unterdrückt. Eine unerwünschte Wirkung der Krebsmedikamente, die jedoch bei Organverpflanzungen von Vorteil sein könnte, um die Abwehr des Körpers gegen das »fremde« Gewebe zu stoppen. Diese Hoffnung bestätigte sich durch Untersuchungen mit einem Collie-Weibchen namens Lollipop. Der

Hündin wurde eine Spenderniere eingesetzt und gleichzeitig Azathioprin, eine verwandte Substanz des Krebsmedikaments 6-MP, gegeben. Sie überlebte zweihundertunddreißig Tage und erlag dann einer völlig anderen Todesursache.

Der Durchbruch bei der Organtransplantation zeichnete sich ab: 1961 wagte der Arzt Joseph E. Murray, der zwei Jahre nach Hitchings und Elion für seine Leistungen ebenfalls den Medizinnobelpreis erhielt, mit dem neuen Medikament die erste Übertragung einer fremden Niere beim Menschen. Auch der erste Patient, dem 1967 erfolgreich ein fremdes Herz eingepflanzt wurde, bekam Azathioprin, das sechzehn Jahre lang einzigartig bleiben sollte.

Noch immer geschieht es, dass Gertrude Elion nach einem Vortrag angesprochen wird und sich jemand bedankt, dass ihr Medikament seine Transplantation ermöglicht habe. Aus solchen Begegnungen zieht sie viel Kraft: »Wenn ich jemanden treffe, der durch Azathioprin seit fünfundzwanzig Jahren mit einer neuen Niere lebt, dann ist das für mich mehr Dank und Anerkennung meiner Arbeit als jede wissenschaftliche Auszeichnung.«[26]

Anfang der Sechziger versuchte Gertrude Elion weiter, die Wirkung des Krebsmedikaments 6-MP zu verlängern – was ihr übrigens nie gelang – und stieß dabei auf den Wirkstoff Allopurinol, der die Harnsäurekonzentration im Körper senkt. Sofort war ihr klar, dass diese Substanz gegen Gicht eingesetzt werden könnte, denn bei dieser tückischen Krankheit lagern sich Kristalle überschüssiger Harnsäure in den Gelenken der Patienten ab und verursachen heftige Schmerzen. Gertrude Elion sollte Recht behalten.

Sie erinnert sich an einen buckeligen Mann, den sie in einer Gichtklinik traf und der nicht mehr aufrecht gehen konnte: »Dann bekam er unser Allopurinol und jedes Mal, wenn er zu einem Untersuchungstermin kam, war er einige Zentimeter gewachsen!« Allopurinol ist bis heute das Standardmedikament gegen Gicht geblieben.

Ein wirklicher Meilenstein in der Geschichte der modernen Medizin wurde jedoch ein anderes von Gertrude Elion entwickeltes Medikament mit dem Namen Acyclovir, das, über eine Infusion in die Blutbahn oder als Tablette gegeben, Herpes-Viren im Körper zerstört ohne jedoch die gesunden Zellen zu schädigen.

Noch Anfang der siebziger Jahre waren die meisten Wissenschaftler der Meinung, dies sei unmöglich, obwohl die Forscherin damals schon zielstrebig daran arbeitete. Sie war inzwischen zur Leiterin der Abteilung für Experimentelle Therapie aufgestiegen, nachdem Hitchings 1967 zum Vizepräsident und Forschungsleiter von Burroughs Wellcome befördert worden war. Jetzt arbeitete sie zum ersten Mal ganz in eigener Verantwortung und stellte zugleich ein neues Team junger motivierter Wissenschaftlerinnen und Wissenschaftler zusammen.

Dass Acyclovir etwa tausendmal stärker auf Viren wirkt als auf gesunde Zellen, »darüber waren wir zunächst selbst überrascht, und wir setzten alles daran, zu verstehen, warum das so ist«. Elion baute ein eigenes Virus-Labor auf, um möglichst viele Aspekte selbst zu klären und den intensiven Austausch zwischen Forschern verschiedener Disziplinen zu fördern. »Wir waren eigentlich keine Abteilung, sondern ein Mini-Institut«, sagt sie stolz.

Das Acyclovir-Team betrieb seine Grundlagenforschung unter größter Geheimhaltung: »Wir waren damals noch eine ziemlich kleine Firma, und hätten wir zu früh etwas verlauten lassen, hätte im Nu die große Konkurrenz unseren Ansatz aufgegriffen und uns mit einem Vielfachen an Manpower ausgeschaltet.« Wurde Gertrude Elion in dieser Zeit auf Tagungen gefragt, woran sie gerade forsche, antwortete sie nur: »Ach, wissen Sie, an Purinen«. Heraus kam nach vielen Jahren ein Medikament, das nicht nur bevorzugt in die von Viren infizierten Zellen eindringt, sondern durch ein dem Virus eigenes Enzym überhaupt aktiviert wird und dann erst die Virusfabrikation stoppt.

Im Oktober 1978 plante das Team, auf einem internationalen Kongress in Atlanta zum ersten Mal seine Ergebnisse in der Öffentlichkeit vorzustellen. Doch ausgerechnet kurz vor diesem lang ersehnten Ereignis musste sich Gertrude Elion einer Rückenoperation unterziehen. Sie fragte ihren Arzt, ob eine Flugreise die Heilung gefährden werde. Als er ihr antwortete, »es wird nur länger dauern und sie werden große Schmerzen haben«, war sie bereit, das in Kauf zu nehmen. »Wie hätte ich mir nach all den Jahren diesen Höhepunkt entgehen lassen können?« Auf einer Krankenbahre wurde sie in das Flugzeug gebracht und mit einem Rollstuhl abgeholt. Ihr Rücken heilte trotzdem. Acyclovir war eine Sensation. Nach fünfzehn Jahren Forschung kam es 1982 auf den Markt und die Palette der Anwendungen erweiterte sich in den folgenden Jahren stetig. Heute wird es gegen Herpes-Virusinfektionen der Schleimhäute, des Genitalbereichs und des Gehirns eingesetzt. Es wirkt gegen das Windpocken-Virus, das auch die Gürtelrose verursacht. Vorbeugend verabreicht, kann es das Ausbrechen einer »schlafenden« Virusinfektion bei Menschen verhindern, deren Immunsystem nicht intakt ist, zum Beispiel nach einer Knochenmark-Transplantation oder einer Chemotherapie bei Krebs.

Ende der siebziger Jahre – wenige Monate nach Gertrude Elions Triumph in Atlanta – starteten fast alle größeren Pharmaunternehmen konkurrierende Virusforschungsprogramme. »Das war ein eher glücklicher Umstand«, erklärt die Forscherin, »denn als die Aids-Epidemie einige Jahre später ausbrach, waren die Wissenschaftler wenigstens der Auffassung, dass sich ein Mittel gegen das HI-Virus finden lassen würde.« Das erste und lange Zeit einzige zugelassene Medikament gegen Aids mit dem Kürzel AZT haben ebenfalls Mitarbeiter von Wellcome entwickelt. Viele schreiben diesen Erfolg Elions Einfluss zu. Sie wehrt bescheiden ab: »Ich habe nur die Art weitergegeben, an die Dinge heranzugehen. Die Arbeit haben die anderen gemacht.«[27] Welche ihrer Substanzen ihr persönlich am liebsten sei, will ich von ihr wissen. »Ich unterscheide nicht«, antwortet sie, »jede war zu ihrer Zeit aufregend und hat uns Neues gelehrt. Es ist wie mit Kindern. Da vergisst man ja auch nicht die älteren, nur weil man jüngere hat.« Doch dann räumt Gertrude Elion ein, Acyclovir sei wohl doch ihr »krönendes Juwel« gewesen.

Der größte Teil der Arbeiten über Acyclovir entstand, nachdem das Unternehmen Burroughs Wellcome 1968 von Tuckahoe in den Research Triangle Park nach North Carolina umgezogen war. »Eine traurige Seite des Umzuges« blieb für Gertrude Elion, dass sie fast die gesamte Gruppe junger, begabter Frauen verlor, die wichtige Studien mit ihr durchgeführt hatten; sie konnten »wegen familiärer Verpflichtungen« nicht den Ort wechseln.[28] Ihr selbst als gebürtiger New Yorkerin fiel der Umzug von der Großstadt aufs flache Land nicht leicht, aber heute fühlt sie sich wohl in der neuen Heimat. »Die Menschen in North Carolina sind viel freundlicher und haben mehr Ruhe. Und ich war mit fünfzig in einem Alter, wo diese Dinge mehr Bedeutung bekamen. In jungen Jahren wäre das vielleicht anders gewesen.« Sie habe damals begonnen, mehr zu schätzen, wenn sich Menschen um andere kümmern. Nach ihrer Rückenoperation hätten die Nachbarn sich untereinander abgesprochen und täglich warmes Essen vorbeigebracht, ohne dass sie darum gebeten habe. »Das hätte es in New York nicht gegeben.«

Das Einzige, was sie in North Carolina vermisst, ist die »große Kultur«. Deshalb hat sie ihr mehr als vierzig Jahre altes Abonnement für die Metropolitan Oper in New York behalten und fliegt zu den Aufführungen in die Großstadt. »Dafür gibt es in Chapel Hill kleinere Dinge, wie zum Beispiel Kammermusik. Und man muss sich nicht schon sechs Monate vorher um Karten kümmern.« Und wenn sie einmal eine richtig hohe Dosis Kultur braucht, reist sie zu den Sommerfestspielen nach Santa Fe. Dort hört sie sich drei bis vier Opern hintereinander an und hat für eine Zeit lang erst einmal wieder genug.

Mit vierundsechzig stand die Forscherin vor der Entscheidung, in den Ruhestand zu gehen oder weiterzuarbeiten. »Ich wählte beides«, sagt sie mit Selbstironie. 1983 schied sie nach neununddreißig Jahren Forschungstätigkeit aus dem Unternehmen Burroughs Wellcome aus. »Ich hatte die Befürchtung, dass etwas auftauchen könnte, das mich wiederum viele Jahre nicht loslässt.«[29] Sie fühlte sich wie ein »Dirigent«, der nach Jahren der Zusammenarbeit ein gutes Orchester mit »fähigen Musikern« stolz in dem Bewusstsein zurücklässt, dass sie weiter »wundervolle Musik« machen werden.[30]

Eine echte »Ruheständlerin« wurde sie tatsächlich nicht: Die Amerikanische Gesellschaft für Krebsforschung wählte Gertrude Elion zur Präsidentin. Ihr Sachverstand ist im Nationalen Krebsberatungskomitee der USA, der Weltgesundheitsorganisation und weiteren Gremien gefragt. Auch ihrem alten Arbeitgeber ist die Wissenschaftlerin bis heute als Beraterin treu geblieben. Einladungen zu Vorträgen und Kongressen in vielen Ländern der Erde schlägt sie selten aus: »Ich kann nämlich das Gefühl nicht ertragen, dass in meinem Fachgebiet etwas vor sich geht, von dem ich keine Ahnung habe.«

Die Mitteilung, dass sie den Nobelpreis bekommen habe, überraschte Gertrude Elion am 17. Oktober 1988 morgens um halb sieben im Badezimmer. Und da ein Reporter anrief und nicht etwa jemand aus Stockholm, antwortete die Siebzigjährige zunächst ungläubig: »Wer hat Ihnen denn diesen Floh ins Ohr gesetzt?« Die offizielle Nachricht traf erst vierundzwanzig Stunden später ein, denn fortan war das Telefon ununterbrochen besetzt.

Sie bekam die höchste wissenschaftliche Ehrung zusammen mit ihrem langjährigen Kollegen George H.

Gertrude B. Elion zusammen mit George H. Hitching.

Hitchings sowie dem Briten Sir James Black. »Die Entdeckungen, die mit dem diesjährigen Nobelpreis in Physiologie oder Medizin belohnt werden, umfassen wichtige Prinzipien der Arzneimittelforschung, Prinzipien, die dazu führten, dass eine Reihe neuer Arzneimittel entwickelt werden konnte«, schrieb das Nobelkomitee in seiner Presseverlautbarung. Ausgezeichnet wurden also nicht die Arzneimittel an sich, sondern die Art und Weise, wie Elion und Hitchings bei deren

Entwicklung vorgegangen sind. Ihre Vorreiterrolle –
weg vom blinden Suchen, hin zum gezielten Design
von Arzneimitteln – wurde nach vier Jahrzehnten
doch noch belohnt.

Nein, gerechnet habe sie mit dem Nobelpreis nun
wahrlich nicht, zu keiner Zeit, sagt die Laureatin
bescheiden. Hitchings wohl eher, aber zu einem viel
früheren Zeitpunkt. 1988, im stolzen Alter von drei-
undachtzig Jahren, war auch er überrascht. Die
Auszeichnung der beiden ist in vielerlei Hinsicht außergewöhnlich: Es war der erste Nobelpreis für Arzneimittelforschung seit einunddreißig Jahren. Und er
wurde an Industrieforscher vergeben, was äußerst rar
ist. Außerdem gab es selten einen Preis »für eine medizinische Forschung, die so unmittelbar mensch-
liches Leiden gemildert hat«[31]. Einige der weltweit
wichtigsten Arzneimittel, z.B. gegen Malaria, Gicht,
bakterielle und Herpesinfektionen, gäbe es ohne
Elions und Hitchings' Erkenntnisse nicht. Viele davon setzte die Weltgesundheitsorganisation auf ihre
Liste der wichtigsten Medikamente, die Menschen
überall auf der Welt im Rahmen des Programms »Gesundheit für alle im Jahre 2000« endlich zur Verfügung stehen sollten.

Dass Gertrude Elion nie ihren Doktor gemacht
hatte, spielte längst keine Rolle mehr. Dennoch äußer-
ten einige Mitglieder des Nobelkomitees anfangs
Zweifel, ob der Wissenschaftlerin dieselbe Ehre ge-

bühre wie ihrem Kollegen Hitchings. Doch besser informierte Gutachter räumten die Bedenken aus dem Weg: »Schauen Sie doch nur auf die Publikationen. Fast immer erscheint sie als Erstautorin, das heißt, sie ist verantwortlich für den Inhalt.«[32] Die letzten Kritiker verstummten nach dem Hinweis, dass Acyclovir entwickelt wurde, als Hitchings längst im Ruhestand war.

Elions altem Kollegen soll es dennoch zu schaffen gemacht haben, dass seine langjährige »Assistentin« gleichberechtigt neben ihm geehrt wurde. Darauf angesprochen antwortet sie diplomatisch: »Fragen Sie ihn am besten selbst.« Spürbar ist der Abstand zu vielen Dingen, die sie in ihrem Leben bewegten, aber selbstbewusst und stolz blickt sie auf ihr eigenständiges Lebenswerk.

Die Zeremonie der Nobelpreisverleihung hat Gertrude Elion in allerbester Erinnerung: »Es war alles so nett gemacht.« Und sie verrät in ihrer offenen und ehrlichen Art, was andere Laureaten weniger gern zugeben: »Am Tag zuvor wird alles geprobt, damit nichts schief gehen kann. Das gibt einem ein sicheres Gefühl.« Für ihre Neffen und Nichten, die Jüngste davon fünf Jahre alt, sei es wie im Märchen gewesen, eine richtige Königin und einen richtigen König zu sehen. Um ein Haar wäre den Kindern dieses Erlebnis aber nicht zuteil geworden, denn sie waren im Protokoll nicht vorgesehen. Erst als Elion heftigen Einspruch erhob und erklärte, sie habe die Kleinen nicht von so weit her mitgebracht, damit sie den Abend im Hotelzimmer verbrächten, wurde ein gesonderter kleiner Tisch aufgebaut. Insgesamt elf Familienmitglieder waren mit »ihrer Trudy« nach Stockholm gereist. Nur ihr Bruder war zu ihrem großen Bedauern krank, und so konnte er nicht miterleben, wie seine große Schwester in leuchtend blauen Chiffon gehüllt und mit stolz erhobenem Haupt am Arm des schwedischen Königs Carl Gustaf zum Festbankett schritt. Ein Kleid in der Farbe der schwedischen Flagge habe sie getragen, schrieben am Tag danach die Zeitungen. »Aber daran hatte ich bei der Auswahl meiner Garderobe nun wirklich nicht gedacht«, versichert Gertrude Elion.

Geistig fit hält sich die Nobelpreisträgerin durch ihre Arbeit als Professorin für Pharmakologie und Medizin an der Duke Universität in Durham, North Carolina. Seit mehreren Jahren betreut sie persönlich eine Medizinstudentin oder einen Medizinstudenten ein Jahr lang bei einem Forschungsprojekt. Doch sie will mit ihrer Erfahrung nicht nur denen helfen, die Wissenschaftler werden wollen. »Wenn ich sehe, dass junge Leute vor den Naturwissenschaften zurückscheuen, fühle ich einen fast missionarischen Eifer in mir, diesen Trend umzukehren.« Dass Wissenschaft auch »fun« sei, will sie der jüngeren Generation vermitteln – ohne zu verschweigen, wie schwer es manchmal sei, auch »durchzuhalten«. Aber – so das Fazit ihrer Karriere und vielleicht auch ihres Lebens – »wenn ein Ziel die Mühe wert ist und das Streben danach befriedigt, dann wird sich die Belohnung sicher einstellen.«[33]

Als Gertrude Belle Elion am 21. Februar 1999 stirbt, ist die Nobelfrau auch Inhaberin von fünfundvierzig chemisch-pharmakologischen Patenten und Trägerin von fünfundzwanzig Ehrendoktortiteln.

Im Jahr 1998, nur wenige Monate vor ihrem Tod, sprach die 81-jährige Forscherin noch in New York auf der *Academy of Sciences Conference* zum Thema Frauen in der Wissenschaft. »Welchen Rat kann ich heute jungen Frauen geben?«, fragte sich die Erfolgreiche am Ende ihres Lebens. Ihre Antwort lautete: »Ich habe keine besonderen Geheimnisse preiszugeben. Der wichtigste Rat ist, das Gebiet zu wählen, das dich glücklich macht. Es gibt nichts Besseres, als seine Arbeit zu lieben. Zum Zweiten, setze dir ein Ziel. Auch wenn es ›ein unmöglicher Traum‹ zu sein scheint, jeder Schritt darauf zu gibt dir ein Gefühl von Erfüllung. Und schließlich, sei hartnäckig! Lass dich niemals von anderen entmutigen und glaube an dich.«

»Nicht Macht korrumpiert
den Menschen, sondern Angst«

Aung San Suu Kyi (*1945), Friedensnobelpreis 1991

Von Dorothee Wenner

Diese Adresse kennt jeder in Burma: University Avenue 54, Rangoon. Es ist das Zuhause von Aung San Suu Kyi[*], die in ihrer Heimat »die Lady« genannt wird, so als gäbe es keine andere. Die etwas heruntergekommene, weiße Kolonialvilla am Inya-See ist von der Straße aus nicht zu sehen, doch die graublaue Toreinfahrt mit dem roten Briefkasten ist längst zur wichtigsten Bühne der Opposition im Land geworden. Jeden Samstag und Sonntag versammeln sich hier Tausende von Menschen und blockieren die vierspurige Straße, um »die Lady« zu hören und zu sehen. Pünktlich um vier Uhr nachmittags steigt Aung San Suu Kyi mit einem Mikrofon in der Hand auf ein Podest, beantwortet Fragen und Briefe.

Aung San Suu Kyi hat es unzählige Male gewagt – mit einer Blume im Haar als einziger Waffe – die obersten Generäle einer Militärregierung herauszufordern, die als eine der brutalsten der Welt gilt. Als ihr 1991 der Friedensnobelpreis verliehen wurde, erfuhr sie es aus dem Radio, denn alle Telefonleitungen waren ge-

---

[*] ausgesprochen wird der Name: Oung Sann Su Tschi

kappt: Seit zwei Jahren war sie eine Gefangene in ihrem eigenen Elternhaus.

Aung San Suu Kyi kam am 19. Juni 1945 als drittes Kind in einer Familie zur Welt, deren Schicksal so dramatisch mit der Geschichte Burmas verknüpft ist, dass viele Burmesen bis heute an eine Vorsehung glauben. Ihre Mutter Daw Khin Kyi sieht auf einem alten Hochzeitsfoto von 1942 in ihrer eleganten burmesischen Seidenkleidung wie eine orientalische Prinzessin aus, der Vater wirkt in seiner Uniform dagegen etwas streng. General Aung San gehörte zu den »Dreißig Kameraden«, einer Gruppe junger Männer, die entschlossen für die Unabhängigkeit Burmas kämpften.

Das südostasiatische Land gehörte seit Ende des neunzehnten Jahrhunderts zum britischen Kolonialbesitz. Im Zweiten Weltkrieg lieferten sich Japaner und Briten in Burmas riesigem Dschungel an den Grenzen zu China und Thailand blutige Schlachten. Als 1945 in Europa längst die Waffen schwiegen, erhoben sich die Burmesen gegen die Engländer, um die Kolonialherren endlich aus dem Land zu vertreiben.

Suu Kyis Vater, einer der Vorkämpfer der Unabhängigkeitsbewegung, war im Geburtsjahr Suu Kyis ein beliebter und geachteter Volksheld. Viel Zeit für seine Familie hatte dieser Mann nicht – das wollte er nachholen, sobald Burma unabhängig wäre. Im Januar 1947 führte er eine Delegation nach London und »der

Duft seines guten Namens« eilte ihm voraus: »Seine beeindruckende Erscheinung, seine strahlende Ehrlichkeit, seine Schlagfertigkeit im Umgang mit politischen Gegnern ... diese Eigenschaften Aung Sans waren allseits bekannt«, schrieb die Journalistin und Suu Kyis spätere Freundin Daw Than E. »Unsere Herzen gewann er jedoch durch seine bescheidene Freundlichkeit.«[1] Der kleinen Tochter brachte er von dieser Reise eine große Puppe mit, die sie lange Zeit wie einen Augapfel hütete – es war eines der letzten Geschenke, die sie von ihrem Vater bekam.

Am 19. Juli 1947, kurz nach Suu Kyis zweitem Geburtstag und wenige Monate vor der Unabhängigkeit, wurde Aung San mit sechs anderen Politikern niedergemetzelt. Die Mörder standen ihm politisch nahe, ihr Anführer jedoch wollte selbst an die Spitze der neuen Regierung, sobald die letzten Verträge mit den Briten unterzeichnet sein würden.

Aung San wird in seinem Heimatland bis heute als der größte Held und Märtyrer des 20. Jahrhunderts verehrt, sein Todestag ist ein Nationalfeiertag. Im ganzen Land stehen seine Denkmäler, sein Bild ziert die Geldscheine, Fußballstadien und Straßen tragen seinen Namen – und so auch den Namen der offiziellen Staatsfeindin Nummer eins, seiner Tochter, deren politische Karriere mit dem Tod des Vaters begann.

»Mein Vater starb, als ich noch zu jung war, um mich an ihn erinnern zu können«[2], schreibt Aung San Suu

Kyi. Aber seine früheren Kameraden gingen im Haus ein und aus: »Suu Kyi kann von ihrer Kindheit ganz wörtlich behaupten, dass die Soldaten ihres Vaters sie in den Armen gewiegt haben.«[3] Besonders die Mutter ermahnte ihre Kinder von klein auf, sich immer des besonderen Erbes ihres Vaters bewusst zu sein: »Ich entwickelte eine große Bewunderung für den Patrioten und Staatsmann, der er war.«[4] Seit ihrer Jugend sammelte Suu Kyi wie besessen alles Material über ihn.

Die Tochter und die älteren Söhne, Aung San Lin und Aung San Oo, wurden wie die überwiegende Mehrheit der Burmesen buddhistisch erzogen, obwohl die Mutter selbst zur christlichen Minderheit gehört. Als Suu Kyi in die Schule kam, gab es in Burma ein dichtes und gut funktionierendes Netz von Bildungseinrichtungen, auf die in den fünfziger Jahren andere Länder der »Dritten Welt« nur neidisch blicken konnten. Suu Kyi jedoch besuchte eine der vielen Missionarsschulen.

In den Seitenstraßen um die Sule Pagoda Road-Schule mitten im Stadtzentrum von Rangoon ist die Zeit stehen geblieben. Handwerker arbeiten mit museumsreifen Werkzeugen und Maschinen, Eiswasserverkäufer bimmeln mit kleinen Glöckchen Kunden herbei, alte Leute sitzen in dunklen Teehäusern – so sah es wohl auch aus, als Suu Kyi damals zur Schule ging.

Ein Foto aus dieser Zeit zeigt das Schulmädchen

Suu Kyi mit ihren weißen Söckchen und Lackschuhen so, wie sie auch später viele Freundinnen beschreiben werden: Nachdenklich, etwas schüchtern und sicher kein Wirbelwind. Ernst schaut sie – vielleicht auch, weil bald nach dem Tod des Vaters eine zweite Tragödie die Familie erschüttert: Ihr Bruder Aung San Lin fiel beim Spielen in den Swimmingpool des elterlichen Hauses und ertrank. Als die Mutter diese Nachricht bekam, so wird überliefert, fuhr sie nicht sofort nach Hause, sondern erledigte erst noch ihre Arbeit. Fast übermenschlich erscheint die Disziplin, das extreme Pflichtbewusstsein, das in dieser Familie herrschte und wohl auch den Kindern anerzogen und in jeder Lebenslage abverlangt wurde.

Suu Kyis Mutter zog sich nach diesen Schicksalsschlägen nicht ins Privatleben zurück, sondern machte als prominente Witwe politische Karriere. Zunächst war sie Mitglied in Burmas erstem unabhängigen Parlament und schließlich Leiterin der »Sozialen Planungskommission«. Daw Khin Kyi bereiste in dieser Eigenschaft Europa, China, Amerika und Südostasien und erzählte zu Hause viel über das Leben und die Menschen in anderen Ländern. Auch die freiheitliche Atmosphäre im Burma der fünfziger Jahre prägte Suu Kyi: »Als wir jung waren, wuchsen wir in einer Demokratie auf. Wir waren voller Selbstvertrauen, schließlich hatten wir mit den Briten die größte Kolonialmacht der Welt aus dem Land vertrieben. Wir hatten uns von den japanischen Besatzern befreit und die Unabhängigkeit erkämpft. Wir waren sehr stolz auf uns und auf unsere Kultur.«[5]

Im Jahre 1961 – es war die Zeit von Präsident Jawaharal Nehru – wurde Suu Kyis Mutter als erste weibliche Botschafterin Burmas nach Indien gesandt. Die knapp sechzehnjährige Suu Kyi zog mit der Mutter in Dehli in eine prächtige Residenz mit riesigem Garten und besuchte das renommierte Sri Ram College. Fleißig, diszipliniert – sie saß stets kerzengerade auf ihrem Stuhl – und hoch begabt zählte sie zu den Klassenbesten. Ihre Freizeit verbrachte sie mit den Kindern anderer Diplomaten und Politiker, einer ihrer Freunde war der spätere indische Präsident Rajiv Gandhi. Suu Kyi führte das Leben einer Tochter aus gutem Hause, bekam Reit- und Klavierstunden und Ikebana-Unterricht, aber ihre liebste Beschäftigung blieb das Lesen. Ein Freund ihres Vaters versorgte sie regelmäßig mit englischen und burmesischen Büchern.

Je älter sie wurde, umso mehr sah Suu Kyi ihrem Vater ähnlich, und sie interessierte sich – im Gegensatz zu ihrem Bruder – ernsthaft für Politik. Sie begeisterte sich für die Lehren Mahatma Gandhis, der genau wie ihr Vater Opfer eines Attentats werden sollte. Anders als Aung San kämpfte Gandhi nicht mit Waffen für Indiens Unabhängigkeit, er propagierte zivilen Ungehorsam und gewaltlosen Widerstand, das »Festhalten an der Wahrheit« sollte den Gegner zur Änderung seiner

Handlungsweise zwingen. Viele Ideen Gandhis finden sich bis heute als Leitmotive in den Reden und Schriften der Friedensnobelpreisträgerin wieder. In gewisser Weise hat sie in Gandhi einen zweiten »geistigen« Vater und Lehrmeister gefunden.

Die fremde Umgebung, das Zusammensein mit Gleichaltrigen aus aller Welt, machte Suu Kyi die Besonderheit ihrer eigenen Herkunft erst bewusst, sie fühlte sich »burmesischer« als je zuvor. Trotzdem kehrte sie nach dem Ende der Schulzeit nicht nach Rangoon zurück. Denn 1962, wenige Monate nach ihrer Ankunft in Dehli, hatte sich in Burma General Ne Win an die Macht geputscht. Das Parlament war aufgelöst, die Verfassung außer Kraft. Der selbst ernannte Vorsitzende des neuen »Revolutionsrats« Ne Win – wie ihr Vater einer der legendären »Dreißig Kameraden« – sollte sich in den sechsundzwanzig Jahren seiner Regentschaft zu einem bösartigen Diktator und abergläubischen Tyrannen entwickeln, der Burma von der Außenwelt abschottete. All das war vor fünfunddreißig Jahren noch nicht vorauszusehen, doch mit seiner Machtübernahme war die optimistische Aufbruchstimmung einer allgemeinen Zukunftsangst gewichen.

In dieses politisch völlig veränderte Land wollte Aung San Suu Kyi nicht zurück und wie viele junge Burmesen aus der Oberschicht ging sie zur Ausbildung nach Übersee. Mithilfe des ehemaligen britischen Botschafters in Burma, Sir Paul Gore-Booth, einem

Freund der Familie, bekam sie 1964 einen Studienplatz am St. Hugh's College in Oxford. Sir Goore-Both versprach Suu Kyis Mutter, sich im fernen Europa um die burmesische »Adoptivtochter« zu kümmern, die Philosophie, Politik und Wirtschaftswissenschaften belegte.

In England freundete sich Suu, wie sie fortan in England gerufen wurde, mit Ann Pasternak Slater[6] an. »Ich muss zugeben, dass ich das erste Mal aus dem einfachen Grund auf sie zuging, weil sie so schön und exotisch aussah«, erinnert sich die Klassenkameradin. »Sie war alles, was ich nicht war. Suus enger, ordentlicher *longyi*-Wickelrock, ihre aufrechte Haltung, die festen, moralischen Grundsätze und die ererbte Grazie bildeten den totalen Kontrast zu den schmuddeligen Kleidern, dem vagen Liberalismus und der schwankenden Sexualmoral meiner englischen Altersgenossinnen … Doch trotz unserer Vertrautheit blieb vieles an ihr sehr exotisch, vor allem ihre noble Herkunft. Aber nicht weniger aufreizend war … der Block Sandelholz, das sie als Gesichtspuder benutzte, ihre enorme Kollektion von seidenen Tüchern und die täglich frische Blume in ihrem hochgesteckten Pferdeschwanz.«[7]

Im Kreise der freiheitsliebenden jungen Hippie-Mädchen der sechziger Jahre amüsierte man sich oft über Suu Kyis Naivität. Einmal fragte ein Mädchen Suu ganz direkt, ob sie denn nicht auch endlich einen Freund haben wollte. Suu Kyi antwortete zur Belustigung aller ganz selbstbewusst, dass sie nie mit einem anderen als mit ihrem Ehemann ins Bett gehen würde! Und bis sie den gefunden habe, sei sie zufrieden, im Bett nur ihr Kopfkissen zu umarmen.

Als Oxford-Studentin verbrachte Suu Kyi die Sommerferien meistens bei ihrer Mutter in Dehli. Nach dem Examen in Oxford vermittelte ihr die Freundin Daw Than E eine Anstellung bei den Vereinten Nationen in New York, wo sie inzwischen selbst arbeitete. Ab 1967 teilten sich die beiden Frauen ein kleines Appartement in Manhattan. Die USA führten damals Krieg gegen Vietnam, es war die Zeit von Jimi Hendrix und Martin Luther-King.

Vier Jahre lang arbeitete Aung San Suu Kyi im Finanzausschuss bei den Vereinten Nationen. Sie stellte sich als Helferin in einem New Yorker Krankenhaus zur Verfügung und setzte auch damit eine Familientradition fort, denn schon ihre Mutter hatte als junge Frau in einem Hospital gearbeitet. Im Belleview-Krankenhaus begegnete Suu Kyi dem Amerika »von unten«: Menschen, die am Rande der Gesellschaft lebten, Obdachlosen, Alkoholikern und verarmten einsamen Alten.

Während ihrer New Yorker Zeit war U Thant UN-Generalsekretär. Bei diesem einflussreichen Politiker – heute neben der Nobelpreisträgerin der international bekannteste Burmese – verbrachten die beiden Freundinnen viele Sonntage.

Eines Tages wurden sie von U Soe Tin, dem ständigen Vertreter Burmas bei den Vereinten Nationen, in dessen Haus eingeladen. Ein Spion des gefürchteten burmesischen Geheimdienstes verhörte Suu Kyi regelrecht auf dem Wohnzimmersofa: Wieso sie für die Vereinten Nationen arbeite? Wieso sie immer noch einen Diplomatenpass benutze, obwohl ihre Mutter nicht mehr Botschafterin sei? Suu Kyi ließ sich nicht einschüchtern, antwortete besonnen und ruhig. Diese Episode zeigt, dass General Ne Win wohl schon Ende der sechziger Jahre in Aung San Suu Kyi eine mögliche politische Gegnerin heranwachsen sah.

Im Dezember 1971 verließ Suu Kyi die USA, um in London einen jungen, britischen Akademiker zu heiraten, den sie sechs Jahre zuvor im Haus ihres »Stiefvaters« kennen gelernt hatte: Michael Aris, ein höflicher, groß gewachsener Tibetologe, der damals noch etwas hippiehaft aussah und als Privatlehrer und Übersetzer am Haus der Königlichen Familie von Bhutan arbeitete. Wie Suu Kyi lebte auch er zwischen zwei Welten, seine Faszination für asiatische Kulturen hatte er zum Beruf gemacht – für Suu Kyi sicher nicht der unwichtigste Grund, sich ernsthaft in diesen blond gelockten Mann zu verlieben.

In den acht Monaten vor ihrer Hochzeit, die am 1. Januar 1972 nach buddhistischem Ritual stattfand, schickte Suu Kyi ihrem Verlobten einhundertsiebenundachtzig Briefe in das Königreich im Himalaya. »Wieder und wieder«, so erzählt Michael Aris, »teilte sie mir in diesen Briefen ihre Sorge darüber mit, dass ihre Familie und ihr Volk unsere Ehe missverstehen könnten und darin ein Zeichen ihrer nachlassenden Zuneigung sehen könnten. Sie mahnte mich immer wieder, dass der Tag kommen könnte, an dem sie zurück nach Burma müsse.«[8]

In einem der Liebesbriefe schrieb Suu Kyi: »Ich bitte dich nur um eines: Sollte mein Volk mich jemals brauchen, bitte, hilf mir, dieser Verpflichtung nachzukommen. Ist es schlimm für dich, dass solch eine Situation vielleicht einmal eintreten könnte? Wie wahrscheinlich das ist, weiß ich nicht, aber die Möglichkeit besteht. Manchmal bin ich von Angst besessen, dass uns gewisse Umstände und nationale Erwägungen in einem Moment auseinander bringen könnten, in dem wir gerade so glücklich miteinander sind, dass unsere Trennung eine Qual bedeuten würde. Und dennoch sind solche Ängste sinnlos und irrelevant: Wenn wir uns lieben, so lange und so sehr wir es vermögen, bin ich sicher, dass Liebe und Zuneigung am Ende triumphieren werden.«[9] Als ihr Mann die Briefe nach fast zwanzig Jahren wieder hervorholte, erschienen sie ihm wie eine Prophezeiung.

Das frisch vermählte Paar reiste nach Bhutan, wo Suu Kyi als Beraterin des Außenministers in UN-Angelegenheiten arbeitete. Kurz vor der Geburt ihres ersten Sohns Alexander im Jahr 1973 kehrten sie nach Oxford zurück und Michael Aris lehrte wieder als Dozent an der Universität. Suu Kyi lebte eher ruhig in einem Reihenhaus am Stadtrand, in dem häufig Freunde, Bekannte und Familienangehörige aus aller Welt zu Gast waren. Im Jahre 1977 wurde der zweite Sohn Kim geboren.

Sobald Michael Aris ein besseres Gehalt bekam, die Kinder zur Schule gingen und die Familie in ein etwas größeres Haus umziehen konnte, bewarb sich Suu Kyi am St. Hugh's College für »Englische Literatur« – und wurde abgelehnt. Vielleicht war ein wenig Trotz im Spiel, als sie dann beschloss, ohne jede fremde Hilfe Japanisch zu lernen. Sie hatte schnell Erfolg und bekam ein einjähriges Stipendium für die Universität von Kyoto. Zusammen mit ihrem Sohn Kim packte sie wieder einmal die Koffer, Ehemann Michael und Sohn Alexander blieben in Oxford zurück.

In Japan setzte Suu Kyi eine Arbeit fort, die sie schon lange begonnen hatte. Bei jedem Besuch in Rangoon hatte sie in der Universitätsbibliothek mit der heimlichen Unterstützung einer Angestellten alles gelesen, was sie über ihren Vater und die burmesische Unabhängigkeitsbewegung finden konnte. Das Ergebnis dieser Forschung, ihr biographischer Essay »Mein Vater«, wurde erstmalig 1984 in der hoch angesehenen australischen Buchserie »Leaders of Asia« veröffentlicht. In einem Brief an den Verleger schrieb sie: »Je mehr ich über die moderne, burmesische Politik lerne, desto mehr erkenne ich, wie entscheidend der Anteil meines Vaters daran war, den Geist von Wahrheit und Gerechtigkeit während all dieser Jahre korrupter Regentschaft am Leben zu erhalten.«[10] Suu Kyi versuchte, die weitgehend unerforschte neue Geschichte Burmas mit Blick auf die Gegenwart zu beschreiben: »Die jüngste Generation von Führungspersönlichkeiten erschien zu spät, um noch vor dem Ausbruch des Zweiten Weltkriegs wirksame Veränderungen zustande zu bringen. Die Entwicklung Burmas nach 1940 nahm viele Um- und Irrwege, und bis zum heutigen Tag wartet diese Gesellschaft auf die Umsetzung ihrer tatsächlichen Möglichkeiten.«[11]

Nach Ablauf des Japan-Stipendiums folgte Suu Kyi im Jahr 1986 ihrem Mann nach Indien, endlich war die Familie wieder zusammen. Michael Aris hatte eine Anstellung an der Universität von Simla, Suu Kyi vertiefte sich dank eines weiteren Forschungsstipendiums erneut in die Geschichte Burmas. Im März 1988 – Familie Aris wohnte seit einem halben Jahr wieder in Oxford – erlitt Suu Kyis Mutter einen Herzinfarkt. Die Tochter nahm das nächste Flugzeug nach Rangoon – es sollte eine schicksalhafte Reise werden. »Ich hatte eine Vorahnung, dass sich unser Leben für immer verändern würde«[12], erinnert sich Michael Aris an diesen Tag.

Bei Suu Kyis Ankunft war Burma ein Pulverfass. Die Misswirtschaft der Generäle hatte das Land in ein Armenhaus verwandelt. Sogar der Reis, das Hauptnahrungsmittel Burmas, war knapp und fast unbezahlbar. Im September des Vorjahres hatte die Regierung mit einem tollkühnen Erlass achtzig Prozent aller Geldnoten für ungültig erklärt und die Mehrheit der Burmesen über Nacht zu Bettlern gemacht. Seit der Geldentwertung flackerten immer wieder Proteste auf, obwohl an jeder Straßenecke die berüchtigte »Aufstandspolizei« postiert war. Diese Schlägertrupps hatten wenige Tage vor Suu Kyis Ankunft sieben unbewaffnete Studenten erschossen. Ihre Beerdigung löste die ersten Massenproteste seit dem Militärputsch von 1962 aus.

Während Suu Kyi in ihrem Elternhaus an der University Avenue die todkranke Mutter pflegte, kam es in den Straßen Rangoons immer wieder zu heftigen, blutigen Auseinandersetzungen, an denen im Juni erstmals streikende Arbeiter und buddhistische Mönche teilnahmen. Auch in den Städten Moulmein, Prome und Pegu regte sich Widerstand. Die Regierung verhängte eine nächtliche Ausgangssperre, verbot jegliche Versammlungen und schloss die Universitäten. Ende Juli trat General Ne Win nach sechsundzwanzig Jahren Alleinherrschaft zurück, doch nur um Sein Lwin Platz zu machen, der sich in den vorhergehenden Wochen als der »Schlächter von Rangoon« traurigen Ruhm erworben hatte.

Die Studenten reagierten am 8.8.88 mit einem Aufruf zum Generalstreik. Eine ganze Generation wird sich später nach diesem Datum benennen! Zum ersten Mal seit Jahrzehnten schrien die Menschen heraus, wie sehr sie die Militärherrschaft hassten. Trotz Kriegsrecht erfasste der Aufstand das ganze Land, die Demonstranten warfen Molotowcocktails und Steine, kämpften mit Schwertern und Speeren gegen bewaffnete Soldaten. Mindestens tausend Menschen wurden im August getötet, die meisten von ihnen Zivilisten. Bei den Massenprotesten wurden Bilder des Volkshelden Aung San durch die Straßen getragen. Als am 12. August der verhasste Sein Lwin nach nur achtzehn Tagen zurücktrat, tanzten und feierten die Menschen in den Straßen der Hauptstadt.

Das Haus in der University Avenue war seit dem Rücktritt Ne Wins zum inoffiziellen, politischen Treffpunkt geworden. Hier diskutierte Suu Kyi die Ereignisse mit dem alten U Nu, dem demokratisch gewählten Ex-Präsidenten und einigen seiner Minister, die 1962 aus dem Amt vertrieben worden waren. Mit deren Einverständnis schickte sie schließlich dem neuen Regierungschef, General Kyaw Htin, einen Offenen Brief: »Seit Burma seine Unabängigkeit wiedergewonnen hat, gab es im Land keine vergleichbar schlimme Situation. Um die nationale Krise zu lösen, sollte ein Volksrat gebildet werden, in dem alle Lebensbereiche vertreten sind.«[13] Zwei Wochen wartete Suu Kyi vergeblich auf eine Antwort, General Kyaw Htin ignorierte ihren Vorschlag. Weil sich die Militärs weigerten, mit der aufgebrachten Bevölkerung zu verhandeln, entschloss sich Aung San Suu Kyi, zum ersten Mal öffentlich in Burma aufzutreten.

Kaum ein Burmese hatte die Tochter des Volkshelden je gesehen, die wenigsten wussten etwas über ihr Leben und ihre politischen Ideen. Doch dass die Tochter Aung Sans eine Rede halten würde, sprach sich in Rangoon wie ein Lauffeuer herum. Am späten Vormittag des 26. August hatten sich mehr als eine halbe Million Menschen vor der Shwedagon-Pagode im Zentrum Rangoons versammelt.

»Die Stimmung war sehr festlich, aber es hatte vor dem Beginn der Versammlung einige Bombendrohungen gegeben«, erzählt der burmesische Student Aung Win. »Alles war voller Menschen. Wir Studenten und die Mönche waren die Sicherheitskräfte und bildeten um die Bühne, auf der sie auftreten würde, eine Menschenkette.«[14] Über dem Podest hing neben der Flagge der alten Widerstandsbewegung ein riesiges Porträt ihres Vaters. Michael Aris und die beiden Söhne waren Suu Kyi inzwischen nachgereist und standen demonstrativ hinter ihr, als Burmas berühmtester Schauspieler Htun Wai die Dreiundvierzigjährige vorstellte.

Suu Kyi erinnerte in dieser Rede an die jüngsten Opfer der Bewegung und sagte über ihre eigene Rolle: »Ich möchte sehr offen und ehrlich von dieser Plattform sprechen. Es ist richtig, dass ich im Ausland gelebt habe. Es stimmt auch, dass ich mit einem Ausländer verheiratet bin. Aber diese Tatsachen haben nie und werden nie die Liebe und Hingabe für mein Land in irgendeiner Weise schmälern oder beeinträchtigen … Manche Leute sagen, dass ich nichts von burmesischer Politik verstehe. Das Problem ist – ich verstehe zu viel. Meine Familie weiß besser als jede andere, wie verworren und kompliziert die burmesische Politik sein kann und wie sehr mein Vater dafür gelitten hat.« Es gab tosenden Zwischenapplaus, bevor sie weiterredete: »Die momentane Krise ist eine Angelegenheit der gesamten Nation. Als meines Vaters Tochter konnte ich den Ereignissen nicht länger gleichgültig zusehen. Diese nationale Krise könnte der zweite Kampf für die Unabhängigkeit genannt werden.«[15]

Während der Rede wurde allen klar: In Aung San Suu Kyi hatte die demokratische Opposition eine neue Stimme, eine Führerin gefunden. »Einundvierzig Jahre, ein Monat und dreizehn Tage waren zwischen der letzten öffentlichen Rede Aung Sans und der ersten seiner Tochter vergangen. Es war, als ob unsere Gebete erhört worden wären«.[16] Wie viele Burmesen glaubte auch Schriftsteller Kanbawza Win an göttliche Vorsehung und eine Art Wiedergeburt – schließlich sah die Frau dem großen Volkshelden zum Verwechseln ähnlich. Bald kursierten Gerüchte von einem Buddha, dessen Brüste angeschwollen waren, und Wahrsager sahen darin ein Zeichen, dass die Götter als nächsten Regierungschef eine Frau ausersehen hatten.

Die neue Identifikationsfigur schockierte die Junta und beflügelte die Opposition, die in den nächsten drei hoffnungsvollen Wochen scheinbar die Oberhand gewann. Trotz des Generalstreiks erschienen täglich über vierzig Zeitungen, eine Übergangsregierung wurde gebildet, in vielen Städten regelten buddhistische Mönche das öffentliche Leben. Am 18. September jedoch endete dieser »kurze Sommer der Demokratie« mit einem Massaker. Mehrere tausend Zivilisten wurden von Soldaten der Volksarmee ermordet. Die Militärs übernahmen wieder die Macht und nannten sich »Staatsrat zur Wiederherstellung von Recht und Ordnung«, abgekürzt SLORC. Friedhofstille breitete sich im Land aus, aber in vielen internationalen Zeitungen standen nun Berichte über die mutige Frau an der Spitze der neuen Demokratiebewegung. Aung San Suu Kyis erster öffentlicher Auftritt wurde zum weltweiten Medienereignis – nicht zuletzt, weil sie eine Frau war und Repräsentantin einer besonderen Form »asiatischer Frauenpolitik«.

Frauen hatten auch in Burmas Nachbarländern die politische Bühne betreten: In Bangladesh, auf den Philippinen, in Indien, Sri Lanka und in Pakistan waren schon vor Aung San Suu Kyi die Töchter und Witwen ermordeter Volkshelden scheinbar über Nacht zu Regierungschefinnen oder Oppositionsführerinnen geworden. Durch den Märtyrertod des Vaters oder Ehemanns sahen sich diese Frauen einer großen Verpflichtung gegenüber. Anders als von Söhnen, die eher zu Rivalen der Väter werden, erwartet die Gesellschaft von diesen »auserwählten« Töchtern eine ganz besondere Art von Gehorsamkeit, das familiäre Erbe schwor sie auf ein politisches Programm ein. Bei aller Individualität folgt auch Aung San Suu Kyi bis heute perfekt diesen Regeln. Sie selbst sagte im August 1988: »Ein Leben in der Politik hat für mich nichts Attraktives. Im Moment diene ich als eine vereinigende Kraft – wegen meines Vaters Namen und weil ich für mich keinerlei Posten anstrebe.«[17]

Seit ihrem ersten öffentlichen Auftritt bot sie die ideale Projektionsfläche für alle Wünsche und Hoffnungen der Burmesen. Eine schöne Frau in bunten Kleidern war schon äußerlich das Gegenteil zu uniformierten Männern mit Gewehren im Anschlag. Suu Kyi hatte im Westen gelebt und jene kulturelle Freiheit kennen gelernt, wonach sich besonders die jungen Burmesen nach Jahren der Unterdrückung sehnten. In Gesten und Wortwahl verkörperte sie aber auch so viel burmesische Tradition und buddhistische Bescheidenheit, um als »unbefleckte Braut der Nation« gefeiert zu werden.

Nach dem September-Massaker flohen viele Aktivisten in den Dschungel zu den Guerillatruppen der ethnischen Minderheiten. Seit über fünfzig Jahren kämpfen diese Menschen, die ein Drittel der Bevölkerung ausmachen, gegen die Vorherrschaft der ethnischen Birmanen. Auch Suu Kyi gehört dieser mächtigen Volksgruppe an und weiß um den tief verwurzelten Hass, der eine große Gefahr für die Zukunft eines demokratischen Burmas werden kann.

Als Suu Kyi einige Wochen nach dem Massaker mit Verbündeten in Rangoon die »Nationale Liga für Demokratie« (NLD) gründete, versuchte sie bereits viele Vertreter der ethnischen Minderheiten als Parteimitglieder zu gewinnen. Mit einem Bambushut auf dem Kopf, wie ihn die Reisbauern in Burma tragen, fuhr sie durchs ganze Land, sprach in Provinzstädten und Dörfern vor riesigen Menschenmengen, wurde bewundert und gefeiert. Vereinzelt sollen ihr sogar Soldaten Blumen geschenkt haben.

Als Suu Kyi nach Rangoon zurückkehrte, hatte sich die Gesundheit ihrer Mutter weiter verschlechtert. Am 27. Dezember 1988 starb Daew Khin Kyi, und selbst die ranghöchsten SLORC-Generäle kamen in die University Avenue, um zu kondolieren – für Suu Kyi blieb es die einzige persönliche Begegnung mit ihnen. Das Begräbnis am 2. Januar 1989, zu dem Hunderttausende kamen, wurde zur ersten Massendemonstration seit dem Massaker. Die Beerdigung verlief friedlich, die Armee blieb unsichtbar, selbst als die Studenten riefen: »Wir knien vor der Unterdrückung nicht nieder!«[18]

Inzwischen hatten einige Länder, darunter auch

Deutschland, die Entwicklungshilfe für Burma eingestellt – und dieser wirtschaftliche Druck des Auslands
zeigte politische Wirkung. Im Februar 1989 kündigte
der SLORC für das kommende Frühjahr freie Wahlen
an. Einen Tag später floss bereits wieder Geld aus Japan. Doch die Plätze, wo Suu Kyi auf ihrer Wahl-
kampftour sprechen sollte, waren immer häufiger mit
Stacheldraht abgesperrt.

Am 5. April 1989 gab Hauptmann Myint Oo in der
Stadt Danubyu den Befehl, mit entsicherten Waffen
direkt auf Suu Kyi zu zielen. Sie schickte ihre Begleiter
seitlich an dem Soldatentrupp vorbei und ging furcht-
los auf die Soldaten zu. »Es schien viel einfacher, ihnen
ein einziges Ziel zu bieten, als die anderen mit hinein-
zuziehen«, sagt sie später. »In diesem Moment befahl
ein Major dem Hauptmann, seinen Schießbefehl zu-
rückzunehmen«[19] – und rettete so ihr Leben.

Die Künstlerin Daw Daw Win[20], seit den bewegten
Tagen im August 1988 Suu Kyis Vertraute und Assistentin, notierte auf den Wahlkampfreisen in einem Tagebuch, wie Sun Kyi über ihre Söhne sprach, die sie in
Rangun zurückgelassen hatte: »Ich konnte sehen, wie
sehr sie sich bemühte, nicht zu weinen. Dann sagte sie:
›Ich sollte mich wohl besser auf meine neuen Söhne
konzentrieren‹, womit sie die burmesischen Studenten
meinte, die ihre Bodyguards geworden waren.«[21]

Bis Mitte des Jahres 1989 entwickelte sich in Burma
unter dem Dach der NLD eine gut organisierte Wider-

standsbewegung. In den Städten und auf dem Land, überall debattierten und diskutierten die Menschen über Demokratie und gewaltlosen Widerstand. Aung San Suu Kyi übte in ihren Reden immer deutlicher Kritik an der Militärregierung. In einem Gedicht, das sie in dieser Zeit schrieb, wünschte sie sich »in hohlen Händen zu Glassplittern« zu werden: eine schmerzhafte Bedrohung für die Junta.

Doch jetzt hatte der »Alte Mann«, wie Ne Win in Burma seit langem hieß, genug von der »Lady«. Er handelte, als Suu Kyi für den »Märtyrertag« eine friedliche Demonstration zu Ehren ihres Vaters ankündigte. In den frühen Morgenstunden des 19. Juli kontrollierten Soldaten die Hauptstadt, Panzer blockierten wichtige Straßenkreuzungen, alle Telefonleitungen ins Ausland waren unterbrochen. Aus Angst vor einem neuen Blutbad sagte die NLD die Veranstaltung ab, trotzdem wurden viele ihrer Mitglieder verhaftet.

Am 20. Juli hinderten elf Mannschaftswagen voller Soldaten Suu Kyi daran, ihr Haus zu verlassen: »Ich dachte, sie würden mich ins Gefängnis bringen, ich sollte wohl besser eine Tasche mit dem Notwendigsten bereithalten. Also packte ich eine Zahnbürste, Zahnpasta und etwas Kleidung zum Wechseln ein.«[22] Suu Kyi blieb ruhig und zeigte – wie es in Burma zum »guten Ton« gehört und von einer Frau wie ihr auch verlangt wird – keine Gefühle und keine Angst.

In der University Avenue hielten sich neben einigen

politischen Beratern und Studenten auch Suu Kyis Assistentin sowie Alexander und Kim auf. Ihre dreizehn- und sechzehnjährigen Söhne spielten Monopoly, als Suu Kyi ihre Verhaftung erwartete. »Kim fragte: ›Mama, werden sie dich mitnehmen?‹ Darauf antwortete sie: ›Nein, Liebling, ich soll hier im Haus eingesperrt werden.‹ Kim schien sich leicht damit abzufinden, Alex eigentlich auch. Es ist ihre vornehme englische Art, auch in Extremsituationen Haltung zu bewahren, und die Erziehung ihrer Mutter, die wiederum von ihrer Großmutter ähnlich erzogen worden war«, notierte Daw Daw Win.[23]

Als Michael Aris am darauf folgenden Tag in England vom Hausarrest seiner Frau erfuhr, flog er sofort nach Rangoon, wo ihn Soldaten in Empfang nahmen. »Ein Angehöriger der britischen Botschaft, der mich abholen wollte, konnte keinen Kontakt mit mir aufnehmen. Für zweiundzwanzig Tage war ich wie vom Erdboden verschluckt. Niemand wusste, wo ich war.«[24] Nur unter der Bedingung, sich selbst unter Hausarrest stellen zu lassen, durfte Michael Aris Frau und Kinder sehen. Bei seiner Ankunft befand sich Suu Kyi im Hungerstreik. Sie forderte, zu ihren verhafteten Anhängern in das Gefängnis gebracht zu werden. Erst als ihr nach zehn Tagen Hungerstreik glaubhaft versichert wurde, diese Leute würden nicht gefoltert, aß sie wieder.

»Es schien, als hätten die burmesischen Autoritäten

darauf gehofft, dass ich sie überreden könnte, mit uns zusammen das Land zu verlassen«, glaubt Michael Aris. »Aber ich hatte es nicht einmal versucht, denn ich kenne ihre Stärke. In dem Moment, als die Militärs dies begriffen, war ich für sie nicht länger von Nutzen.«[25]

Er konnte noch durchsetzen, dass er von nun an seiner Frau Briefe und Pakete schicken durfte, und nachdem sie zusammen das Haus in Ordnung gebracht und Vorräte besorgt hatten, verließ Aris am 2. September 1989 mit den beiden Söhnen Rangoon. Kim und Alexander sollten ihre Mutter sechs Jahre lang nicht mehr sehen. Sie wird später sagen: »Ich habe niemals daran gedacht aufzugeben. Meine Kinder waren alt genug, um zu verstehen, was ich hier mache.«[26]

Die demokratische Partei zog trotzdem in den Wahlkampf: Die Reden der zur Wahl nicht zugelassenen Aung San Suu Kyi wurden auf Videokassetten abgespielt und im ganzen Land verbreitet. Der SLORC diffamierte die prominente Oppositionsführerin als Kommunistin oder »entlarvte« sie als CIA-Agentin. Als »westliche Hure« wurde sie auf Plakatwänden in verschiedenen Sex-Posen abgebildet. »Suu Kyi hat ihren Körper schon an einen Ausländer verkauft. Als nächstes will sie unser Land verkaufen«[27], war darauf zu lesen.

Trotz aller Einschüchterungen errang Suu Kyis Partei am 27. Mai 1990 einen eindrucksvollen Wahlsieg: Von 485 Sitzen in der Nationalversammlung fielen 392 an die NLD! Der SLORC erkannte die Wahl zwar an, weigerte sich aber, die Macht der Opposition zu übergeben. Stattdessen wurden die Parteibüros der NLD landesweit geplündert und geschlossen. Um Chaos zu vermeiden, so die offizielle Begründung, müsste zunächst eine neue Verfassung ausgearbeitet werden – bis heute ein leeres Versprechen. Bereits verabschiedet wurde jedoch unter anderem ein Gesetz, das zukünftig den mit Ausländern verheirateten Burmesen verbietet, Staatspräsident zu werden. Wie groß muss die Furcht vor Aung San Suu Kyi sein!

Das westliche Ausland bekundete seine Solidarität mit der prominenten Gefangenen: Im Juli 1991 wurde Aung San Suu Kyi vom Europäischen Parlament mit dem Sacharow-Preis ausgezeichnet und Zeitschriften in der ganzen Welt veröffentlichten ihren berühmten Essay »Freedom from Fear« (Freiheit von Angst). Darin schreibt sie: »Nicht Macht korrumpiert die Menschen, sondern Angst. Angst vor dem Verlust der Macht korrumpiert diejenigen, die sie innehaben. Und die Angst vor dem Zugriff der Macht korrumpiert diejenigen, die von ihr beherrscht werden.«[28]

Im Oktober 1991 verlieh das Nobelpreiskomitee in Oslo Aung San Suu Kyi den Friedensnobelpreis. Der tschechische Präsident Václav Havel hatte sie mit folgender Begründung vorgeschlagen: »Selbst als sie, unter verschärften Hausarrest gestellt, die Wahl hatte, ihre persönliche Freiheit im Tausch gegen ein lebenslanges Exil wiederzuerlangen, zog sie es vor, weiterhin in ihrem Land zu bleiben, um die Wahrheit zu leben – zum Schweigen verurteilt, aber nicht verstummt. Sie ist ein herausragendes Beispiel für die Macht der Machtlosen.«[29]

In Burma herrschte riesige Freude über die Nachricht, nur der SLORC kommentierte die Auszeichnung für Suu Kyi verärgert: »Dieser Nobelpreis war unverdient und eine unzulässige Einmischung in Burmas innere Angelegenheiten.«[30] »Unsere Regierung wird unsere Probleme auf unsere Weise lösen. Der Nobelpreis wird darauf keine Auswirkung haben.«[31]

Als im Dezember 1991 der Preis in Suu Kyis Abwesenheit von ihrem Sohn Alexander entgegengenommen wurde, war die norwegische Hauptstadt drei Tage lang Treffpunkt für Exil-Burmesen aus aller Welt. Alexander Aris sprach für seine Mutter: »Ich weiß, sie würde diese Rede mit den Worten beginnen, dass sie den Preis nicht in ihrem eigenen, sondern im Namen des burmesischen Volkes entgegennimmt. Sie würde sagen, dass der Preis nicht ihr gehört, sondern all den Männern, Frauen und Kindern, die, während ich hier spreche, ihr Wohlergehen, ihre Freiheit und ihr Leben für ein demokratisches Burma opfern … eines Tages werden sie die Sieger in Burmas langem Kampf für Frieden, Freiheit und Demokratie sein.«[32]

Auf den Märkten Burmas handelten die Menschen

fortan die verbotenen Fotos der Nobelpreisträgerin wie heiße Ware auf dem Schwarzmarkt. Die lange Haft machte sie zur Märtyrerin, endgültig stand sie auf einer Stufe mit ihrem Vater. Für das Regime war sie »eine tickende Zeitbombe«, für das Volk »unsere einzige Hoffnung«.[33]

Im Garten der Villa bewachten Tag für Tag fünfzehn Soldaten rund um die Uhr das Haus, zwei schwer Bewaffnete waren zusätzlich gegenüber der Toreinfahrt in einem Baumhaus postiert. Der einzige Kontakt zur Außenwelt war für Suu Kyi das Radio, am liebsten hörte sie BBC. Nur in den ersten zweieinhalb Jahren erlaubten die Behörden Briefkontakt zum Ehemann, doch 1991, kurz nach Michael Aris' erstem und einzigem Besuch während des Hausarrests, wurde auch das verboten.

Alle paar Tage kam ihr Hausmädchen und kaufte Lebensmittel für die prominente Inhaftierte. Vom SLORC nahm Suu Kyi für ihren Lebensunterhalt kein Geld an, stattdessen verkaufte sie nach und nach die Wertgegenstände des Haushaltes – bis auf das Klavier, an dem sie so lange spielte, bis die Saiten rissen. Sie hielt sich mit Yoga fit, las und nähte. »Ich machte all die Dinge, zu denen ich früher keine Zeit hatte«[34], erzählte sie mir später nach ihrer Freilassung mit einem fast spitzbübischem Lächeln. Es gehört zu ihrer Strategie, kein einziges klagendes Wort über den sechsjährigen Hausarrest zu verlieren. Jedes Jammern wäre schließlich eine Genugtuung für den SLORC.

Sechs Jahre Isolation überleben: Am wichtigsten war für Suu Kyi die buddhistische Meditation, die sie jeden Morgen um 4 Uhr 15 begann, nur so hielt sie ihr seelisches Gleichgewicht. »Manchmal hatte ich nicht einmal genug Geld, um Essen zu kaufen. Ich wurde vor Unterernährung so schwach, dass mir die Haare ausfielen und ich nicht mehr aus dem Bett kam. Ich befürchtete, ich hätte einen Herzschaden. Bei jeder Bewegung machte mein Herz klopf-klopf-klopf und ich hatte Atembeschwerden. Ich bin von meinen gewohnten 48 auf bloße 41 Kilo abgemagert. Ich dachte, ich würde an Herzversagen sterben, statt zu verhungern. Dann wurden meine Augen immer schwächer. Ich erkrankte an Spondylosis, einer degenerativen Veränderung der Wirbelsäule. Aber hier oben«, sie zeigte an ihren Kopf, »haben sie mich nie gekriegt.«[35]

Sie träumte zwar von ihrem Mann und den Söhnen, aber versuchte, nicht zu oft an sie zu denken, weil es keinem half. Sie war sicher: »Meine Ehe wird halten. Aber es ist schon lange keine normale Ehe mehr.« Ihr Mann ergänzte in einem Interview, er sei kein Diplomat, sondern nur ein Mann, der seine Frau vermisse: »Sie ist die Politikerin von uns beiden, nicht ich.«[36]

Auf die gelegentlichen Angebote der Generäle, das Land zu verlassen, reagierte Suu Kyi mit Bedingungen. Sie würde gehen, wenn alle politischen Gefangenen freigelassen würden, wenn sie eine Ansprache im Fernsehen halten und zu Fuß zum Flughafen gehen dürfe. Doch darauf ließ sich die Junta nicht ein.

Nach der großen Wirtschaftskrise 1988 hatte der SLORC Schritt für Schritt die Isolation des Landes aufgehoben und Investoren und Händler nach Burma gelockt. Und die kamen aus allen Ländern herbeigeeilt, denn die Generäle boten die Reichtümer des Landes zu Billigpreisen feil: Fische und Edelsteine, Erdgas und Öl, Teakholz, Antiquitäten, Opium und Heroin. Das Blutbad versuchten die Militärs in der Weltöffentlichkeit durch einen Trick vergessen zu machen, sie tauften das Land in »Myanmar« um und die Hauptstadt hieß plötzlich »Yangon«. In diesem »neuen Burma« florierten die Geschäfte und der Tourismus wieder. Das meiste Geld floss in die Aufrüstung der immer größer werdenden Armee, 320 000 Soldaten gibt es heute in dem Land, das etwa so groß ist wie Frankreich und keine äußeren Feinde hat.

Während Suu Kyis sechsjähriger Haft kursierten immer wieder Gerüchte über eine bevorstehende Freilassung: Nächste Woche, nächsten Monat ... Als am 10. Juli 1995 dann tatsächlich der Hausarrest aufgehoben wurde, hatte niemand mit diesem Termin gerechnet.

Michael Aris bekam ein Visum und besuchte seine Frau sogleich. Er blieb einige Wochen, auch Kim kam bald zu seiner Mutter nach Rangoon. Alexander, der in den USA Philosophie studiert, sah sie erst zu Weihnachten wieder.

Suu Kyis Freilassung war »bedingungslos«, und so hofften viele Burmesen und Burma-Kenner, die Militärs hätten endlich eingesehen, dass ihre Zeit vorbei sei. Kurze Zeit schien es, als würde in Burma die Wende beginnen, die in Südafrika Nelson Mandelas Freilassung eingeleitet hatte. Doch Suu Kyi war in eine sehr verzwickte, unfreie Freiheit entlassen worden.

Wenn sie sich auf der Straße blicken lässt, versammeln sich sofort viele Menschen um sie – für die Militärs jederzeit ein neuer möglicher Vorwand, Suu Kyi wegen »Aufwiegelung der Massen« zu verhaften oder des Landes zu verweisen. Ihr Telefon wird abgehört, ein Fax darf sie nicht besitzen. Und die Geheimdienstler am Tor, die sie angeblich schützen, fotografieren und kontrollieren jeden Besucher. Unter solchen Umständen kann sich keine starke, landesweite Opposition formieren.

Gleichzeitig wächst der Erwartungsdruck gegenüber dieser Frau, die schon zur Legende geworden ist. Als politische Notlösung begannen Suu Kyi und die NLD 1995 die Wochenendversammlungen vor der University Avenue 54. Und um die neue »Toleranz« zu beweisen, akzeptierte der SLORC die Menschenansammlungen sogar bis zum September 1996. Dann wurden sie erneut verboten und Stacheldraht lag vor der Toreinfahrt. Ein neuer Hausarrest? Oder, wie der SLORC behauptet, nur eine Maßnahme zu ihrer eigenen Sicherheit? Suu Kyi wird inzwischen beschuldigt, die Studenten aufgewiegelt zu haben, die seit dem Winter 1996 wieder in den Straßen Rangoons für Demokratie demonstrieren.

In dieser angespannten Situation baut Suu Kyi auch auf die internationale Solidarität. Darum nimmt sie sich – solange das Regime es duldet – viel Zeit für ausländische Journalisten und Journalistinnen, die sie in einem hohen Raum in ihrem Elternhaus empfängt. Angenehm kühl ist es dort, die Wände sind mit dunklem Holz verkleidet. Die Stille, bevor die »Lady« den Raum betritt, wirkt ein wenig einschüchternd. An der Wand hängt ein buntes Pop-Art-Porträt ihres Vaters, das Studenten gemalt haben, raumfüllend, charismatisch – genau wie sie, als sie hereinkommt. Kaum hat sie Platz genommen, spricht sie mich an: »Sie sind hier, um mich etwas zu fragen, also los!«[37] Sie hält direkten Augenkontakt, ihr Gesicht ist äußerst konzentriert. Alle ihre Antworten in akzentfreiem Oxford-Englisch sind präzise, ohne Floskeln oder Wortgeplänkel und sehr ernsthaft – selbst in ihrem zweihundertsten Interview seit Ende des Hausarrests.

In den letzten Monaten kamen viele in die Villa am Inya-See, um eine »schöne«, herzergreifende Geschichte über die exotische Nobelpreisträgerin zu schreiben – das Elend in Burma, die Inhaftierung ihrer engsten Mitarbeiter interessierte oft weniger. Wohl auch deswegen antwortete Suu Kyi auf »private« Fragen nach den Kindern, ihrer Gesundheit und dem Lieblingsessen freundlich, aber kurz angebunden. Fast scheint ihr die eigene Prominenz zuweilen zur Last zu werden, sie will kein Polit-Popstar sein.

Die Zukunftsaussichten für das Land sind nach Meinung der internationalen Presse und vieler Burma-Experten finster. Ich frage, woher sie in dieser Situation ihre Kraft nimmt, weiterzumachen und trotz aller Widrigkeiten die Hoffnung nicht zu verlieren. Sie antwortet bestimmt: »Wir wissen, dass sich die Dinge hier im Land verändern werden, weil die Menschen eine Veränderung wollen. Und nebenbei bemerkt: Es gibt einem sehr viel Kraft, wenn man weiß, dass man das Richtige tut.«[38]

»Schreiben, um sich selbst zu erschaffen«
Nadine Gordimer (*1923), Nobelpreis für Literatur 1991

Von Christiane Korff

Still ist es in den mit lila blühenden Jakaranda-Bäumen gesäumten Alleen. Die weißen Häuser liegen versteckt hinter hohen Mauern und Stacheldraht. In Parktown West, einem Viertel gleich hinter der Universität Witswatersrand im Norden Johannesburgs, leben Nadine Gordimer und ihr Mann Reinhold Cassirer seit dreiundvierzig Jahren. Ihre Nachbarn sind Künstler, Professoren, Ärzte und Anwälte. Seit kurzem sind einige schwarze Familien hinzugezogen. Sie haben es zu Wohlstand gebracht und sind den Townships entronnen, Slums, die wie ein Krebsgeschwür am Rand der südafrikanischen Metropole wuchern. Dort hausen in Wellblechbuden – viele haben weder fließendes Wasser noch elektrisches Licht – bis zu vier Millionen Schwarze, und täglich ziehen mehr Menschen vom Land dorthin in der Hoffnung, Arbeit zu finden.

Die Ghettos sind Altlasten des Apartheidregimes, das den Schwarzen untersagte, in die Wohngebiete der Weißen zu ziehen. Erst 1994 wurden endgültig alle Rassengesetze abgeschafft, und seitdem ist nach dreihundertjähriger Herrschaft der Weißen zum ersten Mal ein Schwarzer Präsident von Südafrika: Nelson

Mandela, der Vorsitzende des Afrikanischen National-kongresses ANC.

Im Wahlkampf wurde der ANC von einem seiner prominentesten Mitglieder unterstützt: Nadine Gordimer hielt Reden für die Partei und teilte Flugblätter aus. Den Vorschlag, sich als Kandidatin aufstellen zu lassen, hatte die Nobelpreisträgerin der Literatur jedoch abgelehnt: »Ich bin Künstlerin, nicht Politikerin.«[1]

Nadine Gordimer sitzt aufrecht in ihrem Sessel, ihre tiefbraunen Augen mustern wach und zugleich distanziert die Besucherin. Im Wohnzimmer steht eine Skulptur der Expressionistin Käthe Kollwitz, an der Wand ein Bild des französischen Malers Cézanne – exquisite Kunst aus der Sammlung ihres Mannes, des Galeristen und ehemaligen Südafrika-Repräsentanten des Auktionshauses Sotheby's. Keine Sekunde täuscht Nadine Gordimers äußere Zartheit über ihren resoluten Charakter hinweg. Selten nur gibt die Dreiundsiebzigjährige ihre Unnahbarkeit mit einem kurzen Lächeln auf, Fragen nach ihrem Privatleben beantwortet sie knapp und manchmal überhaupt nicht. Die Autorin will durch ihr Werk verstanden werden und nicht durch Preisgabe biographischer Intimitäten. Sie nimmt für sich selbst in Anspruch, was sie einmal einem Essay über den österreichischen Schriftsteller Joseph Roth vorangestellt hat: »Der Text erschließt den Menschen, nicht umgekehrt.«

Ihr Gesamtwerk, rund zwanzig Romane, zweihundert Essays und Kurzgeschichten, drehen sich um das Thema Rassismus in Südafrika. »Die Gesetze der Apartheid«, sagt Nadine Gordimer, »können nur mit den Rassengesetzen der Nationalsozialisten gegen die Juden verglichen werden. Bei uns mussten die Schwarzen in Ghettos, in den Townships leben, es war ihnen nicht erlaubt, sich am Abend in den Gebieten der Weißen aufzuhalten, geschweige denn, dort zu wohnen. Es war einem Schwarzen verboten, eine Weiße zu heiraten und umgekehrt. Sogar miteinander sexuelle Beziehungen zu haben, war untersagt.«

In der Welt, in der Nadine Gordimer aufwächst, ist Rassentrennung etwas Normales und Alltägliches. Am 20. November 1923 wird sie als jüngere von zwei Töchtern in Springs geboren. Die kleine Minenstadt, ein trostloses Nest in Transvaal, ist umgeben von gelben Abraumhalden der Goldminen und schwarzen Halden von Kohleschlacke. Dort hat Nadines Vater, ein jüdischer Einwanderer aus dem lettischen Riga, ein Uhrmacher- und Juweliergeschäft. Tonangebend ist die in London geborene Mutter, eine resolute, freidenkerische Frau, die sagt: »Die Schwarzen sind doch auch Menschen.« Sie richtet eine Krippe für schwarze Kinder ein und fühlt sich unwohl, wenn Nadines Vater seine schwarzen Bediensteten anherrscht.

Nadine hat ein schwarzes Kindermädchen, Letty, mit der sie ein liebevolles und enges Verhältnis verbindet. Zu ihren Eltern ist ihre Beziehung eher distanziert. Trotz der jüdisch-orthodoxen Herkunft ihres Vaters spielt der Glaube in ihrer Familie keine Rolle. Ihr Vater, der aufgrund mangelnder Bildung Minderwertigkeitsgefühle gegenüber seiner Frau hat, wagt nicht, ihren höhnischen Bemerkungen über die Heuchelei aller organisierten Religionen zu widersprechen. Die Eltern gehen nie in die Synagoge der kleinen jüdischen Gemeinde in Springs und schicken ihre zwei Töchter auf eine katholische Klosterschule.

Dort beginnt jeder Morgen mit einem Vaterunser. Vor dem Gebet versteckt sich die kleine Nadine, und wenn der Chor der vielen Stimmen erklingt, läuft sie durch die großen Eisentore hinaus aufs offene Veld, die afrikanische Steppe, die sich zwischen Schule und ihrem Zuhause erstreckt. Viele Sommermorgen schwänzt sie die Schule, fängt Schmetterlinge, bis sie die Schulglocke hört und zum Mittagessen nach Hause gehen kann, ohne Misstrauen zu erregen. Als ihre Eltern die kleinen Fluchten bemerken, ziehen sie daraus den Schluss, dass ihre Tochter eben kein besonders lernbegieriger Typ sei. Sorgen machen sie sich nicht, da die meisten Mädchen die Schule mit fünfzehn verlassen und kurze Zeit in einem Büro der Goldmine arbeiten, bevor sie heiraten und Kinder bekommen.

Nadine ist ein lebhaftes Mädchen, mit einem Talent für Schauspielerei: Oft macht sie zur Erheiterung der Gäste ihrer Eltern abwesende Freunde nach. Die Klosterschule besuchen nur Weiße; das ist für Nadine völlig selbstverständlich. Vor ihrer eigenen Haustür existiert eine unbekannte Welt, zu der ihr der Zutritt nicht erlaubt ist: »Auf der anderen Seite gab es direkt vor dem Tor unseres Vorstadthauses mit seinen rotgetünchten Haustürstufen und seinen Erkerfenstern das große Auf und Ab des Lebens, Laute von Sprachen, die ich nicht verstand, die mir aber unendlich vertraut waren, weil ich sie von frühester Kindheit im Ohr hatte. Aber das alles, wurde mir gesagt, hatte nichts mit mir zu tun.«[2]

Wie alle anderen Weißen verbieten auch ihre Eltern den Kindern, sich in der Nähe der Wohnbaracken oder Läden, wo die Schwarzen einkaufen, »rumzutreiben«. Das sei zu gefährlich, wird Nadine eingeschärft, denn jeder schwarze Mann warte nur darauf, ein weißes Schulmädchen zu vergewaltigen. Doch sie hält sich nicht an die Verbote ihrer Eltern. Oft schlendert sie einen rötlichen Staubpfad in ihrem Dorf entlang. Dort tummeln sich Dutzende von – wie die Weißen abfällig sagen – »Eingeborenen«. Das Mädchen streunt zwischen den Läden herum, wo die schwarzen Minenarbeiter während des Schichtwechsels Schallplatten oder Batterien einkaufen, ihre Fahrräder reparieren lassen oder einfach im Kreis auf dem Boden sitzen und illegal gebrautes Bier aus Maismehl, Zucker und Weißbrot trinken. Auch wenn Nadines Herz klopft, ist ihre Neugier stärker als die Angst; sie drückt ihre Nase an den Fensterscheiben der Läden platt.

Sie ist eine genaue, außergewöhnliche Beobachterin, der bald Widersprüche im Alltagsleben auffallen: So behandeln die meisten Weißen in Springs die Schwarzen schockierend schlecht. Doch die Ladenbesitzer sind sich nicht zu schade, ihr Geld zu nehmen. Schildern wird sie ihre Erfahrungen erst als Erwachsene, in ihrem ersten, am stärksten autobiographisch gefärbten Roman »Entzauberung«, dessen englischer Originaltitel »The Lying Days« sehr viel treffender diese Zeit beschreibt: Es waren Tage der Lüge.

Als Nadine in die Pubertät kommt, kapselt sie sich ab. Sie ist eine Einzelgängerin, die sich von dem gesellschaftlichen Leben ihrer Altersgenossinnen in Sportvereinen oder Kirchengruppen, dem Tennisspiel oder dem Tanz am Samstagabend fern hält. Stattdessen fühlt sie sich magisch angezogen von der Leihbücherei, in der sie seit ihrem sechsten Lebensjahr Mitglied ist und die sie inzwischen fast täglich besucht. Hier entdeckt sie eine Welt, die sie weit von dem »Clubleben der Kolonisten« entfernt. Eine Welt, die außerhalb ihrer eigenen Erfahrungen und Werte liegt und nicht geordnet, bestimmt und begrenzt ist vom Besitz der weißen Haut.

Sie verschlingt alle Werke der Weltliteratur, vom französischen Existenzialisten Albert Camus bis hin zum deutschen Erzähler Thomas Mann. Romane wie »Der Dschungel«, in dem der Amerikaner Upton Sinclair die elenden Lebensbedingungen der Schlachthausarbeiter in Chicago schildert, regen sie an, über die schwarzen Bergarbeiter in Springs nachzudenken. »Es waren nicht etwa die Probleme meines Landes«, sagt Nadine Gordimer, »die mir als Jugendliche die Augen geöffnet haben.« Denn über Politik wurde zu Hause ohnehin nicht gesprochen. Das einzige Mal, dass die Eltern Partei ergreifen, ist während des Zweiten Weltkriegs, als sie wollen, dass die Briten die Deutschen besiegen. Nadines soziales Erwachen beginnt mit Literatur; es sind Bücher, die ihr vermitteln, dass die von Eltern und Schule präsentierte Welt nicht so selbstverständlich ist wie der Sonnenaufgang morgens und der Sonnenuntergang am Abend.

Das Lesen erweckt aber noch etwas anderes in der Heranwachsenden: das Bedürfnis zu schreiben. Schon als sie neun Jahre alt ist, veröffentlicht eine Sonntagszeitung einige ihrer Geschichten auf der Kinderseite. Doch jetzt, mit vierzehn Jahren, beginnt sie, ihr Leben ernsthafter zu betrachten. Tastend sucht sie nach dem, was die Erwachsenen meinen, jedoch nicht offen sagen über Sex, über Politik und über ihre Beziehung zu Schwarzen. Schreiben ist für Nadine eine Möglichkeit herauszufinden, wo ihre persönliche Wahrheit liegt, ein Mittel, »um sich selbst zu erschaffen«, wie sie später in dem Essay »Jene andere Welt, die die Welt war« schreiben wird.[3]

Die Veröffentlichungen ihrer Kurzgeschichten in liberalen Wochenzeitschriften bringen ihr Lob ein, doch die Eltern fördern das Talent ihrer Tochter nicht. Nadine wird nicht ermutigt, aber auch nicht gehindert, man lässt sie einfach. Als sie die Schule beendet, schlägt sie zunächst einen konventionellen Weg ein, eine Zeit, über die sie nur ungern spricht. Sie führt einen bourgeoisen Lebenswandel, den sie später als Zeitvergeudung empfinden und sich nie verzeihen wird. Im Gegensatz zu ihren Klassenkameradinnen, die in Büros als Sekretärin unterkommen, arbeitet Nadine nicht. Stattdessen spielt sie Golf und ab und zu Theater in einer Laiengruppe, trinkt Gin mit angehenden Piloten der Royal Air Force, besucht Kurse in Erster Hilfe und Krankenpflege.

Wie in den Jahren ihrer Adoleszenz ist es wieder die Literatur, die Nadine aufrüttelt und bestärkt, aus dem kleinbürgerlichen Milieu von Springs auszubrechen. Sie beginnt ein Studium der Literatur an der Universität Witswatersrand in Johannesburg. Doch bald ist sie die tägliche Zugfahrt von der kleinen Minenstadt in die südafrikanische Metropole leid und so entschließt sie sich umzuziehen. Mit diesem Schritt nach Johannesburg beendet die sechsundzwanzigjährige Frau zugleich ihre kurze Ehe mit ihrem ersten Mann. Ihr gemeinsames Töchterchen, Oriane, »das sie sich inzwischen erlaubt hat«, nimmt sie mit.

Ein Jahr zuvor, 1948, ist die »National Party« an die Macht gekommen und hat die Parole der Apartheid ausgerufen. Der burische Präsident Daniel Malan beginnt, mit Gesetzen und Verfassungsänderungen vehement die Rassentheorie in die Praxis umzusetzen. In dieser Zeit freundet sich Nadine mit Ezekiel Mphahlele, einem Schwarzen, an und bricht damit zunächst die »mildesten Tabus«. Der Journalist führt sie in das Leben der Townships, der schwarzen Ghettos, ein und nimmt sie mit in das intellektuelle Sophiatown, einen Stadtteil, in dem die schwarze Intelligenzia wohnt, bis das Apartheidsregime die Häuser 1962 mit Panzern platt walzt.

Bald ist Nadine mit den meisten Schriftstellern der jungen Generation bekannt. Sie bewegt sich in Kreisen, in denen schwarze Musiker, Lehrer, Journalisten und Fotografen mit ihren weißen Kollegen reden, trinken, tanzen und Affären haben. Das alles ist verboten, doch die jungen Leute treffen sich heimlich in leer stehenden Fabrikgebäuden, in Häusern von Weißen, wo Schwarze eigentlich nur als Diener Zutritt haben, oder in den schwarzen Trinkhallen, die sich in den Townships verbergen. »Damals«, sagt Nadine Gordimer, »dachten wir, dass die Mauern der Apartheid fallen würden.« Doch die liberal denkenden jungen Leute täuschen sich. Bis zum Niedergang der Apartheid soll noch ein halbes Jahrhundert vergehen.

Nadine verdient genug Geld mit dem Schreiben, um ihre Miete zu bezahlen und ihre Tochter ernähren zu können. Ein Verlag in Johannesburg hat ihr die Veröffentlichung ihrer gesammelten Erzählungen angeboten. Auch in der USA erscheinen ihre Kurzgeschichten erst in renommierten Magazinen wie *The New Yorker Magazine* oder *The Yale Review* und 1953 in einem Buch. In diesen Jahren arbeitet sie auch an ihrem ersten, schon erwähnten Roman »Entzauberung« der Entwicklungsgeschichte einer jungen Frau, die langsam den alltäglichen Rassismus in seiner hässlichen Realität erkennt.

Die Hauptperson Helen wächst, ebenso wie Nadine, in einer kleinen Minenstadt auf. Den vermeintlich freundlichen Umgang ihrer Mutter mit dem Personal findet sie »unerträglich«, da auch er nur Ausdruck einer subtilen Form von Rassismus ist. Helen kritisiert dieses Verhalten, das »von Anna, dem Dienstmädchen, als einer Jasagerin und Freundin Gebrauch macht, sie sogar zum Rang einer Vertrauten erhöht und sie gleichzeitig mitsamt ihrer Rasse in einer Art Begriffsmorast, moralischer, geistiger, was weiß ich, Minderwertigkeit stößt. Es ist im Grunde immer wieder die Abhandlung des gleichen alten Themas: natürlich, du selbst bist anders, du bist mein Freund, es paßt mir zufällig in den Kram dich gern zu haben, auch wenn du Jude bist.«[4]

Nadine ist zwar ohne ausgeprägtes Bewusstsein für ihre jüdische Abstammung aufgewachsen, doch sie ist sehr sensibel für jegliche Form von Rassismus, denn ihr eigener Vater hatte vor den Judenprogromen aus Osteuropa fliehen müssen. Als »Entzauberung« 1953 erscheint, wird das Buch auch in Übersee sofort ein Erfolg. Damit, so erinnert sich die südafrikanische Wirtschaftsjournalistin Ruth Weiß in ihren Memoiren, zählt Nadine Gordimer auf Anhieb »zu den Großen«.[5]

Inzwischen hat Nadine einen Mann kennen gelernt, der sie fasziniert. Reinhold Cassirer, Sohn der berühmten Berliner Kunstsammler- und Philosophenfamilie, hatte Nazi-Deutschland 1935 verlassen, nachdem die elterlichen Kabelwerke »arisiert« und von Siemens aufgekauft worden waren. »Reini« teilt die politischen Ansichten Nadines. 1954 heiraten sie und ziehen mit ihren zwei Kindern – auch Reinhold hat aus erster Ehe eine Tochter mitgebracht – nach Parktown. In dem weiß getünchten Haus, errichtet im nüchternen Bauhaus-Stil, hat Nadine ein kleines Arbeitszimmer mit Blick auf den weitläufigen Garten. Wenn sie sich des Morgens an den Schreibtisch setzt, muss im Haus Stille herrschen. Mit ihrem Mann bekommt sie bald einen Sohn, den sie Hugo nennen. Doch Babys oder Kleinkinder haben Nadine noch nie besonders begeistert. Auf die Frage, wie sie ihr Dasein als Schriftstellerin und Mutter vereinbart habe, antwortet sie knapp: »Indem ich meine Kinder ins Internat schickte.«

Die Familie Cassirer/Gordimer führt ein großbürgerliches und liberales Leben, oft haben sie schwarze und weiße Gäste. Doch die »Zeit des Feierns«, wie

Nadine Gordimer sie nennt, wird bald endgültig vorbei sein.

Die Katastrophe beginnt am 21. März 1960, ein Jahr bevor Südafrika eine Republik wird und aus dem Commonwealth austritt. In dem nahe gelegenen Township Sharpville lenkt ein brutales Massaker zum ersten Mal die Aufmerksamkeit der Weltöffentlichkeit auf die Apartheid. Die Polizei schießt auf friedliche Demonstranten, die gegen die Rassengesetze demonstrieren – Gesetze, die das Wohnrecht regeln und den Zuzug Schwarzer in weiße Wohngebiete verhindern sollen. Neunundsechzig Menschen werden getötet und hundertachtzig verletzt. Einen Monat später geht die Regierung entschlossen daran, die gewaltlose Opposition zu zerschlagen.

Folge des Verbots von ANC ist die Gründung des Pan-Africanist Congress (PAC), einer nationalistischen Abspaltung, die sich vom gewaltlosen Widerstand abwendet und den bewaffneten Kampf befürwortet. Der kommunistische Flügel des ANC und der PAC reagieren mit Sabotageakten, werfen Bomben und ermorden Weiße. Damit beginnt die Zeit der Angst, die der südafrikanische Schriftsteller Alan Paton schon ein Jahrzehnt zuvor in seinem prophetischen Buch »Cry, the Beloved Country« beschrieb. »Zweifelt nicht an der Angst in diesem Land ... Wir werden von einem Tag zum anderen leben, und wir werden immer mehr

Schlösser an unseren Türen anbringen und einen schönen scharfen Hund anschaffen … aber die Schönheit der Bäume in der Nacht, die Ekstase Liebender unter den Sternen werden wir hinter uns lassen.«[6]

Die Verschärfung der Rassengesetze sind Anlass für Nadine Gordimer, sich mit ihrer bisher gemäßigten politischen Haltung kritisch auseinander zu setzen. »Der Liberalismus«, schreibt sie 1958, »ist bedeutungslos geworden. Wir müssen uns damit abfinden, dass wir in einer morschen Gesellschaft nicht anständig leben können.« Die Brüche der südafrikanischen Gesellschaft werden zum Thema ihres dritten Buches, an dem sie nach dem Massaker von Sharpeville zu arbeiten beginnt. Hintergrund des Romans »Anlaß zu lieben« sind die multikulturellen Partys und endlos komplizierten Liebesgeschichten Ende der vierziger und Anfang der fünfziger Jahre.

Die Hauptfiguren bewegen sich in einem toleranten, intellektuellen Milieu, das Gordimers eigenem Leben und Umfeld sehr ähnelt. Die Geschichte wird aus der Perspektive Jessie Stilwells erzählt, einer Mutter, die ihre vier Kinder eher als Last, denn als Lust empfindet. Sie und ihr Mann Tom, ein Universitätsprofessor, führen in Johannesburg ein für Freunde aller Hautfarben offenes Haus. Für mehrere Monate beherbergen sie ein Paar aus London und werden Zeuge einer auch ihr Leben verändernden Liebesaffäre. Anne, die junge temperamentvolle Frau des Musikethnologen Boaz, verliebt sich in den schwarzen Maler Shibalo. Sie lebt diese Beziehung für ein paar Monate, indem sie die Rassenschranken einfach ignoriert. Doch dass diese Haltung eine Lebenslüge ist, entblättert Nadine Gordimer wie die Schalen einer Zwiebel, von der am Ende ebenso wenig übrig bleibt wie von der Liebe zwischen Anne und Shibalo.

Das Apartheidsystem lässt keine persönliche Beziehungen unberührt. So ist das angeblich taktvolle Verhalten des liberalen Boaz »entmutigend«, denn der Weiße erlaubt sich keine Eifersuchtsgefühle, weil der Liebhaber seiner Frau ein Schwarzer ist. Und auch zwischen den Liebenden, so erkennt Jessie resigniert, zählt die Hautfarbe: »Es gab keine Daseinsnische, kein so privates Gefühl, dass das weiße Privileg einen nicht heraushob, es war ein silberner Löffel, zwischen die Kiefer geklemmt, und man konnte daran eher ersticken als ihn entfernen.«[7]

Sogar die Identifikation liberaler Weißer mit den Schwarzen stellt sich als Schwindel heraus, denn ihre Solidarität macht die Schwarzen ebenso zum Opfer wie die Apartheidgesetze: In beiden Fällen ist ihre Identität aufgezwungen und nicht selbstbestimmt. Am Ende kommen die Stilwells zu dem Schluss, dass angesichts der politischen Verhältnisse ihr liberaler Verhaltenskodex hinfällig wird. In Gedanken ziehen sie eine Konsequenz, die auch Nadine Gordimers eigene Haltung widerspiegelt: »Tom begann darüber nachzudenken, ob es nicht vernünftiger wäre, ein Kraftwerk in die Luft zu sprengen, aber Jessie würde es wohl sein, die jemandem dabei helfen würde, vielleicht, später.«[8]

Mit dem Roman »Anlaß zu lieben«, der 1963 erscheint, hat sich Nadine Gordimer auch persönlich endgültig vom Liberalismus verabschiedet. Jetzt bekennt sie sich öffentlich zum bewaffneten Kampf. Schon Mitte der fünfziger Jahre hatte sie die Gewerkschafterin Betty de Toy mit Leuten bekannt gemacht, die nicht »auf Partys, sondern in Gefängnisse gehen«. Das politische Engagement der Burin, die dem ANC eng verbunden ist, beeinflusst die Schriftstellerin stark. »Betty«, sagt Nadine Gordimer, »war anders als die liberalen Weißen, die ich kannte. Sie kämpfte für die Freiheitsbewegung, indem sie Anweisungen von Schwarzen entgegennahm.«

Mit der Freundschaft zu Betty radikalisiert sich auch Gordimers politische Position. Zwar hat sie nicht den Mut, »eine völlige Revolutionärin« zu werden und ein Leben lang ins Gefängnis zu gehen« – wie ein anderer von ihr bewunderter Weißer, der engagierte Kommunist Bram Fischer. Sie benutzt die Waffen, die einer Schriftstellerin zur Verfügung stehen: Sie verfasst Artikel, Essays und hält Reden gegen die Apartheid. Sie wendet sich gegen die Zensur, von der auch ihre Romane betroffen sind. Allerdings protestiert die Autorin nur, wenn Bücher von anderen verboten werden

– im eigenen Fall verzichtet sie darauf, um nicht mit Berufungsklagen indirekt die Zensurbehörde anzuerkennen.

In dieser Zeit ist sie öfters im Gerichtssaal als zu Hause. Oft sagt sie als Zeugin der Verteidigung aus für schwarze Freunde und Kollegen, die des Hochverrats angeklagt sind. Sie hilft befreundeten schwarzen Schriftstellern, deren Bücher gebannt sind, im Ausland zu veröffentlichen. Sie geht auf die Straße und nimmt an Protestmärschen und Demonstrationen teil – bis auch diese verboten werden. Doch die Apartheidpolitik stört die Mehrheit der Weißen ohnehin nicht: »Nach einem kurzen Blick auf die neueste Liste derer, die unter Hausarrest stehen«, konstatiert Nadine Gordimer 1963, »wenden sie sich der Sportseite zu … Wenn ein Weißer festgenommen worden ist, belebt vielleicht ein Funken Ärger die Gleichgültigkeit – jemand der seine eigenen Leute verrät, verdient es nicht besser.«[9] Durch die Gesellschaft geht ein Riss; zwischen den Engagierten und den Gleichgültigen tut sich eine tiefe Kluft auf, die Nadine Gordimer entmutigt als eine Wüste beschreibt, »in der die schwachen Spuren, denen nur das geistige Auge folgen kann, sich im Sand verlieren«[10].

Aber gerade die Gleichgültigen, und das bestärkt die Schriftstellerin in ihrer Radikalität, halten sich für die überlegene Rasse. Eine kleine Schicht von 13 Prozent Weißen hält es für ihr angestammtes Recht, 76

Prozent Schwarze und 9 Prozent Farbige brutal zu unterdrücken. Wo ist in diesem Südafrika, so fragt sich Nadine Gordimer, überhaupt noch »Platz für die Weißen«? Wenn sie hoffnungslos ist, neigt sie zu der Antwort »nirgends«.[11] Dennoch ist Emigration für sie keine Alternative, dies wäre der bequemere Weg, der bedeutete, vor den Problemen zu flüchten. »Ins Exil gehen, heißt seinen Platz in der Welt verlieren«, begründet die Schriftstellerin später mit den Worten Jean Paul Sartres ihre Entscheidung. Dafür zahlt sie wie viele andere, die in der Freiheitsbewegung engagiert sind, einen hohen Preis. Ihr politisches Engagement und ihre Solidarität mit schwarzen Freunden, wie dem Zulu-Häuptling Albert Luthuli, den sie beherbergt, obwohl er des Hochverrats angeklagt ist, machen sie verdächtig. Die Geheimpolizei bespitzelt sie und hört ihr Telefon ab, und ultrarechte burische Extremisten schicken ihr Morddrohungen. Doch in diesem Teil der Vergangenheit will Gordimer fünfundvierzig Jahre später nicht »herumgraben«. Niemand soll sie im Nachhinein zur Heldin stilisieren. »Schließlich«, sagt sie, »ist das, was ich erlebt habe, nicht vergleichbar mit dem, was andere Leute erleiden mussten, die Jahre im Gefängnis verbrachten.«

An einem Schicksal nimmt Nadine Gordimer besonders großen Anteil. Wochenlang besucht sie die Gerichtsverhandlungen, in denen der beeindruckende burische Apartheidgegner Abram (Bram) Fischer angeklagt und 1966 zu lebenslangem Gefängnis verurteilt wird. Sie veröffentlicht zwei Berichte über das Verfahren und verarbeitet die Geschichte zehn Jahre später 1979 in »Burgers Tochter«, dem Buch, das Gordimer ihr einzig »wirklich politisches« nennt.

Die Hauptfigur, Tochter des Freiheitskämpfers Lionel, trägt nicht ohne Absicht den Vornamen der Symbolfigur für Widerstand gegen Dummheit und Intoleranz: Rosa Luxemburg[*]. Die junge Frau, deren Eltern inzwischen im Gefängnis umgekommen sind, versucht, sich an die Vergangenheit und an ihre eigenen Reaktionen zu erinnern. Auch die politischen Verhältnisse sind zwiespältig. Da gibt es die ideologischen Auseinandersetzungen innerhalb des ANC, die Engstirnigkeit der dogmatischen Kommunisten, das Scheitern der Kommunistischen Partei Südafrikas, die weißen Liberalen, die versuchen, sich mit heiler Haut aus der Affäre zu ziehen. In Anbetracht dieser komplexen Situation ist es für die Autorin nicht leicht, eine angemessene literarische Form zu finden.

Es dauert eine Weile, bis sie weiß, wie sie die Geschichte schreiben muss: »Es gibt den heroischen Stil«, sagt Nadine Gordimer, »in dem die kleinen kommunistischen Zeitungen diese ›tapfere Kämpferin‹ beschreiben. Rosa selbst weiß genau: sie ist nicht diese tapfere

---

[*] sozialistische Politikern, geboren am 5.3.1871, ermordet in Berlin am 15.1.1919, schloss sich schon als Schülerin der sozialistischen Arbeiterbewegung an, schuf gemeinsam mit Karl Liebknecht den Spartakusbund und schrieb das Programm der 1918 konstituierten KPD

Kämpferin. Dann gibt es die Perspektive ihrer Schulkameradinnen, die nicht einmal wahrnehmen, daß Rosa, die ja selbst eine Burin ist, sich ständig negativ über die Buren äußert. Es gibt so viele Aspekte ihres Ichs, die ich berücksichtigen mußte.«[12] Mit Rosas Identitätssuche hat Nadine Gordimer eine geschickte Erzählstrategie gewählt, mit der sie die politischen Verhältnisse Südafrikas aus verschiedenen Perspektiven betrachten kann.

Wie sehr die Entfremdung und psychische Brutalisierung aller in den Rassenkonflikt Verstrickten fortgeschritten ist, verdichtet sich in einer traumatischen Szene. Rosa hat sich in einem der Township-Slums am Rand der Bergwerkschutthalden von Johannesburg »verfangen, im Gegensystem von Verkehrswegen, das auf keiner Straßenkarte erscheint und Zugang zu ›Orten‹ bietet, die man auf keinem Plan der Stadt und ihrer Umgebung findet«[13]. Sie nähert sich gerade einer unbefestigten Straße ohne Verkehrsschilder, als sie Zeugin wird, wie ein Mann einen Esel beinahe zu Tode prügelt: »In diesem Augenblick wurde der Esel von einem Krampf befallen, der seine vier Beine und den Kopf nach unten in einer Schlaufe zur Körpermitte hin zusammenzog und dann Kopf und Extremitäten wieder auseinander schleuderte ... Ich sah die Peitsche nicht. Ich sah Qual ... Ich sah die Zufügung von Schmerz getrennt von dem Willen, der ihn hervorruft; freigesetzt, eine Kraft, die aus sich selber heraus be-

steht, Schändung ohne Schänder, Folter ohne Folter-
knecht, blindes Wüten, schiere Grausamkeit, nicht
mehr beherrschbar von Menschen, die Tausende von
Jahren damit verbracht haben, sie zu ersinnen. Die
ganze Erfindungsgabe, angefangen mit Daumen-
schrauben und Folterbank bis hin zum Elektroschock
… die Konzentrations- und Arbeitslager, Umsiedlung,
das Sibirien des Schnees und das der Sonne, das Leben
von Mandela … Lionel zum Skelett abgemagert, von
zwei Wärtern gestützt …«[14]

Mit ihrer »weißen Autorität« könnte Rosa dem alten Mann Einhalt gebieten und damit die Qual des ge-
peinigten Tieres beenden. Doch sie tut nichts. »Ich ließ
ihn den Esel schlagen. Der Mann war ein Schwarzer.
So fiel eine Art Eitelkeit stärker ins Gewicht als das
Fühlen, ich konnte es nicht ertragen, mich – sie – Rosa
Burger – als eine jener Weißen zu sehen, die sich mehr
um Tiere als um Menschen kümmern.«[15]

Nicht nur die Regierung, das begreift Rosa, sondern alle Weißen sind an der aussichtslosen Lage in
Südafrika schuld, denn auch sie sind Teil der herrschenden Kaste und hervorgehoben durch das weiße
Privileg.

»Burgers Tochter« endet mit den Aufständen von
Soweto im Juni 1976, in die Rosa als Unbeteiligte hi-
neingerät und von der Polizei verhaftet wird. Als der
Roman in Südafrika erscheint, wird er sofort verboten.
Dreizehn Jahre später wird die Nobelpreis-Akademie

dieses Buch zu einem von Gordimers Meisterwerken erklären.

Die Einführung von Afrikaans, der Sprache des burischen Regimes, als Unterrichtssprache ist eine Provokation, auf die die Schüler von Soweto mit einer Revolte reagieren. Die Schulstreiks beginnen im Mai 1976 und erreichen am 16. Juni ihren Höhepunkt, als 20000 Schüler in einer friedlichen Demonstration durch Soweto gehen und plötzlich der bewaffneten Macht des Polizeistaats gegenüberstehen. Die Polizisten werfen Tränengasgranaten, die Kinder und Jugendlichen Steine – die Polizisten antworten mit Maschinengewehren. Doch auch mit Brutalität kann die Regierung die Proteste nicht ersticken; die massiven Unruhen gehen monatelang weiter, Schulstreiks erfassen andere schwarze Schulen Südafrikas, schwarze Arbeiter treten in einen Generalstreik.

Nadine Gordimer ist tief berührt von den Kindern, die »im Laufe eines Morgens lernten, die Angst vor dem Tod zu überwinden«[16]. Im Gegensatz zu anderen Weißen glaubt sie nicht, dass die Kinder von Agitatoren angestiftet wurden. »Niemand«, so schreibt sie 1976 in einem Essay mit dem Titel »Brief aus Johannesburg«, »konnte sich vorstellen, daß sie – heranwachsende Mädchen in kurzen Kleidern, Jugendliche in Jeans und kleine, barfüßige Jungen mit heraushängenden Hemden wie bei einem ausgelassenen Räuber-

und Gendarmspiel – die Polizei noch einmal herausfordern würden, die ihnen gezeigt hatte, daß sie mit tödlichen Kugeln schoß. Aber genau das taten die Kinder; sie taten es sogar wieder und wieder. Sie hatten eine ganze Lektion durchgenommen; sie hatten Furchtlosigkeit gelernt.«[17]

Soweto ist nicht nur eine Herausforderung für die Anhänger der Apartheid, der Aufstand verschärft auch die Kluft zwischen den Schwarzen und jenen Weißen, die mit der Revolte symphatisieren. Das »Black Consciousness Movement«, die Bewegung des schwarzen Bewusstseins, grenzt sich jetzt von allen ab – selbst von den liberalen oder radikalen Weißen, da auch sie als Bestandteil des Herrschaftssystems betrachtet werden.

Dies ist für Nadine Gordimer ein Schlag ins Gesicht, sie denkt erneut über ihre schriftstellerischen Grenzen und Möglichkeiten im Apartheidstaat nach: »Ich bin eine Weiße und mir dessen voll bewußt, daß mein Bewußtsein unvermeidlich dieselbe Farbe hat wie mein Gesicht. Trotzdem habe ich mir nicht angemaßt, für Weiße zu sprechen, wenn ich von weißen Haltungen und Ansichten gesprochen habe; ich habe Haltungen und Ansichten wiedergegeben, die Weiße geäußert haben oder die (meiner Meinung nach) in ihrer Arbeit zum Ausdruck kommen. Wenn ich von Haltungen und Ansichten von Schwarzen gesprochen habe, habe ich mir nicht angemaßt, für Schwarze zu

sprechen, ich habe Haltungen und Ansichten wiedergegeben, die von Schwarzen selbst geäußert wurden
oder (meiner Meinung nach) in ihrer Arbeit sichtbar
werden.«[18]

In ihrer Rede, die sie 1979 auf einer Konferenz »zur
Lage der Kunst in Südafrika« in Kapstadt hält, macht
Nadine Gordimer deutlich, dass auch sie ihre Hautfarbe als Stigma empfindet, wenn auch eines, das privile-
giert. Man kann seine Klasse, seine Religion und seine
politische Überzeugung wechseln, aber aus seiner

Haut kommt niemand heraus. Ende der siebziger Jahre haben die politischen Verhältnisse ihren Tiefpunkt erreicht. Gordimer befürchtet, dass ihr Land in einen Bürgerkrieg schlittert. Die Möglichkeit eines schwarzen Guerillakriegs beschäftigen die Schriftstellerin so sehr, dass sie diesem Thema den Roman »July's Leute« widmet.

Dieses Buch malt eine düstere Zukunftsvision. Unterstützt von Truppen der angrenzenden Staaten Mozambique und Zimbabwe, erreichen Rebellen die Städte der Weißen; ihre Fabriken und Verwaltungszentralen werden in die Luft gesprengt, ihre Villen gehen in Flammen auf. Mithilfe seines Hausboys July, der nach dem Monat seiner Ankunft benannt ist, fliehen das weiße Ehepaar Bam und Maureen Smales und seine drei Kinder in den Busch. Von nun an findet eine Umkehrung der Verhältnisse statt: Jetzt ist July der Stärkere, seine ehemalige, wenn auch liberale Herrschaft – Bram und Maureen sind Apartheidgegner – ist von ihm abhängig. Mit der Hierarchie der Gesellschaft löst sich alles auf: die Familie, die Ehe, die Identität des weißen Paares, das zu einer äußerst bitteren Erkenntnis kommen muss: »Ihnen wurde übel bei dem Gedanken, sie könnten feststellen, daß sie ihr ganzes Leben als das verbracht hätten, was sie waren, als weiße Parias, geboren auf einem schwarzen Kontinent.«[19]

»Als ich den Roman geschrieben habe«, sagt Nadine Gordimer, »sahen die Dinge sehr schlecht aus.« Auch wenn der Ausblick in ihrem Roman aussichtslos ist, so ist die Autorin nicht ohne Hoffnung. Durch »die lange Tradition des Kampfes gegen Apartheid« sieht sie auch »progressive Kräfte auf beiden Seiten freigesetzt«. Doch erst als sich westliche Regierungen mit dem Befreiungskampf solidarisieren und der internationale Finanzmarkt Südafrika boykottiert, sieht Pretoria das Versagen der Apartheid ein. 1989 tritt der Präsident P. W. Botha ab und Frederik W. de Klerk kommt an die Macht.

Seit Jahrzehnten stand die »internationale First Lady der Literatur«, wie sie genannt wird, auf der so genannten »Kurzliste«, der Anwartliste zum Literatur-Nobelpreis. Schon seit 1961 hatte sie zahlreiche Auszeichnungen bekommen, in Deutschland wurde sie mit dem Nelly-Sachs-Preis der Stadt Dortmund geehrt. Doch erst 1991, mit siebenundsechzig Jahren, erhält Nadine Gordimer als siebte Frau innerhalb von neunzig Jahren die höchste Literaturauszeichnung. Die Schriftstellerin befindet sich gerade auf einer Lesereise in den USA, als sie die Nachricht erreicht. Sie reagiert überrascht: »Ich war schon so lange eine mögliche Kandidatin für den Nobelpreis, dass ich die Hoffnung aufgegeben hatte«, sagt sie einem Reporter der New York Times.

Das Echo der Kritiker ist weltweit positiv. Endlich habe die Nobelpreis-Jury sich für die große, unangefochtene Autorin der englischsprachigen Literatur entschieden. Doch viele Kritiker fragen spöttisch, warum sich die Jury so lange Zeit gelassen habe, zumal sie ja Gordimers politischen Mut als einen wichtigen Punkt für die Preisverleihung wertete. War es Feigheit, ein politisches Zeichen zu setzen, als der Roman »Burgers Tochter«, den die Akademie besonders würdigt, von der Regierung Botha gebannt war? Zu diesem früheren Zeitpunkt wäre eine Auszeichnung, die Gordimers »kompromissloses energisches Engagement für die Gleichberechtigung der Rassen und gegen die Apartheidpolitik der weißen Regierung« hervorhebt, sehr viel effektiver gewesen. So sieht es Nadine Gordimer selbst: »Wenn ich den Preis vor dem Zusammenbruch der Apartheid erhalten hätte, wäre er natürlich ein Schlag ins Gesicht des weißen Unterdrückerregimes gewesen.«

Im Jahre 1991 hingegen hat die Zeit der Öffnung und Reform längst begonnen, und das, was die Apartheidgegner wie Gordimer jahrzehntelang gefordert hatten, wird endlich eingelöst. Der amtierende Präsident de Klerk leitet die südafrikanische Perestroika ein. Die Oppositionsparteien werden legalisiert, Nelson Mandela 1990 nach achtundzwanzig Jahren Haft auf Robben Island aus dem Gefängnis entlassen, und die Regierung nimmt Verhandlungen mit dem ANC auf. Deshalb erstaunen die offiziellen Glückwünsche des südafrikanischen Präsidenten nicht. Der inzwischen vom Apartheid-Saulus zum Perestroika-Paulus gewandelte de Klerk gratuliert, wenn auch nicht überschwänglich: »Als Südafrikaner bin ich immer erfreut, wenn einer unserer Landsleute internationale Anerkennung erhält. Der Nobelpreis für Literatur hebt das Prestige.«

Nadine Gordimer lässt sich von den Worten des Premiers der Nationalen Partei nicht beeindrucken. »Noch vor drei Jahren«, sagt sie in einem Interview, »wäre es undenkbar gewesen, dass mir irgend jemand in der südafrikanischen Regierung zu irgend etwas gratuliert hätte. Vielleicht ist de Klerk der höfliche Glückwunsch nicht leichtgefallen. Denn ich bin immer noch für die Wirtschaftssanktionen gegen Südafrika, die meiner Meinung nach viel zu schnell aufgehoben wurden. Das Regime vertritt natürlich den gegenteiligen Standpunkt.« Gordimer, die zu diesem Zeitpunkt Kontakt zu Mandela aufgenommen hat, ist voller Ungeduld. Ihr dauert der Reformprozess zu lange. Bis zur völligen Abschaffung der Apartheid und den ersten demokratischen Wahlen sollen noch drei Jahre vergehen.

Als die Geehrte von der Nobelpreisverleihung in Schweden in ihr Land zurückkommt, wird sie am Jan-Smuts-Flughafen in Johannesburg von einer Menschenmenge stürmisch empfangen. Gekommen sind nur vier enge weiße Freunde, sonst ausschließlich Schwarze. Die Menschen schwenken Spruchbänder, tanzen und singen und hupen auf der Straße vor der

Ankunftshalle. »Wir haben uns damals irrsinnig mit Nadine gefreut«, erinnert sich Don Mattera[*]. »Sicherlich hatten wir schwarzen Schriftsteller das Gefühl, dass auch wir mit diesem Preis geehrt worden sind.«[20]

Nadine Gordimer teilt diese »Freude ihrer Freunde«: Der Preis sei eine »Ehrung für uns alle, die wir in den Jahren der Apartheid versucht haben, eine wirkliche südafrikanische Kultur zu schaffen, eine Kultur in Opposition zur alten Kolonialkultur und zu derjenigen der Apartheid«.

Es ist typisch für die Nobelpreisträgerin, dass sie nicht nur redet, sondern auch handelt: Sie spendet einen Teil des mit 1,7 Millionen Mark dotierten Preisgelds dem »Congress of South African Writers«, einer Vereinigung, die sie mitbegründete und die größtenteils aus Schwarzen besteht.

In Interviews, die sie in dieser Zeit gibt, reagiert Nadine Gordimer stets empfindlich, wenn der ANC oder Journalisten sie als politische Autorin einstufen. »Das ist ein Etikett, das man mir aufgeklebt hat … Wenn man aus einem Land kommt, in dem politischer Unfrieden herrscht, dringt, was in diesem Land geschieht, auf natürliche Weise in die Sichtweise des Schriftstellers ein.« Politik bedeutet Parteinahme, aber genau davor muss sich der Schriftsteller hüten: »Ich mag Men-

---

[*] geboren 1949 in Sophiatown/Johannesburg. Schriftsteller und Journalist der schwarzen Zeitung *The Sowetan* in Johannesburg, Mitglied des »Black Consciousness Movement«

schen lieber«, sagt Gordimer, indem sie Albert Camus, einen ihrer Lieblingsschriftsteller, zitiert, »die Partei ergreifen, als Literatur, die das tut.« Ihr politisches Engagement ist eine Sache, ihre Arbeit als Autorin eine andere. Als genaue Beobachterin nimmt sie Wirklichkeiten wahr, auch wenn sie ihren eigenen Wunschvorstellungen nicht entsprechen. Denn Schriftsteller sind der Wahrheit verpflichtet, und um diese zu finden, so Gordimers Maxime, müssen sie das Wort sogar gegen die eigenen Loyalitäten richten.

In ihrer Stockholmer Nobelpreis-Rede hält sie ein beeindruckendes, der Aufklärung verpflichtetes Plädoyer für die Literatur: »So verbringen wir unser Leben mit dem Versuch durch das Wort zu deuten, was wir von der Gesellschaft, von der Welt, an der wir teilhaben, abzulesen meinen ... im Sinne dieser unlösbaren unauslöslichen Teilhabe, ist das Schreiben immer und in jedem Augenblick eine Selbst- und Welterkundung, eine Erkundung individuellen und kollektiven Seins ... Jeder einigermaßen bedeutende Autor hofft, wenigstens mit einer Taschenlampe – selten ist es ein Genie mit einer plötzlichen Fackel – Licht in das grausige, aber schöne Labyrinth der menschlichen Erfahrung des Seins zu bringen.«[21]

Nicht zufällig hat sie als Titel eines ihrer jüngsten Essaybände »Schreiben und Sein« gewählt. Schreiben *ist* Sein im Selbstverständnis von Nadine Gordimer, ein lebensnotwendiges Muss: »Vielleicht«, fragt sie,

»gibt es keine andere Art, das Sein zu verstehen, als durch Kunst?«

1991 beginnt die friedliche Revolution in Südafrika. Doch auch in der Zeit der schwarzen Befreiung bleibt Nadine Gordimer die skeptische Realistin, die sie immer war. Fern jeder Euphorie setzt sie sich literarisch in einem Roman, der 1995 erscheint, mit den Herausforderungen des Aufbruchs in eine Demokratie auseinander.

»Niemand, der mit mir geht« spielt in der Phase des Übergangs, dem Jahr vor den ersten freien Wahlen, in dem die schwarzen und weißen Exilanten zurückkehren. Nüchtern richtet Gordimer ihren Blick auf das Chaos von Komitees und Kommissionen, auf Rivalitäten und Revanchegelüste, auf das Beharren der Buren auf vermeintlich angestammtes Recht. Der schrittweise Rücktritt des weißen Regimes ist ein Machtkampf, den auch Intriganten und Opportunisten für ihren Aufstieg nutzen.

Die ersten demokratischen Wahlen in Südafrika finden 1994 statt. Für Gordimer ist dies auch eine persönliche Befreiung: »Erst jetzt«, sagt sie, und ein Lächeln huscht über ihr Gesicht, »nachdem wir vor dem Gesetz alle gleich sind, kann auch ich mich Südafrikanerin nennen.« Die Menschen sind nun viel offener, endlich kann jeder hingehen, wohin er will, und ohne Angst über alles schreiben. Die Mauern der Apartheid sind endgültig gefallen, die Zeit der Aufarbeitung der Vergangenheit hat begonnen.

Südafrika setzt auf das Prinzip Vergebung und wählt ein weltweit einmaliges Modell: keine Generalamnesie wie in Südamerika, aber auch keine strafrechtliche Verfolgung der Täter wie in Deutschland. Stattdessen wird eine Wahrheits- und Versöhnungskommission eingerichtet, in der Opfer von den Gräueln berichten, die ihnen zugefügt wurden. »Die Möglichkeit über ihr Leid zu sprechen«, sagt Nadine Gordimer, »ist eine Form der Katharsis. Aber ich frage mich, ob die Opfer jemals wieder ein normales Leben werden führen können.«

Dies ist eine der Fragen, die Nadine Gordimer Anstoß zu einem neuen Projekt geben. Gemeinsam mit ihrem Sohn Hugo Cassirer, der in New York als Dokumentarfilmer lebt, widmet sich die dreiundsiebzigjährige Schrifstellerin noch einmal einem ganz neuen Feld, dem Film. Im Mittelpunkt steht die friedliche Revolution in den Metropolen Johannesburg und Berlin – der Geburtsstadt ihres Mannes. »Berlin hat viele Probleme, die den unseren in Johannesburg ähnlich sind«, sagt Gordimer. »Beide Metropolen müssen eine Stadt aus ehemals geteilten Städten machen. Beide Städte müssen sich um Versöhnung und Vereinigung kümmern. Sicherlich können wir da eine Menge voneinander lernen.«

Wie so oft an diesem Nachmittag unterbricht das im Arbeitszimmer klingelnde Telefon unser Gespräch. Wenn Nadine Gordimer zurückkommt, fängt sie den unvollendeten Satz stets da an, wo sie ihn unterbrochen hat. Diesmal blickt sie ungeduldig auf die Uhr. Der Tee, den ihr schwarzes Dienstmädchen serviert hat, ist längst kalt geworden. In ihrer Stimme schwingt unüberhörbar Ungeduld, als sie bittet, das Interview in Kürze zu beenden.

Sie sei Schriftstellerin geworden, sagte sie einmal, »weil mich die Mysterien des menschlichen Wesens faszinieren.« Neugierig auf die Geheimnissse des Lebens ist sie noch immer. Zufrieden mit sich selbst allerdings nie. Die Frage: »Was möchten Sie sein?«, beantwortete Nadine Gordimer mit dem Satz: »Was ich bin, eine Schriftstellerin.« Zu der Frage: »Wer oder was hätten Sie sein mögen?«, schrieb sie: »Eine bessere Schriftstellerin.«[22]

»Ich blicke in den Himmel und stehe
mit beiden Beinen auf der Erde«
Rigoberta Menchú (*1959), Friedensnobelpreis 1992

Von Luitgard Koch

In ihrer vielfarbig bestickten Bluse, dem Huipil, und den bauschigen knöchellangen Röcken steht Rigoberta Menchú ohne Scheu zwischen den Mächtigen ihres Heimatlandes Guatemala. Kühl ist der Empfang, den Staatspräsident Jorge Serrano Ellas der dreiunddreißigjährigen Friedensnobelpreisträgerin – fast gezwungenermaßen – in Guatemala-Stadt bereitet. Die Herrschenden verhehlen nicht, wie sehr sie die Indianerführerin trotz des Nobelpreises verachten. In den Augen der Oberschicht bleibt diese *panzaona,* das »dicke Indioweib«, eine gefährliche Kommunistin und Guerrillera. Doch die gerade ein Meter fünfzig große Frau stellt klar: »Meine Waffe ist das Wort.«[1] Für eine Maya-Indianerin aus der Provinz El Quiché, geboren in dem kleinen Dorf Chimel im westlichen Hochland Guatemalas, ein ungeheuerlicher Satz.

Jahrhunderte zuvor hatten die spanischen Konquistadoren versucht, alle Überlieferungen der Maya auszulöschen und so ihre Untertanen mundtot zu machen. Die weißen Eroberer verurteilten ein ganzes Volk zum Schweigen und vernichteten ihre Schriften. »Weil sie nichts enthielten was von Aberglauben und

Täuschungen des Teufels frei wäre«, berichtete 1562 stolz der spanische Bischof von Merida Fray Diego de Landa, »verbrannten wir ihre Bücher alle.«[2] Für die Indios bedeutete dies: Ihre Schrift wurde nahezu ausgerottet. Die wenigen, heute noch bekannten Bücher der Maya wie das »Popol Vuh«, das auch die Bibel der Maya genannt wird, hatten einige spanische Missionare mithilfe der Einheimischen im 16. und 17. Jahrhundert allein aufgrund mündlicher Überlieferung in spanischer Sprache und Schrift aufgezeichnet.

Das Werk der Eroberer trägt bis heute bittere Früchte: 80 Prozent der Landbevölkerung – in den Städten rund 46 Prozent – und 99 Prozent der Frauen Guatemalas sind immer noch Analphabeten. So ist es fast ein Wunder, dass Rigoberta nicht nur ihre eigene Sprache fand, sondern ihre Stimme auch laut erhebt, die in Guatemala und auf der ganzen Welt gehört wird.

In einem kleinen Dorf der Gemeinde San Miguel Uspantán in der Provinz Quiché wird Rigoberta Menchú am 9. Januar 1959 geboren. Bevor ihr Vater Vincente mit Anfang zwanzig heiratet, arbeitet er als Küster in einer katholischen Kirche. Er ist Christ, doch seine Frau Juana pflegt die alten Riten und Gebräuche der Maya-Kultur. Gleich nach der Geburt hängt sie dem Neugeborenen ein Beutelchen mit Knoblauch, Salz, Kalk und Tabakkrümeln um – das soll dem Kind die Kraft verleihen, dem Bösen in der Welt zu widerstehen. Die kleine Rigoberta wird dann in einer Ecke der Hütte von ihren vier Geschwistern und der übrigen Familie abgeschirmt. In der ersten Woche, so verlangt es die Überlieferung, darf nur die Mutter bei dem Säugling sein. Danach erst schlachtet die Familie zur Feier der Geburt ein Schaf und entzündet die erste Kerze für das Kind, das so in die Dorfgemeinschaft und ins »Universum« aufgenommen wird.

Als Rigoberta ein Jahr alt ist, beginnt ein Bürgerkrieg, der sechsunddreißig Jahre lang in Guatemala wüten wird. Hauptursache des Krieges: die Armut der Landbevölkerung durch die ungerechte Verteilung des Landbesitzes und der Ausschluss der indianischen Einwohner – die fast zwei Drittel der Bevölkerung Guatemalas umfasst – von jeglicher politischen und wirtschaftlichen Macht. In diesem Konflikt radikalisiert sich ein Teil der Opposition und greift zur Waffe. In Guatemala entsteht die Guerillabewegung »Unidad Revolucionara Nacional Gualtemateca« (URNG). Es gründen sich Bauernorganisationen, die aufgrund der ständigen Repression illegal arbeiten müssen. Die Guerilla orientiert sich an den nicaraguanischen Befreiungsbewegungen ebenso wie an der aus El Salvador.

Die Wurzel des Übels liegt in der unbarmherzigen Kolonisation. Auch nach der Unabhängigkeit Guatemalas im Jahre 1821 änderte sich nichts an den ungleichen Besitzverhältnissen: Die Großgrundbesitzer führten nur fort, was die Konquistadoren begannen.

Seit Beginn des zwanzigsten Jahrhunderts mischten sich in diesem Teil des »lateinamerikanischen Hinterhofs« die großen amerikanischen Pflanzungsgesellschaften wie die United Fruit Company und damit auch die Regierung der USA in die Innenpolitik ein. Die USA stürzten etwa den Präsidenten Guzmann, der Anfang der fünfziger Jahre eine Bodenreform gewagt und Ländereien der United Fruit Company enteignet hatte. Auf Putsche folgten Gegenputsche und am Ende die Militärdiktatur.

Rigoberta muss bereits mit fünf Jahren auf den Fincas der Großgrundbesitzer hart arbeiten. »In dieser Zeit«, so sagt sie später, »erwachte auch mein Bewußtsein«[3] Sie hilft ihrer Mutter, die für die vierzig Arbeiter kochen muss, und hütet den kleinen Bruder Petrocinio. Doch sie möchte mehr für ihre Eltern tun, träumt davon, »richtig Geld zu verdienen«[4]. Und so pflückt das ehrgeizige Kind mit den Großen die Kaffeebohnen von den Sträuchern. Höllisch achten die Aufseher darauf, dass die Arbeiter den Kaffeestrauch nicht knicken. Falls es doch passiert, wird sofort etwas vom Lohn einbehalten. Für ein Kilo gepflückten Kaffees erhält die Achtjährige umgerechnet fünfzig Pfennig.

Vom ersten Tag an werden die Campesinos, die Landarbeiter, auf den Fincas »bestohlen«: Alles müssen sie von ihrem Lohn extra und teuer bezahlen, angefangen vom Transport bis zum Essen. Meist kehren sie fast mit nichts wieder in ihre Hochlanddörfer zurück. Mit der Hacke bestellen sie dann die eigenen, kargen Felder, deren Ertrag an Gemüse und Getreide kaum zum Leben reicht. Rigoberta hilft den Eltern, wo sie nur kann. »Ich arbeitete fast wie ein kleiner Mann.«[5] Darauf ist sie heute noch stolz.

Rigoberta verehrt ihren Vater sehr. Auch wenn sie mit ihrem runden Gesicht mehr der Mutter ähnelt, fühlt sie sich stärker zu Vincente Menchú hingezogen: »Mein Vater empfand für mich die gleiche Zärtlichkeit, wie ich für ihn.«[6] Ihr Vater behandelt sie wie eine kleine Erwachsene und ergreift – auch der Mutter gegenüber – immer ihre Partei.

Von Anfang an sieht Rigoberta aber auch, dass sich eine Frau nicht mit ihrer traditionellen Rolle zufrieden geben muss, sondern sich gegen ihren Mann durchsetzen kann. Juana Menchú zieht allein von Dorf zu Dorf, um ihre Arbeit als Hebamme und Kräuterheilkundige zu tun; das ist auch bei den Indigenas, der lateinamerikanischen Urbevölkerung, etwas Ungewöhnliches. »Meine Mutter hatte alle Freiheit zu gehen, wohin sie wollte«[7] – aber dass sie manchmal tagelang wegbleibt, verärgert die kleine Rigoberta. Vielleicht sieht sie sich auch deshalb eher als Vatertochter.

Bei einem der jährlich wiederkehrenden Ernteeinsätze an der Küste stirbt Rigobertas zweijähriger Bruder Nicolás an den Folgen von Unterernährung. Zwei

Wochen dauert sein Siechtum, dem die acht Jahre alte Schwester und die Mutter hilflos zusehen müssen. In einem Pappkarton beerdigen sie die kleine Leiche. Jetzt hasst Rigoberta zum ersten Mal. Sie spürt einen abgrundtiefen Hass auf die Verhältnisse und auf die Großgrundbesitzer, die schon ihren älteren Bruder Felipe auf dem Gewissen haben. Der Bruder war Jahre zuvor auf derselben Finca gestorben. Während die Leute auf der Plantage Kaffee ernteten, wurden die Felder vom Flugzeug aus mit Pflanzenschutzmittel besprüht. Das Gift hatte Felipe getötet.

Ihr Hass hat jedoch noch eine Schwester: die Angst vor dem Leben, das sie erwartet, später, wenn sie eine Frau sein wird. Dieser Mischung aus Hass und Hilflosigkeit fühlt sich Rigoberta erneut ausgeliefert, als auch ihre Freundin Maria mit dreizehn Jahren an demselben Pflanzengift stirbt, das die Aufseher weiter rücksichtslos versprühen: »Ich hätte am liebsten alles niedergebrannt, damit niemand mehr auf dieser Finca arbeiten kann.«[8]

Als Zehnjährige schuftet Rigoberta auf den Baumwollplantagen an der Pazifikküste. Unter einem schäbigen Dach aus Palmblättern drängen sich bis zu vierhundert Arbeiter. Als sie eines Nachts erwacht, sieht sie, wie die Gesichter ihrer Brüder über und über mit Stechmücken bedeckt sind. Selbst in ihren offenen Mündern sitzen die Insekten. Kein Wunder, dass die meisten Arbeiter krank werden und Allergien bekommen, die von den giftigen Pflanzenschutzmitteln ausgelöst werden.

Trotz der gemeinsamen Qualen haben die Campesinos kaum Kontakt untereinander. Nach dem langen Arbeitstag, der morgens um drei Uhr beginnt, sind sie zu erschöpft, um miteinander zu reden. Und wenn sie es wollten, könnten sie es nicht einmal, denn sie gehören verschiedenen Stämmen an und sprechen unterschiedliche Maya-Sprachen, von denen allein zwanzig in Guatemala existieren. »Es war, als lebte man unter Fremden«[9], erinnert sich Rigoberta.

Je mehr sie sieht und begreift, umso klarer wird ihr: Wenn sie groß ist, will sie kein solches Leben führen. Zum ersten Mal sagt die Zwölfjährige zu ihrem Vater: »Ich will lesen und schreiben lernen, vielleicht ist das Leben dann anders.«[10] Doch Vincente ist Schulen gegenüber misstrauisch. »Wenn ich dich auf eine Schule schicke«, fürchtet er, »werden sie dich deiner Klasse entfremden, ladinisieren.«[11] Ladinos werden die Mischlinge, die Mestizen, genannt. Die meisten von ihnen blicken auf die Indios herab, fühlen sich als etwas Besseres.

Hartnäckig und beharrlich fordert Rigoberta jedoch immer wieder: »Ich will lernen.«[12] Als sich ihr die Gelegenheit bietet, als Dienstmädchen nach Guatemala-Stadt zu gehen, sieht sie darin eine Chance. Gegen den Widerstand ihres Vaters zieht Rigoberta mit dreizehn Jahren in die Hauptstadt. Doch die neue Herrin behandelt das Maya-Mädchen schlechter als ihren Hund. Die Söhne der Arbeitgeberin werfen Geschirr nach der Magd, Rigoberta fühlt sich gedemütigt. Da sie keine Schuhe besitzt, kauft ihr die Señora ein billiges Paar, aber das Geld zieht sie ihr gleich vom ersten Lohn ab. Auf diese Weise verdient das Mädchen in den ersten Monaten überhaupt nichts. Auch ihr heimlicher Wunsch, Spanisch zu lernen, erfüllt sich nicht. Sie kennt nur die Schimpfwörter, mit denen die Aufseher auf den Fincas ihre Befehle brüllten. Hie und da schnappt sie noch ein paar neue spanische Wörter auf, mehr nicht.

Am schlimmsten ist es an Weihnachten, wenn sie für die hochherrschaftliche Gesellschaft Maisbrei in Bananenblätter wickeln muss, aber von dieser Leckerei, den Tamales, selbst nichts essen darf. Nicht einmal die Reste der üppigen Mahlzeiten gönnt ihr die Señora. Rigoberta will nur noch weg, zurück zu ihren Eltern. Im Frühjahr erreicht das vierzehnjährige Mädchen die Nachricht, dass ihr Vater eingesperrt wurde. Sofort kehrt sie in ihr Dorf zurück.

Vincente Menchús »Straftat«: Als Dorfältester von Quiché wollte er nicht zulassen, dass die Großgrundbesitzer den Dorfbewohnern ihr mühsam urbar gemachtes Land wegnahmen. Männer vom »Nationalen Institut für landwirtschaftliche Umgestaltung« hatten ihn 1965 ein Papier unterschreiben lassen und ihm erklärt, dies sei eine Besitzurkunde. Da er nicht lesen konnte, hatten sie leichtes Spiel gehabt, ihn zu hintergehen. In Wirklichkeit hatte er unterschrieben, dass das Dorf einverstanden sei, nach zwei Jahren das gesamte Land abzutreten. Als Vincente dann später den Betrug begriff, weigerte er sich, den Vertrag anzuerkennen. Die Großgrundbesitzer schickten ihre Söldner und Leibwächter, holten die Leute aus ihren Häusern und plünderten sie aus.

Vincente Menchú wendete sich an die Arbeitergewerkschaft – Grund genug für die Großgrundbesitzer, ihn sofort verhaften zu lassen. Er gefährde die Freiheit des Landes und die Ruhe der Guatemalteken, heißt es. Ein Jahr und zwei Monate sitzt er im Dorfgefängnis. In dieser Zeit arbeiten Rigoberta, ihre Familie und das ganze Dorf nur noch für die »Mordida« – so nennen die Leute das Schmier- und Bestechungsgeld –, um ihn freizubekommen.

Das Gefängnis kann Vincentes Widerstandsgeist nicht brechen, im Gegenteil. Er hat dort einen Mann kennen gelernt, der ihn auf die Idee brachte, eine Organisation der Campesinos zu gründen. Nur vereint könnten sie ihr Land zurückfordern – diese Erkenntnis lässt Vincente Menchú nicht mehr los. Er reist durch das Land, wirbt für seine Idee und gründet schließlich zusammmen mit anderen »das Komitee für Bauerneinheit« (Comité de Unidad Campensina), kurz CUC genannt. Für Rigoberta bleibt diese Haltung des Vaters Vorbild und Ansporn, auch in ihrem späteren Leben nie aufzugeben.

Doch die Großgrundbesitzer verfolgen ihn mit ihrem Hass. Nach kaum einem Jahr entführen ihre Leibwächter Vincente Menchú, schlagen ihn zusammen, reißen ihm die Haare vom Kopf, zerschneiden ihm mit Macheten die Haut und brechen ihm die Beine. Rigobertas Bruder, der ihn begleitet, kann entkommen und holt Hilfe. Übel zugerichtet wird Vincente zum Krankenhaus der nächstgelegenen Stadt gebracht, wo sich die Ärzte weigern, ihn zu behandeln. Es sind Ladinos, die von den Großgrundbesitzern bestochen worden waren. Erst nach stundenlanger Irrfahrt finden sie im Krankenhaus San Juan de Dios ärztliche Hilfe. Sechs Monate verbringt er im Krankenhaus, aber selbst dort ist er nicht sicher. Die Großgrundbesitzer beauftragen ihre Schergen, ihn zu entführen. Über geheime Kanäle erfährt die Familie davon. Mithilfe von Ordensschwestern und einigen ihnen wohlgesonnenen Priestern holen sie ihn aus dem Krankenhaus und verstecken ihn, bis er wieder gesund ist.

Nonnen, Priester, aber auch Kirche und Religion spielen in Rigoberta Menchús Leben immer wieder eine wichtige Rolle. Mit zwölf Jahren ist sie bereits eine sehr aktive Katechetin und versammelt die Kinder aus dem Dorf um sich. Als Laien-Religionslehrerin – eingesetzt von den Geistlichen, die nicht überall sein können – erzählt sie ihnen Gleichnisse aus der Bibel und lehrt die Gebete, die sie selbst mithilfe ihres Vaters und eines Priester auswendig gelernt hat. Als Vincente Menchú ihr eines Tages die Zehn Gebote vorspricht, fällt ihr zum ersten Mal der krasse Widerspruch auf zwischen den Worten »Du sollst nicht töten« und den Taten der Söldner, die ihr Dorf überfallen, der Großgrundbesitzer, die am Tod ihres keinen Bruder schuld sind. »Wie passt das alles zusammen?«, fragt sie sich. Schon sehr früh liest sie die Bibel als ein Buch, das »den Kampf für Gerechtigkeit lehrt«[13]. Ihr Vorbild wird Judith, eine der starken Frauengestalten aus dem Alten Testament, die den Feldherrn Holofernes enthauptet hat, um ihren Volksstamm zu retten. Ob Rigoberta ihrer kleinen Dorfgemeinde die Geschichte von Moses oder von David und Goliath erzählt oder später auf ihren Reisen die Leute in ihrer Eigenschaft als Katechetin unterrichtet, immer vermittelt sie, dass ein Volk ohne gerechte Gewalt seine Freiheit nicht erlangen kann. Die Bibel wird für sie immer auch eine wichtige ideologische Waffe bleiben.

Längst überfallen nicht mehr nur die Söldner der Großgrundbesitzer, sondern auch Armeesoldaten die Maya-Dörfer. Stolz erlebt Rigoberta, wie die Bewohner ihres Dorfes nicht mehr vor den Übergriffen in die Berge fliehen, wie sie sich zu wehren beginnen. Die Campesinos verteidigen das Land, das sie nach dem letzten Überfall mithilfe der Gewerkschaften behalten konnten, mit »Volkswaffen«: Sie basteln Brandbomben, stellen Fallen auf die Wege und schießen mit

Steinschleudern. Sie horten Chilipulver, Salz und Kalk, um sie den Gegnern in die Augen zu streuen.

Die offizielle Amtskirche steht eher aufseiten der Herrschenden. »Der Katholizismus schläfert das Volk ein«[14], erkennt Rigoberta, aber sie sieht auch, dass die Kirche in zwei Lager zerfällt. Auf der einen Seite stehen Priester, die sich nicht vorstellen können, was Unterernährung bedeutet, und die Privilegien der reichen Großgrundbesitzer unwidersprochen akzeptieren. Auf der anderen Seite haben Priester und Nonnen ihr immer wieder geholfen. Dass sie schon sehr früh als Religionslehrerin Organisationstalent entwickelt und Kontakte knüpft, kommt ihr später bei der politischen Arbeit zugute: »Ich war so etwas wie eine Schlüsselfigur, weil die Priester mich ebenso kannten wie die Freunde meines Vaters.«[15]

Rigoberta Menchú tritt Ende 1977 mit achtzehn Jahren zum ersten Mal einer fest organisierten politischen Gruppe bei. Die Campesinos in der Provinz Huehuetenango nahe der mexikanischen Grenze sind inzwischen heimlich im Bauernverband CUC und mobilisieren auch die Arbeiter auf den Fincas. Rigoberta reist dorthin, um sich ihnen anzuschließen. »Ich hatte dieses Gefühl noch nicht kennen gelernt, mich als India, als Frau, als Campesina und als Christin am Kampf zu beteiligen.«[16] Ihr Vater lebt zu dieser Zeit bereits im Untergrund. Nur wenn es dunkel ist, kommt er noch nach Hause. Doch diese Umsicht nützt nichts.

Anfang der achtziger Jahre wird ihr Heimatdorf von der Armee niedergebrannt. Ganze Regionen werden in dieser Zeit durch eine Politik der verbrannten Erde zerstört, die aus vierhundert Indiodörfern gigantische Friedhöfe macht. In neuen »Modelldörfern« werden die Erwachsenen dann in eine Bürgermiliz gezwungen, so versucht die Militärjunta die »Aufständischen« zu kontrollieren. Rigobertas Familie zerstreut sich in alle Winde. Aber sie halten losen Kontakt untereinander, und jeder arbeitet auf seine Weise politisch weiter.

Der jüngste Bruder Petrocinio, gerade sechzehn Jahre alt, fällt als Erster aus der Familie den Militärs in die Hände. Er wird beschuldigt, »Kommunist« und »Kubaner«, eben ein subversives Element zu sein. Zwei Wochen lang foltern ihn die Schergen des Regimes: Sie reißen Petrocinio die Fingernägel aus, binden eine Leine an seinen Hoden fest und zwingen ihn, so angeseilt zu rennen. Als Abschreckung soll er zusammen mit anderen Gefangenen öffentlich hingerichtet werden. Die Indios der näheren Umgebung sind gezwungen, sich das grausame Schauspiel anzusehen; wer sich weigert, gilt als Kommunist.

Sadistisch erklärt ein Hauptmann jede Folterspur auf den Körpern der Gefangenen. Hilflos müssen Rigoberta und ihre Familie, die sich heimlich unter die Zuschauer gemischt haben, mit ansehen, wie Offiziere Petrocinio mit Benzin übergießen und anzünden. Nach diesem Schockerlebnis überlegt Rigoberta in ihrer maßlosen Wut zum ersten Mal, selbst zur Waffe zu greifen. Doch ebenso wie ihr Vater sieht sie letztlich mehr Sinn darin, das Volk zu organisieren. Dass sich ihre jüngere Schwester Rosa später den Guerilleros anschließt, versteht sie aber nur zu gut.

Als Mitglied des verbotenen CUC besucht Rigoberta bereits seit 1979 die verschiedenen Stämme im Hochland, um die Indigenas zu organisieren. Doch Sprachbarrieren erschweren die Arbeit: »Das Schmerzlichste war, daß wir uns nicht verstanden.«[17] Sie lernt deshalb die Maya-Sprache der Cackchiquel und Tzutuhil und müht sich weiter mit Spanisch ab. Es ist zwar die Sprache der Eroberer, aber sie verbindet als einzige alle Indios. Rigoberta lernt nach dem Gehör, weil sie nicht schreiben und lesen kann, und speichert alles, was sie in Gesprächen mit Nonnen und Priestern hört, in ihrem Gedächtnis, ihr Kopf ist »wie eine Kassette«. Erst in einem Dominikanerinnenkloster, wo sie länger lebt, wird Rigoberta systematisch unterrichtet. Mit zwanzig Jahren hat sie endlich den langen Kampf um ihre Bildung gewonnen: Sie kann Spanisch sprechen, lesen und schreiben.

In Guatemala kommt im Jahre 1978 General Romeo Lucas Garcia an die Macht. Unter seiner Regierung verschärft sich die Repression. Massenmord wird zum Regierungsprogramm, Todeslisten tauchen auf. Im Norden der Provinz Quiché ist die Lage am bedrohlichsten. Die Soldaten morden und plündern dort am brutalsten. Deshalb beschließt eine Delegation von Ixil-Indios und Quiché, die dem CUC angehören, die spanische Botschaft in Guatemala-Stadt zu besetzen. Sie wollen so auf den Armee-Terror aufmerksam machen.

Bei dieser als friedlich geplanten Protestaktion stirbt Vincente Menchú am 31. Januar 1980. Die Nationalpolizei stürmt das besetzte Gebäude, zündet chemische Brandsätze und wartet, bis alle Besetzer verbrannt sind. Siebenunddreißig Menschen sterben in den Flammen, darunter auch fünf Frauen. Weil der spanische Botschafter nur mit knapper Not dem Flammentod entkommt, bricht Spanien die diplomatischen Beziehungen zu Guatemala ab. Der Terror des Regimes erreicht eine neue Dimension.

Rigoberta hatte von der geplanten Aktion gewusst und zuerst auch daran teilnehmen wollen. Doch in letzter Minute hatte sie sich aus Pflichtbewusstsein entschlossen, einen Kurs des CUC wie verabredet zu leiten. »So wurden wir zumindest nicht zusammen getötet«[18], tröstet sie sich im Nachhinein. Doch der Tod des Vaters trifft sie hart.

Tapfer erträgt Juana Menchú den Tod ihres Mannes, keine Sekunde lässt sie nach in ihrem politischen Kampf in verschiedenen Organisationen. »Solch ein Leben wartet auf dich, viele Kinder und hinterher sterben sie«[19], denkt Rigoberta, wenn sie ihre Mutter betrachtet, die jetzt auch noch Witwe geworden ist. Die junge Frau bäumt sich innerlich auf gegen ein solches Schicksal, das auch ihr drohen kann. Ihr traditionelles Frauenbild ist zutiefst erschüttert. Juana Menchú erklärt der heranwachsenden Tochter: »Ich zwinge dich nicht aufzuhören, dich wie eine Frau zu fühlen, aber dein Kampf darf dem deiner Brüder in nichts nachstehen.«[20]

Rigoberta verzichtet damals bewusst auf Kinder und Ehe. »Es ist ein gewisses Trauma«, bedauert sie, »das ich da habe. Ich bin ein Mensch, bin eine Frau und kann nicht sagen, daß ich die Ehe ablehne, aber an erster Stelle kommt mein Volk und dann mein persönliches Vergnügen.«[21] Als ein Freund aus Kindheitstagen sie Anfang der achtziger Jahre heiraten will, lehnt sie ab, obwohl sie den ehemaligen Compañero liebt: »Ich kam zu dem Schluß, daß ich kein schönes Haus brauchte, solange mein Volk unter so schrecklichen Bedingungen leben muß.«[22]

Drei Monate nach ihrem geliebten Vater verliert Rigoberta auch die Mutter auf besonders grausame Weise. Juana Menchú will zurück in ihr Dorf, um dort den Verbliebenen nach dem Geschehen in der Hauptstadt wieder Mut zu machen. Am 19. April 1980 wird sie auf dem Heimweg ins Hochland verhaftet, von Offizieren verschleppt und vergewaltigt. Bestialisch foltern die Männer die Gefangene, schneiden ihr die Ohren ab, lassen sie fast verhungern, um sie dann mit Injektionen wieder aufzupäppeln. Ihre Kleider bringen sie nach Uspantan ins Gemeindehaus, um zu beweisen, dass sich Juana Menchú in der Gewalt der Militärs befindet.

Es war besonders schrecklich für Rigoberta, ihre Mutter unter der Folter zu wissen und ihr nicht helfen zu können. Sie berät sich in dieser ausweglosen Situation mit ihren Brüdern. Gemeinsam beschließen sie, die Kleider der Mutter nicht abzuholen, um sich den Militärs nicht zu verraten. Sie hoffen nur, dass die Soldaten die Mutter nicht endlos leiden lassen. Umsonst. Als niemand in die Falle tappt, lassen die Männer ihr Opfer halb tot im Dschungel liegen und weiden sich an ihrem Todeskampf. »Ich glaube, daß nicht einmal Tiere dazu im Stande wären, was diese Bestien von der Armee taten.«[23] Als Juana endlich stirbt, urinieren die Soldaten auf die Tote. Vier Monate lang bewachen sie den Leichnam, damit niemand ihn abholen und beerdigen kann. Die Hinterbliebenen sollen keine Totenfeier durchführen können, die den Menschen indianischer Kulturkreise so viel bedeutet.

Lange Zeit blockiert der Schock über diesen grausamen Tod jede Empfindung Rigobertas. Dass sie noch so vieles von ihrer Mutter hätte lernen können, die das mächtige Wissen und Erbe der Maya-Religion immer gehütet hat, wird der Tochter zu spät und mit großem Bedauern bewusst.

Wer Rigoberta Menchú heute trifft, sieht keine verbitterte Frau. Sie strahlt Lebensfreude aus – nach solchen schmerzlichen Erlebnissen für viele fast unvorstellbar. Vielleicht ist ihre lebendige Herzlichkeit durch die in ihrer Kultur vorhandene Nähe zum Tod entstanden – Nähe nicht im Sinne von Todessehnsucht, sondern als Voraussetzung zur Freude am Leben. Tod ist für die Mayas kein Tabu. »Der Schmerz und der Tod sind etwas Normales für uns. Meine Großmutter«, erzählt Rigoberta, »hat sich ihren eigenen Sarg gebaut.«[24] Beruhigt sterben, erklärt sie, können die Mayas, weil sie um die Ewigkeit wissen, um die endlose Zeit. Der Einzelne wandelt nur eine kleine Weile auf dieser Erde, dann nehmen die Nachkommen seinen Platz ein und formen so eine endlose Kette.

Auch die Verbindung zu »Mutter Erde« gibt Rigoberta Kraft, und wenn sie über die Natur spricht, klingt dies nie kitschig. »Weil wir einen direkteren Kontakt zur Natur haben, nennen uns viele Polytheisten«[25], sagt sie. Doch die Mayas beten keine Naturgottheiten an. »Wir Indios sehen den Menschen nicht als einen abgetrennten Teil: Hier der Mensch, dort das Tier, sondern es besteht eine immerwährende Verbindung.«[26] So besitzt jeder Indio ein *nahual*, sein Doppel in der Natur.

Mehr verrät Rigoberta von diesem geheimen religiösen Maya-Wissen jedoch nie, denn die Eltern haben sie auch gelehrt: »Wenn wir die Geheimnisse unserer Vorfahren nicht bewahren, tragen wir die Verantwortung dafür, sie getötet zu haben.«[27]

Nach den grausamen Morden an Vater und Mutter arbeitet Rigoberta Menchú unermüdlicher denn je gegen das verbrecherische Regime. »Mein politisches Denken kam nicht aus Schulen«, weiß sie rückblickend, »sondern ich sah immer mehr ein, daß meine eigenen Erfahrungen für ein ganzes Volk Gültigkeit hatten.«[28] Sie sucht nach neuen Formen des Kampfes. Anfang 1980 wird ein großer Landarbeiterstreik in Guatemala ausgerufen: Dafür reist sie von Ort zu Ort und agitiert die Campesinos auf den Fincas, indem sie ihre persönliche Geschichte erzählt und Flugblätter verteilt. Achtzigtausend Kaffee- und Baumwollarbeiter verweigern an der Südküste und Küstenebene die Arbeit. Danach flieht Rigoberta als eine der aktivsten Mitorganisatorinnen des Streiks. Diese Zeit der Flucht, in der sie sich ständig vor den Soldaten verstecken muss, zermürbt sie. Ein altes Magengeschwür bricht auf, sie wird krank. Zum ersten Mal zweifelt sie an ihrem Kampf und will aufgeben. Selbstzerstörerische Gedanken quälen sie: »Wäre ich eine Frau mit Lastern, würde ich wenigstens in der Gosse liegen, nicht mehr denken können und all dies nicht mehr ertragen müssen.«[29]

Doch dann rüttelt ein Zwischenfall, der Rigoberta fast das Leben kostete, sie wieder auf: In einem kleinen Dorf in der Provinz Huehutenango rast ein Armee-Jeep heran und stoppt vor ihr. Die Soldaten sprechen sie mit vollem Namen an. In diesem Augenblick ist Rigoberta klar, dass Verhaftung oder Tod drohen. Sie rennt los und rettet sich zusammen mit einer anderen Compañera in die Dorfkirche. Im Kirchenschiff löst sie schnell das Band aus ihren langen Haaren, lässt es über Gesicht und Schultern fallen und drängt sich in die Bank neben eine Betende. Als die Soldaten mit Gewehren im Anschlag in das Gotteshaus stürmen, erkennen sie in der dunklen Gestalt die Gesuchte nicht, rennen in die Sakristei und dann wieder hinaus auf den Markt. Mehrere Stunden verbringen die beiden Frauen in der Kirche. »Mein Kopf war leer, leer in diesem Moment der Gefahr, ich dachte nicht an gestern, nicht an morgen, ich wollte nicht sterben.«[30] Das Dorf wird umstellt. Trotzdem gelingt es Rigoberta zu flüchten.

Die Compañeras beschließen jetzt, sie in die Hauptstadt zu bringen, auf dem Land ist sie zu bekannt. Rigoberta wird als Dienstmädchen in ein Nonnenkloster eingeschleust. Doch dann bemerkt sie, dass ein Geheimpolizist aus Nicaragua bei den Nonnen ein- und ausgeht und besonders zuvorkommend bewirtet wird. Erneut muss sie untertauchen.

Nur mit viel Glück entkommt sie 1981 den Häschern der Militärdiktatur und flieht nach Mexiko. Die damals gerade Zweiundzwanzigjährige empfindet es als Niederlage, »wegen dieser Verbrecher mein Land verlassen zu müssen. Ich fühlte mich so zerstört und vernichtet wie noch nie.«[31] Ihre Ankunft in der Freiheit ist ein Moment, der für sie nichts Befreiendes hat.

Von Mexiko aus will sie den Kampf weiterführen,

auch um das Andenken ihrer Eltern aufrechtzuerhalten. Europäische Freunde bieten an, ihr und einigen Schwestern ein Studium in Übersee zu ermöglichen, aber sie lehnt ab. Warum will sie so ein Leben weiterführen, in einem Land, wo sie niemals ganz sicher ist? Rigoberta hat darauf nur eine Antwort: »Nur wir, die wir unsere Sache im Herzen tragen, sind bereit, jede Gefahr auf uns zu nehmen.«[32]

Dreizehn lange Jahre lebt sie in Mexiko, zunächst in einem Kloster in der Provinz Chiapas. Dann verlagert sie ihren Hauptwohnsitz nach Mexiko-Stadt und beginnt, in UN-Gremien mitzuwirken. Finanzielle Hilfe bekommt sie von europäischen und internationalen Unterstützergruppen aus der Ökumene, dem kirchlichen Umfeld. Doch wie wenig sie im Exil Wurzeln schlägt, verraten ihre Träume. Immer sieht sie darin den Weg, der aus ihrem Dorf hin zu ihrem Haus geführt hat. »Nie träume ich von Mexico.«[33] Im Exil schreibt sie ihr Buch »Yo Rigoberta Menchú« (»Ich heiße Rigoberta Menchú und so wurde mein Bewusstsein geboren«). Ausländische Freunde unterstützen sie bei dieser ungewohnten und langwierigen Arbeit am Schreibtisch. Ihr Lebensbericht, der in elf Sprachen – jedoch nie ins Deutsche – übersetzt wird, macht Rigoberta Menchú weltbekannt. Sie beginnt, viel zu reisen.

Auch mit dem »Machismo« in den eigenen Reihen kämpft Rigoberta und das nicht erst im Exil. Die Rollen sind in diesem System klar verteilt: Männer beherrschen Frauen. Von einer Frau Anweisungen und Befehle entgegenzunehmen, fällt Männern rund um den Globus nicht leicht. Warum sollte es also für sie einfacher sein, obwohl sie als Mitbegründerin der »Vereinigten Vertretung der guatemaltekischen Opposition« inzwischen eine unumstrittene Führungsposition innehat? »Viele Compañeros haben doch immer wieder das Gefühl, wenn eine Frau ihnen übergeordnet ist, daß das, was sie sagen, besser ist.«[34] Die zielstrebige Frau beeindruckt das nicht länger. »Ich trage eine Verantwortung und bin ihnen übergeordnet«[35], stellt sie selbstbewusst fest. Vielen Genossen, die ansonsten gute Revolutionäre sind, fällt es schwer zu akzeptieren, dass Frauen sich genauso am politischen Kampf beteiligen wie sie. »Ich habe schon viele Compañeros zurechtweisen müssen.«[36] Die Konsequenz, eine eigene Frauenorganisation zu gründen, zieht sie aus diesen Erfahrungen jedoch nicht. Ihrer Meinung nach würde das Männer und Frauen nur spalten.

Im Jahre 1986 wird die Militärdiktatur ihres Heimatlandes offiziell durch eine demokratisch gewählte Regierung mit dem Präsidenten Vinicio Cerezo an der Spitze abgelöst. Doch die verkrusteten Macht-, Besitz- und Sozialstrukturen werden nicht reformiert. Der Krieg der Machthaber gegen das eigene Volk hatte in den vergangenen dreißig Jahren etwa 120 000 Menschen das Leben gekostet, 46000 sind verschwunden, ohne dass ihre Leichen jemals gefunden worden wären, über eine Million wurden vertrieben – die meisten waren Indios.

1988 kehrt Rigoberta zum ersten Mal für kurze Zeit nach Guatemala zurück. Sie will am Nationalen Dialog teilnehmen, der von der nationalen Versöhnungskommission einberufen wurde. Vertreter der Kirche und ausländische Politiker vermitteln Gespräche zwischen Regierung und Guerilla. Doch bereits auf dem Flughafen wird sie verhaftet. Wie eine Verbrecherin führen sie die Beamten ab, ohne dass ihre ausländischen Freunde, die sie begleiten, eingreifen können. Die Anordnung kommt von höchster Stelle, der damalige Innenminister Juan Rodil zeichnet dafür verantwortlich. Nur auf internationalen Druck wird sie wenige Tage später wieder freigelassen.

Inzwischen hat sich Rigoberta neu organisiert und wird bei den »Revolutionären Christen Vincente Menchú« aktiv, weil es dort noch zu wenig ausgebildete Leute gibt. Dieser Zusammenschluss, der den Namen ihres verstorbenen Vaters trägt, ist keine reine Untergrundorganisation mehr. Für kurze Zeit arbeitet sie im Grenzgebiet wieder als Katechetin und kämpft gegen die hierarchisch organisierte Amtskirche, die oft nur nach langen Diskussionen den Kampf ihrer Mitglieder mitträgt. Einer marxistischen Gefährtin, die nicht versteht, wie Rigoberta als Christin für die Revolution arbeiten könne, entgegnet sie: »Weder in der Bibel noch im Marxismus liegt die ganze Wahrheit.«[37]

Zurück im mexikanischen Exil, erhält sie auch dort Morddrohungen – von Unbekannten und aus Geheimdienstkreisen. Amnesty International ist besorgt um ihr Leben und macht auf ihre Situation aufmerksam. Im Jahre 1990 verleiht ihr die Unesco den Preis für »Erziehung zum Frieden«, weil sie sich am »Nationalen Dialog« zwischen Regierung und Guerilla in Guatemala beteiligt.

Rigoberta gibt nicht auf und nach vier Jahren kann sie im Juli 1992 endlich nach Guatemala-Stadt reisen. Dieser Besuch ist hochoffiziell. Sie soll im Auftrag der UN eine Sitzung gegen Diskriminierung und zum Schutz von Minderheiten vorbereiten und sich mit verschiedenen Indigenas-Organisationen treffen. Ein halbes Jahr zuvor war der rechtskonservative Jorge Serrano Elias zum Präsidenten gewählt worden und dessen Regierung verhält sich zunächst ruhig.

Sie selbst erlebt den Besuch als Wechselbad der Gefühle. Die Menschen am Straßenrand und in den Dörfern jubeln ihr zu. Doch bereits am nächsten Morgen rammen zwei Geländefahrzeuge mit getönten Scheiben in der Ortschaft Chimaltengo ihren Wagen. Es ist der erste von drei Anschlägen auf ihr Leben während eines nur fünftägigen Aufenthaltes. Präsident Serrano beschuldigt sie, mit der Guerilla gemeinsame Sache zu machen, und versucht so, die Attentate zu rechtfertigen.

In einer der größten Tageszeitungen Guatemalas, der *Prensa Libre,* wird Rigoberta Menchú während ihres Besuches diffamiert. Ein Artikel wirft ihr vor, dass sie ihre »persönliche Tragödie instrumentalisiere«. Außerdem habe sie sich durch den ständigen Kontakt mit europäischen Intellektuellen und das bequeme Leben in Luxushotels längst von der Realität ihres Landes entfernt. Rigoberta dagegen ist überzeugt, dass sie die Verbindung zum Kampf ihres Volkes keinesfalls verliert. Als sie am 10. Dezember 1992 in Oslo ihren Nobelpreis erhält, meint sie poetisch: »Ich blicke in den Himmel und stehe mit beiden Beinen auf der Erde.«[38]

Doch natürlich verändert sich ihr Leben mit wachsender Berühmtheit. An manchen Tagen gibt sie acht Interviews, die violettschwarzen Schatten unter den Augen halten sich hartnäckig. Rigoberta ist an ein hartes Arbeitspensum gewöhnt, umso mehr ärgert es sie, wenn ihr »Patoja«-Gesicht (*patoja* bedeutet Mädchen) bei Diplomaten und Politikern nur Rührung auslöst. Nach Vorträgen vor großem Publikum fragt sie sich oft: »Wer sind hier wirklich unsere Freunde, wer liebt das Volk Guatemalas und seine Kultur tatsächlich und hilft mir, die Maya-Kultur zu bewahren?«[39]

Rigoberta weiß, dass alle ihr Verhalten genau beobachten, ob auf UNO-Korridoren oder bei Empfängen. »Meine Compañeros, diejenigen, die nie öffentlich aufgetreten sind, nie ein Buch geschrieben haben, kümmern sich darum, dass ich nicht abhebe.«[40] Trotzdem fühlt sie sich nicht selten einsam in diesen neuen Kreisen. Schmerzhaft wird ihr in dieser Zeit immer wieder die eigene Heimatlosigkeit bewusst und wie sehr es ihr fehlt, eine eigene Familie zu besitzen, dass sie dem Tod nicht auch durch Kinder ein Stück Leben entgegensetzen kann. Gerade eine Familie empfindet sie ihrer Tradition gemäß als besonders wichtig: »Wir leben in der Gemeinschaft, mit unseren Sitten und Gebräuchen. Wer all das nur im Koffer hat, Tag und Nacht, muss sehr darauf aufpassen.«[41]

Mit dem Nobelpreisgeld von 1,8 Millionen Mark gründet sie die »Rigoberta-Menchú-Stiftung« mit ihrem Hauptsitz in Guatemala-Stadt und zwei weiteren Büros in Mexico-Stadt und New York. Längst kämpft sie nicht mehr nur für ihr eigenes, sondern für alle indigenen Völker, zu deren Sonderbotschafterin die Unesco sie ernannt hat.

Die gewonnene internationale Aufmerksamkeit und Rückendeckung für ihre Arbeit scheint ihr auch privat mehr Sicherheit zu geben. Jedenfalls macht sie von ihrer endgültigen Rückkehr nach Guatemala vor zwei Jahren nicht viel Aufhebens. Zum einen will sie nicht den Eindruck erwecken, sie hätte alle Vorbehalte gegen das Regime aufgegeben, zum anderen ist aber auch die Angst vor Angriffen auf ihr Leben immer noch nicht ganz gewichen. Aber Hoffnung bestimmt ihr Handeln, weil Organisationen der Mayas inzwischen

ein wenig an Einfluss gewonnen haben. Ein Ministerium für die Angelegenheiten der Indios lehnt sie jedoch ab, da sie diese Art der Ghetto-Politik nicht als hilfreich, sondern eher ausgrenzend empfindet.

Noch aus einem anderen Grund ist sie in ihr Heimatland zurückgekehrt: »Ich hatte angefangen, Guatemala zu romantisieren«, gesteht sie, »es als das gelobte Land zu idealisieren.«[42] Um wieder ein realistisches Verhältnis zu bekommen, auch darum ist ihr diese Rückkehr so wichtig.

Als Erstes kauft sich Rigoberta im Hochland von El Quiché ein Stück Land und baut Mais an. »Der Mais ist der Mittelpunkt unserer Kultur, nach der Lehre unserer Vorfahren sind wir Indios aus Mais gemacht.«[43] Deshalb war den Indios in den von der Militärjunta angeordneten »Modelldörfern« der Anbau von Mais verboten. Ein Teil der Maya-Tradition, ein Stück Selbstwertgefühl, sollte dadurch vernichtet werden.

Am 5. Oktober 1995 muss die Nobelpreisträgerin erneut erfahren, wozu die Herrschenden noch immer fähig sind. An diesem Tag fällt ein Trupp Soldaten in den Ort Xaman ein. Das Dorf liegt in der Alta Verapaz, dem »Land des wahren Friedens«, wie die dünn besiedelte Region nahe der Metropole Coban genannt wird, die sich mittlerweile zu einem Touristenziel entwickelt hat. Zweihundert Familien leben in Xaman, sie gehören zu einer Gruppe von Exilanten, die aus Chiapas in Mexiko zurückgekehrt sind. Ein Jahr lang hatten Rigoberta und ihre Stiftung von Mexiko aus nach dem richtigen Platz für sie in Guatemala gesucht. Die Menschen bereiten gerade das Fest zum ersten Jahrestag ihrer Heimkehr vor, als die Soldaten in das Dorf einfallen und elf von ihnen, darunter drei Kinder, ermorden. Sechsundzwanzig weitere Bewohner werden verwundet.

Schmerzhaft wirkt das Massaker in Xaman bis heute nach. Rigoberta will wenigstens erreichen, dass die guatemaltekische Justiz das Verbrechen aufklärt. Sie erhebt Nebenklage und Soldaten werden verhaftet – in Guatemala wahrlich keine Selbstverständlichkeit. Als die Militärjustiz den Fall an sich ziehen will, legt sie sofort Beschwerde ein und erreicht, dass das Verfahren an die Ziviljustiz übergeben wird. Der zuständige Richter lehnt es jedoch ab, den Prozess zu eröffnen, er geht sogar so weit, acht Offiziere freizulassen. Daraufhin verlangt die Nobelpreisträgerin, ihn als befangen abzulehnen, und setzt sich erneut durch. Sie nutzt ihr internationales Ansehen und lädt europäische Prozessbeobachter ein. »Wir sind jedem dankbar, der uns hilft, ein Urteil zu erstreiten, das ein für allemal klarmacht: Das Recht gilt auch fürs Militär.«[44] Doch das Verfahren zieht sich in die Länge. Zwar ordnet der Richter an, dass die freigelassenen Offiziere wieder inhaftiert werden sollen, doch niemand bringt sie ins Gefängnis. Die Anwälte der Angeklagten spielen auf Zeit in der Hoffnung, dass die laufenden Friedensverhandlungen der Regierung mit der Guerilla eine Amnestie für alle bringen.

Das Massaker fällt in die Zeit der Präsidentschaftswahlen. Trotzdem gibt Rigoberta ihren jahrelangen Wahlboykott auf und trägt sich mit sechsunddreißig Jahren zum ersten Mal in ein Wahlregister ein. Politische Parteien gelten im Land nach wie vor als unglaubwürdig, aber: »Mit dem Boykott früherer Wahlen haben wir nur Instabilität, Unregierbarkeit und Gewalt provoziert.«[45] Mit all ihrer Kraft wirbt sie deshalb für »Wahlen gegen die Angst«. Wochenlang reist sie durchs Land und hält erstmals ungehindert Wahlveranstaltungen ab, ohne für eine bestimmte Partei zu werben. Umso enttäuschter ist sie über die niedrige Wahlbeteiligung am 12. November 1995, die selbst bei der folgenden Stichwahl im Januar 1996 nicht zunimmt. An manchen Orten liegt sie unter zehn Prozent, in vielen ländlichen Gegenden war die Hälfte der Frauen nicht einmal ins Wahlregister eingetragen. »Nur wer sich die Füße nass macht, lernt«, heißt ein Wahlspruch, der Rigoberta hilft, eine solche bittere Niederlage zu ertragen. Sie glaubt weiter an die Kraft der Aufklärung. »Wenn diese Frauen zum Wählen gehen, werden sie anders wählen.«[46] Eines Tages.

Auf der Weltfrauenkonferenz in Peking im September 1995 hat Rigoberta Menchú einmal mehr erleben müssen, wie wenig Indio-Frauen zählen. Zwar hat auch Guatemala eine Frauendelegation entsandt, doch sie besteht fast ausschließlich aus Ladino-Frauen. Dass sie eingeladen wurde, macht ihr ihre Funktion als Feigenblatt nur noch bewusster.

Das Leben der berühmten Rigoberta Menchú ist nicht einfacher geworden. Oft fühlt sie sich, als säße sie zwischen allen Stühlen. Die Linke trägt ihr nach, dass sie sich nicht als Präsidentschaftskandidatin hat aufstellen lassen, sich nicht eindeutiger auf ihre Seite schlägt. Rigoberta aber möchte gerade als Friedensnobelpreisträgerin ihre Unabhängigkeit bewahren, nicht einseitig Partei ergreifen, sondern vermitteln. Der Konflikt zwischen Ladinos, den Nachkommen der spanischen Kolonialherren, und den Indigenas schwelt schließlich nach wie vor. Die Frage, ob die »soziale Integration« – nämlich hinzuarbeiten auf ein ausgewogenes Verhältnis der Gruppen in Verwaltung und Politik – oder der ethnische Kampf für den Vorrang der Maya-Bevölkerung anzustreben ist, entzweit inzwischen die Indigena-Bewegung.

Auch wenn Rigoberta in der Vergangenheit oft mit den militanten Compañeros zusammengearbeitet hat, sagt sie heute: »Der alte Begriff links ist inzwischen problematisch geworden nicht nur in Guatemala, sondern auf der ganzen Welt.«[47] Im Gegensatz zur alten Regierung spricht der neue Präsident Alvaro Arzu sogar mit ihr. Auch die Öffentlichkeitsarbeit ihrer Stiftung hat mit dazu beigetragen, dass der Nationale Dialog zwischen Regierung und Guerilla endlich ein Ergebnis brachte: Ende Dezember 1996 wurde das letzte Teilabkommen zwischen der Unidad Revolucionaria Nacional Guatemalteca (URNG) und der Regierung unterzeichnet. Es beendete einen sechsunddreißig Jahre langen, blutigen Krieg.

Die Nobelpreisträgerin sieht darin ein Signal für andere südamerikanische Staaten, ihre bewaffneten Konflikte auch politisch zu lösen. Ob der Friedensvertrag mehr ist als ein Nichtangriffspakt, wird sich zeigen.

Bis zur Demokratie jedenfalls ist es noch »ein sehr weiter Weg«. Und die sei überhaupt erst vorstellbar, so ein Journalist aus Guatemala, »wenn 80 Prozent der Bevölkerung nicht mehr ständig darüber nachdenken müssen, was sie morgen zu essen kriegen«[48].

Rigoberta Menchú hat oft betont, dass ihr Volk kein Museumsstück aus einer anderen Zeit sei und die Maya darauf warten, als lebendiger Teil der guatemaltekischen Gesellschaft akzeptiert zu werden. Dem bringt sie das Teilabkommen über die Identität und Rechte der indianischen Bevölkerung jetzt ein Stück näher. Durch eine Verfassungsänderung will Guatemala die indianischen Sprachen und religiösen Bräuche anerkennen und das Recht garantieren, traditionelle Kleidung zu tragen. In einem stärker dezentralisierten Schulsystem sollen eine zweisprachige Erziehung und die lokale Kultur gefördert werden und innerhalb des guatemaltekischen Rechts sollen die Rechtstraditionen der Indios einen Platz bekommen. Schließlich verspricht die Regierung noch, die Landrechte der Indios zu schützen und die sozialen Ungleichheiten langsam abzubauen: Eine neue Bodensteuer soll Großgrundbesitzer zwingen, ungenutztes Land zu verkaufen, ein Agrarfonds Kleinbauern helfen, Land zu erwerben. Da die Regierung ihre finanziellen Möglichkeiten zu optimistisch sieht, ist es fraglich, ob alle diese Änderungen auch durchgesetzt werden.

Rigoberta Menchú glaubt daran, dass der Friedensvertrag mehr ist als ein Stück Papier. Schließlich bemüht sich die Regierung um eine internationale Beobachtergruppe, die vier Jahre lang die Umsetzung des Friedensvertrags überwacht.

Im März 1995 hat Rigoberta Menchú den Indio Angel Francisco Canil geheiratet. Inzwischen hat sie einen Sohn geboren und wünscht sich noch zwei weitere Kinder. »Ich werde sie davor bewahren«, schwört sie, »das Trauma des Krieges zu erleben.«[49] Sie hofft – immer noch mit beiden Beinen auf der Erde, aber mit dem Blick in den Himmel –, dass sich um die Jahrhundertwende das »große Tor« öffnet und nach den Parlamentswahlen im Jahr 2001 die Vormachtstellung der Ladinos endgültig gebrochen sein wird. »Ich bin nicht bereit«, sagt Rigoberta Menchú fast dickköpfig, »Guatemala aufzugeben.«[50]

Anmerkung: Im Jahre 1998 fand ein amerikanischer Wissenschaftler heraus, dass Rigoberta Menchús berühmte Autobiographie (s. S. 464), auf der auch dieses Porträt basiert, teilweise nicht stimmt: Zum Beispiel wurde ihr Bruder Pertrocinio erschossen und nicht bei lebendigem Leibe verbrannt. Rigoberta und ihre Co-Autorin Elisabeth Burgos wurden in vielen kleinen und großen Details der »Lüge« überführt und auch der »Selbststilisierung« bezichtigt. Eine scharfe Kritik, der Burgos entgegenhielt: Was Menchú erzählt habe, sei die »kollektive Erinnerung ihres Clans«, in der sich Erlebnisse von Generationen vermischten. Sie entstamme einer Kultur der »mündlichen Überlieferung«, ihre persönliche Wahrheit müsse und könne deshalb historisch nicht exakt sein. Rigobertas Geschichte ist also auch die Geschichte ihres Volkes, ihr Leben steht für alle und alles Leid. Deshalb betonte die Nobelpreisträgerin in dieser Diskussion sehr selbstbewusst: »Mein Buch ist unsterblich … es gehört zu den zehn berühmtesten Büchern des Jahrtausends.«

»Wer sich der Luft hingibt,
vermag auf ihr zu reiten.«

Toni Morrison (*1931), Nobelpreis für Literatur 1993

Von Barbara von Bechtolsheim

»Es war einmal eine alte Frau. Blind. Weise.« Als Märchen beginnt Toni Morrison ihre Rede, mit der sie am 10. Dezember 1993 für die Zuerkennung des Literatur-Nobelpreises dankt. »Es war einmal eine alte Frau. Blind, aber weise. Oder war es ein alter Mann? Ein Guru, vielleicht. Oder ein Griot[*], der unruhige Kinder besänftigt? Ich habe diese Geschichte, oder eine ganz ähnliche, in den Überlieferungen mehrerer Kulturen gehört. In der Version, die ich kenne, ist die Frau die Tochter von Sklaven, schwarz, Amerikanerin, und lebt allein in einem Häuschen außerhalb der Stadt. Der Ruf ihrer Weisheit ist einzigartig und steht außer Zweifel. Bei ihren Leuten ist sie sowohl das Gesetz als auch seine Überschreitung. Die Ehre, die ihr erwiesen wird, und die Ehrfurcht, die sie erweckt, gehen weit über die nähere Umgebung hinaus, bis in die Stadt, wo die Intelligenz ländlicher Propheten Anlaß zu viel Belustigung ist.«[1]

Eines Tages besuchen ein paar junge Leute die alte Weise, weil sie deren berüchtigte hellseherische Fähig-

---

[*] afrikanischer Zauberer

keiten auf die Probe stellen wollen. Einer von ihnen tritt vor die blinde Frau und fragt, ob der Vogel in seiner Hand lebendig oder tot sei. Sie schweigt. Die Frage wird wiederholt, sie schweigt weiter. Schließlich löst sie die Spannung mit den Worten: »Ich weiß nicht, ob der Vogel, den ihr haltet, tot oder lebendig ist. Was ich aber weiß ist, daß er in eurer Hand ist. Er ist in eurer Hand.«[2] Die alte Frau verweist die jungen Leute auf sich selbst, zeigt ihnen, dass sie die Entscheidung treffen, ob sie den Vogel am Leben halten wollen oder ihn töten. Dass sie die Verantwortung tragen.

Toni Morrison deutet dieses Märchen auf eine besondere Art: Sie möchte den Vogel als Sprache verstehen und die Frau als Schriftstellerin, die besorgt ist um den Zustand der Sprache. Die Sprache, die sie in der Kindheit noch als magisch, als offen für die Vorstellungskraft erlebte, sieht sie nun gefährdet. Worte werden dazu missbraucht, Wissen zu begrenzen und Menschen auszugrenzen.

Für Toni Morrison ist die Frage nach der Sprache eine spezielle, weil sie als schwarze Schriftstellerin in Nordamerika lebt. Aus ihrer Sicht ist die US-nationale Einheit eine Fiktion, da es keine gemeinsame Sprache gibt. Daher möchte sie selber den schwarzen Frauen, deren Erinnerungen und tatsächlichen und möglichen Erfahrungen, endlich eine Stimme geben. Wenn sie davon erzählt, muss sie eine andere, dem Leben dieser Frauen entsprechende Sprache erfinden. Toni Morrisons Texte erfüllen diese Erwartung – so kompliziert und anspruchsvoll, aber auch so wahrhaftig, wie sie sind.

Am 18. Februar 1931 wurde Toni Morrison als Chloe Anthony Wofford in Lorain, Ohio, geboren, einer kleinen Stahlarbeiterstadt am Erie-See. Erinnerungen an ihren Geburtsort finden sich in Morrisons erstem Roman[*]: Dort beschreibt sie das verglimmende Feuer der rot glühenden und rauchenden Schlacke, die über der Schlucht am Rande des Stahlwerks ausgekippt wurde und den Abendhimmel mit einer trüben, orangefarbenen Glut erhellte. Dann gingen die Kinder mit den Erwachsenen zu den Eisenbahngleisen und füllten die herumliegenden kleinen Kohlebrocken in Säcke. Nie vergaß sie den müden und gereizten Ton, in dem alle in Lorain über Zicks Kohlenkompanie sprachen.

In diesen Jahren der großen Depression ist es nicht leicht, eine sechsköpfige Familie durchzubringen. Die Mutter Rahmah Wofford führt eine kleine Fremdenpension, der Vater George Wofford muss als Werftarbeiter noch zwei wechselnde Nebenjobs bewältigen. Das Geld ist zwar immer etwas knapp, aber den Alltag zu Hause empfindet Chloe als behütet und anregend. Die Familie und die ebenfalls schwarze Nachbarschaft

---

[*] Toni Morrison erteilt generell keine Genehmigung, Passagen aus ihren Büchern zu zitieren. Deshalb konnten Textbeispiele, die Stil und Sprache veranschaulicht hätten, nicht übernommen werden.

vermitteln ihr Vertrautheit und Nähe, wo auch Träume, Phantasie und Sinnlichkeit Platz haben. Geschichten, Märchen, Lieder spielen in ihrer Familie eine wichtige Rolle. Die Gespenstergeschichten, die der Vater gern erzählt, lieben die Kinder ganz besonders. Erinnerungen an den Süden, an Alabama, wo die Vorfahren mütterlicherseits herstammten, spielen immer wieder in die Erzählungen hinein. Unglücklich ist die Familie im Norden nicht, aber das Gefühl von Verwurzelung und Tradition fehlt ihnen hier. »Interessant war für mich, dass die alten Geschichten sich wiederholten, aber der Schluss war immer anders, offen, den Schluss konnte man ändern und so erzählen, wie man es sich vorstellte.«[3]

Die Eltern nehmen Chloe als Kind und junges Mädchen stets ernst. Was sie tut und sagt, ist wichtig, vor allem der Vater – ihren dritten Roman wird sie »Daddy« widmen – unterstützt und ermutigt die Tochter. Mit Kindern deutscher, italienischer und griechischer Herkunft besucht sie die einzige Highschool am Ort. Sie schreibt ausgezeichnete Aufsätze, aber einem schwarzen Mädchen trauen die Lehrer dies offenbar nicht zu, und so vermuten sie, Chloe schreibe irgendwo ab. Sie muss ihre Begabung unter Aufsicht beweisen und füllt dann drei Seiten mit gereimten Versen.

Eines Tages im fünften Schuljahr sitzt ein neuer Schüler neben ihr, ein schlaues Bürschchen, der aber kein englisch spricht. Sie bringt ihm das Lesen bei. Nach einem halben Jahr erst wird ihm bewusst, dass Chloe eine Schwarze ist – er lernt das Wort »Nigger«. Dieses Wort gibt ihm nun ein Gefühl von Überlegenheit gegenüber dem schwarzen Mädchen und zugleich von Zugehörigkeit zu seiner neuen Schulklasse. Für Chloe sind dies erste Lektionen zum Thema Rassismus.

Doch letztlich vermittelt die Kindheit Chloe ein Gefühl von Geborgenheit, später wird sie Fremdheit immer als den Mangel an eben jener familiären und nachbarschaftlichen Fürsorge erfahren. »Wenn man von zu Hause weggeht, sind die Dinge, die einen ernährten, nicht mehr da, dieses *Leben* ist nicht mehr da. Und das amerikanische Leben, das *weiße* Leben – das steht einem schon gar nicht zur Verfügung.«[4] Sie bewahrt sich einen inneren Ort der Vertrautheit: Alle ihre Werke nehmen ihren Anfang in der *black neighbourhood* von Lorain, einem Ort, den sie in ihren Romanen einbringt, umgestaltet und somit in ihre Gegenwart holt.

Chloe Wofford erhält 1949 ein Stipendium für ein Literaturstudium an der schwarzen Howard University in Washington, D.C. Sie ist die Erste in ihrer Familie, die ein College besucht. Weil die Mitstudenten sich oft schwer tun, ihren Vornamen auszusprechen, nennt sie sich seither Toni. Mag sein, dass ihr ein geschlechtsneutraler Name passender erschien – sie selber äußert sich nicht dazu. In dieser Zeit spielt sie begeistert in einer studentischen Theatergruppe mit, die auch gelegentlich auf Tournee geht. Auf diesen Reisen bekommt sie einen Eindruck, wie Ende der vierziger, Anfang der fünfziger Jahre in den Südstaaten das Leben der Schwarzen aussieht – bleibende Eindrücke, die sie später zum Schreiben drängen werden.

An der angesehenen Cornell University setzt sie – nun als »Minderheitenstudentin« – 1953 ihr Studium der Englischen Literatur fort und schließt 1955 mit dem Magister ab. Nach dem Examen unterrichtet sie zuerst an der Texas Southern University, von 1957–64 an der Howard University. Dort lernt sie Anfang der sechziger Jahre eine Gruppe von Dichtern und Schriftstellern kennen, die sich regelmäßig treffen und miteinander ihre Texte diskutieren.

Toni Wofford war immer eine leidenschaftliche Leserin gewesen, aber nichts handelte in den Büchern vom Leben der Schwarzen, nichts spiegelte ihre eigenen Erfahrungen wider. Deshalb beginnt sie selbst mit dem Schreiben, Texte, die sie später zu ihrem ersten Roman ausarbeiten wird.

Im Jahre 1958 heiratet Toni Wofford den Architekten Harold Morrison, 1961 kommt ihr Sohn Ford zur Welt, drei Jahre später ihr zweiter Sohn Slade. Doch Schwierigkeiten in der Ehe bleiben nicht aus: Die selbstbewusste, kritische Frau will nicht so nett und angepasst sein, wie es der junge Mann aus Jamaica seinem Kulturkreis entsprechend erwartet. 1964 kehrt Toni Morrison von einer Europareise mit der Familie ohne ihren Ehemann zurück und fortan ist sie allein erziehende Mutter.

Zuerst nehmen die Eltern in Lorain die Tochter wieder auf. Achtzehn Monate später bewirbt sie sich erfolgreich um eine Stelle als Schulbuchlektorin bei einem Tochterunternehmen des bekannten New Yorker Verlags Random House in dem Städtchen Syracuse im Staate New York. Zwar muss sie die beiden Söhne einem weißen Kindermädchen überlassen, was ihr nicht leicht fällt, aber die Tätigkeit sichert ihr und den Kindern ein geregeltes Einkommen. Vor allem sieht sie die Chance, durch die Arbeit an Schulbüchern das Bild der Schwarzen zurechtzurücken und die Geschichte der Schwarzen überhaupt in Erinnerung zu rufen. Anfang der sechziger Jahre prägen die Bürgerrechtsbewegung, der Kampf gegen die Rassendiskriminierung, die Zeit. Gleichberechtigter Zugang zu Arbeitsplätzen, Bildungseinrichtungen, öffentlichen Verkehrsmitteln, Geschäften, Hotels und Restaurants und gleiches Wahlrecht – dies sind die politischen Forderungen. Martin Luther Kings Traum von einer friedlichen Verständigung der Rassen ist populär, aber in der Bewegung haben auch Boykotte, Protestmärsche, Aufrufe zu bewaffneten Aufständen ihren Platz. Toni Morrison trägt auf ihre ganz eigene Weise zur Gleichstellung der Schwarzen bei: Inhalte,

Illustrationen und Überschriften in Schulbüchern überlässt sie nicht mehr den weißen Männern.

Die langen Abende an dem noch fremden Ort Syracuse sind einsam. Wenn die Kinder schlafen, nutzt Toni Morrison die Zeit in dieser Zurückgezogenheit. Sie entdeckt, dass sie beim Schreiben ihre Gedanken und Gefühle zum Ausdruck bringen kann, dass sie da in ihrer eigenen Welt lebt, und schon bald kann sie sich ein Leben ohne Schreiben nicht mehr vorstellen. Ihr erster Roman »The Bluest Eye« (Sehr blaue Augen) entsteht. Fünf Jahre werden bis zur Publikation im Jahr 1970 verstreichen.

1968 zieht sie mit den Kindern nach New York City, wo sie im Stammhaus von Random House Lektorin für Belletristik wird – erstaunlich in jenen Jahren noch, dass eine Frau, zudem noch eine Schwarze, eine solche Position erreicht. Aber ihr sicheres literarisches Urteil ist hoch geschätzt, gerade wenn es um schwarze Autoren geht. Sie betreut die Bücher von Muhammad Ali, Toni Cade Bambara, Angela Davis.[*] Ihre eigene schriftstellerische Arbeit hält sie gegenüber ihrem Verlag geheim – es wird nicht gern gesehen, wenn Lektoren selber schreiben. So erscheint »The Bluest Eye« bei einem anderen be-

---

[*] Muhammad Ali: Cassius Clay, seit 1957 Mitglied der radikalen Black Muslims, nahm 1964 den Namen Muhammad Ali an, als Boxer Idolfigur besonders für die Schwarzen, schrieb witzige Gedichte; Toni Cade Bambara: Autorin zahlreicher Essays und Kurzgeschichten; Angela Davis: Bürgerrechtsaktivistin, Dozentin für Philosophie, Vortragsreisen in den USA und der UdSSR; politische Publikationen und Autobiographie.

rühmten New Yorker Verlag. Die Kollegen erfahren erst durch die Rezension in der *New York Times* davon.

Der Roman »Sehr blaue Augen« spielt in Lorain, Ohio, dem Ort ihrer Kindheit. Die Autorin erzählt von der elfjährigen Pecola Breedlove, die sich vorstellt, wie es wäre, wenn sie so blaue Augen hätte wie die Puppen anderer Kinder oder wie Shirley Temple auf ihrem Lieblingsbecher. Jeden Abend, ein ganzes Jahr lang, betet das Kind inbrünstig um blaue Augen. Am Ende ist sie zwar etwas entmutigt, aber noch immer nicht ohne Hoffnung. Damit etwas so Wunderbares passieren kann, denkt sie, muss man eben lange beten und warten. Pecola hofft weiter auf blaue Augen, denn dann wäre sie liebenswert. Sie hofft auch, mit solchen Augen eine heilere Welt zu sehen – vielleicht so eine, wie sie in ihrem Schulbuch beschrieben wird. Zitate aus dem Lesebuch »Dick und Jane« malen ihre kindliche Phantasiewelt zwischen der eigenen Handlung aus. Pecola sieht ein hübsches Haus, das grün und weiß ist und eine rote Tür hat. Und dahinter wohnt eine Familie – Mutter, Vater, Dick und Jane. Es ist eine Welt, in der die Eltern lächeln und mit ihrer kleinen Tochter spielen. Stattdessen verwöhnt Pecolas Mutter das blonde, blauäugige Töchterchen der Herrschaft und hat für die eigene Familie weder Zeit noch Geduld.

Pecolas Sehnsucht nach Liebe erfüllt sich auf fatale Weise: Ihr Vater vergewaltigt sie und dieses Trauma treibt sie zum Wahnsinn. Das kleine schwarze Mädchen, das sich nach den blauen Augen eines kleinen weißen Mädchens sehnt, spürt nur noch »das Entsetzen im Kern ihrer Sehnsucht«. Nicht blau genug – »Blau genug für was?« – sind die Augen, allein und zerstört bleibt sie zurück.

Immer sind es die anderen, die für ein schwarzes Kind bewundernswert sind, sich selber kann es nicht mögen. Toni Morrison erzählt in dieser Geschichte einer Kindheit eindringlich, wie die Missachtung durch die Weißen sich den Schwarzen schon früh einprägt und wie diese Fremdbestimmtheit den Kern ihrer Persönlichkeit vernichtet. Sie beschreibt die zerstörerischen alltäglichen Bedingungen: die materielle Not, die abgehetzten Eltern, die Gewalt in der Familie, die furchtbaren psychischen Verletzungen. Heute ist Kindesmissbrauch fast zum Modethema geworden. Doch damals war es eine Provokation, als Toni Morrison das noch tabuisierte Problem in ihrem Debütroman benannte, und dies sogar aus der Sicht von Kindern.

Von 1971 bis 1972 hat Toni Morrison wieder eine Lehrverpflichtung, diesmal an der University of New York in Purchase, New York. Möglich wird die Lehrtätigkeit, da sie bei Random House flexible Arbeitszeiten einrichten kann. In dieser Zeit arbeitet sie an ihrem nächsten Roman und bereits 1973 gelingt der zweiundvierzigjährigen Autorin mit »Sula« der literarische Durchbruch. Die Handlung spielt zwischen 1919 und 1965 wiederum in einem Provinznest in Ohio, in der schwarzen Siedlung Medallion, wo das Merkwürdige normal ist.

Sula ist eine kraftvolle Person, intuitiv, lustvoll, egoistisch, kreativ. Doch nichts kann ihre gewaltige Neugier und Begabung fesseln. Getrieben ist sie, ratlos und launenhaft, keine Tätigkeit kann ihre Sehnsüchte stillen, »und wie jeder Künstler ohne Ausdrucksmöglichkeit wurde sie gefährlich«.

Sie ist befreundet mit Nel, die pflichtbewusst und fürsorglich ganz ihrer weiblichen Rolle gerecht wird. Die beiden sind ein Paar, das Gut und Böse verkörpert. Schon vor Jahren hatten sie herausgefunden, dass sie weder weiß noch männlich und damit »von jeder Freiheit und jedem Triumph ausgeschlossen waren«. Etwas anderes schaffen mussten sie, erst herausfinden, was sie sein konnten. Ein Glücksfall war das Zusammentreffen der beiden Frauen, denn ihre Begegnung gestattete es ihnen, »aneinander zu wachsen«. Sula entscheidet sich für ein abenteuerliches Leben, während Nel einen respektablen Mann heiratet.

Als die experimentierfreudige Sula nach Jahren aus der Fremde zurückkehrt und Bilanz zieht, hat sie zwar ein authentisches Leben gelebt, aber letztlich haben Liebe, Sexualität, Freundschaft sie nicht aus ihrer Einsamkeit erlösen können. Und doch ist sie eine dieser starken, geheimnisvollen Frauen, die für Toni Morrisons Schreiben typisch sind, rebellische, lebenskluge Frauen, die den Ton angeben. Ihre Lebenswelt ist die *black community*, die das Geschehen prägt, eine Gemeinschaft mit eigenen Regeln von Familiensinn, mit der Weiße nichts zu tun haben.

Toni Morrison sieht in den beiden Hauptpersonen unterschiedliche Möglichkeiten des Frauseins: »Trotzdem ähneln sie (Sula) und Nel sich in vielem. Sie ergänzen sich. Sie geben einander Halt. Ich glaube, beide zusammen würden eine wunderbare Einzelperson sein.«[5]

Toni Morrison selbst findet in diesen Jahren ihr Gleichgewicht. Sie schreibt, sie ist berufstätig, sie ist Mutter. »Ich grüble nicht darüber nach, ob ich ein vollständiger Mensch bin oder nicht. Ich weiß das.«[6] Für sie war stets klar, dass sie die freie Wahl hatte, nach ihren eigenen Vorstellungen zu leben. In ihrer Familie galten die Frauen immer als stark. Doch es kostet auch Kraft, von Tag zu Tag die verschiedenen Ansprüche zu verbinden. Sie steht früh auf, kümmert sich um den Haushalt, fährt die Söhne zur Schule, geht in den Verlag, nimmt Arbeit mit nach Hause. Es kann schon mal einen missglückten Sommer geben, in dem sie sich mehr dem Schreiben als den Söhnen widmet. Im Alltag hat sie Lösungen gefunden: »Wenn ich sage, ich muß jetzt schreiben, dann ärgert sie das: es nimmt mich weg von dem, was ich eigentlich tun soll – sie bemuttern. Früher bin ich in das hintere Zimmer gegangen, um zu schreiben, und sie kamen dann oft herein, wollten irgend etwas haben oder stritten sich. Da begriff ich plötzlich, daß sie nicht von mir getrennt sein wollten, und deshalb schreibe ich jetzt im großen Raum, in dem wir alle meistens sitzen. Sie wollten nichts von mir, wollten mir auch nichts Besonderes sagen, sie wollten nur meine Gegenwart.«[7]

Diese anscheinend widersprüchlichen Anforderungen an die Frau gehörten zu den Themen der Frauenbewegung der siebziger Jahre. Es ging um gleiche Chancen in der Bildung, am Arbeitsplatz, in der Familie, es ging um öffentliche Aufmerksamkeit für die vielen unbeachteten Leistungen der Frauen, im Leben und in der Kunst. Das Verhältnis der Geschlechter wurde ebenso grundsätzlich infrage gestellt wie das Verhältnis der Rassen. Dieser Zeitgeist ermutigte gerade auch farbige Frauen zum Schreiben. Verlage, Theater und Medien wurden auf schwarze Autorinnen wie Rita Dove, Ntozake Shange und Alice Walker[*] aufmerksam und verhalfen ihnen zu Popularität. Durch ihre Literatur behaupteten sie sich gegenüber den Weißen.

Auch Toni Morrisons Bücher waren in dieser Zeit des Neubeginns willkommen. Sie schrieb über diese

---

[*] Rita Dove: Lyrikerin, die ihre Gedichte auch in Radio und Fernsehen unter die Leute bringt; Ntozake Shange: viel gespielte Theaterautorin, die den schwarzen Slang bühnenfähig machte; Alice Walker: Autorin zahlreicher Romane, die besonders durch die Verfilmung ihres Romans »Die Farbe Lila« berühmt wurde.

aktuellen Themen und dies mit einer eigenwilligen literarischen Stimme, auf die eine neue Leserschaft geradezu wartete. Von der Frauenbewegung im engeren Sinne distanziert sich Toni Morrison allerdings ausdrücklich: »Ich denke nicht, dass der Feminismus etwas damit zu tun hatte, dass ich zu schreiben anfing. Wenn ich zurückschaue, wie wir als schwarze Frauen erzogen wurden, wir haben alles aufgenommen, was sich bot … Anfangs war das ausschließlich eine Bewegung der Weißen. Es gibt nun Ansätze, die Frivolität, die Heuchelei der Bewegung in Frage zu stellen. Sie müssen überhaupt erst einmal schwarze Frauen einbeziehen, wenn schon sonst nirgends, dann am Arbeitsplatz, in der Wissenschaft, in der Literatur. Ich bin nicht so gut in Netzwerken, die sind ja sehr zeitaufwendig. In Krisen oder Notsituationen bin ich selbstverständlich bereit, mich zur Verfügung zu stellen. Aber in einer längerfristigen organisierten Form, das könnte ich nicht. Ich bin eher eine Einzelgängerin. Aber ich kann darüber schreiben, ich kann die Dinge klären helfen.«[8]

Toni Morrisons Ausstrahlung verleiht solchen Aussagen Überzeugungskraft: Sie hat eine tiefe, fast suggestive Stimme, ihre Wortwahl ist perfekt, fast wie gedruckt spricht sie. Gelegentlich ein strahlendes Lächeln, das graue Haar ein kompliziertes Zöpfchenkunstwerk, großzügig geschnittene Kleider in gedeckten Farben, auffallender Schmuck. Sie sitzt da in hoch konzentrierter Aufmerksamkeit, der Blick klar und direkt, sie wirkt vollkommen präsent. Kaum denkbar, dass einer derart in sich ruhenden Persönlichkeit ein Mann an der Seite fehlt. Die Vermutung, sie traue wohl den Männern nicht, weist sie zurück: »Ich vertraue nur nicht darauf, daß eine Frau im Zusammenleben mit einem Mann ihre Identität entwickeln kann.«[9]

1974 geht »The Black Book« in den Druck, das Toni Morrison herausgibt. Sie ist fasziniert von dem dokumentarischen Material, das sie in diesem Band zusammenstellt: Erinnerungen, Sklavenbriefe, Lieder und Zeitungsausschnitte, aus denen ein schillerndes Bild schwarzer Kultur und Geschichte entsteht. Dabei entwickelt sie erste Ideen für ein späteres eigenes Schreibprojekt, das ihr am Ende den Nobelpreis bringen wird.

Mit der Verlagstätigkeit verbindet sie nach wie vor eine Lehrtätigkeit, von 1976–78 an der Elite-Universität Yale. Freitags fährt sie nach New Haven, im Verlag fragt sie erst gar nicht um Erlaubnis, sie schafft einfach Tatsachen. Im Jahre 1977 wird Toni Morrison für »Song of Solomon« (Solomons Lied) der erste, bedeutende Preis verliehen, der National Book Critics Circle Award. Der Erfolg verändert ihre Einstellung zum Schreiben keineswegs, sie meint nach wie vor, schreiben würde sie auch, wenn ihre Bücher überhaupt nicht veröffentlicht würden.

Die Familiensaga »Solomons Lied« ist bisher ihr einziges Buch mit einer männlichen Hauptfigur, Macon Dead, genannt Milchmann, der seinen Spitznamen trägt, weil die Mutter ihn noch in seinem zehnten Lebensjahr stillt. Der verwöhnte junge Mann, Sohn eines Aufsteigers in einer namenlosen Stadt in Michigan, wandert nach Süden, nach Virginia, um den Goldschatz seiner Vorfahren zu entdecken. Es ist die Suche nach den Spuren der Vergangenheit in seinem Leben, die Suche nach seiner schwarzen Identität.

Am Ende träumt Milchmann des Nachts einen wunderbaren Traum, in dem es ums Fliegen geht. Es ist ein Segeln hoch über der Erde, aber er fliegt nicht mit ausgebreiteten Armen wie ein Flugzeug oder schnellt nicht im Sturzflug abwärts wie Superman, sondern er schwebt so entspannt wie ein Mann, der auf einer Couch liegt und Zeitung liest. Ein Teil des Fluges führt über die dunkle See, doch er hat keine Angst hinunterzufallen. Er ist allein im Himmel, aber jemand, den er nicht sehen kann, beobachtet ihn und applaudiert. Er stößt dann auf die Geschichte von seinem Urgroßvater Solomon, der tatsächlich zu fliegen vermochte.

Vielfach wird im Roman auf jenes afrikanische Märchen angespielt, demzufolge die ersten nach Amerika verschleppten Sklaven nach Afrika zurückfliegen konnten. »Wer sich der Luft hingibt, vermag auf ihr zu reiten.« In diesem Bild symbolisiert Toni Morrison das

Vertrauen der Schwarzen in eine überreale Wirklichkeit. Das Übersinnliche verwandelt die Wirklichkeit ungelöster Probleme, spirituelle Erlebnisse verleihen unglaubliche Energien. Es gibt keinen Zufall, Sinn und Notwendigkeit entstehen aus der Hingabe an das Magische. Dies heißt nun keineswegs Flucht aus der Welt der Tatsachen, sondern wurzelt vielmehr in Morrisons Erfahrung mit der Kraft der Imagination, und sie meint die mythische Erzählung durchaus wörtlich: »Sie handelt von Schwarzen, die fliegen können. Das war stets Teil der Geschichten in meinem Leben: fliegen zu können war eine unserer Gaben. Es kümmert mich nicht, wie albern das klingt. Es ist allgegenwärtig – die Leute sprachen darüber, es kommt in Spirituals und Gospelsongs vor. Vielleicht war es Wunschdenken, eine Ausflucht angesichts des Todes. Aber wie, wenn es das nicht wäre? Was könnte es zu bedeuten haben?«[10]

Auch der folgende im Jahr 1981 erschienene Roman »Tarbaby« (Teerbaby) spielt auf eine afrikanische Legende an: Auf der Isle de Chevalier, einer fast menschenleeren karibischen Insel, hat der amerikanische weiße Bonbonfabrikant Valerian Street sich und seiner Frau Margaret einen fast paradiesischen Ferien- und Alterssitz eingerichtet. Ein schwarzes Butler-Ehepaar sorgt für alles, auch für Streets Nichte Jadine, nachdem diese mit Streets Hilfe ein Studium in Paris absolviert und sich entsprechend verändert hat – einer der Risse in der Idylle. Die eigentliche Krise bricht aus, als ein mysteriöser Schwarzer aus Florida namens »Son« auf der Insel Zuflucht sucht.

Der alten Legende nach ist ein »Teerbaby« ein Lockvogel, der ein Kaninchen in die Falle locken soll. Hier ist es Jadine, die Son den Kopf verdreht, und Son geht ihr in die Falle. Aber diese Liebe kann nur flüchtig sein, da Jadine ihre Seele in der weißen Welt verloren hat. Sie hat sich ihrer familiären Herkunft entfremdet und damit den eigentlichen Halt im Leben aufgegeben. Eine Liebe über kulturelle Grenzen hinweg kann offenbar nicht gelingen. Demnach birgt die Freiheit der Schwarzen zu wählen, ob sie »Schwarze« sein wollen oder nicht, durchaus Gefahren.

Im Jahre 1979 bezieht Toni Morrison mit ihren inzwischen achtzehn und fünfzehn Jahre alten Söhnen ein ehemaliges Bootshaus außerhalb von New York. Von ihrem Arbeitszimmer hat sie einen Blick auf den breiten Hudson River, Bücher stapeln sich überall, hinter dem Schreibtisch hängt eine überdimensionale Afrikakarte, rot mit einem schwarzen Rand. Erst 1983 gibt sie ihre Lektoratstätigkeit bei Random House auf, weil sie sich neben Lehrverpflichtungen und Lesereisen ausschließlich dem Schreiben widmen will – und finanziell nun auch endlich kann.

Inzwischen hat sie mit einem umfassenden Erzählprojekt über die Geschichte des schwarzen Amerika und des Rassismus begonnen. Ihrer Meinung nach ist der nordamerikanische Rassismus das Konstrukt all derer, die aus Europa kamen und sich in der Überzeugung verbunden fühlten, dass da jemand anders war als sie, dass sie diesen Anderen verachten konnten. In der ersten Hälfte des 19. Jahrhunderts, als die Anzahl der Sklaven in den USA immer dramatischer anstieg – vier Millionen vor dem Bürkerkrieg –, diente der Rassismus dazu, den Sklavenhandel zu rechtfertigen. Dieses dunkle Kapitel amerikanischer Geschichte wird verleugnet, Unschuld und Freiheit des weißen Amerika gründen auf dieser Verdrängung.

Über diese Zeit recherchiert Morrison, gräbt sie verschüttete Geschichte aus: »Das ganze Problem bei dem Versuch, sich zu erinnern, ist vermutlich Widerstand. Keiner will sich erinnern, die Schwarzen nicht, weil es zu schmerzhaft ist, die Weißen nicht, weil es zu schuldbehaftet ist.«[11]

Schon seit der Arbeit an dem Band über schwarze Kultur beschäftigte Morrison der historisch belegte Fall einer Sklavin, Margaret Garner, die in Kentucky aus der Sklaverei freikam. Sie zog nach Cincinnati, wo ihr ehemaliger Herr sie aufspürte. Daraufhin tötete sie ihre Tochter, um ihr ein Leben in der Sklaverei zu ersparen. Diese Geschichte wird die Grundlage für den ersten Band einer geplanten historischen Trilogie: »Beloved« (Menschenkind) wird 1987 veröffentlicht, der zweite Teil erscheint 1992 unter dem Titel »Jazz« (Jazz), der dritte Roman ist noch in Arbeit.

Mit dem Roman »Menschenkind« verändert sich ihre Arbeit entscheidend, findet Toni Morrison eine neue literarische Form: Sie trägt ausgiebig historisches Material zusammen und baut darauf ihre fiktive Handlung auf, die nun zeitlich und räumlich weiter reicht. »Menschenkind« vermittelt authentische Bilder der Zeit nach dem Bürgerkrieg und der Abschaffung der Sklaverei, eine Zeit, in der der Tod »nicht schwerer als das Leben« war. Morrison widmet das Buch den »Sechzig Millionen und mehr«, die als Opfer des Menschenhasses anonym blieben. Die paradoxe Mutterliebe wird zum Zeichen für das Leiden der vielen Vergessenen, für die schockierenden Umstände, die dem Einzelnen Erniedrigung und Ohnmacht zumuteten, die die familiären Bindungen zerstörten, durch die Gewalt zum ganz normalen Umgang wurde.

1873, Cincinnati, Ohio, ein schwarzes Vorstadtviertel. In der Bluestone Road 124 spukt es. Baby Suggs stirbt, kurz nachdem die Brüder davongelaufen waren, ohne sich von der Welt oder ihrer toten Großmutter zu verabschieden. Sethe und Denver beschwören den Geist, der sie plagt, vielleicht in der Hoffnung »ein Gespräch, ein Meinungsaustausch« könne helfen. Sie fassen sich an den Händen und rufen: »Komm raus. Komm raus. So komm doch schon.«

Eines Tages sitzt eine junge Schwarze an der Tür, völlig erschöpft und schweigsam. Die Sonnenstrahlen scheinen ihr voll ins Gesicht, so dass Sethe, Denver und Paul D zunächst nur ein schwarzes Kleid und darunter zwei aufgeschnürte Schuhe erblicken. Auf die Frage von Paul D, wie sie heiße, antwortet die Unbekannte mit leiser Stimme: »Menschenkind«. Die Kindsmörderin Sethe meint, in ihr die verstorbene Tochter wieder zu erkennen, auf deren Grabstein sie »Menschenkind« hatte einmeißeln lassen.

Beim Lesen bleibt die Spannung stets erhalten, ob Menschenkind nun ein Zauber ist oder nicht. »Der Geist ist unglaublich, wirklich ganz unglaublich. Aber noch viel unglaublicher ist die Sklaverei.«[12] Wieder spielt die Magie hier eine wesentliche Rolle, durch sie kommt die Erinnerungsarbeit in Gang. Das Magische ist ein Mittel, Erkenntnis zu gewinnen, womit der scheinbare Widerspruch zwischen dem Magischen und der Wissenschaft aufgehoben ist. Auch die Wissenschaftlerin Toni Morrison bleibt offen für die Welt des Irrealen, für sie haben beide Erkenntisweisen Gültigkeit.

Das Interesse der Schriftstellerin für ihre Figur Sethe, für eine Mutter, die in ihrer Liebe zu der Tochter bis zum Äußersten geht, hängt auch mit ihrer eigenen Erfahrung als Mutter zusammen. Für sie hat die Mutterrolle etwas ungeheuer Befreiendes, weil sie sich von den Kindern so unmittelbar als Mensch gebraucht fühlt: »Sie waren an all den Dingen, für die andere Leute sich interessierten, nicht interessiert, was ich anhatte oder ob ich sinnlich war. All das ging an ihnen vorbei ... Irgendwie fiel all der Ballast ab, den ich als Person angehäuft hatte darüber, was wertvoll sei. Ich konnte nicht nur ich sein – was auch immer das war –, sondern jemand brauchte mich tatsächlich genau so.«[13]

Für »Menschenkind« erhält Toni Morrison 1988 den Pulitzer-Preis, die internationale Literaturkritik feiert das Buch, es wird in viele Sprachen übersetzt. Auf die Frage, wie sie es empfindet, dass dieses Buch nun auch der Leserschaft in Europa zugänglich wird, antwortet sie spontan: »Ich bin froh, dass meine Bücher durch die Übersetzungen in der Dritten Welt zugänglich werden, auf Französisch, auf Portugiesisch, auf Spanisch, das ist mir sehr wichtig, weil man sie sonst in Afrika, in der Elfenbeinküste, in Kenia nicht lesen könnte.«[14]

Nicht den Weißen etwas erklären, sondern die Schwarzen aufklären, darum geht es Toni Morrison. Wie wichtig ihr Schreiben, insbesondere das Buch »Menschenkind«, für die Schwarzen ist, wird aus einem ganz ungewöhnlichen, offenen Brief von achtundvierzig führenden schwarzen Autoren und Kritikern an die Autorin deutlich: »Sie haben den moralischen und künstlerischen Maßstab gehoben, an dem wir die Sorge und die Liebe zu unserer nationalen Phantasie messen müssen.«[15] Die Anerkennung gilt ihrer künstlerischen Auseinandersetzung mit der Rassenproblematik, dem Verhältnis der Geschlechter und der gesellschaftlichen und psychischen Situation schwarzer Frauen.

Wie sieht Toni Morrisons Arbeit am Text aus, wie gelingen ihr diese wohl komponierten Sprachgebilde? »Darüber nachzudenken, bevor man es aufschreibt: das ist wunderbar. Wenn man es zum erstenmal aufschreibt, ist es qualvoll, weil soviel davon schlecht geschrieben ist. Zu Anfang wußte ich noch nicht, daß ich es noch einmal bearbeiten, es besser machen könne, und es hat mich sehr bedrückt, schlecht zu schreiben. Nun macht es mir gar nichts aus, weil es diese wunderbare Zeit in der Zukunft gibt, in der ich es besser machen werde: wenn ich besser sehe, was ich hätte sagen sollen und wie ich es ändern kann. Ich mag diesen Teil sehr gern.«[16] Sie arbeitet ständig in Gedanken an ihrem jeweiligen Projekt, wo sie auch geht und steht. Details fallen ihr zufällig ein, dazu macht sie sich dann Notizen.

Zentral sind ihr die Symbole, die den Text verdichten. Beispielsweise kommen (in dem Roman »Sula«) Sulas Schönheit und ihre Gefährlichkeit gleichermaßen in ihrem Muttermal zum Ausdruck, »das sich von der Mitte des Lids bis zur Augenbraue erstreckte und etwa wie eine gestielte Rose geformt war.« Wie Schlüssel eröffnen Metaphern das Verständnis für eine Szene, für eine Figur oder für ein Gefühl, wie beispielsweise für die männliche Phantasie über die ideale – das meint liebe, fleißige und treue – Ehefrau. Mit einem »Kleidersaum« wird sie verglichen, mit »Biesen und Falten, die seine zerfransten Kanten verbargen«, wie es in »Sula« heißt.

Allem Gerede vom Tod der Literatur tritt Toni Morrison klar entgegen: »Der Roman stirbt nicht! Die Leute sind verrückt nach Erzähltem … Die Leute wollen eine Geschichte hören. Sie mögen das gern. Auf diese Weise lernen sie Sachen. Auf diese Weise ordnen Menschen ihr Wissen – so wie im Märchen, im Mythos. Alles Geschichten. Und deshalb ist der Roman wichtig!«[17]

Die literarische Suche nach einer schwarzen Identität setzt Toni Morrison auch im folgenden Roman fort. In »Jazz«, 1992 erschienen, das in Harlem, New York, in den Roaring Twenties spielt, gilt das Interesse keineswegs den berühmten Clubs oder großen Namen des Jazz. Sie schildert vielmehr, wie die Nachfahren der Sklaven aufbrechen in die Stadt, wie dort die Musik Ausdruck des gemeinsamen Lebensgefühls, ihrer neuen Unabhängigkeit, einer gerade gewonnenen persönlichen Freiheit ist. Toni Morrison hat unter ganz anderen Bedingungen und zu einer anderen Zeit den Schritt von der Provinz in die Großstadt getan und selbst erlebt, wie sich dort Gefühle und Beziehungen verwandeln, wie Erwartung und Euphorie das Leben beschleunigen.

Mit einer Schar Vögel wohnte eine Frau in der Lenox Avenue. Ihr Mann war einer Achtzehnjährigen in einer tiefen und schaurigen Liebe verfallen, die ihn traurig und glücklich zugleich gemacht hatte. Er erschoss die Geliebte, nur damit dieses intensive Gefühl anhalten konnte. Als seine Frau zur Beerdigung ging, wollte sie das totenstarre Gesicht des Mädchens zerschneiden. Man warf sie zu Boden und dann aus der Kirche. Durch den Schnee lief sie zurück in ihre Wohnung, holte die Vögel aus dem Käfig und setzte sie vors Fenster: »Erfriert oder fliegt.« Darunter war auch der Papagei, der immer gesagt hatte: »Ich liebe dich.«

Auf diesen Handlungskern reagieren die verschiedenen Stimmen des Buches, eine Erzählweise, die aus der mündlichen Erzähltradition ebenso Anregungen bezieht wie aus dem Jazz, den sie für die ursprünglichste Ausdrucksform der Schwarzen hält. Oftmals bleibt in der Schwebe, wer spricht. »Ich hatte mir die Erzählfigur als das Buch selber vorgestellt, ein sprechendes Buch, das sich selbst schreibt, das sich selbst erfindet und dabei beobachtet. Das Buch ist nicht etwa wichtiger als die Figuren, die sind am Ende stärker als der Text. Das Ganze ist also eine Konstruktion und Dekonstruktion des Romans.«[18] Toni Morrison experimentiert mit sprachlichen Formen, verwendet Strukturen des Jazz als Erzählprinzip, also verschiedene Stimmen, die über ein Thema improvisieren. »Ich möchte den Jazz verfremden, damit er wieder das ur-

sprünglich schockierende, außerordentliche Erlebnis wird. Ich fand dieses Verfahren total radikal.«[19]

New York ist faszinierend und stimulierend, offen für alle Möglichkeiten, eben »hip«. Die Stadt ist erfüllt von Klarinettenklang und den Stimmen bekümmerter Frauen, voll von Liebe und Faustkämpfen: »Eine Stadt wie diese lässt mich beflügelt träumen und tief in die Dinge hineinfühlen.« Das Versprechen des amerikanischen Traumes von persönlicher Selbstverwirklichung kostet allerdings einen hohen Preis. Beziehungen und

Zusammengehörigkeit verlieren an Bedeutung, traditionelle Lebensformen gelten nicht mehr. Das individuelle Glück, das in der weißen westlichen Welt so hoch eingeschätzt wird, steht der afrikanischen Kultur entgegen, in der die Gemeinschaft und die Verantwortung füreinander am meisten zählen. Diese soziale Stabilität zerfällt in der Metropole, die Spuren der Vergangenheit sind verwischt, die Familiengeschichte unwiederbringlich zerstört. Was bleibt, sind Phantasie und Sinnlichkeit und eben die spielerische Kraft der Musik.

Die Sprache, mit der über Schwarze und über Frauen gesprochen wird, gehört zu den gesellschaftlichen Machtmitteln. Die Sprache behauptet und besiegelt die Unterlegenheit der Schwarzen gegenüber den Weißen, der Frauen gegenüber den Männern. »Eine Frau, die Ziele hat, wird ›Emanze‹ genannt, während ein Mann, der Ziele hat, den Erwartungen entspricht.«[20] Ihre Forschung über die Geschichte der Sklaverei und über die Geschichte der Frauen bringt die auch heute noch bestehende Ungleichheit ans Licht. Allerdings weiß Toni Morrison: »Wir alle möchten am liebsten an der Mythologie festhalten, mit der wir aufgewachsen sind, so dass ich als Schriftstellerin die Leser zwingen muss, alte Vorstellungen von Schwarzen und Weißen neu zu durchdenken. Ich will verführerisch, ich will subversiv sein.«[21] Ganz bewusst spricht sie von *African Ameri-*

cans, wenn sie die Schwarzen in den Vereinigten Staaten meint – so wie es unter selbstbewussten Schwarzen inzwischen üblich ist. Toni Morrison fühlt sich mit der Geschichte und Kultur Afrikas verbunden und sie betont immer wieder ihre Skepsis gegenüber dem *American melting pot.*

Forschung und Lehre werden für Toni Morrison zunehmend wichtig, seit 1989 ist sie Professorin für Literaturwissenschaft an der Princeton University, 1990 hält sie an der Harvard University eine Vorlesungsreihe zur Geschichte der amerikanischen Kultur. Vor allem will sie die amerikanische Literatur mit anderen Augen sehen als die herkömmliche Literaturwissenschaft. Denn die *African Americans* waren in der traditionellen nordamerikanischen Literatur schon immer ein Thema. »Mir ist dabei vor allem wichtig, wie dies ihre Sprache beeinflusst, ihre Bilder, ihre Form. Es geht mir um den Einfluss des Afrikanischen auf die Phantasie der traditionellen weißen Erzähler.«[22] Und die verwendeten das Schwarze, das Dunkle, das Andere, das Böse gerne als geeigneten Kontrast, von dem sich die weiße Weste besonders gut abhob.

Toni Morrison war bereits durch ihre sechs Romane berühmt und für ihr Werk, das in achtundzwanzig Sprachen übersetzt ist, mit diversen Literaturpreisen ausgezeichnet, aber als Kandidatin für den Literatur-Nobelpreis galt sie nicht. So war das Erstaunen, vor allem ihre eigene Verwunderung, groß, als die Schwedische Akademie ihr als erster »afrikanisch-amerikanischer« Frau am 7. Oktober 1993 den Nobelpreis für Literatur verlieh. Die internationale Presse reagierte begeistert. Skeptische Stimmen mutmaßten eine politisch korrekte Entscheidung, eine Polemik, die beispielsweise bei dem karibischen Lyriker Derek Walcott, ihrem Vorgänger im Jahr 1992, ausblieb. Aber einer schwarzen Frau kann eine hohe Anerkennung für ein innovatives Werk offenbar noch immer schwer zugebilligt werden.

Toni Morrison lässt sich weder durch Ruhm noch Kritik davon abbringen zu sagen, was sie zu sagen hat: »Ich will mich nicht mit einfachen Antworten auf komplexe Fragen verabschieden ... Ich bin am Überleben interessiert – wer überlebt und wer nicht, und warum.«[23]

»Es war einmal eine alte Frau. Blind, aber weise.« In der Rede zur Verleihung des Nobelpreises erinnert Toni Morrison zusammen mit ihrer Märchenfrau auch an die Geschichte vom Turmbau zu Babel. Der biblische Turm stürzte ein, so wurde es bislang interpretiert, weil die Verwirrung über zu viele Sprachen die Architektur des Turms zusammenbrechen ließ. Eine einheitliche Sprache dagegen hätte den Turm zu Babel in den Himmel wachsen lassen. Toni Morrison und die weise, alte Frau sind da anderer Auffassung: »Vielleicht war die Verwirklichung des Paradieses verfrüht, etwas überhastet, wenn niemand sich die Zeit nehmen konnte, andere Sprachen, andere Ansichten, andere Erzählungen zu verstehen. Hätten sie sich die Zeit genommen, so wäre der Himmel, den sie sich vorstellen, womöglich zu ihren Füßen zu finden gewesen. Zwar kompliziert und anspruchsvoll, aber eine Ansicht des Himmels als Leben; nicht als Nachleben.«[24]

»Verstehen, wie das Leben funktioniert«
Christiane Nüsslein-Volhard (*1942), Nobelpreis für Medizin 1995

Von Judith Rauch

Der 9. Oktober 1995 hätte ein ruhiger Tag werden sollen. Christiane Nüsslein-Volhard wollte am Vormittag kurz in ihrem Labor im Max-Planck-Institut für Entwicklungsbiologie in Tübingen nach dem Rechten sehen. Um die Mittagszeit hatte sie einen Termin beim Autohändler. Ihr alter Wagen war mit Motorschaden stehen geblieben, nun wollte sie sich einen neuen aussuchen.

Doch um elf Uhr kommt ein Anruf aus Stockholm: Ein Mitglied des Nobel-Komitees teilt mit, dass Christiane Nüsslein-Volhard den Medizin-Nobelpreis bekommen wird – zusammen mit Eric Wieschaus aus Princeton und Edward B. Lewis aus Pasadena. Für ihre »Epoche machenden Entdeckungen, wie die Gene die frühe Embryonalentwicklung steuern«[1], wie es in der Begründung heißt.

Da ist es vorbei mit Ruhe und Autokauf. Die Nachricht spricht sich in Windeseile herum. Schon eine Stunde später sind die Journalisten da und bestaunen sie: die erste deutsche Frau mit einem Nobelpreis im Fach Medizin! Sektkorken knallen, Gläser klingen. Kameras klicken.

»Liebe Janni«, beginnt der geschäftsführende Institutsdirektor Peter Hausen seine kleine Ansprache. »Daß du den Preis verdient haben würdest, das wußten wir schon lange. Und seit einiger Zeit haben wir ihn eigentlich auch erwartet.«[2] Tatsächlich war in den neunziger Jahren ein ganzer Regen wissenschaftlicher Auszeichnungen über der Tübinger Forscherin niedergegangen: 1991 der Albert-Lasker-Preis, 1992 der Prix Louis Jantet de Médecine und die Gregor-Mendel-Medaille für Genetik, 1993 die Sir-Hans-Krebs-Medaille für Biochemie neben etlichen anderen Preisen und Ehrendoktorhüten. Aber die Krone des Ruhms, der Nobelpreis, hatte auf sich warten lassen.

»Es dauert, bis das einsickert, daß das wichtig war«[3], sagt die Zweiundfünfzigjährige in der Stunde des Triumphs. Dann lächelt sie – die grauen Locken ein wenig zerzaust – entspannt und glücklich den Fotografen zu. Ein Moment des Innehaltens, der tiefen Befriedigung. Ist sie am Ziel?

Rund ein halbes Jahr später führt mich Christiane Nüsslein-Volhard durch ihr Institut in der Tübinger Spemannstraße. Begeistert spricht sie über ihr neues Forschungsobjekt, den Zebrafisch. Sie lässt mich durch ein Mikroskop einen Embryo betrachten: Wunderbar deutlich treten die dunklen Augen hervor, einzelne Muskelpakete sind zu erkennen und ein pulsierendes Herz! Die Nobelpreisträgerin ist fasziniert von den Entwicklungsstadien dieser Fische: Wie sie im Alter von zwei Tagen anfangen, Pigmentflecken zu bilden, aus denen dann das charakteristische Streifenmuster wird – hochinteressant sei das und auch ästhetisch schön. »Aber das ist wieder mal eine Forschung, deren Nutzen man niemand erklären kann.«[4]

Nein, diese Wissenschaftlerin ist keineswegs am Ziel. Fragen treiben sie um wie in Kindertagen: Wie wird der Fisch gestreift? Wie wird aus dem befruchteten Ei ein Embryo? Und wie sieht die Rose aus, wenn sie noch in der Knospe steckt? Kinderfragen – Menschheitsfragen.

»Ich will verstehen, wie das Leben funktioniert«, sagt Christiane Nüsslein-Volhard. Charles Darwin, den Entdecker der Evolutionstheorie, zählt sie zu ihren Vorbildern, und Theodor Boveri, den Pionier der Embryologie. Ganz besonders aber liebt sie Johann Wolfgang Goethe als Dichter wie als Naturforscher. In ihrer Nobel-Rede in Stockholm hat sie ihn zitiert: »Alle Glieder bilden sich aus nach ewgen Gesetzen – und die seltenste Form bewahrt im Geheimen das Urbild.«

In Goethes Geburtsstadt Frankfurt ist sie auch aufgewachsen. Zwar wurde sie mitten im Zweiten Weltkrieg, am 20. Oktober 1942, in Magdeburg geboren, doch zog es die Eltern bald zurück in die Stadt am Main, wo der Großvater Franz Volhard, ein bekannter Internist, seine Praxis unterhielt. Der Vater, Rolf Volhard, etablierte sich als Architekt. Die Mutter, Brigitte Volhard, geborene Haas, von Beruf Kindergärtnerin, hatte die Sprösslinge einer Adelsfamilie in Ostpreußen und später Kinder aus Armenvierteln in Berlin betreut, bevor sie sich nun der eigenen, größer werdenden Familie widmete. Die Kinderzahl wuchs auf fünf: drei ältere Schwestern, von denen Christiane die mittlere ist, dann noch ein Junge und ein Mädchen.

Ihre ersten Erinnerungen haben mit Essen zu tun, erzählt Christiane Nüsslein-Volhard: »Ich erinnere mich an einen Haferbrei voller Spelzen, der fürchterlich im Hals kratzte.« Es waren magere Zeiten, auch nach Kriegsende wurde es erst langsam besser. Zum Glück wohnte die Großmutter mütterlicherseits, die verwitwete Malerin Lies Haas-Möllmann, auf einem Bauernhof in der Nähe von Limburg, und wenn die niedliche Enkelin zu Besuch kam, wurde sie von den Bauersleuten gehätschelt. »Ich habe den Geruch der Pellkartoffeln und des guten Schinkens noch heute in der Nase«, sagt Nüsslein-Volhard. Dass sie so gerne kocht und backt, führt sie auf diese frühen Erfahrungen zurück. Auf dem Land begann sie sich auch für Tiere zu interessieren, bestaunte Kühe, Pferde, Schweine, Hühner und alles, was es in der Stadt nicht gab.

Geistige Anregungen gab es jedoch in Hülle und Fülle auch im Stadthaus in Frankfurt-Sachsenhausen, wo der Großvater im Erdgeschoss seine Praxis hatte, die siebenköpfige Familie des Sohns die oberen Stockwerke bewohnte: »Wir hatten große Freiheiten und unsere Eltern ermutigten uns, interessante Dinge zu tun.«[5] Der Architekt zeichnete und bastelte mit den Kindern, die Mutter brachte ihnen alle hauswirtschaftlichen Fähigkeiten bei, kaufte die richtigen Bücher und förderte das Musische: Alle lernten ein Instrument. Christiane wählte die Querflöte, die sie heute noch spielt. Außerdem schmetterte sie gern Opernarien, und zwar so laut, dass sich Nachbarn bei derMutter beschwerten:»Wenn Ihre Tochter Christiane mit lautem Gesang das Haus betritt, schrickt man förmlich zusammen.« Noch heute singt die große Christiane, wenn ihr danach ist, in voll tönendem Sopran ihre Lieblingsarien.

Ihre naturwissenschaftlichen Interessen entwickelte das junge Mädchen, das von allen Janni gerufen wurde, dagegen ganz von alleine. Janni war etwa zehn, als sie im nahe gelegenen Stadtwald die Stellen ausfindig machte, wo Veilchen und Scharbockskraut blühten. Am Bahndamm legte sie eine Schneckensammlung an. Mithilfe von Bestimmungsbüchern lernte sie die Pflanzen zu unterscheiden und kannte bald auch viele heimische Vogelarten. Als sie zwölf war, schenkten ihr die Eltern zu Weihnachten ein Buch des Verhaltensforschers Konrad Lorenz: »Er redete mit dem Vieh, den Vögeln und den Fischen.« Es bestärkte sie – ebenso wie der moderne Biologie-Unterricht im Gymnasium – in dem frühen Entschluss, Naturforscherin zu werden.

Die Schillerschule in Sachsenhausen war seinerzeit

eine reine Mädchenschule. »Wir hatten engagierte Lehrer und beeindruckende, emanzipierte Lehrerinnen«, erinnert sich die Nobelpreisträgerin. »Und es gab keine Jungen, die uns das Gefühl gaben: Von Mathematik und Naturwissenschaften verstehen Mädchen nichts.« Christiane ging gern zur Schule. Ihre Lieblingsfächer neben der Biologie waren Deutsch, Musik und Kunst. Ihr Zeichentalent war auch durch die geliebte und verehrte Großmutter Lies Haas-Möllmann, eine Impressionistin, geschult worden. Weniger Spaß hatte Janni dagegen an Latein und Englisch, in Mathematik war sie gut. Das Abitur schloss sie 1962 mit der Durchschnittsnote 2,5 ab.

In einem Gutachten der Lehrer über die Abiturientin Christiane Volhard heißt es: »Trotz relativ guter Verteilung ihrer Begabungen auf alle Wissensgebiete sind ihre Leistungen gemäß ihrer unterschiedlichen Interessenverteilung verschieden. So kann sie bei ihrer ausgeprägten Eigenwilligkeit in einzelnen Fächern über Jahre hinweg ausgesprochen faul sein, während sie sich mit ihren Interessensgebieten in einem Maß beschäftigt, das weit über das schulische hinausgeht.«[6] Das Gutachten, in dem sie sich gut getroffen fühlt, charakterisiert sie außerdem als »leidenschaftlich, temperamentvoll, aber auch voll zarter Empfindungen und begeistert für alles Schöne« und bescheinigt ihr – schon damals – »die Anlage zu selbständiger wissenschaftlicher Arbeit«.

Wer heute mit Christiane Nüsslein-Volhard über ihre Jugendjahre spricht oder ihre Aufzeichnungen liest, stellt zweierlei fest: Erstens hat sie sehr positive, sehr genaue Erinnerungen an die Zeit bis zum Abitur; viele Kontakte zu ihren damaligen Lehrern, Freundinnen und Verwandten sind lebendig geblieben. Und zweitens taucht ein Wort auffallend häufig auf: Interesse. Fast alles, was ihr begegnete, fand das junge Mädchen interessant: Menschen, Dinge, Lebewesen, Bücher. Interesse, nicht Ehrgeiz, trieb sie an. Die Nobelpreisträgerin rät darum jungen Leuten, nicht zu sehr auf Karrierechancen oder Modeströmungen zu achten. »Machen Sie das, was Sie wirklich interessiert«, sagte sie etwa einer Gruppe von Abiturienten. »Darin sind Sie nämlich wahrscheinlich auch am besten.«[7]

Sie selbst begann ihr Studium der Biologie unter schlechten Vorzeichen. Am Tag ihrer Abiturprüfung im Februar 1962 starb ihr geliebter Vater. Er war ihr ein geistiger Förderer gewesen, mit ihm hatte sie mathematische Probleme besprochen und über Goethe diskutiert. Nun, da er plötzlich fehlte, schien es Christiane, als falle die Aufgabe, sich um die schulische Entwicklung der Geschwister zu kümmern, ihr zu, »der Klugen« unter den vier Schwestern. Gleichzeitig musste sie sich selbst in einer fremden Welt, der Universität, zurechtfinden.

Sie ging zunächst in die Grundvorlesungen über Chemie und Physik. Zoologie gab sie bald wieder auf;

die beiden Dozenten referierten auf öde Weise Dinge, die sie längst in der Schule gelernt hatte. Der Physiologie-Professor schockierte sie, indem er gleich in der ersten Stunde ohne Vorwarnung einem lebenden Frosch den Kopf abschnitt. »Ich ging nie wieder hin.« Botanik fand sie dagegen »ganz nett«, hier erntete sie auch ein erstes Lob für ihre sauberen Zeichnungen mikroskopischer Dünnschnitte. Ansonsten empfand sie die Universität als »total anonym«, und ihr wurde hier besonders bewusst, wie schüchtern sie eigentlich war.

An der Universität hatte sie es plötzlich mit einem recht zielgerichteten männlichen Interesse zu tun. »In der Physikvorlesung standen die jungen Assistenten an der Seite des Hörsaals und guckten sich die neuen Studentinnen aus«, beschreibt sie es. Sie luden ihre Favoritinnen zu den Institutspartys ein – und Christiane Volhard war dabei. Halb geschmeichelt, halb skeptisch ging sie hin. So lernte sie auch Volker Nüsslein kennen, Student der Physik und nur wenig älter als sie. Er war ein angenehmer Gesprächspartner und ernsthaft an ihr und ihren Meinungen interessiert. Sie verliebten sich, sie verlobten sich.

Unter Volkers Einfluss erwog Christiane ernsthaft, ihr Studienfach zu wechseln. Sie ließ sich immer öfter in den Vorlesungen und Praktika der Physik sehen. Erst als in der Chemievorlesung Stoffkreisläufe behandelt wurden, wie sie in Organismen vorkommen, erinnerte sie sich wieder an ihr ursprüngliches Interesse, die lebendige Natur zu erforschen. Sie strebte zurück zur Biologie, suchte aber nach einem Curriculum, das ihr mehr Grundlagen vermitteln konnte, als es in Frankfurt möglich war. In Tübingen, so erfuhr sie, werde gerade ein neuer Studiengang eingerichtet: Biochemie.

So wechselt sie im Herbst 1964 an die Universität Tübingen. Nicht ohne Herzklopfen lässt die Zweiundzwanzigjährige die Familie und den Verlobten zurück. Nun muss sie allein in einem kleinen Dachzimmer im Vorort Lustnau hausen, mit Kohleofen, Plüschsofa und dem Klo im Keller – schon eine Umstellung für eine »höhere Tochter«. Anfangs ist sie einsam in der schwäbischen Kleinstadt und schreibt sehnsüchtige Briefe nach Hause. Dann findet sie eine Freundin, die Sprachen studiert, und zieht zu ihr in die idyllische Altstadt.

1967 kommt Volker Nüsslein für ein Semester nach Tübingen. Die beiden Studenten heiraten und noch ganz traditionsgemäß nimmt Christiane den Namen ihres Mannes an. Nach einem Semester müssen sie sich schon wieder trennen, Volker setzt sein Studium der theoretischen Physik in Frankfurt fort.

Auch in Tübingen ist Christiane im Großen und Ganzen von den Vorlesungen und Praktika enttäuscht. »Physikalische Chemie«, »Anorganische Chemie«, »Organische Chemie« – das sind alles wichtige Grundlagenfächer, aber sie nehmen ihr einen zu großen Raum ein; die Biologie kommt zu kurz. Die Vision, den Geheimnissen des Lebens auf die Spur zu kommen, erfüllt sich noch nicht. Vermehrt geht sie selbständig auf die Suche, holt sich das nötige Wissen aus wissenschaftlichen Schriften und einigen interessanten Spezialvorlesungen wie Botanik, Genetik und Mikrobiologie. Im Hauptstudium besucht sie erstmals Seminare von Forschern, die am Max-Planck-Institut für Virusforschung in Tübingen wirken: Gerhard Schramm, Alfred Gierer, Friedrich Bonhoeffer und Heinz Schaller. Sie diskutieren mit den Biochemiestudenten die neuesten Forschungsergebnisse über die Synthese von Eiweißstoffen (Proteinen) und die Verdoppelung (Replikation) der Erbsubstanz DNS. Ihre Versuchsobjekte sind Bakteriophagen – Viren, die als Parasiten von Bakterien leben. Diese vergleichsweise einfach gebauten Mikroorganismen eigenen sich gut für das noch junge Feld der Molekularbiologie. Christiane beschließt, ihre Diplomarbeit auf diesem Gebiet zu machen, und findet in dem Molekurlarbiologen Heinz Schaller ihren Betreuer.

»Seit du selbständig wissenschaftlich arbeiten kannst, wirkst du viel fröhlicher, du strahlst richtig«, sagt eines Tages die Freundin zu Janni. »Jetzt macht es mir auch endlich Spaß«, entgegnet diese. Schüchternheit und Unsicherheit legen sich. 1969 schließt sie ihre Diplomarbeit (»Vergleich der Nukleinsäuren der Bakteriophagen ΦX 174 und fd mit der Methode der DNS-RNS-Hybridisierung«) ab. Schaller rät ihr, die Arbeit zur Promotion auszubauen, und sie versucht es, aber: »Es ging nur noch um technische Verbesserungen, und das noch mit ungewissem Erfolg. Ich hatte das Gefühl, es lohnt sich nicht.« In Diskussionen erzwingt sie eine Änderung der Themenstellung.

Die Doktorandin entwickelt nun selbständig eine Methode, um in großem Maßstab sehr reine RNS-Polymerase herzustellen, ein Protein, das beim »Ablesen« der genetischen Information die entscheidende Rolle übernimmt. Zusammen mit einem anderen Biochemie-Doktoranden, Bertold Heyden, isoliert sie daraufhin Bindungsstellen dieser RNS-Polymerase an der DNS, untersucht deren chemische Zusammensetzung und findet auf diese Weise Interessantes über die Struktur von Promotoren heraus, den »Startplätzen« und Regulatoren der Proteinsynthese. Zwischen 1969 und 1977 entstehen so – teilweise mit Co-Autoren – sechs wissenschaftliche Arbeiten, die mit dem Namen Christiane Nüsslein gezeichnet sind.

Im Labor des Max-Planck-Instituts für Virusforschung, aus dem später das MPI für Entwicklungsbiologie hervorgeht, wird sie als wissenschaftliche Mitarbeiterin von Schaller allmählich zu einer Instanz. Jüngere Wissenschaftler fragen sie oft um Rat. Ihre »starke Persönlichkeit« – so die Einschätzung einer der Diplomandinnen im Team – erregt Bewunderung.

»Christiane Nüsslein hatte ein sehr hohes Qualitätsbe-
wusstsein bei der eigenen Arbeit und bei der Beurtei-
lung anderer.«[8]

Die dreißigjährige Janni selbst hat dagegen das Gefühl, dass sie an vielen Fronten kämpfen muss. Sie fühlt
sich als Frau in der Wissenschaft nicht richtig ernst genommen. Da ist auf der einen Seite ihr Doktorvater, der
es ganz selbstverständlich findet, dass auf der gemeinsamen Veröffentlichung der Name des männlichen Kollegen Heyden vorne steht: »Der braucht das doch für
seine Karriere!« Auf der anderen Seite drängt der Ehemann, drängen wohlmeinende Freunde sie dazu, doch
endlich ein »normales Familienleben« aufzunehmen.
Volker Nüsslein hat – durchaus auch ihretwegen – von
der Physik auf die Biologie umgesattelt und arbeitet im
Nachbarlabor bei Professor Friedrich Bonhoeffer.
Manchmal spielt er mit dem Gedanken, die unsichere
Wissenschaftslaufbahn aufzugeben und sich in einem
Industriebetrieb irgendwo in der Provinz eine feste
Stelle zu suchen. »Und was soll ich da machen? Als
Hausfrau gelangweilt zu Hause sitzen?« Schon die Vor-
stellung ist ihr unerträglich. Auch Kinder will sie vor-
erst nicht haben, die Doktorarbeit geht vor. In der Wis-
senschaftler-Ehe kriselt es.

In einem Vortrag »Zur Situation der Wissenschaftlerinnen in der Max-Planck-Gesellschaft« hat sie viele
Jahre später offen über die Partnerschaftskonflikte gesprochen, die in einer solchen Verbindung entstehen

können: »Männer vertragen Vernachlässigung häufig schlechter als Frauen. Dazu kommt der soziale Druck: Wenn ein Mann ehrgeizig ist und Tag und Nacht arbeitet, gilt das als normal und wird akzeptiert ... Wenn dagegen die Frau ehrgeizig ist und Tag und Nacht arbeitet, wird der arme Mann von allen Seiten bedauert ... Dazu kommt, daß Männer es häufig schlecht ertragen, wenn ihre Frau meßbar erfolgreicher ist, umgekehrt entsteht in der Regel kein Problem.«[9]

Die junge Ehe der Nüssleins zerbricht an den Belastungen: Es kommt zur Trennung, schließlich zur Scheidung. Am liebsten würde Christiane nun ihren Mädchennamen Volhard wieder annehmen. Da sie jedoch bereits so viel unter ihrem Ehenamen veröffentlicht hat, behält sie ihn bei, hängt jedoch von nun an Volhard hinten an.

Auch in der Wissenschaft will sie jetzt keine Kompromisse mehr eingehen. So erfolgreich sie wirkt, sie ist doch innerlich schon seit 1973 von ihren Projekten gelangweilt. Systematisch hält sie Ausschau nach einem neuen Forschungsgebiet, auf dem es noch richtige Entdeckungen zu machen gibt. Die Transplantations- und Regenerationsexperimente, die der Entwicklungsbiologe Alfred Gierer mit dem Polypen Hydra anstellt, erregen ihr Interesse – geht es dabei doch um die fundamentalen Prozesse der Formbildung und Selbstorganisation bei Lebewesen. Gleichzeitig erhält sie wichtige Anregungen von Friedrich Bonhoeffer. Der ehemalige Physiker studiert die Genetik des simplen Bakteriums Escherichia coli (kurz E. coli genannt). Mit »durchdachten und eleganten Methoden«, wie sie findet, erzeugt er große Mengen von Mutationen (genetischen Veränderungen) bei den Bakterien und zieht aus ihnen Rückschlüsse auf die zugrunde liegenden Gene.

Solche Methoden auf die Analyse komplexer biologischer Entwicklungsprozesse anzuwenden, erscheint ihr eine clevere Idee zu sein. Nun fehlt ihr nur noch ein geeignetes Versuchsobjekt. Beim Studium der wissenschaftlichen Literatur entdeckt sie Beschreibungen von Mutanten der Fruchtfliege (Drosophila), zum Beispiel »bicaudal«, Tiere mit verdoppeltem Hinterleib. »Offensichtlich ist bei deren Entwicklung etwas Interessantes schief gegangen, und es muss noch mehr solche Mutanten geben«, denkt sie. Professor Walter Gehring, ein Wissenschaftler am Biozentrum in Basel, scheint ihr der geeignete Experte für solche Fliegenexperimente zu sein, hat er doch über eine bestimmte Mutante auch schon eine Arbeit veröffentlicht. Als sie ihn 1973 auf einem Kongress in Freiburg trifft, fragt sie ihn, ob sie nach der Promotion als *post-doc* zu ihm kommen kann. Im Januar 1975 ist es so weit. Die junge Wissenschaftlerin hat ein Stipendium bekommen und geht in die Schweiz.

Dort trifft sie wenige Wochen später Eric Wieschaus. Der fünf Jahre jüngere charmante Amerikaner kommt gerade von einem Sprachkurs in Paris zurück und überschüttet sie in der Cafeteria des Biozentrums mit Geschichten seiner dortigen Abenteuer. Die Neue im Basler Labor, der eine Konversation auf Englisch noch Mühe macht, bleibt ungewohnt still. Aber der Kollege ist ihr sofort sympathisch. »Ein genialer Embryologe, dabei außerordentlich originell«, begeistert sie sich noch heute. »Außerdem kulturell interessiert, mit einer Leidenschaft für Geschichte, Malerei und Musik, ein wunderbarer Gesprächspartner.« Leider wechselt er kurz darauf an eine neue Stelle in Zürich, doch sie bleiben in Kontakt.

Christiane gerät im Labor von Walter Gehring ein wenig ins Abseits. Fast alle Kollegen wenden sich den neuen Techniken der DNS-Klonierung zu, die die Grundlage der modernen Gentechnik bilden. Sie aber besteht darauf, klassische Genetik mit Mutanten zu machen, und das als Anfängerin auf diesem Gebiet.

Sie studiert die Tiere unter dem Mikroskop, sie zeichnet die Eier, die Larven, die Puppen, die erwachsenen Fliegen. Innerhalb von zweiundzwanzig Stunden entwickelt sich das einen halben Millimeter kleine Ei zur Larve, innerhalb von dreizehn Tagen wird eine Fliege daraus: »Ich liebte es von Anfang an, mit Fliegen zu arbeiten.« Christiane entwickelt das, was die Wissenschaftstheoretikerin Evelyn Fox Keller »ein Gefühl für den Organismus«[10] genannt hat – ein Erfolgsrezept, das schon einmal einer Biologin, der amerikanischen

Mais-Genetikerin Barbara McClintock[*], zum Nobelpreis verholfen hat. »Ich sah die Fliegen vor mir, wenn ich die Augen schloss, ich träumte von ihnen«, erinnert sich Christiane Nüsslein-Volhard. Sie muss genau hinschauen, um kleinste Formveränderungen, auf die es ihr ja ankommt, zu entdecken. Um Entwicklungs-Mutanten zu finden, muss sie die frühen Larvenstadien studieren; denn manche Mutanten sind so stark gestört, dass niemals eine Fliege aus ihnen wird.

Mutationen entstehen in der Natur von selbst – das gilt für Fliegen genauso wie für jedes andere Lebewesen. Aber im Labor hat man die Möglichkeit, etwas nachzuhelfen, indem man die Elterntiere bestrahlt oder sie chemischen Substanzen aussetzt. Bei den kurzlebigen Insekten hat die Forscherin keine Skrupel, auf diese Weise einzugreifen. Schwerer fiele es ihr da schon, so gibt sie zu, »mit Mäusen oder anderen höher entwickelten Wirbeltieren zu experimentieren«. Den grausam getöteten Frosch aus der Physiologie-Vorlesung hat sie nie vergessen.

Bald hat sie Glück und findet erste Mutanten, zum Beispiel die schon früher beschriebene »zweischwänzige« Variante »bicaudal«. Ihr Erscheinungsbild gehört zu den Schäden, die sich über die Mutter vererben, den so genannten »maternellen Mutationen«. Nüsslein-Volhard findet diese Klasse von Genveränderungen be-

---

[*] Siehe dazu das Porträt der Medizinnobelpreisträgerin Barbara McClintock in: »Nicht nur Madame Curie …« (Beltz & Gelberg 1990)

sonders interessant, geben sie doch einen Hinweis darauf, dass bei der frühen Embryonalentwicklung der mütterliche Einfluss besonders groß ist. In einer ersten Übersichtsstudie (englisch *screening* oder *screen*) isoliert sie weitere maternelle Mutanten, etwa den Typ »doral« – hier sind Rückenstrukturen der Larve auch am Bauch ausgeprägt. »Gibt also schon die Mutter dem Ei die Information mit, wo oben und wo unten ist?«, fragt sie sich. Sie nimmt sich vor, diese mütterlichen Geneinflüsse eines Tages genauer zu studieren.

Doch zunächst muss sie ihre experimentelle Methodik verbessern, um überhaupt große Zahlen von Fliegenlarven sichten zu können. Dazu klebt Nüsslein-Volhard achtzehn der dünnen Plastikröhrchen, in denen sie die Mutterfliegen vereinzelt, zu einer Batterie zusammen; so kann sie achtzehn Gelege auf einmal studieren. Noch besser sind die Eier und Embryonen zu sehen, nachdem sie es geschafft hat, die normalerweise weißliche Eihaut mit einem speziellen Öl transparent zu machen. Daraus wird 1977 ihre erste Fliegen-Publikation, der noch viele folgen sollen.

Als die Arbeit erscheint, ist sie bereits weitergezogen – ans Labor des Embryologen Klaus Sander in Freiburg. Für ein Jahr kann sie sich dort mit einem Stipendium der Deutschen Forschungsgemeinschaft über Wasser halten. Das ist eine kurze Frist für ihre ehrgeizigen Projekte, doch sie nutzt die Zeit. Mit einer Kollegin, Margit Schardin, setzt sie einen Laser ein, um einzelne Zellen aus dem frühen Eibläschen (Blastula) der Fliege zu entfernen, und studiert dann die Effekte, die diese Mikro-Operationen auf die Segmentbildung der späteren Larve haben. Gleichzeitig arbeitet sie theoretisch und praktisch an der von ihr entdeckten dorsal-Mutante weiter. Dabei postuliert sie bereits 1977, dass bei der Entwicklung der Rücken-Bauch-Achse Konzentrationsunterschiede eines Stoffs, so genannte Gradienten, eine Rolle spielen. Diese Voraussage wird sie erst viele Jahre später eindrucksvoll beweisen.

Während der ganzen Zeit hat Nüsslein-Volhard den Kontakt zu Erich Wieschaus niemals abreißen lassen und 1979 führt das Schicksal die Freunde wieder zusammen. Beide haben sich unabhängig voneinander am European Molecular Biology Laboratorium (EMBL) in Heidelberg beworben, das von John Kendrew[*], dem britischen Nobelpreisträger, geleitet wird. Für Janni ist es bereits die zweite Bewerbung, beim ersten Mal hat sie sich eine Abfuhr geholt. Sie sei noch zu unerfahren, um allein eine Gruppe zu leiten. »Sir John«, wie ihn die Kollegen nennen, traut Frauen nicht besonders viel zu; damit ist er keine Ausnahme. Er sei eben ein »Chauvi«, tuscheln die – wenigen – Wissenschaftlerinnen im Team.

---

[*] geb. 1917, Biochemiker. Nobelpreis für Chemie 1962 für die Aufklärung der Struktur des Hämoglobins und Myoglobins.

Wir schreiben die siebziger Jahre, eine neue Frauen-bewegung macht sich in Deutschland bemerkbar, und da wird diskriminierendes Verhalten nicht mehr so einfach hingenommen. Christiane Nüsslein-Volhard debattiert oft mit Freundinnen darüber, feministisches Denken ist ihr nicht fremd. Trotzdem fühlt sie sich un-ter den Feministinnen als Außenseiterin. »Wie kann man sich als Frau nur für so abstrakte Dinge interes-sieren?«, werfen diese der Naturwissenschaftlerin vor. »Das hat doch nichts mit dem Menschen zu tun.« Doch in den folgenden Jahren mischen sich immer mehr Frauen gerade auch dort ein, wo sie – wie in der männlich dominierten Naturwissenschaft – lange aus-gegrenzt waren. »Es wäre gut, wenn es mehr Frauen als Vorbilder gäbe«, stellt die Forscherin Jahre später fest. »Es ist anstrengend, eine Ausnahme, die Erste, die Einzige zu sein.«[11]

Beim zweiten Anlauf gibt Kendrew der forschen Fliegenfrau eine Chance, aber sie muss sich mit dem jüngeren Eric ein Labor und eine Assistentin teilen. Der Raum, in dem die drei von nun an arbeiten sollen, ist mit zwanzig Quadratmetern der kleinste im ganzen Haus. »Alles war rundum voll gestellt mit Plastikkis-ten, in denen die Fliegen hausten. Es stank auch ziem-lich – halt der übliche Drosophila-Geruch. An einer Seite war mit einer Glasscheibe ein Kabuff abgetrennt, in dem die Schreibtische standen. Dort mussten sich die drei aneinander vorbeiquetschen, wenn sie rein oder raus wollten.«[12] In der Mitte steht ein Doppelmikroskop, das sich Eric und Janni teilen.

Zwangsläufig führt die große Enge anfangs zu Spannungen zwischen den jungen Forschern. Während Eric in der Fliegenforschung mehr Erfahrung und mehr Publikationen nachzuweisen hat, ist Janni die Dynamischere von beiden. Sie stattet das Labor aus, besorgt das Mikroskop, verhandelt um Gelder. »Warum machst du eigentlich keine Experimente?«, fragt eines Tages der eher versonnene Eric. »Weil ich mich um den ganzen Verwaltungskram kümmern muss«, entgegnet sie barsch. »Okay, ab morgen helfe ich dir dabei«, verspricht Eric. Ein objektiver Grund für die Rollenteilung ist, dass sie als Deutsche mit den Verkäufern und Institutsangestellten besser verhandeln kann. Ein anderer, so erinnert sich Wieschaus, liegt in ihren unterschiedlichen Persönlichkeiten: »Sie wusste immer genau, wie die Dinge sein sollten, und versuchte sie notfalls zu ändern. Ich bin mehr der Typ, der sein Leben lebt, indem er sich den existierenden Bedingungen anpasst und bei Nebensachen Kompromisse macht.«[13]

Beide, Eric und Janni, haben ihre Lieblingsprojekte nach Heidelberg mitgebracht – er seine Studien zum Eibläschen (Blastaul), sie ihre maternellen Mutanten – ein Thema, das ihn ebenfalls brennend interessiert. Doch bald wird ihnen klar, dass sie sich wegen der beengten Verhältnisse auf ein gemeinsames Projekt konzentrieren sollten – eines, bei dem sie auch die Assistentin, Hildegard Kluding, sinnvoll einsetzen können. Sie lassen sie zunächst eine Mutante namens »Krüppel« genauer untersuchen, bei der die Segmentbildung gestört ist. Dann sammeln sie immer mehr solche Mutanten, entdecken immer neue Phänotypen. Eine interessante Fragestellung kristallisiert sich heraus: Wie kommt es zur richtigen Zahl von Segmenten bei einem gegliederten Lebewesen? Eine der faszinierenden, noch ungelösten Grundfragen der Biologie.

Sie konzentrieren sich auf Entwicklungsstörungen, die nicht »maternell« bedingt sind, sondern durch Fehler im Genom des Embryos entstehen. So müssen sie eine Fliegengeneration weniger studieren – das macht es leichter, ein vollständiges Bild zu gewinnen. Nüsslein-Volhard und Wieschaus beschließen, ein Screening aller denkbaren segmentalen Mutanten zu machen und die sie steuernden Gene zu identifizieren. Sie fangen bei Chromosom 2 an, einem von vier Fliegenchromosomen (Chromosomen nennt man die einzelnen »Pakete«, in denen die DNS im Zellkern verpackt ist).

Im Nachhinein betrachtet, war es eine tollkühne Entscheidung; so sieht es 1995 auch das Nobelkomitee: »Das war ein mutiger Beschluß zweier junger Forscher, die am Anfang ihrer Karriere standen ... es konnte sich um eine ungeahnte Zahl von Genen handeln, mit denen man zu arbeiten hatte, und das ganze Projekt konnte mißlingen.«[14] Doch die beiden haben

Glück. Schon früh entdecken sie Mutanten mit faszinierenden Eigenschaften, zum Beispiel *pair-rule:* Bei diesen Tieren ist nur jedes zweite Körpersegment ausgebildet. Bei anderen sind die Segmente vollständig vorhanden, aber in jedem Segment fehlt ein Teil, und der übrig gebliebene Teil liegt gespiegelt vor, *polarity* nennt man das. Eine dritte Klasse von Mutanten weist eine Lücke, *gap*, in der Segmentabfolge auf.

Diese Entdeckungen lassen schon eine Menge Schlüsse darüber zu, wie die Gene die Segmentbildung steuern und in welcher zeitlichen Abfolge sie wirken. Die beiden Forscher entschließen sich, ihre Ergebnisse zu publizieren, bevor sie noch die restlichen Chromosomen unter die Lupe genommen haben. »Es gab zwar kaum Kokurrenten für diese Art von Forschung«, sagt Christiane Nüsslein-Volhard. »Aber wir wollten nicht warten, bis uns jemand mit Einzelergebnissen zuvorkam.«

So entsteht die Arbeit »Mutations affecting segment number and polarity in Drosophila« (Mutationen, die Zahl und Polarität der Segmente bei Drosophila beeinflussen). Sie erscheint am 30. Oktober 1980 als Titelgeschichte in »Nature« unter beider Namen und wird von der Fachwelt mit Applaus aufgenommen. Fünfzehn Jahre später wird sie mit dem Nobelpreis geehrt. Sie sei glücklich, dass sie beide gemeinsam bedacht worden seien, sagt Nüsslein-Volhard. »Denn für jeden von uns ist es eine der besten Arbeiten. Und wir wissen beide, dass keiner von uns sie ohne den jeweils anderen geschafft hätte.«

Werden Biologen mit dem Medizinerpreis geehrt, so bemüht sich das Nobelkomitee, die medizinische Seite der Entdeckungen herauszustreichen: Längst sind beim Menschen Missbildungen bekannt, deren Verursacher Gene sind, wie sie von Nüsslein-Volhard, Wieschaus oder Lewis[*] entdeckt wurden, z.B. »Waardenburgs Syndrom«, das mit Taubheit, Missbildungen im Gesicht und Pigmentveränderungen einhergeht. Andere Gene spielen bei der Entstehung mancher Krebsarten eine Rolle. Für Nüsslein-Volhard stehen mögliche ärztliche Nutzanwendungen jedoch keineswegs im Vordergrund ihrer Arbeit: Sie ist eine konsequente Anhängerin der Grundlagenforschung. »Der Hauptnutzen meiner Arbeit besteht darin, daß die Menschheit klüger wird.«[15]

Um wie viel klüger die Menschheit durch »Jannis und Erics Fliegenzählerei« geworden ist, ist den Kollegen in Heidelberg 1980 noch nicht so klar. Die Mehrheit

[*] Schon 1978 veröffentlichte der 1918 geborene Edward T. Lewis seine Studien an »homöotischen« Genen der Fliege – diese wirken in engem zeitlichen Zusammenhang mit den von Nüsslein-Volhard und Wieschaus studierten Genen. Lewis hatte herausgefunden, dass die Gene, die zum Beispiel die Zahl der Flügel regulieren, nebeneinander auf dem Genom angeordnet sind – in der gleichen Reihenfolge wie sie nebeneinander an der Körperachse zur Wirkung kommen. In der Evolution scheint sich das »Kolinearitätsprinzip«, wie es getauft wurde, so gut bewährt zu haben, dass es auch bei Säugetieren und beim Menschen entdeckt werden konnte. Lewis wurde für seine grundlegende Erkenntnis zur Entwicklungsgenetik an Fliegen beim Nobelpreis 1995 mitbedacht.

setzt dort auf Hightech-Verfahren in der Molekularbiologie. Allerdings bekommen die beiden mit der Zeit
etwas mehr Raum, ein extra »Denkzimmer« und mit
Gerd Jürgens einen erfahrenen Mitarbeiter. Als Eric
Wieschaus nach Ablauf seines dreijährigen Vertrages
1981 einen Ruf an die Princeton-Universität in den
USA annimmt, erhält Janni eine Verlängerung. Gleichzeitig gibt man ihr aber zu verstehen, dass sie Erics
Platz nicht einfach neu besetzen und für ihre Forschungen mit beanspruchen kann. Sie entschließt sich
deshalb, ein Angebot der Max-Planck-Gesellschaft anzunehmen, an das Friedrich-Miescher-Laboratorium
in Tübingen zu kommen.

Im Frühjahr 1981 kehrt sie zurück in ihre alte Stu-
dienstadt, wo sie viele gute Freunde wieder trifft. Es
ist nur eine zeitlich befristete Stelle und damit kein
großer Karrieresprung: Für fünf Jahre soll sie eine so
genannte »Nachwuchsgruppe« leiten, die aus zwei
Doktoranden, zwei *post-docs* und drei technischen As-
sistentinnen besteht. Für eine solche Position ist sie
mit achtunddreißig Jahren »schon fast zu alt«, was
man sie spüren lässt. Doch sie lässt sich nicht beirren,
sondern startet ihr großes Lebensprojekt, das Studium
der maternellen Mutanten. »Alle waren mit großem
Enthusiasmus dabei, und wir bildeten ein großartiges
Team.«[16] Erfolgreiche Arbeiten erscheinen in schneller
Folge, wichtige Gene werden entdeckt.

Endlich – Christiane Nüsslein-Volhard ist jetzt

zweiundvierzig Jahre alt – wird ihr die erste feste Stelle angeboten: Als eine von fünf Direktoren des Max-Planck-Instituts für Entwicklungsbiologie soll sie von 1985 an eine eigene Abteilung für Genetik aufbauen. Nun kann sie endlich in großem Stil forschen, nun ist sie Chefin von bis zu dreißig Personen. Noch immer ist sie für alle »Janni« – doch legt sie jetzt Wert auf die Anrede »Sie«, so viel Distanz muss sein.

Sie verlangt viel von den Diplomanden und Doktoranden, aber fördert alle intensiv. »Auch von den Assistenten und Helfern bis zu den Putzfrauen erwartete sie, daß jede und jeder seine Arbeit mit Umsicht erledigte«, erinnert sich ihre ehemalige Sekretärin.[17] Jede Woche findet ein gemeinsames Arbeitsfrühstück statt. Man erzählt sich das Neueste, plant die Woche, berichtet über Forschungsergebnisse, Fortschritte und Rückschläge; Beschwerden oder Bitten werden vorgebracht. Samstags bringt die Direktorin häufig selbst gebackenen Streuselkuchen mit ins Labor.

Eine besondere Attraktion ist die Vorbereitung zur Weihnachtsfeier. Janni lädt dazu ihr Team zu sich nach Hause ein. »Dann wurden wir in Gruppen aufgeteilt, möglichst gemischt nach Alter und Status, und jede Gruppe bekam ein Rezept für Weihnachtsgebäck in die Hand gedrückt.«[18] Nach dem gemeinsamen Backen wird zusammen zu Abend gegessen. Manchmal sei ihr das häufige Zusammensein mit den Kollegen ja eigentlich zu viel gewesen, bekennt Ruth Lehmann, heute selbst Leiterin einer Forschungsgruppe in Cambridge, USA. »Und trotzdem – dieses Zusammensitzen, alles auszudiskutieren, zusammen zu essen – genauso leite ich heute mein Labor.«[19]

Wenn man ihren Führungsstil als mütterlich bezeichnet, hat Christiane Nüsslein-Volhard nichts dagegen. Wozu sollte sie auch das von ihr so gern verspottete männliche Machtgehabe imitieren? Sie selbst spricht gern von ihren Doktorandinnen und *post-docs* als »Töchtern«, die sie nach Abschluss ihrer Lehrzeit »gut ausgestattet aus dem Haus schickt«[20], für die »Söhne« gilt natürlich das Gleiche: »Dafür sind Mütter doch gut, dass sie für Disziplin sorgen.«

Und wenn Mitarbeiter selber Kinder haben? Die kinderlos gebliebene Forscherin macht sich keinerlei Illusionen darüber, was die Doppelbelastung durch Beruf und Elternschaft gerade für Frauen bedeutet: »Die Familiengründung fällt häufig in die Zeit der höchsten Beanspruchung im Beruf. Frauen sind in dieser Situation gezwungen, praktisch zwei Berufe gleichzeitig auszuüben, während vielen Männern durch ihre nicht berufstätigen Frauen eine Menge abgenommen wird, was ich gelegentlich neidvoll an meinen männlichen Kollegen zu beobachten Gelegenheit habe.«[21]

Dennoch meint sie, dass es eine Möglichkeit geben muss, »sowohl den Müttern als auch den gestressten

Vätern konkret zu helfen«: Die Max-Planck-Gesellschaft solle an den Instituten Kindertagesstätten einrichten und finanzieren. Noch kein männlicher Spitzenforscher hat sich wie sie dafür eingesetzt! Tatsächlich haben sich verschiedene Gremien der MPG seitdem mit der Idee beschäftigt. Doch es ist nicht so einfach, öffentliche Forschungsgelder für Kinderbetreuung umzuwidmen; es gibt Gesetze, die das verbieten. Immerhin verteilt die Personalabteilung seit 1994 jedes Jahr Zuschüsse aus eigenem Vermögen der Gesellschaft an sechs von den Eltern selbst organisierte Kindergruppen, von denen sich eine in Anspielung auf Planck und die kleinen Meereslebewesen »Planckton e.V.« nennt.

Wissenschaftlich gesehen erarbeitet sie in ihren Tübinger Jahren die Grundlagen für ein Gesamtmodell der frühen Embryonalentwicklung bei Insekten, in dem endlich die Rolle der mütterlichen Gene und ihr Zusammenwirken mit denen des Embryos klar wird: Vier Steuersubstanzen gibt die Fliegenmutter dem Ei mit, bevor sie es ablegt; drei davon legen die Längsrichtung, eine die Oben-Unten-Orientierung der entstehenden Larve fest. Die Steuersubstanzen bzw. ihre Produkte verteilen sich über den ganzen Embryo, jedoch nicht gleichmäßig: Es entstehen Konzentrationsgefälle (Gradienten) gestaltbildender Substanzen. Wie der Globus von einem Netz von Längen- und Breitengraden überzogen wird, teilen die Stoffgradienten den kleinen Organismus in unterschiedliche Entwicklungszonen in Längs- und Querrichtung ein. Mit speziellen Färbemethoden kann man diese Zonen sogar sichtbar machen. Je nach Konzentration kann nun eine solche Steuersubstanz Gene des Embryos aktivieren oder hemmen. Unterschiedliche Gene spulen so an unterschiedlichen Stellen ihr Programm ab – ein komplexer Organismus entsteht.

An vielen Einzelgenen haben Christiane Nüsslein-Volhard und ihre Mitarbeiter mittlerweile diese Wirkungskaskaden nachweisen können. Sie weiß, dass das »schöne« Ergebnisse sind, weil sie klare Antworten auf einfache Fragen geben. »Woher wissen Zellen, was sie werden sollen?«[22] Sie selbst trägt mit Vorträgen und zusammenfassenden Artikeln zur Verbreitung des neuen Wissens bei. Sie kann das, denn sie hat einen für eine Naturwissenschaftlerin beachtlichen und verständlichen Schreibstil. Gern leitet sie zum Beispiel ihre Referate mit der Anekdote ein, wie noch der römische Schriftsteller Plinius glaubte, junge Bären kämen als formlose Klumpen zur Welt; »die Mutter leckt sie dann in die richtige Form«.

In den Labors ihrer Abteilung sind heute junge Wissenschaftlerinnen und Wissenschaftler aus aller Welt mit den unterschiedlichsten Aufgaben beschäftigt: Manche machen biochemische Analysen, andere probieren neue Färbemethoden für embryonale Gewebe aus, bedienen das Elektronenmikroskop oder werten Daten am Computer aus. Einige der Gruppen arbeiten auch heute mit Fruchtfliegen – noch längst sind nicht alle Geheimnisse dieses »Haustiers der Genetik« entschlüsselt.

Doch Christiane Nüsslein-Volhard hat sich inzwischen einem neuen Objekt ihrer Forschungsneugier zugewandt: dem Zebrafisch. »Ich möchte herausbekommen, ob die Gene, die bei der Fliege die Entwicklung steuern, dies auch bei den Wirbeltieren tun, aber auch, was bei ihnen anders ist. So ein Fisch ist dem Menschen natürlich sehr viel ähnlicher als ein Insekt«, erklärt die Professorin. Nachdem sie 1986 bereits die ersten Aquarien ins Institut mitgebracht hat, hat sie Anfang der neunziger Jahre für drei Millionen Mark ein neues Fischhaus bauen lassen.

In den Gängen steht in mehreren Reihen übereinander Aquarium neben Aquarium, 7000 sind es insgesamt, in denen sich mal ganz kleine Fische tummeln, mal größere, mal nur Weibchen, mal nur Männchen. Ihre genetischen Eigenschaften sind mit Filzstiftkürzeln auf dem Glas vermerkt. Wie die Wasserzufuhr und die Belüftung zu regeln sind, wie viel Licht die Fische brauchen, welches Futter in welchem Alter am besten anschlägt und wann die Tiere von einem Bottich in den anderen umgesetzt werden müssen – alles hat sich die Biologin selbst angeeignet »durch Ausprobieren, Literatur gab es kaum, und von den Hobby-aquarianern hat sowieso jeder sein eigenes Rezept.«

Im Vortragssaal hält am frühen Nachmittag Jörg Odenthal, einer ihrer Doktoranden, auf Englisch einen Probevortrag. Es geht um Mutationen an der Chorda von Zebrafischen – einer embryonalen Struktur, um die sich Rückenmark und Muskulatur entwickeln. »Das sind aneinander gehäkelte Beobachtungen ohne rechte Struktur«, schimpft die Professorin. Ihr fehlt eine »Dramaturgie«, wo sind »Höhepunkte« und »Lichtblicke«? Mehr Anschauung muss da hinein und auch in der Wortwahl mehr Abwechslung: »Nicht immer nur *required* sagen, *necessary* ist doch auch ein schönes Wort.« Die Kritik sei sehr hilfreich gewesen, meint Jörg Odenthal hinterher, schließlich wolle er in England einen guten Eindruck machen. »Sie ist schon etwas Besonderes, die Janni«, fügt er hinzu. »Ich empfinde sie nicht als einschüchternd, sie ist eben offen und sagt, was sie denkt.« Dann lobt er noch ihren wissenschaftlichen Instinkt, das »Gefühl für interessante Dinge«, ihr Durchhaltevermögen und ihren Mut. Er lacht, als sie ihm beim Abschied nachruft: »Machen Sie mir keine Schande!«

Das ist keineswegs nur lustig gemeint. »Das Dumme an diesem Nobelpreis ist ja, dass man sich gar keinen Fehler mehr erlauben kann«, hat sie mir kurz zuvor anvertraut. »Keine langweilige Arbeit, kein schlampiges Gutachten, keine dumme Bemerkung.«

Die »ständige Unzufriedenheit mit mir selbst«, die sie schon immer mit sich herumgetragen habe, die sei durch all die Auszeichnungen nicht besser, sondern eher schlimmer geworden. Und sie könne das gar nicht leiden, wochenlang herumzufahren und zu repräsentieren, »immer im Sonntagskleid, dabei todeinsam und am falschen Platz«.

Ist das die Frau, die vor ein paar Monaten noch so triumphierend und souverän in die Kameras gelächelt hat? Die bei der Nobelfeier in Stockholm mit dem schwedischen König parliert hat? Hat denn der Nobelpreis nicht auch sein Gutes gehabt?

»Natürlich freut mich die Anerkennung«, gibt sie zu, »aber es ist in erster Linie die Anerkennung der Kollegen, die mir wichtig ist. Dass mir so viele gesagt haben: Das hast du verdient. Das war an der Zeit.« Doch das Gefühl, so lange unter Wert gehandelt worden zu sein, wirkt noch nach, wenn sie mit dem Nobelpreis die Hoffnung verbindet: »Vielleicht werde ich jetzt ein wenig ernster genommen.«[23]

In einem Feld geschieht das bereits: Seit sie berühmt ist – sie wurde 1996 noch mit der Goethe-Plakette der Stadt Frankfurt und dem deutschen Verdienstorden geehrt –, wird sie immer öfter bei Entscheidungen in der Forschungspolitik um Rat gefragt, und den zu geben, sagt sie, »das macht mir sogar Spaß«. In verschiedenen Gremien setzt sie sich dafür ein, dass nicht nur auf den kurzfristigen Nutzen geschaut wird, sondern mehr auf Talente: Begabte junge Wissenschaftlerinnen und Wissenschaftler sollen auch in Zukunft die Möglichkeit haben, ihren Interessen zu folgen. Zeigt sich hier eine neue Aufgabe für eine Nobelpreisträgerin, die noch nicht am Ziel ist?

Christiane Nüsslein-Volhard wohnt in einem alten Fachwerkhaus im Tübinger Vorort Bebenhausen, im ehemaligen Klosterbezirk. In ihrem Garten gibt es hinter einer Hecke zwei Fischteiche, auf dem Landstreifen dazwischen steht eine Bank, beschattet von einer großen Trauerweide. An diesen idyllischen Platz zieht sich Christiane Nüsslein-Volhard jetzt öfter einmal zurück, wenn sie Ruhe braucht. Sie genießt es, »einfach nur so auf der Bank zu sitzen und vor mich hinzuträumen«. So muss es auch in Frankfurt gewesen sein, als sie ein kleines Mädchen war. Zu gerne saß sie in einer Baumkrone und sinnierte, bis die Mutter rief: »Janni, jetzt tu doch mal wieder was!« Heute treibt sie sich selber an. Es gibt noch viel zu tun für eine Frau, die verstehen will, »wie das Leben funktioniert«.

»Der Weg vom Leid zur Träne
ist interplanetarisch«
Wisława Szymborska (*1923), Nobelpreis für
Literatur 1996

Von Marta Kijowska

»Gibt es irgendwo auf dieser Welt, von Paris und Petersburg über Pakistan und Polynesien bis Paraguay und Portugal, eine zweite Dichterin wie diese? Eine Dichterin, deren jedes in der Presse erschienene Gedicht zum Ereignis und jeder Gedichtband zum Fest für die Liebhaber der Poesie wird? Eine Dichterin, die allen Moden widersteht und stets sie selbst bleibt, doch gleichzeitig im Aufzeigen und Benennen dessen, was uns in der Welt und in unserer menschlichen Natur am meisten beunruhigt und schmerzt, den Philosophen, Antropologen, Psychologen, Soziologen, Historikern, Politologen und anderen Dichtern weit voraus ist?«[1] Nicht nur der polnische Literaturkritiker und Dichter Stanislaw Barańczak, von dem diese Worte stammen, bringt der Poesie von Wisława Szymborska grenzenlose Bewunderung entgegen, kaum jemand, der ihre Gedichte kennt, vermag sich ihrer Faszination zu entziehen. Von Anfang an sehr eigenwillig, keiner Stilrichtung oder literarischen Gruppe zugehörig, gilt die Poetin heute als »die erste unter den Frauen, die Gedichte schreiben«[2] – nicht länger nur in ihrem Heimatland, sondern seit der Verleihung des Nobelpreises 1996 in der ganzen Welt.

Ihr Leben lang hat sie nach Worten gesucht, um die Ungewöhnlichkeit der Welt und des menschlichen Daseins in der Poesie auszudrücken. Von der Mühsal dieser Suche spricht sie in dem Gedicht »Den Freunden« (Przyjaciołom):

> Der Weg vom Leid zur Träne
> ist interplanetarisch.
> Unterwegs vom Trug zum Sein
> ergraut unser Kinderschopf.[3]

Nur im Alltag, erklärte sie in ihrer Nobelpreisrede, würde man von der »gewöhnlichen Welt«, dem »gewöhnlichen Leben«, dem »gewöhnlichen Gang der Ereignisse« sprechen. »Aber in der Sprache der Dichtung, wo jedes Wort gewogen wird, ist nichts gewöhnlich oder normal oder selbstverständlich. Nicht ein Stein und keine Wolke über ihm. Nicht ein Tag und keine Nacht nach ihm. Und vor allem kein Dasein, niemandes Dasein in dieser Welt.«[4]

Wisława Szymborska kam am 2. Juli 1923 in Bnin, heute einem Ortsteil von Kórnik bei Posen, auf die Welt. Nur wenige Jahre verbrachte sie in ihrem Geburtsort, doch es waren sehr prägende Jahre. »Ich wurde in Großpolen geboren, was natürlich in keiner Weise mein Verdienst ist. Doch hier hat mein Vater gearbeitet, hier haben auch bis vor kurzem Menschen gelebt, die sich noch an ihn erinnern konnten. Hier habe ich viele gute Freunde, und die wissen sehr wohl, wie hoch ich das Gefühl der Freundschaft schätze. Hier schließlich finde ich Landschaften, die zu meinen allerersten Erinnerungen gehören. Ich habe seitdem viele andere Landschaften gesehen, die viel malerischer und attraktiver waren. Doch was bedeutet das schon? Hier waren (und sind immer noch, nur kleiner) mein erster See, mein erster Wald, meine erste Wiese, meine ersten Wolken. Das sind Dinge, die man sehr tief im Gedächtnis aufbewahrt und wie ein großes, beglückendes Geheimnis hütet.«[5]

Der Vater, Wincenty Szymborski, war zwar ein praktischer Mensch – er verwaltete jahrelang die Güter des Grafen Zamoyski –, doch er hatte auch für die Literatur einiges übrig. Zumindest für die ersten dichterischen Versuche seiner fünfjährigen Tochter, die er jedes Mal mit ein paar Groschen belohnte. Bis heute kann sie sich an die »scheußlichen« Bonbons erinnern, die sie sich davon kaufte.

Auch ihren ersten Prosaversuch hat sie noch lebhaft in Erinnerung: Sie war gerade acht oder neun Jahre alt, als ihr zum ersten Mal ein Liebesroman in die Hände fiel. Mit glühenden Wangen verschlang sie das Buch und war untröstlich, als sie am Ende angelangt war. So beschloss sie, einen eigenen Liebesroman zu schreiben, für den sie auch sogleich einen Titel hatte: »Idylla wogrodzie« (Idylle im Garten). Diesen Titel trug nämlich ein Bild, das sie einmal in einer Zeitschrift gesehen hatte. Es stellte ein verliebtes Paar vor einem blühenden Rosenstrauch dar. Ohne sich lange mit dem Mann aufzuhalten, nahm sie ganz selbstveständlich an, dass »Idylle« der Name der jungen Frau sei. Also begann ihr Roman mit dem Satz: »Von früh an starrte die braunäugige Idylle den Horizont an, an dem der Postbote mit dem Brief ihres Verlobten erscheinen sollte.«[6] Die weitere Handlung beschränkte sich darauf, dass anstelle des Postboten eine geheimnisvolle Gestalt erschien, die der armen Idylle in ganz unromantischer Manier von hinten ihre schwere »Pfote« auf die Schulter legte. Der gelesene Roman enthielt nämlich auch Krimi-Elemente, die Wisława ebenfalls in ihr Werk einzubauen gedachte.

Alles in allem war es eine glückliche Kindheit: »Ich hatte sehr kluge Eltern. Der Vater war für Gespräche zuständig – er beantwortete alle Fragen, die mir nur in den Sinn kamen –, und die Mutter kümmerte sich um die praktischen Dinge.«[7] Die Mutter, das war Anna Szymborska geborene Rottermund, deren Vorfahren vor Jahrhunderten aus den Niederlanden gekommen sein sollen.

Nach ein paar Jahren zog die Familie nach Thorn, wo Wisława die ersten zwei Klassen der Grundschule besuchte, und von dort – es war im Jahre 1931 – nach Krakau. Sie wusste noch nicht, dass sie hier den Rest ihres Lebens verbringen würde, aber der neue Wohnort gefiel ihr. Es gab eine geräumige Wohnung mit hohen Decken, alten Möbeln, Teppichen und Bildern. Sie fand viele Freundinnen, zuerst in der Grundschule und dann am Ursulinnen-Gymnasium. Und es gab eine neue Faszination: das Kino. Mit ihrer besten Freundin schaffte sie es immer wieder, in Vorführungen zu gelangen, in denen so junge Mädchen damals eigentlich nichts zu suchen hatten: Filme mit Marlene Dietrich und Greta Garbo und vor allem mit ihren Idolen Gary Cooper und Errol Flynn.

Die behütete Kindheit bekam einen Riss, als im September 1936 Wisławas Vater starb, und nahm endgültig ein Ende, als drei Jahre später der Zweite Weltkrieg ausbrach. Es begann die lange, dunkle Zeit der deutschen Besatzung. Krakau lag zwar etwas abseits des Kriegsgeschehens, und auch das Schicksal von Warschau – die Zerstörung der Stadt und die Vertreibung der Bevölkerung – blieben der alten Königsresidenz erspart, dennoch war der Alltag weit von der Normalität entfernt. Das Abitur zu machen war nur unter konspirativen Bedingungen möglich, weil die polnische Intelligenz ja ausgerottet werden sollte. Und ans Studieren war schon gar nicht zu denken. Vielmehr musste die angehende Dichterin – um der Deportation zur Zwangsarbeit nach Deutschland zu entgehen – eine Stelle bei der Bahn annehmen.

Aus jener Zeit stammen auch ihre ersten ernst zu

nehmenden literarischen Versuche – einige Novellen, die allerdings niemals veröffentlicht wurden. Erst kurz vor Kriegsende, am 14. März 1945, sah sie ihren Namen zum ersten Mal in einer Zeitung abgedruckt: Er stand unter ihrem Gedicht »Szukam słowa« (Ich suche das Wort), das in der Beilage der Tageszeitung *Dziennik Polski* (Polnisches Tageblatt) erschienen war. Das Blatt redigierte der Krakauer Literat und Szymborskas späterer Ehemann, Adam Włodek, der nach Jahren behauptete, die endgültige Fassung des Gedichts sei von der Redaktion aus mehreren Fragmenten »montiert« worden. Wie dem auch sei, von der intellektuellen und künstlerischen Finesse der späteren Gedichte war dieses Erstlingswerk zwar noch um einiges entfernt, der damaligen Kritik fiel diese neue, interessante Stimme dennoch auf.

Es war nicht einfach, im Jahr 1945 zu debütieren, insbesondere wenn man gerade zweiundzwanzig Jahre alt war und – die Kriegsgräuel frisch vor Augen – in erster Linie den Wunsch verspürte, in der offensichtlich aus den Fugen geratenen Welt möglichst schnell wieder eine Ordnung zu erkennen. Das Jahr 1945 bedeutete für Polen nicht nur das ersehnte Kriegsende. Auch die politischen Verhältnisse und gesellschaftlichen Strukturen änderten sich grundlegend. Der Einmarsch der Roten Armee hatte nicht nur die Befreiung, sondern auch die Einführung des Kommunismus zur Folge.

Gewissheit brachte das Jahr 1949, in dem nach einer Zeit des scheinbaren politischen Pluralismus ein Einparteiensystem endgültig beschlossen wurde.

Eine heftige Diskussion über die neuen Aufgaben der Literatur kam in Gang, bis sich schließlich gegen Ende der vierziger Jahre eine Gruppe marxistisch orientierter Soziologen und Literaturkritiker durchsetzte. Auf dem Kongress des Polnischen Schriftstellerverbandes im Januar 1949 beschloss diese den »Sozialistischen Realismus« als maßgebliche literarische Leitlinie. Die Autoren waren nun gezwungen, die Wirklichkeit »in ihrer revolutionären Entwicklung« darzustellen und »die Werktätigen im Geiste des Sozialismus«[8] zu erziehen. Diesen politischen Zielen mussten sie ihre stilistischen und sprachlichen Mittel unterordnen.

Allerdings wurde die neue Kulturpolitik stalinistischer Prägung nicht in allen sich neu etablierenden Literaturkreisen akzeptiert. Die Zerstörung Warschaus hatte außerdem die Literaturlandschaft aufgesplittert und das ging mit einem weitgehenden ideologischen Pluralismus einher. In Lodz etwa, wo die Zeitschrift *Kuz'nica* (Die Schmiede) als das wichtigste Organ der literarischen Linken entstand, kritisierte man heftig die bürgerliche Literatur und forderte ein neues Verständnis des Begriffs »Realismus«. In Krakau hingegen versammelten sich um die katholische Zeitschrift *Tygodnik Powszechny* (Allgemeines Wochenblatt) jene Intellektuellen, die der neuen Realität kritisch und jeglicher literarischer Einseitigkeit ablehnend gegenüberstanden.

In den Jahren 1945–1948 studierte Szymborska Polonistik und Soziologie an der traditionsreichen Jagiellonen-Universität. Die älteste polnische Hochschule war nicht nur für ihr hohes intellektuelles Niveau bekannt, sondern auch dafür, dass sie stets mit allen Mitteln ihre Unabhängigkeit verteidigte. Auch während der deutschen Besatzung war es nicht anders gewesen. Im November 1939, als man versuchte, gegen die Anordnung der Nationalsozialisten die Universität wieder zu eröffnen, wurde der gesamte Lehrkörper der Universität während der so genannten »Sonderaktion Krakau« verhaftet und in die Konzentrationslager Sachsenhausen und Dachau gebracht. Fast achtzig Professoren und Dozenten starben infolge der grausamen Aktion. Trotz ständiger Schikanen existierte die Universität bald im Untergrund weiter: Bereits ab 1941 gab es wieder Lehrveranstaltungen, an denen etwa tausend Studenten teilnahmen. Alle diese Erfahrungen frisch in Erinnerung, war man nach dem Krieg umso weniger bereit, mit der literarischen und wissenschaftlichen Tradition der alten Alma Mater zu brechen und sich den Forderungen irgendwelcher Parteibonzen zu fügen.

Etwas von diesem Klima der Universität färbte sicher auf die junge Studentin ab. Denn als sie 1948, drei Jahre nach ihrem Debüt, ihren ersten Gedichtband vorlegte, wurde er »aus ideologischen Gründen« abgelehnt. Darin seien zu viele von den typischen »Zweifeln eines Intelligenzlers«[9] enthalten.

Erst der nächste Versuch, die Sammlung »Dlatego yjemy« (Deshalb leben wir), fand die Zustimmung der Kulturbehörden und durfte 1952 erscheinen. Sowohl dieser Band als auch der nächste, »Pytania zadawane sobie« (Fragen, die ich mir stelle), der zwei Jahre später erschien, gingen in einem Maße mit dem damaligen Verständnis des Begriffs »engagierte Lyrik« konform, dass die Autorin 1954 sogar mit dem Literaturpreis der Stadt Krakau und ein Jahr später mit dem Goldenen Verdienstkreuz ausgezeichnet wurde. Man wusste es zu schätzen, dass die junge Dichterin – in den parteitreuen Kreisen bereits mit dem Beinamen »Aristokratin« bedacht – doch noch bereit war, in Versform »Einem, der in die Partei eintritt« (Wstępującemu do partii) Ratschläge zu erteilen oder »Von der Liebe zur Heimat« (O miłości ziemi ojczystej) folgendes Lied zu singen:

> O Heimaterde, helle Erde!
> Ich gleich nicht dem gestürzten Holz,
> mit dir verwachs ich täglich tiefer
> voll Freude, Trauer, Zorn und Stolz.
> Ich bin kein abgerißner Faden,
> leeres Geschwätz beacht ich nie.
> Man lebt zwar ohne diese Liebe,
> doch trägt man Frucht nicht ohne sie.[10]

Nur wenige dieser frühen Gedichte finden sich heute in Auswahlbänden und Anthologien, sie tragen ein zu deutliches Gepräge ihrer Entstehungszeit. Auch Szymborska selbst betrachtet diese Arbeiten heute mit kritischer Distanz. Mit der gleichen Souveränität bekennt sie sich aber auch zu ihrer damaligen Haltung: »Ich war damals fest davon überzeugt, dass das, was ich schrieb, richtig war. Doch diese Feststellung befreit mich keineswegs von der Schuld, die ich den Lesern gegenüber empfinde, die möglicherweise von meinen Gedichten beeinflußt wurden ... Wenn diese Traurigkeit und dieses Schuldgefühl nicht wären, würde ich die Erfahrungen jener Jahre wahrscheinlich gar nicht bereuen. Ohne sie würde ich nicht wissen, wie es ist, an eine einzige Sache zu glauben. Und wie leicht es dann ist, nicht zu wissen, was man nicht wissen will. Wie weit man in seiner intellektuellen Anstrengung gehen kann, wenn man mit fremden Wahrheiten konfrontiert wird. Ich habe auch verstanden, dass die Liebe zu der Menschheit ein sehr gefährliches Gefühl ist, weil sie meist dazu führt, die Menschen mit Gewalt zu beglücken. Und nicht zuletzt bin ich zu der Schlussfolgerung gekommen, dass man diese Blindheit irgendwie überwinden, dass man wieder gesund werden kann.«[11] In ihrem Fall war es eine schnelle und gründliche Genesung.

Nach ihrem Flirt mit dem Sozialistischen Realismus stellte sie ihre Poesie nie wieder in den Dienst einer

Ideologie. Genauso wenig versuchte Szymborska, dem Leser eine bestimmte Weltsicht zu vermitteln, geschweige denn aufzuzwingen. Sie bestand auf der Echtheit individueller Erfahrung und vertraute auf Fragen statt auf fertige Antworten. Das kam bei den Lesern und Leserinnen, insbesondere bei den jungen, viel besser an als plumpe Lobeshymnen auf die Errungenschaften eines unbeliebten Regimes. Während offiziell immer noch die Parolen des Sozialistischen Realismus galten, entdeckten Studenten und angehende Künstler in den fünfziger Jahren längst andere Zauberworte: Paris, Juliette Gréco, Existenzialismus, schwarze Pullover, Jazz.

Auch die nächsten beiden Gedichtbände, »Wołanie do Yeti« (Rufe an Yeti) und »Sól« (Salz), die 1957 und 1962 erschienen, brachten Szymborska erneut eine hohe Auszeichnung ein: den Preis des Ministers für Kultur und Kunst (1963). Doch diesmal ging die offizielle Anerkennung mit heftigem Interesse der Kritik und des Lesepublikums einher. Endlich gelang es ihr, das enge thematische und stilistische Korsett abzustreifen und zu einem eigenem Stil zu finden. Seine Eigenart bestand unter anderem darin, dass es kein bestimmter Stil war. Sie änderte ihn von Gedicht zu Gedicht – je nach Leitidee, Thema, Gattungsart. Diese stilistische Beweglichkeit sollte neben thematischem Reichtum und Neigung zur selbstironischen Distanz zu Szymborskas Markenzeichen werden. Sie selbst galt von nun an als wichtigste Lyrikerin der so genannten »Generation 56«, deren jeder weitere Gedichtband mit großer Aufmerksamkeit registriert wurde.

Seit Anfang der fünfziger Jahre ging die Konsolidierung der jungen »Volksrepublik« mit wachsender Unzufriedenheit der polnischen Gesellschaft einher. Entbehrungen, die eine einsetzende Industrialisierung und die Einführung der Planwirtschaft der Bevölkerung abverlangten, Repressalien gegenüber Andersdenkenden, existenzielle Unsicherheit, die Propaganda des Kalten Krieges – all das fand in den Ereignissen des Jahres 1956 sein Ventil: Es gab den Arbeiteraufstand in Posen und in seinem Gefolge den so genannten »Polnischen Oktober«, in dem der neu gewählte Erste Parteisekretär Władysław Gomułka das Ende des Stalinismus und eine durchgreifende Demokratisierung von Partei und Staat versprach. Kurzum: Eine politische »Tauwetter«-Periode setzte ein.

Auch in der Literatur begann ein frischer Wind zu wehen. Die neue Kreativität sprengte den engen Rahmen des Sozialistischen Realismus, entdeckte die literarische Tradition neu und wendete sich auch den modernen philosophischen und literarischen Strömungen Westeuropas zu. Am deutlichsten war diese Erneuerung in der Lyrik, wo in den Jahren 1955–56 mehrere Autoren debütierten, deren Werke viele neue Themen und Stile aufwiesen. Auf einmal gab es die

»Linguisten«, die mit raffinierten sprachlichen Mitteln das Alltägliche und Nebensächliche aufzuwerten versuchten, die »Turpisten« (von *turpis* = hässlich, Ekel erregend), die auf die natürliche Existenz des Bösen und Hässlichen aufmerksam machen wollten, oder die »Klassizisten«, die in ihre Dichtung antike Motive einbezogen. Obwohl sie nicht als eine geschlossene Gruppe auftraten, gingen sie unter dem Begriff »Generation 56« in die polnische Literaturgeschichte ein.

Das politische und intellektuelle Klima Krakaus half Wisława Szymborska, zu ihrem eigenen, unverwechselbaren Stil zu finden. Möglicherweise lag es aber auch an ihrer neuen Beschäftigung: Im Jahre 1953 war die Dichterin Redaktionsmitglied der Krakauer Wochenschrift Życie Literackie (Literarisches Leben) geworden, für die sie bis 1966 die Lyrik-Seite redigierte und seit Juni 1967 die ständige Kolumne »Lektury nadobowiązkowe « (Außerplanmäßige Lektüre) schrieb. Diese wurde so populär, dass die gesammelten Kolumnen in den Jahren 1973, 1981 und 1992 in Buchform erschienen. Die vorgestellten Bücher waren für Szymborska oft der Ausgangspunkt für Texte, die – zwischen intellektuellem Tagebuch, Memoiren, Chronik und Kladde angesiedelt – indirekt über die Person der Schreibenden Auskunft gaben: für Erinnerungen an bekannte Menschen, erlebte Dinge und gelesene Bücher, für Reflexionen über die menschliche Natur, den

Zustand der Welt, die Beschaffenheit der Natur, die Ästhetik der Sprache und vieles mehr.

Obwohl sie vom Feminismus im strengen Sinne des Wortes weit entfernt war, entging es den Lesern und vor allem Leserinnen dieser Texte nicht, dass Szymborska auffallend oft – wenn auch mit der ihr eigenen humorvollen Distanz – den Standpunkt der Frau vertrat. Dass sie jedes Mal, wenn eine Frau im Spiel war, ihrem Verständnis, ihrer Bewunderung, ihrem Mitgefühl Ausdruck gab. »Merkwürdig«, schrieb sie etwa am Rande der Besprechung von Giacomo Casanovas Erinnerungen, »jeder zweite Meyer oder Müller weiß aus eigener Erfahrung, wie leidvoll der Weg eines Geliebten sein kann, der die Absicht hat, das Weite zu suchen. Casanova packte jedesmal seine Siebensachen, ohne daran übermäßig gehindert zu werden. Manche Damen halfen ihm sogar dabei. Waren sie enttäuscht? Überdrüssig? Gelangweilt? Mit diesen Fragen möchte ich meinen Beitrag zum Internationalen Frauentag leisten.«[12]

Diese Mischung aus Scharfsinn und Humor prägt nicht nur Szymborskas Poesie, sondern auch sie als Privatperson. Sie wirkt einerseits schüchtern, in sich gekehrt, andererseits lauert ständig in den dunklen, intelligenten Augen und in den Winkeln ihrer schmalen Lippen ein verschmitztes Lächeln. Ihre Freunde behaupten, sie habe einen unbeschreiblich guten Blick für Situationskomik, ja sie sammle geradezu komische

Situationen. Manchmal kommt man ihr dabei entgegen. Bis heute wird von ihrer Lesung in Brüssel erzählt, bei der sie in andächtiger Stille das Podium be-
trat, sich an den Tisch setzte, konzentriert den Blick
senkte und plötzlich schallend zu lachen begann: Die
Füße des Tisches waren mit goldener Folie umwickelt
– als Anspielung auf ihr Gedicht, in dem von einem
»Tisch mit goldenen Füßen« die Rede war.

Sie sammelt nicht nur komische Erlebnisse, sie ist
eine Sammlerin schlechthin: Sie liebt alte Zeitschriften,
vor allem französische aus der Zeit des Fin de siècle,
Ansichtskarten, ausgefallene oder kitschige Gegenstände, die sie dann bei einem ihrer selbst erfundenen
Gesellschaftsspiele, einer anderen Leidenschaft von
ihr, als Preise verteilt. Ihre Freunde schwärmen auch
von ihren berühmten Collagen, die sie aus eigenen
Zeichnungen oder Bildern aus alten Journalen und aus
allerlei Texten bastelt. Sie verschickt sie später als Post-
karten oder klebt sie als eigenwillige Kommentare in
zu verschenkende eigene Bücher. »In allen Apotheken
und Arzneidepots erhältlich«[13], steht dann plötzlich
neben einem Gedicht. Auch ihre Widmungen können
sich sehen lassen: »Ich schicke euch dieses bescheidene
Büchlein«, schrieb sie in einem Jahr der Wirtschaftskrise, »obwohl ich natürlich weiß, dass ihr viel drin-
gender Glühbirnen, Streichhölzer, Schinken, warme
Unterwäsche, Maggi-Würze, Zitronen, Käse und ir-
gendein wirklich interessantes Buch gebraucht hät-

tet.«[14] Aus ihren Widmungen, Briefen und Collagen ließe sich ein eigenes Buch komponieren.

Im Jahre 1967 publizierte Wisława Szymborska ihren fünften Gedichtband: »Sto pociech« (Hundert Freuden). 1972 folgte die Sammlung »Wszelki wypadek« (Alle Fälle), 1976 – »Wielka liczba« (Die Große Zahl). Mit jedem weiteren Buch wurde offensichtlicher, dass der Reiz ihrer Gedichte nicht zuletzt darin liegt, dass sie gewissermaßen kein Geheimnis enthalten. Zumindest nicht in dem Sinne, wie es in der Philosophie definiert wird: als Anwesenheit einer mystischen Eingebung. Doch das bedeutet nicht, dass sie einfach, gewöhnlich und leicht zu interpretieren sind. Es sind nur die gewöhnlichen Gegenstände und die anschaulichen Bilder, in denen die Dichterin ihren Ausdruck findet.

Von einem konkreten Gegenstand, einer alltäglichen Situation ausgehen und eine einfache, scheinbar naive, im lockeren Ton der Umgangssprache formulierte Frage stellen: Dieses Prinzip lag immer öfter der dichterischen Methode von Wisława Szymborska zugrunde. »Auch Dichter, wenn es ihnen mit dem Dichten ernst ist, müssen immer wieder ›Ich weiß nicht‹ sagen«, wird sie Jahre später vor dem Nobelpreis-Komitee ausführen. »Jedes Gedicht markiert einen Versuch, eine Antwort auf diesen Satz zu finden, aber sobald der letzte Punkt auf das Blatt niedergegangen ist, beginnt der Dichter zu zögern, und es wird ihm klar, dass diese bestimmte Antwort nichts weiter war als ein weiterer und obendrein völlig unzulänglicher Notbehelf.«[15]

So behielt sie ihre Skepsis selbst dann, wenn sie in ihrem viel zitierten Gedicht »Nic dwa razy« (Nichts kommt zweimal) die Beschaffenheit der Natur betrachtete:

> Rose? Was ist eine Rose?
> Ist's eine Blume? Ein Stein?[16]

Skeptisch war sie auch in Bezug auf die eigene dichterische Vorstellungskraft. Allerdings gab sie zugleich ihrer »Freude am Schreiben« (Rados'c' pisania) Ausdruck:

> Wohin läuft die geschriebene Ricke durch den
> geschriebenen Wald?
> Etwa um vom geschriebenen Wasser zu trinken,
> das ihr Geäse widerspiegelt wie Blaupapier?
> Warum hebt sie den Kopf, ob sie was wittert?
> Gestützt auf die vier der Wahrheit entfliehenden
> Läufe,
> spitzt sie die Lauscher in meinen Fingern.[17]

Dieses Schwanken zwischen Konkretheit und Abstraktion, zwischen Vorsicht und Bejahung, zwischen scheinbarer Naivität und intellektuellem Scharfsinn wurde zur tragenden Kraft ihrer Lyrik. Stets setzt die Dichterin ein melancholisch-ironisches Lächeln auf, egal, ob sie in Reportermanier über einen Vorfall berichtet, über die Möglichkeiten, frei zu entscheiden und zu urteilen, sinniert oder über die eigene Befindlichkeit nachdenkt. Wie im Gedicht »Wielka liczba« (Die große Zahl):

> Vier Milliarden Menschen auf dieser Erde,
> und meine Vorstellungskraft ist, wie sie
> immer war.[18]

Die Ironie ist ein Mittel, den Leser dazu zu bewegen, über all die Fragen, die diese Poesie stellt, ernsthaft nachzudenken. Sie versucht, das Wesen der sie umgebenden Wirklichkeit zu ergründen und deren bedauernswerte Aspekte ans Tageslicht zu holen – sogar wenn es um den eigenen Beruf geht:

> Muse, kein Boxer zu sein bedeutet, gar nicht
> zu sein.
> Das brüllende Publikum hast du uns nicht
> gegönnt.
> Zwölf Zuschauer sind im Saal.
> Zeit anzufangen.
> Die Hälfe ist da, weil es regnet,
> der Rest sind Verwandte. Muse![19]

Die langjährige Zusammenarbeit mit Życie Literackie ging erst im Dezember 1981 zu Ende, als Szymborska nach der Ausrufung des Kriegszustands ihre Stellung als Redaktionsmitglied aufgab. Große Gesten liegen eigentlich nicht in ihrer Natur, doch sie ist dazu imstande, wenn etwas ihrem Verständnis von elementarer Gerechtigkeit widerspricht. Schon einmal hatte sie mit ähnlicher Entschlossenheit gehandelt: Es war im Jahre 1966 gewesen, als der Philosoph Leszek Kołakowski des Revisionismus bezichtigt, zur Strafe von der Warschauer Universität entfernt und aus der Partei ausgeschlossen wurde. Aus Solidarität mit dem Schikanierten gaben viele Intellektuelle ihre Parteibücher zurück, unter ihnen Wisława Szymborska. Nun, fünfzehn Jahre später, protestierte sie mit ihrem Austritt aus der Redaktion gegen den Krieg, den die kommunistische Regierung nicht einem Einzelnen, sondern der Mehrheit der Gesellschaft erklärt hatte. Ihre eigenwilligen Buchbesprechungen publizierte sie aber weiterhin: Zunächst in der Krakauer Zeitschrift *Pismo* (Die Schrift), in deren Redaktion sie während des Kriegszustands sehr aktiv war. Dann in der renommierten Breslauer Monatsschrift *Odra* (Die Oder), schließlich in der Warschauer *Gazeta Wyborcza* (Wählerzeitung).

Dass sie einen Arbeitsplatz aufgab, an dem sie fast dreißig Jahre lang ausgeharrt hatte, trieb die Dichterin ein wenig in die Isolation. Noch zurückgezogener lebte sie seit Ende der achtziger Jahre, nachdem ihr langjähriger Lebensgefährte, der Schriftsteller Kornel Filipowicz, gestorben war. Er war derjenige, mit dem sie das »wichtigste und am längsten währende Gefühl«[20] verband. Die Studentenehe mit dem lauten, jovialen Adam Włodek ging nach ein paar Jahren in die Brüche. Danach habe sie einige Male geliebt, und jede Liebe sei anders gewesen, doch diese letzte, zu Kornel Filipowicz, habe ihr am meisten bedeutet. Sie wohnten niemals zusammen, diese Enge brauchten sie nicht, waren eher wie »zwei Pferde, die nebeneinander galoppieren«[21]. Manchmal sahen sie sich mehrere Tage lang nicht – sie mit dem Schreiben ihrer Gedichte, er mit dem Schreiben seiner Erzählungen beschäftigt. Ganz besonders liebte sie die gemeinsamen Reisen. Ans Ende der Welt wäre sie mit ihm gefahren. Dreiundzwanzig Jahre dauerte ihre Beziehung. Eine »Goldene Hochzeit« (Złote gody) war ihnen nicht vergönnt:

> Das Geschlecht verblüht, die Geheimnisse verglimmen,
> im Ähnlichen treffen sich die Unterschiede
> wie alle Farben im Weiß.[22]

Nach dem Erscheinen ihres letzten Buches 1976 publizierte Wisława Szymborska nur noch selten – da ein einzelnes Gedicht, dort eine Übersetzung französischer Dichtung (vorzugsweise des Barocks), hin und wieder einen Essay oder ein kleines Prosastück. Erst zehn Jahre später, 1986, veröffentlichte sie den neuen Gedichtband »Ludzie na moście« (Menschen auf der Brücke). Obwohl er recht schmal war, wurde er von der Kritik sogleich zu ihrem besten Buch erklärt und als eines der größten dichterischen Ereignisse der achtziger Jahre gefeiert.

Zu den politischen Ereignissen jener Zeitspanne nimmt Szymborska in dieser Sammlung kaum Stellung.

> Alle deine, unsere, eure
> Tagesgeschäfte, Nachtgeschäfte
> sind politisch,

konstatiert sie im Gedicht »Dzieci epoki« (Kinder der Zeit).[23] Doch indem sie das Tagesgeschehen auf die ihr eigene ambivalente Art betrachtet, stellt sie eine Distanz her, durch die jede Unstimmigkeit deutlich wird. In dem Titelgedicht etwa schafft sie anfangs ein scheinbar harmloses Bild:

> Nichts Besonderes auf den ersten Blick.
> Man sieht Wasser.
> Man sieht eines seiner Ufer.
> Man sieht einen Nachen mühsam gegen
> den Strom schaukeln.
> Man sieht eine Brücke über dem Wasser und auf
> der Brücke Menschen.

Doch dann wird plötzlich die Banalität des Bildes gebrochen:

> Es fällt hier schwer, sich eines Kommentars
> zu enthalten:
> Unschuldig ist das Bildchen keineswegs.
> Hier ist die Zeit angehalten worden.

Man hörte auf, ihre Gesetze zu respektieren.
Man raubte ihr den Einfluß auf den Lauf der
Dinge.
Man mißachtete und man entwürdigte sie.[24]

Die Gedichte dieses Bandes entstanden Anfang der
achtziger Jahre, in der Zeit des Kriegsrechts. In Polen
wurde die Doppeldeutigkeit mancher Formulierung
sofort verstanden. »Ich hatte den Glauben an das Wort
verloren. Die Zensur gab mir ihn wieder«[25], lautet
schließlich einer der bekanntesten Aphorismen von
Stanisław Jerzy Lec. Szymborskas Buch war im Nu
ausverkauft; die »Solidarność«* dankte der Dichterin,
indem sie ihr den eigenen Literaturpreis verlieh.

Ein paar Jahre zuvor (1980) hatte sie der polnische
PEN-Club bereits mit seinem Preis bedacht. Im
Herbst 1996, drei Jahre nach dem Erscheinen ihres bislang letzten Bandes, »Koniec i początek« (Ende und
Anfang), tat er es erneut. Sein Präsident, der Dichter
Artur Międzyrzecki, bemerkte scherzhaft, man habe
sich entschlossen, Wisława Szymborska auszuzeichnen, obwohl man natürlich wisse, dass einzig der Nobelpreis ihrem Rang gerecht werden könnte.

Um Popularität hat sie sich nie bemüht. Im eigenen
Land nicht und schon gar nicht im Ausland. Und den-

---

* »Solidarność« ist der Name des polnischen Gewerkschaftsverbandes »Solidarität«, der nach den Streiks auf der Danziger Werft im August 1980 zur ersten
unabhängigen Arbeitervertretung in einem kommunistischen Staat wurde. Sein
Vorsitzender Lech Wałęsa war der spätere Präsident Polens.

noch: Es hat nicht lange gedauert, bis ihre Lyrik auch die nichtpolnischen Leser erreichte. Mittlerweile liegen ihre Gedichte in sechsunddreißig Sprachen vor. Den Anfang machte der deutsche Übersetzer Karl Dedecius, den mit Szymborska seit den fünfziger Jahren eine tiefe Freundschaft verbindet. Seine in vier Einzelbänden und zahlreichen Anthologien vorliegenden Übersetzungen haben wesentlich dazu beigetragen, dass die Dichterin in den neunziger Jahren zwei der höchsten Auszeichnungen des deutschsprachigen Raums erhielt den Goethe-Preis, der ihr 1991 verliehen wurde, und den Herder-Preis von 1995. Eine besondere Entscheidung, denn die polnische Literatur hatte es außerhalb der polnischen Grenzen noch nie leicht gehabt. Zu national, zu eigen, zu esoterisch sei sie, lautet immer wieder der Vorwurf, um von einem nichtpolnischen Leser wirklich verstanden und akzeptiert zu werden. Dedecius, der seit Jahrzehnten gegen diese Vorurteile kämpfen muss, hat darauf mittlerweile eine souveräne Antwort parat: »Die polnische Literatur ist so national wie alle anderen Literaturen auch. Wenn man *Faust* liest oder einen Goethe-Roman, muss man auch das Lexikon zur Hand nehmen oder die Geschichte nachschlagen. Shakespeares Werke ohne englische Geschichte versteht man auch nicht. Bloß das ist die Arroganz, Polen müssen so verständlich sein, dass jeder ohne jegliche intellektuelle Anstrengung sie versteht. Das kann nicht so sein, denn die Polen verarbeiten in ihrer Literatur, wie jede andere Nation auch, ihre Lebensphilosophie und ihre Geschichte, und deshalb muss man sich schon ein bisschen informieren.«[26]

Hilfreich ist es allemal, wenigstens in Ansätzen die letzten zweihundert Jahre der polnischen Geschichte zu kennen. Vor allem sollte man wissen, dass die Polen stets gezwungen waren, sich unter extremen Umständen als Gesellschaft zu behaupten, in der Realität der Teilungen*, Aufstände und Kriege. Erst dann versteht man die besondere polnische Moral – diese Verknüpfung von Freiheitsdrang, Patriotismus und Religiosität – und die Eigenart der polnischen Literatur mit ihrem Hang zu Symbolen, Kassibern, verschlüsselten Botschaften.

Als im Oktober 1996 der Literatur-Nobelpreisträger bekannt gegeben wurde, erholte sich Wisława Szymborska in dem winterlichen Kurort Zakopane. Sie hatte wie so oft in den letzten Jahren ein kleines Zimmer im »Haus der Literaten« bezogen und arbeitete an einem neuen Gedicht. Dass sie die Preisträgerin sein könnte, damit hatte sie überhaupt nicht gerechnet. Schon allein die Tatsache, dass sie seit zwei Jahren zu den wichtigsten Anwärtern gehörte, galt in ihren Au-

---

* In drei Eingriffen (1772, 1793 und 1795) wurde Polen zwischen Preußen, Russland und Österreich aufgeteilt und hörte 1795 auf, als souveräner Staat zu existieren. Erst 1918 erlangte es die Unabhängigkeit wieder.

gen als eine hohe Auszeichnung. Sie hatte sich noch nie sonderlich wichtig genommen und eine entsprechende Inschrift für ihren »Grabstein« (Nagrobek) längst formuliert:

> Hier ruht altmodisch wie das Komma, eine
> Verfasserin von ein paar Versen. Die Gebeine
> genießen Frieden in den ewigen Gärten,
> obwohl sie keiner Literatengruppe angehörten.
> Drum schmückt nichts Beßres ihre Totenstätte
> als dieser Reim, die Eule und die Klette.
> Passant, hol den Computer aus dem Aktenfach
> und denk über Szymborskas Los ein wenig
> nach.[27]

Und dann auf einmal die freudige Nachricht! Innerhalb kürzester Zeit verwandelte sich die kleine, ruhige Pension in eine Mischung aus Festung und Irrenhaus. Schon nach einer Stunde wurde Wisława Szymborska von einer Schar Journalisten belagert, auf deren Fragen sie mit der ihr eigenen Mischung aus Verlegenheit und Humor antwortete. Auf die Verwunderung etwa, dass es in den Buchhandlungen keine Bücher von ihr gebe, reagierte sie mit einer Anekdote: »Einmal fragte man Cato, warum es auf dem Forum kein Denkmal von ihm gebe. Darauf Cato: Es ist mir lieber, wenn man mich fragt, warum es kein Denkmal von mir gibt, als wenn man mich fragen würde, warum eines da ist.«[28]

Wie Wisława Szymborska schreibt, weiß inzwischen eine beachtliche Zahl von Menschen. Wie sie ist, wissen nur wenige. Alles, was sie über sich zu sagen habe, sei in ihren Gedichten zu finden, betont sie immer wieder. »Ob sich einem Dichter die Worte zu lebendigen, dauerhaften Bindungen fügen oder nicht, darüber wird ohnehin in einem niemandem zugänglichen Bereich entschieden«[29], lautet eines ihrer Argumente. Und der Alltag eines Dichters, seine Arbeit, sei sowieso hoffnungslos unfotogen: »Jemand sitzt an einem Tisch oder liegt auf einem Sofa und starrt regungslos auf die Wand oder an die Decke. Irgendwann schreibt dieser Mensch sieben Zeilen nieder, nur um fünfzehn Minuten später eine von ihnen wieder zu streichen, und nachher vergeht eine weitere Stunde, in der nichts geschieht … Wer würde sich so was ansehen wollen.«[30]

Wie ihre Gedichte entstehen, hat sie jedoch offenbart. Sie braucht dazu weder einen Schreibtisch noch Papier und Bleistift, weil ein Gedicht erst einmal vollständig in ihrem Kopf existieren muss, bevor es aufgeschrieben wird. Wisława Szymborska braucht nur die Dämmerung und die Ecke ihrer gemütlichen Couch, in die sie sich mit angewinkelten Beinen kuschelt. Erst, wenn jedes Wort, jedes Komma »sitzt«, macht sie das Licht an und greift zu einem Blatt Papier. Und selbst das bedeutet noch lange nicht, dass das niedergeschriebene Gedicht zu dem Leser gelangt. »Ich habe einen

Papierkorb in meinem Zimmer«, pflegt sie zu sagen. »Ein Gedicht, das am Abend geschrieben wurde, wird am nächsten Morgen noch einmal gelesen, und es passiert nicht immer, dass es dem Wechsel der Tageszeit standhält.«[31] Sie ist streng mit sich selbst.

Dabei macht sie gar keinen strengen Eindruck. Ganz im Gegenteil. Mittelgroß, schlank, einst mit einer phantasievollen dunklen Locke über der hohen Stirn, heute mit einem grauen Kurzschnitt, wirkt sie ausgesprochen mädchenhaft. Die sanfte Stimme, das verlegene Lächeln, die guten Manieren: All das vermittelt ein Bild von Bescheidenheit und Kultiviertheit, die ihr alle nachsagen – Freunde, Kollegen und auch die Bewohner des alten, vierstöckigen Hauses, in dem sie seit Jahren lebt. Es liegt in einer ruhigen Straße, nur ein paar Straßenbahnstationen von der Krakauer Altstadt entfernt.

Die Dichterin verehrt Thomas Mann, Swift und Montaigne, blättert gern in Samuel Pepys' Tagebuch und kann sich nicht vorstellen, jemand könnte Charles Dickens' »Pickwick Club« nicht kennen. Sie mag die Bilder des Holländers Jan Vermeer und zu ihren Lieblingsregisseuren gehört Federico Fellini. Über alles aber liebt sie die Jazzsängerin Ella Fitzgerald: »Für mich ist sie die Größte, und ich bezweifle, ob ich es noch schaffe, meine Meinung zu ändern.«[32]

Ihre Abneigung gegen jede Form von Publizität ist sprichwörtlich. Ein kleiner Gedichtband, den sie mit einer ihrer phantasievollen Widmungen versehen und einem Freund schicken kann, bedeutet ihr mehr als eine teure Gesamtausgabe. Ein noch so wichtiger Vortrag vor einem großen Publikum könnte niemals ein anregendes Gespräch im kleinen Bekanntenkreis ersetzen. Und auch dieser darf nur aus maximal zwölf Personen bestehen – ab dreizehn bereits sei es eine »Menschenmenge«. Nur wenn es um ihre Leser geht, hat sie nichts gegen große Zahlen. Vielleicht auch deswegen, weil ihr die Zusammensetzung ihres Lesepublikums besonders liegt: »Meine Leser sind Menschen, die vom Leben nicht unbedingt verwöhnt werden. Solche, die, wenn sie ein Buch kaufen, sofort nachschauen, wieviel Geld sie noch übrig haben. Die es aber trotzdem kaufen.«[33]

Ihre Vorlieben teilt Wisława Szymborska am liebsten in ihrer Poesie mit: Manchmal durch die Beschreibung einer Situation oder die Widergabe einer Anekdote, manchmal, wie in dem Gedicht »Możliwości« (Möglichkeiten), in Form eines scherzhaften Selbstporträts:

Mir ist das Kino lieber.
Mir sind die Katzen lieber.
Mir sind die Eichen an der Warthe lieber.
Mir ist Dickens lieber als Dostojewskij.
Ich bin mir lieber als Menschenfreund
denn als Freund der Menschheit.[34]

Quellenverzeichnis

Vorwort

1 Wisława Szymborska, Der Dichter und die Welt. Nobel Foundation, 11.12. 1996, S. 12
2 Pressestelle der Freien Universität Berlin, Jutta Limbach (Hrsg.), Der aufhaltsame Aufstieg der Frauen in der Wissenschaft, 1994, S. 4
3 s. S. 197
4 s. S. 167
5 Szymborska, Der Dichter und die Welt, S. 12
6 s. S. 194

*

Marie Curie

1 Ève Curie, Madame Curie. Frankfurt 1996, S. 33
2 Marie Skłodowska-Curie, Selbstbiographie. Leipzig 1962, S. 8
3 ebd. S. 12
4 ebd. S. 18
5 ebd.
6 Zitiert nach Robert Reid, Marie Curie. Düsseldorf/Köln 1980, S. 17 f. Alle Zitate aus diesem Werk mit freundlicher Genehmigung des E. Diederich Verlags.
7 Ève Curie, Madame Curie, S. 45
8 Marie Curie an ihre Cousine, Dezember 1885, zitiert nach: Olgierd Wołzek, Maria Skłodowska-Curie. Leipzig 1984, S. 15
9 Marie Skłodowska-Curie, Selbstbiographie, S. 17
10 ebd. S. 18
11 Marie an Bronia, 12.3.1890, wiedergegeben nach: Ève Curie, Madame Curie, S. 64 f.
12 Marie Skłodowska-Curie, Selbstbiographie, S. 19; wiedergegeben nach Olgierd Wołzek, Maria Skłodowska-Curie, 1984, S. 14
13 Marie Curie, Pierre Curie. Wien 1950, S. 33 f.
14 Brief vom 10.8.1894, zitiert nach: Ève Curie, Madame Curie, S. 104 f.
15 Briefe vom 10.8.1894 und vom 7.9.1894, zitiert nach: Ève Curie, Madame Curie, S. 104 f. und S. 107 f.
16 Brief vom Mai 1902, zitiert nach: Ève Curie, Madame Curie, S. 163
17 Zitiert nach: Ulla Fölsing, Marie Curie. München 1990, S. 37
18 Zitiert nach: Robert Reid, Marie Curie, S. 112 f.
19 Brief aus dem Jahre 1907, zitiert nach: Ève Curie, Madame Curie, S. 232
20 Eintragung vom 22. Mai 1906, wiedergegeben nach: Ève Curie, Madame Curie, S. 223
21 Zitiert nach: Ève Curie, Madame Curie, S. 223
22 Marie Skłodowska-Curie, Selbstbiographie, S. 53
23 Zitiert nach: Olgierd Wołzek, Maria Skłodowska-Curie, S. 121

Bücher und Texte von Marie Curie

Hier werden nur ihre beiden auf Deutsch vorliegenden größeren wissenschaftlichen Arbeiten und zwei kurze (auto-)biographische Texte genannt, außerdem die von ihrer Tochter Irène besorgte Zusammenstellung aller ihrer wissenschaftlichen Artikel; für alles Weitere siehe die Literaturliste bei Peter Ksoll/Fritz Vögtle.

Madame S[kłodowska] Curie, Untersuchungen über die Radioaktiven Substanzen. Braunschweig: Vieweg und Sohn 1904 (ihre Doktorarbeit)

Madame Pierre Curie, Die Radioaktivität, 2 Bände. Leipzig: Akademische Verlagsgesellschaft 1912

Marie Skłodowska-Curie, Selbstbiographie. Leipzig: B. G. Teubner Verlagsgesellschaft 1962 (verfasst 1922)

Madame Curie, Pierre Curie. Wien: Springer Verlag 1950 (auf Französisch erstmals 1924 erschienen)

Œuvres de Marie Skłodowska-Curie, hrsg. von Irène Joliot-Curie. Warschau: Polnische Akademie der Wissenschaften 1954

Bücher und Texte über Marie Curie

Es gibt viele Biographien, Aufsätze, Romane, auch Kinderbücher über Marie Curie. Hier wurden nur die Biographien aufgenommen, die auf Deutsch vorliegen, und ein wissenschaftlicher Aufsatz, aus dem wichtige Informationen stammen.

Ève Curie, Madame Curie. Eine Biographie. Frankfurt: Fischer Taschenbuch Verlag 1996 (erste Ausgabe 1937)

Ulla Fölsing, Marie Curie. Wegbereiterin einer neuen Naturwissenschaft. München: Piper 1990

Sharon Bertsch McGrayne, Marie Skłodowska Curie, in: Nobel Prize Women in Science. Their Lives, Struggels and Momentous Discoveries. A Birch Lane Press Book 1992, S. 11–36

Peter Ksoll/Fritz Vögtle, Marie Curie. Reinbek: rororo monographien 1993

Robert Reid, Marie Curie. Biographie. Düsseldorf/Köln: E. Diederichs 1980

Olgierd Wołcek, Maria Skłodowska-Curie. Leipzig: B. G. Teubner Verlagsgesellschaft 1994 (4. Auflage)

❊

Bertha von Suttner

1 Bertha von Suttner, Memoiren. Stuttgart und Leipzig: Deutsche Verlagsanstalt 1909, S. 29

2 ebd. S. 64

3 ebd. S. 115

4 ebd. S. 122

5 ebd. S. 135

6 ebd. S. 143

7 ebd. S. 144

8 Bertha von Suttner, Es Löwos. Dresden o. J., zitiert nach: Brigitte Hamann, Bertha von Suttner. Ein Leben für den Frieden. München und Zürich: Piper Verlag 1986, S. 63

9 Bertha von Suttner, Memoiren, S. 156

10 Carl von Suttner, im Vorwort von: Marianne Wintersteiner, Die Baronin – Bertha von Suttner. Irdning/Steiermark: Stieglitz Verlag 1984, S. 13

11 Bertha von Suttner, Memoiren, S. 178

12 ebd. S. 179

13 Felix Dahn, zitiert nach: Ilse Kleberger, Die Vision vom Frieden – Bertha von Suttner. Berlin: Erika Klopp Verlag 1985, S. 65

14 Alfred Nobel, zitiert nach: ebd. S. 64

449

15 Alfred H. Fried: Bertha von Suttner zum 70. Geburtstag. Zitiert nach: Brigitte Hamann, Bertha von Suttner, S. 149
16 Bertha von Suttner, Memoiren, S. 370
17 Henri Dunant, zitiert nach: Ilse Kleeberger, Die Vision, S. 148
18 Bertha von Suttner, Memoiren, S. 539
19 Ilse Kleeberger, Die Vision, S. 116
20 Stefan Zweig: Erinnerungen eines Europäers. Zitiert nach: ebd. S. 120
21 ebd. S. 188
22 ebd. S. 186

Bücher von Bertha von Suttner

Memoiren. Stuttgart und Leipzig: Deutsche Verlagsanstalt 1909
Das Maschinenzeitalter. Düsseldorf: Zwiebelberg Reprint 1983
Die Waffen nieder! Eine Lebensgeschichte. Berlin: Verlag der Nation 1990
Ariela – Doras Bekenntnisse. Berlin: Edition Fischerinsel 1990

Bücher über Bertha von Suttner

Gisela Brinker-Gabler (Hrsg.), Kämpferin für den Frieden: Bertha von Suttner. Frankfurt: Fischer Taschenbuch Verlag 1982
Brigitte Hamann, Bertha von Suttner. Ein Leben für den Frieden. München und Zürich: Piper Verlag 1986
Beatrix Kempf, Bertha von Suttner. Das Lebensbild einer großen Frau. Wien: Österreichischer Bundesverlag 1964
Ilse Kleberger, Die Vision vom Frieden – Bertha von Suttner. Berlin: Erika Klopp Verlag 1985
Marianne Wintersteiner, Die Baronin – Bertha von Suttner. Irdning/Steiermark: Stieglitz Verlag 1984

*

Selma Lagerlöf

1 Selma Lagerlöf, Marbacka, Kindheitserinnerungen. München: dtv 1991, S. 292. © 1984 by Nymphenburger Verlagshandlung in der F.A. Herbig Verlagsbuchhandlung GmbH, München. Alle Zitate aus diesem Werk mit freundlicher Genehmigung der F.A. Herbig Verlagsbuchhandlung.
2 ebd. S. 293
3 Zitiert nach: Jeanna Oterdahl, Das Erlebnis von Marbacka. Stuttgart: D. Gundert Verlag 1953, S. 82
4 Zitiert nach: Christian Jenssen, Selma Lagerlöf, Ein Lebensbild. Lübeck: Dr. I. M. Wildner Verlag 1947, S. 11f.
5 Selma Lagerlöf, Marbacka, S. 14
6 ebd. S. 55
7 Zitiert nach: Walter Berendsohn, Selma Lagerlöf. München: Albert Langen Verlag 1927, S. 22
8 ebd. S. 22
9 Selma Lagerlöf, Die Heilige Nacht, in: Selma Lagerlöf, Gesammelte Werke, Zweiter Band. München: Nymphenburger Verlagsbuchhandlung 1993, S. 181
10 ebd. S. 182
11 ebd.
12 Zitiert nach: Berendsohn, Selma Lagerlöf, S. 27
13 ebd.

14 Zitiert nach: Oterdahl, Das Erlebnis von Marbacka, S. 27
15 Zitiert nach: Berendsohn, Selma Lagerlöf, S. 30
16 Zitiert nach: Oterdahl, Das Erlebnis von Marbacka, S. 57
17 Zitiert nach: Jenssen, Selma Lagerlöf, S. 28
18 ebd. S. 32
19 Zitiert nach: Oterdahl, das Erlebnis von Marbacka, S. 62
20 ebd. S. 63
21 Zitiert nach: Berendsohn, Selma Lagerlöf, S. 35
22 ebd. S. 36
23 ebd. S. 37f., 40
24 Gero von Wilpert, Sachwörterbuch der Literatur. Stuttgart: Alfred Kröner
    Verlag 1969, S. 597
25 Zitiert nach: Berendsohn, Selma Lagerlöf, S. 45
26 Zitiert nach: Oterdahl, Das Erlebnis von Marbacka, S. 71
27 Zitiert nach: Jenssen, Selma Lagerlöf, S. 36
28 ebd. S. 37
29 Zitiert nach: Oterdahl, Das Erlebnis von Marbacka, S. 73f.
30 ebd. S. 98
31 Zitiert nach: Jenssen, Selma Lagerlöf, S. 43
32 ebd. S. 50
33 Zitiert nach: Berendsohn, Selma Lagerlöf, S. 73
34 ebd. S. 60
35 ebd. S. 61
36 Zitiert nach: Jenssen, Selma Lagerlöf, S. 68
37 ebd. S. 69
38 Zitiert nach: Oterdahl, Das Erlebnis von Marbacka, S. 103
39 ebd.
40 Zitiert nach: Jenssen, Selma Lagerlöf, S. 104

Bücher von Selma Lagerlöf

Marbacka, Kindheitserinnerungen. München: dtv 1991
Das Taschenbuch, Jugenderinnerungen. München: dtv 1990
Nils Holgerssons schönste Abenteuer mit den Wildgänsen. München: Nymphenburger Verlag 1993
Gösta Berling. München: Nymphenburger Verlag 1993
Geschichten und Legenden. München: Nymphenburger Verlag 1993
Jerusalem. München: Nymphenburger Verlag 1993
Geschichten und Sagen. München: Nymphenburger Verlag 1993

Bücher und Texte über Selma Lagerlöf

Walter A. Berendsohn, Selma Lagerlöf, Heimat und Leben, Künstlerschaft, Werke, Wirkung und Wert. München: Albert Langen Verlag 1927
Christian Jenssen, Selma Lagerlöf, Ein Lebensbild. Lübeck: Dr. I. M. Wildner Verlag 1947
Hanna Astrup Larsen, Selma Lagerlöf. New York: Doubleday, Doran & Co. 1975
Olga Opfell, Mistress of Marbacka: Selma Lagerlöf, in: The Lady Laureates. Women Who Have Won the Nobel Prize. Mertuchen/N. J. and London: The Scarecrow Press 1978
Jeanna Oterdahl, Das Erlebnis von Marbacka. Begegnung mit Selma Lagerlöf und ihrer Dichtung. Stuttgart: D. Gundert Verlag 1953

Die norwegischen Texte wurden von Angela Djuren, englische und französische Quellen von der Verfasserin für dieses Porträt ins Deutsche übertragen.

1 Christiane Undset-Svarstad (Hrsg.), Sigrid Undset, Ungdom. Oslo: Aschehoug 1986, S. 7

2 Sigrid Undset, Kjaere Dea. Forord og kommentarer ved Christiane Undset Svarstad. Oslo: J. W. Cappelen Forlag 1979, S. 76

3 ebd. S. 77, S. 78

4 Sigrid Undset, Elleve Aar. Oslo: Aschehoug 1973, S. 7

5 ebd. S. 8

6 aus Elleve Aar zitiert nach: Alexander Baldus, Sigrid Undset – Leben und Werk. Speyer: Pilger Verlag 1951, S. 83

7 Sigrid Undset, Kjaere Dea, S. 30

8 Alexander Baldus, Sigrid Undset, S. 12

9 Gidske Anderson, Sigrid Undset – Une biographie. Paris: Edition Des Femmes 1991, S. 60

10 Charlotte Blindheim, Moster Sigrid – et familienportrett av Sigrid Undset. Oslo: Aschehoug 1982, S. 64/66

11 aus Elleve Aar zitiert nach Alexander Baldus, S. 85

12 Sigrid Undset, Artikler og essays om litteratur. Oslo: Aschehoug 1986, S. 299

13 Sigrid Undset, Elleve Aar, S. 278

14 ebd. S. 283

15 ebd. S. 281

16 Zitiert nach Alexander Baldus, Sigrid Undset, S. 35

17 Giske Anderson, Sigrid Undset, S. 158

18 Sigrid Undset, Kjære Dea, S. 75

19 ebd.

20 ebd. S. 78

21 Gidske Anderson, Sigrid Undset, S. 161

22 Zitiert nach: Alexander Baldus, Sigrid Undset, S. 31, 32

23 Sigrid Undset, Jenny, Frankfurt/Berlin: Ullstein 1996, S. 88. © 1986 by Universitas Verlag in der F.A. Herbig Verlagsbuchhandlung GmbH, München. Alle Zitate aus diesem Werk mit freundlicher Genehmigung der F.A. Herbig Verlagsbuchhandlung.

24 Heiko Uecker, Sigrid Undset und Deutschland. In: Scandica magazin Nr. 6, Sept. 1982, 2. Jahrg., S. 21–24

25 Sigrid Undset, Jenny, S. 115

26 ebd. S. 201

27 ebd. S. 288

28 ebd. S. 307

29 Anni Carlsson, Nachwort. In: Sigrid Undset, Jenny, S. 323

30 ebd. S. 186

31 ebd. S. 206

32 ebd. S. 316

33 Sigrid Undset, Glückliche Zeiten. Bonn: Bonner Buchgemeinde 1957, S. 16

34 Charlotte Blindheim, Moster Sigrid, S. 8

35 ebd. S. 223

36 A. H. Wisnes, Leben und Werk von Sigrid Undset. In: Les Editions Rombaldi Paris (Hrsg.), Sammlung Nobelpreis für Literatur 1928 – Sigrid Undset »Frühling«, Zürich: Coron-Verlag 1966, S. 30

37 Zitiert nach: Gidske Anderson, Sigrid Undset, S. 236

38 A. H. Wisnes, Leben und Werk, S. 33
39 Zitiert nach: Heiko Uecker, Sigrid Undset und Deutschland, S. 24
40 Sigrid Undset, Der brennende Busch, Hrsg. von J. Sandmeier. Berlin: Deutsche Buchgemeinschaft 1930, S. 57
41 A. H. Wisnes, Leben und Werk, S. 32
42 Max Tau, Ein Flüchtling findet sein Land. Hamburg: Hoffmann und Campe 1964, S. 63
43 Charlotte Blindheim, Moster Sigrid, S. 8
44 Gidske Anderson, Sigrid Undset, S. 302
45 Zitiert aus: Max Tau, Ein Flüchtling, S. 179
46 ebd. S. 180
47 ebd.
48 ebd.
49 Sigrid Undset, Wieder in die Zukunft. Zürich: Europa Verlag A. G. 1944, S. 58
50 ebd. S. 59
51 ebd. S. 177
52 ebd. S. 190
53 ebd. S. 184
54 Karl Jaspers, Die Antwort an Sigrid Undset. Konstanz: Südverlag 1947, S. 5
55 ebd. S. 193
56 Sigrid Undset, Kjaere Dea, S. 77
57 Olga S. Opfell, A Medieval Iliad – Sigrid Undset (1928). In: The Lady Laureates – Women Who Have Won the Nobel Prize. Metuchen/N. J. and London: The Scarecrow Press 1978, S. 94
58 Sigrid Undset, Katharina Benincasa. Bonn: Bonner Buchgemeinde 1953, S. 376

Literatur von Sigrid Undset (Auswahl)

Elleve Aar. Oslo: Aschehoug 1973
Frühling. Frankfurt/Berlin: Ullstein 1984
Jenny. Frankfurt/Berlin: Ullstein 1996
Kristin Lavranstochter, 3 Bde: Bd. 1: Der Kranz, Bd. 2: Die Frau, Bd. 3: Das Kreuz. Frankfurt/M.: Verlag F. H. Kerle 1996 Alle weiteren Werke, die zum Teil auch im Porträt erwähnt oder zitiert werden, sind zurzeit auf Deutsch über den Buchhandel nicht lieferbar, aber in vielen Bibliotheken vorhanden. Denn fast alle Werke Undsets wurden bis Mitte der fünfziger Jahre ins Deutsche übersetzt. Eine vollständige Biographie Sigrid Undsets, die auch sämtliche Übersetzungen auflistet, findet sich in:
Les Editions Rombaldi Paris (Hrsg.): Sammlung Nobelpreis für Literatur 1928 – Sigrid Undset »Frühling«. Zürich: Coron-Verlag 1966, S. 393–395

Literatur über Sigrid Undset

In deutscher Übersetzung liegt keine der neueren, in norwegischer Sprache erschienenen Biographien Undsets vor. Die wichtigste Grundlage für das Porträt waren folgende Arbeiten:
Gidske Anderson, Sigrid Undset – Une biographie. Paris: Edition Des Femmes 1991 (Originalausgabe: Sigrid Undset, et liv. Oslo: Gyldendal 1989)
Alexander Baldus, Sigrid Undset – Leben und Werk. Speyer: Pilger Verlag 1951
Anni Carlsson, Nachwort. In: Sigrid Undset, Jenny. Frankfurt/M.: Ullstein Verlag 1996, S. 319–328

Annegret Heitmann, »Ach, Dea, Dea – ich muß etwas werden, etwas schaffen muß ich.« Sigrid Undset (1881–1949), Nobelpreis für Literatur 1929. München: Unveröffentlichtes Manuskript 1996

Norgard Kohlhagen, »Nur verlorenes bleibt uns Ewig.« Sigrid Undset (1882–1949). In: »Sie schreiben wie ein Mann, Madame!« – Von der schweigenden Frau zur schreibenden Frau, Frankfurt/M.: Fischer Verlag 1983

Olga S. Opfell, A Medieval Iliad – Sigrid Undset (1928). In: The Lady Laureates – Women Who Have Won the Nobel Prize. Metuchen, N. J. and London: The Scarecrow Press 1978, S. 94–106

Sigrid Undset, Kjaere Dea. Forord og kommentarer ved Christiane Undset Svarstad. Oslo: J. W. Cappelen Forlag Oslo 1979 (Briefwechsel mit Dea Hedberg)

*

Emily Greene Balch

Alle nicht markierten Zitate stammen aus dem Interview mit der Nichte von E. Greene Balch oder sind von der Autorin recherchierte Reportageelemente.

 1 Olga S. Opfell, The Lady Laureates. Metuchen/N. J. and London: The Scarecrow Press 1978, S. 34
 2 ebd.
 3 Mercedes M. Randall, Improper Bostonian. New York: Twayne Publishers 1964, S. 44
 4 ebd. S. 39
 5 ebd. S. 18
 6 Patricia A. Palmieri, »A Private Citizen of the World«, in: The Nobel Peace Award From 1901 Until Today. Germany: Edition Pacis 1991, S. 63
 7 Randall, Improper Bostonian, S. 58
 8 ebd. S. 58 und 60
 9 ebd. S. 64
10 ebd. S. 69
11 ebd. S. 70
12 Mercedes M. Randall, Beyond Nationalism. New York: Twayne Publishers 1972, S. XXII
13 Randall, Improper Bostonian, S. 39
14 Opfell, The Lady Laureates, S. 37
15 Palmieri, A Private Citizen, S. 38
16 ebd.
17 Randall, Improper Bostonian, S. 80
18 ebd. S. 86
19 ebd. S. 54
20 ebd. S. 19
21 Opfell, The Lady Laureates, S. 49
22 ebd.
23 Randall, Improper Bostonian, S. 243
24 ebd. S. 111
25 ebd. S. 123
26 Randall, Beyond Nationalism, S. XXIV
27 ebd. S. XXV
28 Randall, Improper Bostonian, S. 139f.
29 ebd. S. 144
30 ebd. S. 151
31 Randall, Beyond Nationalism, S. 1

32 Randall, Improper Bostonian, S. 207
33 ebd. S. 223
34 ebd. S. 216
35 ebd. S. 189
36 ebd. S. 246
37 Palmieri, A Private Citizen, S. 40
38 Randall, Beyond Nationalism, S. 231
39 Opfell, The Lady Laureates, S. 46
40 Randall, Beyond Nationalism, S. 162, 163
41 Opfell, The Lady Laureates, S. 46
42 Randall, Improper Bostonian, S. 445
43 Opfell, The Lady Laureates, S. 47
44 Randall, Improper Bostonian, S. 21
45 The Boston Daily Globe, March 6, 1947, Wellesley College Archives
46 The Washington Post, November 1946, Wellesley College Archives
47 Randall, Beyond Nationalism, S. XVI
48 Palmieri, A Private Citizen, S. 42
49 Randall, Beyond Nationalism, S. 232
50 Randall, Improper Bostonian, S. 43
51 The Boston Daily Globe, a. a. O.
52 Palmieri, A Private Citizen, S. 41
53 Opfell, The Lady Laureates, S. 49
54 Randall, Improper Bostonian, S. 20
55 The Boston Daily Globe a. a. O.

Texte und Bücher über Emily Greene Balch

Olga S. Opfell, Holy Fire Within – Emily Greene Balch (1946) in: The Lady Laureates – Women Who Have Won the Nobel Prize, Metuchen/N. J. and London: The Scarecrow Press 1978, S. 34– 49
Patricia A. Palmieri, »A Private Citizen of the World«. In: The Nobel Peace Award From 1901 Until Today: Germany, Edicion Pacis 1991
Mercedes M. Randall, Improper Bostonian. New York: Twayne Publishers 1964
Wessley College Archives, Boston, USA: Dort werden nicht nur Artikel über die Nobelpreisträgerin, sondern auch ihre eigenen Texte gesammelt.

*

Rosalyn Yalow

Alle hier zitierten Texte, die nicht auf Deutsch erschienen sind, wurden von der Verfasserin übersetzt.

1 Jerome Charyn, Insel der Tränen. In: Merian New York (11/87), S. 124–128
2 Fred A. Bernstein, Rosalyn Yalow's Mother. In: The Jewish Mothers' Hall of Fame. Garden City, N. Y.: Doubleday & Company 1986, S. 70–75
3 ebd. S. 73
4 Sharon Bertsch McGrayne, Rosalyn Sussman Yalow. In: Nobel Prize Women in Science, Their Lives, Struggles and Momentous Discoveries. New York: Birch Lane Press 1993, S. 333–355
5 Barbara Shiels: Rosalyn S. Yalow. In: Winners, Women and the Nobel Prize. Dillon Press 1985, S. 44–65
6 McGrayne, Nobel Prize Women, S. 336
7 Charyn, Insel der Tränen, S. 124

8 McGrayne, Nobel Prize Women, S. 336
9 ebd.
10 The Nobel Foundation: Les Prix Nobel. The Nobel Prizes 1977, Stockholm: P. A. Norstedt & Söner 1978, S. 237
11 McGrayne, Nobel Prize Women, S. 337
12 Ève Curie, Madame Curie. Frankfurt a. M.: Fischer Taschenbuch Verlag 1996, S. 301, 7, 190, 329
13 Elizabeth Stone: A Mme. Curie from the Bronx. In: New York Times Magazine (9.4.1978), S. 29–35 und 95–104
14 McGrayne, Nobel Prize Women, S. 337
15 ebd. S. 338
16 Stone, A Mme. Curie, S. 30
17 ebd. S. 31
18 ebd.
19 McGrayne, Nobel Prize Women, S. 337
20 ebd. S. 340
21 Olga S. Opfell, The Lady Laureates, Metuchen/N. J. and London: The Scarecrow Press 1978, S. 224–233
22 McGrayne, Nobel Prize Women, S. 342
23 ebd. S. 341
24 Stone, A Mme. Curie, S. 95
25 ebd.
26 ebd.
27 ebd. S. 101
28 McGrayne, Nobel Prize Women, S. 343
29 ebd. S. 353
30 Yalow, Rosalyn S(ussman). In: Current Biography, H. W. Wilson Company, New York 1978/79, S. 458–460
31 People 8/95 (2.1.78), zitiert nach: Current Biography S. 460
32 Stone, A Mme. Curie, S. 96
33 Bernstein, Rosalyn Yalow's Mother, S. 74
34 Stone, A Mme. Curie, S. 101
35 ebd.
36 ebd. S. 96

Texte von Rosalyn Yalow

Radioimmunoassay. Eine Methode zur Untersuchung der Feinstruktur biologischer Systeme. In: Naturwissenschaftliche Rundschau 32 (1979), S. 217–222
A physicist in biomedical investigation. In: Physics Today (Oktober 1979), S. 25–29
Concerns With Low-Level Ionizing Radiation. In: Mayo Clinic Proceedings 69 (1994), S. 436–440

Texte und Bücher über Rosalyn Yalow

Sharon Bertsch McGrayne, Rosalyn Sussman Yalow. In: Nobel Prize Women in Science, Their Lives, Struggles and Momentous Discoveries. New York: Birch Lane Press 1993, S. 333–355
Ulla Fölsing, Rosalyn Yalow, Medizin-Nobelpreis 1977. In: Nobel-Frauen, Naturwissenschaftlerinnen im Porträt. München: C. H. Beck'sche Verlagsbuchhandlung 1990, S. 86–99

Olga S. Opfell, A Sensitive Measure – Rosalyn Yalow. In: The Lady Laureates, Women Who Have Won the Nobel Prize. Metuchen/N. J. and London: The Scarecrow Press 1978, S. 224–233

Elizabeth Stone, A Mme. Curie from the Bronx. In: New York Times Magazine (9.4.1978), S. 29–35 und 95–104

*

Mutter Teresa

1 Navin Chawla, Mutter Teresa. München 1993, S. 132. Alle Rechte an der deutschsprachigen Ausgabe beim Wilhelm Goldmann Verlag GmbH, München. Alle Zitate aus diesem Werk mit freundlicher Genehmigung des W. Goldmann Verlags.
2 ebd. S. 133
3 Renzo Allegri, Mutter Teresa. München, Zürich, Wien 1993, S. 5
4 Der einfache Weg. Mutter Teresa. Zusammengestellt von Lucina Vardey, Hamburg 1995, S. 11
5 Navin Chawla, Mutter Teresa, S. 41
6 ebd. S. 41
7 ebd. S. 52
8 ebd.
9 ebd. S. 53
10 ebd. S. 120
11 ebd. S. 110
12 ebd. S. 270
13 ebd. S. 222
14 ebd. S. 102
15 Karin Deckenbach, Doppeldosis Liebe. Frankfurt 1996
16 ebd.
17 ebd.
18 Alexander Smoltczyk, Mutter Teresa. Wien 1995, S. 28
19 Mutter Teresa, Hunger nach Liebe. Hrsg. vom Sekretariat der Deutschen Bischofskonferenz, Bonn 1979
20 Navin Chawla, Mutter Teresa, S. 174
21 Mutter Teresa, Hunger nach Liebe
22 Marcel Bauer, Das Testament der Mutter Teresa (Fernsehfilm), pro vobis 1996
23 Karl-Heinz Melters, Toni Görtz, Ingelore Haepp, Danke Mutter Teresa. Augsburg 1955, S. 122
24 Navin Chawla, Mutter Teresa, S. 253
25 ebd. S. 252
26 Karl-Heinz Melters, Toni Görtz, Ingelore Haepp, Danke Mutter Teresa, S. 113
27 Renzo Allegri, Mutter Teresa, S. 141
28 ebd. S. 142
29 Alexander Smoltczyk, Mutter Teresa, S. 37
30 Navin Chawla, Mutter Teresa, S. 267
31 Alexander Smoltzcyk, Mutter Teresa, S. 142

Bücher und Texte über Mutter Teresa

Renzo Allegri, Mutter Teresa. Ein Leben für die Ärmsten der Armen. München, Zürich, Wien: Neue Stadt 1993

Navin Chawla, Mutter Teresa. Die autorisierte Biographie. München: Goldmann 1993

Karin Deckenbach, Doppeldosis Liebe. Vom Mythos der Mutter Teresa. In: Frankfurter Rundschau, Ostern 1996, S. ZB 1

Charlotte Gray, Mutter Teresa: Die Helferin der Ärmsten der Welt. Würzburg: Arena 1989

Christopher Hitchens, The Missionary Position. Mother Teresa in Theory and Practice. London, New York: Verso 1995

Karl-Heinz Melters, Toni Görtz, Ingelore Haepp, Danke Mutter Teresa. Augsburg: Pattloch 1995

David Porter, Mutter Teresa. Von Skopje nach Kalkutta. Die Geschichte einer Berufung. München: Neue Stadt 1988

Alexander Smoltczyk, Mutter Teresa: Ein Leben für die Menschlichkeit. Wien: Brandstätter 1995

Der einfache Weg. Mutter Teresa. Zusammengestellt von Lucinda Vardey. Hamburg: Hoffmann und Campe, 1995

Robin Fox, Mother Theresa's care for the dying. In: Lancet, Vol 344, 17.9.1994, S. 807f.

Texte von Mutter Teresa

Gedanken und Zitate. Zusammengestellt von Heike Baller. Zürich: Leib & Seele 1995

Die Weisheit der Mutter Teresa. Meine Gebete. München: Bertelsmann 1992

Ansprache Mutter Teresas bei der Verleihung des Friedensnobelpreises am 10.12.1979. Hrsg.: Sekretariat der Deutschen Bischofskonferenz, Bonn

*

Gertrude B. Elion

Alle Zitate aus der englischsprachigen Literatur wurden von der Autorin ins Deutsche übersetzt.

1 Sharon Bertsch McGrayne: Nobel Prize Women in Science – Their Lives, Struggles and Momentous Discoveries. New York: A Birch Lane Press Book, Carol Publishing Group 1993, S. 286

2 Gertrude B. Elion, The Quest for a Cure, In: Annual Reviews of Pharmacology and Toxicology 33 (1993), S. 1

3 Das Gespräch der Autorin mit Gertrude Elion fand am 30. Juni 1996 in Lindau statt. Alle nicht gekennzeichneten Zitate stammen aus diesem Interview.

4 Sharon Bertsch McGrayne, Nobel Prize Women, S. 281

5 Elion, The Quest for a Cure, S. 1

6 ebd.

7 ebd.

8 ebd. S. 2

9 ebd.

10 Elion, The Quest for a Cure, S. 2

11 ebd. S. 3

12 Sharon Bertsch McGrayne, Nobel Prize Women, S. 286

13 Elion, The Quest for a Cure, S. 3

14 ebd.

15 ebd.

16 Katherine Bouton, The Nobel Pair, In: New York Times Magazine, 29.1.89

17 ebd.

18 Sharon Bertsch McGrayne, Nobel Prize Women, S. 289
19 Katherine Bouton, The Nobel Pair
20 The Nobel Prize Annual 1988. New York: IMG Publishing 1989, S. 58
21 Elion, The Quest for a Cure, S. 5
22 The Nobel Prize Annual S. 61
23 Elion, The Quest for a Cure, S. 9
24 Nobel Prize Annual S. 59
25 Sharon Bertsch McGrayne, Nobel Prize Women, S. 290
26 ebd. S. 297
27 ebd. S. 301
28 Elion, The Quest for a Cure, S. 14
29 ebd. S. 20
30 ebd. S. 21
31 Nobel Prize Annual, S. 56
32 Sharon Bertsch McGrayne, Nobel Prize Women, S. 302
33 Elion, The Quest of a Cure, S. 22

Texte von Gertrude B. Elion

Gertrude B. Elion, Der Purin-Weg zur Chemotherapie (Nobel-Vortrag). In: Angewandte Chemie 101, 1989, S. 893–902
Gertrude B. Elion, The Quest for a Cure. In: Annual Reviews of Pharmacology
and Toxicology 33, 1993, S. 1–23

Texte über Gertrude B. Elion

The Nobel Prize Annual 1988. New York: IMG Publishing 1989, S. 54–65
Sharon Bertsch McGrayne, Nobel Prize Women in Science – Their Lives,
Struggles and Momentous Discoveries. New York: A Birch Lane Press book,
Carol Publishing Group 1993, S. 280–303
Katherine Bouton, The Nobel Pair. In: New York Times Magazine vom 29. Janu-
ar 1989
Ulla Fölsing, Nobel-Frauen – Naturwissenschaftlerinnen im Portrait München:
Beck Verlag 1990, S. 128–135
Charlotte Kerner, Nicole Casanova, Des Femmes Prix Nobel. Paris: Des
Femmes 1992, S. 343–347
Darlene R. Stille, Extraordinary Women Scientists. Chicago: Childrens Press
1995. S. 64–67

*

Aung San Suu Kyi

Alle nicht auf Deutsch erschienenen Texte wurden von der Autorin übersetzt.

1 Daw Than E, A Flowering of the Spirit. Memories of Suu and her family. In:
   Freedom from Fear. Hrsg: Michael Aris. London: Penguin 1991, S. 242
2 Aung San Suu Kyi: My Father. In: Freedom from Fear, S. 3
3 Daw Than E, A Flowering, S. 246
4 Aung San Suu Kyi, Trägerin des Friedensnobelpreises 1991. Hrsg.: Michael
   Aris. München. Heyne 1991, S. 23
5 Interview der Autorin mit Suu Kyi in Rangoon, 8.11.1995
6 Nichte des russischen Schriftstellers und Dissidenten Boris Pasternak
7 Ann Pasternak Slater, Suu Burmese. In: Freedom from Fear. S. 258f.
8 Freedom from Fear, S. xvii
9 ebd.

10 ebd. S. 186
11 ebd. S. 135
12 ebd. S. xv
13 Kanbawza Win, Daw Aung San Suu Kyi, The Nobel Laureate. Bangkok: CPDSK Publications o. J., S. 67
14 Bertil Lintner, Outrage. Burma's Struggle for Democracy. London und Bangkok: White Lotus 1990, S. 115
15 Freedom from Fear, S. 199
16 Kanbawza Win, Daw Aung San Suu Kyi, S. 69
17 aus: Interview mit Suu Kyi in: Time, London. 30.8.1988
18 Kanbawza Win, Daw Aung San Suu Kyi, S. 86
19 Bertil Lindtner, Outrage, S. 171
20 Name von der Redaktion der US-Vogue geändert
21 Aung San Suu Kyi. Trägerin des Friedensnobelpreises, S. 43
22 Barbara Bradley, Dark Victory. In: US-Vogue Oktober 1995. S. 378
23 ebd.
24 ebd.
25 Michael Aris, Freedom from Fear, S. xxii
26 ebd. S. xxiii
27 Zitiert nach: Beatrix Gerstenberger, Aung San Suu Kyi – Die Heldin, in: Brigitte 13/96
28 The Nation, Bangkok, 6.4.89
29 Freedom from Fear, S. 180
30 Aung San Suu Kyi, Trägerin des Friedensnobelpreises 1991, S. 7
31 Zitiert nach: Herald Tribune, London, 15.10.1991
32 Zitiert nach: Burma Alert Vol 2, No. 10.10.1991
33 unveröffentlichte Transkription der Rede von Alexander Aris vor dem Nobelpreiskomitee in Oslo
34 unveröffentlichtes Zitat aus einem Interview der Autorin mit einem ABSDF-Mitglied im Dez. 1991
35 Interview der Autorin mit Aung San Suu Kyi in Rangoon, 8.11.1995
36 Zitiert nach: Beatrix Gerstenberger, Aung San Suu Kyi – Die Heldin, a.a.O.
37 Edward Klein, Die Lady von Rangoon. Magazin Tageszeitung und Berner Zeitung 46, 18.11.95
38 Interview der Autorin, 8.11.96

Bücher von Aung San Suu Kyi

Michael Aris (Hrsg.), Aung San Suu Kyi. Trägerin des Friedensnobelpreises 1991. München: Heyne 1991
Michael Aris (Hrsg.), Aung San Suu Kyi. Freedom from Fear and other Writings. London: Penguin 1991

Bücher über Aung San Suu Kyi

Bertil Lintner, Aung San Suu Kyi and Burma's unfinished Renaissance. Bangkok: Peacock Press 1990
Bertil Lintner, Outrage. Burma's Struggle for Democracy. London und Bangkok: White Lotus 1990
Kin Oung, Who killed Aung San? Bangkok and Cheney: White Lotus 1993
Kanbawza Win, Daw Aung San Suu Kyi – The Nobel Laureate. A Burmese Perspective. Bangkok: CPDSK Publications o. J.

Nadine Gordimer

1 Alle nicht gekennzeichneten Zitate stammen aus einem Interview, das die Verfasserin am 18.4.1996 in Johannesburg mit Nadine Gordimer geführt hat

2 Nadine Gordimer, Schreiben und Sein. Berlin 1996, S. 166. Alle Zitate aus diesem Werk mit freundlicher Genehmigung des Berlin Verlags

3 ebd. S. 168

4 Nadine Gordimer, Entzauberung. Frankfurt/M. 1956, S. 38. © Nadine Gordimer 1953. Deutsch von Wolfgang von Einsiedel. © S. Fischer Verlag GmbH, Frankfurt am Main, 1956. Alle Zitate aus diesem Werk mit freundlicher Genehmigung des S. Fischer Verlags

5 Freundlicherweise hat mir die südafrikanische Schriftstellerin Ruth Weiß einige offen gebliebene Fragen zur Vita ihrer Freundin N. G. beantwortet

6 Alan Paton, Cry, the Beloved Country. London 1988, S. 36

7 Nadine Gordimer, Anlaß zu lieben. Frankfurt/M. 1983, S. 439. © Nadine Gordimer 1960, 1963. Deutsch von Margaret Carroux. © S. Fischer Verlag GmbH, Frankfurt am Main, 1983. Alle Zitate aus diesem Werk mit freundlicher Genehmigung des S. Fischer Verlags

8 ebd. S. 440

9 Nadine Gordimer, Leben im Interregnum. Frankfurt/M. 1987, S. 63. © Nadine Gordimer 1959–1987. Deutsch von Manfred Ohl und Hans Sartorius. © S. Fischer Verlag GmbH, Frankfurt am Main, 1987. Alle Zitate aus diesem Werk mit freundlicher Genehmigung des S. Fischer Verlags

10 ebd. S. 63

11 ebd. S. 37

12 Klaus Kreimeier, Nadine Gordimer. München 1991, S. 114

13 Nadine Gordimer, Burgers Tochter. Frankfurt/M. 1981, S. 226. © Nadine Gordimer 1979. Deutsch von Margaret Carroux. © S. Fischer Verlag GmbH, Frankfurt am Main, 1981. Alle Zitate aus diesem Werk mit freundlicher Genehmigung des S. Fischer Verlags

14 ebd. S. 227

15 ebd. S. 229

16 Nadine Gordimer, Leben im Interregnum, S. 149

17 ebd. S. 148

18 ebd. S. 178

19 Nadine Gordimer, Julys Leute. Frankfurt/M. 1982, S. 16. © Nadine Gordimer 1981. Deutsch von Margaret Carroux. © S. Fischer Verlag GmbH, Frankfurt Main, 1982. Alle Zitate aus diesem Werk mit freundlicher Genehmigung des S. Fischer Verlags

20 Don Mattera, Interview mit der Verfasserin am 17.4.1996 in Johannesburg

21 Nadine Gordimer, Schreiben und Sein. Die Nobelpreisrede. Berlin 1996, S. 11

22 FAZ-Fragebogen v. 8.6.1990

Bücher von Nadine Gordimer (im Beitrag zitiert)

Entzauberung. Roman. Frankfurt/M.: S. Fischer Verlag 1956
Burgers Tochter. Roman. Frankfurt/M.: S. Fischer Verlag 1981
Julys Leute. Roman. Frankfurt/M.: S. Fischer Verlag 1982
Anlaß zu lieben. Roman. Frankfurt/M.: S. Fischer Verlag 1983
Leben im Interregnum. Essays zu Politik und Literatur. (Hrsg. v. Stephen Clingman). Frankfurt/M.: S. Fischer Verlag 1987
Die sanfte Stimme der Schlange. Erzählungen. Frankfurt/M.: S. Fischer Verlag 1995

Niemand der mit mir geht. Roman. Berlin: Berlin Verlag 1995
Schreiben und Sein. Essays. Berlin: Berlin Verlag 1996

Texte über Nadine Gordimer und Südafrika

»Meine Hautfarbe war für mich ein Stigma«. Interview von Christiane Korff mit
Nadine Gordimer in: Süddeutsche Zeitung Magazin vom 9.8.1996
Klaus Kreimeier, Nadine Gordimer. München: Edition text + kritik 1991
Don Mattera, Sophia Town. Roman. Mit einem Nachwort von Bernard
Magnbane. Wuppertal: Peter Hammer Verlag 1987
Alan Paton, Cry, the Beloved Country. London: Penguin Books 1988
Ruth Weiss, Wege im harten Gras. Erinnerungen an Deutschland, Südafrika und
England. Mit einem Nachwort von Nadine Gordimer. Wuppertal: Peter Ham-
mer Verlag 1994

*

Rigoberta Menchú

1 Publik Forum, 6. November 1992
2 Frankfurter Allgemeine, 24. Juni 1995
3 Elisabeth Burgos, Rigoberta Menchú Leben in Guatemala. Göttingen: Lamuv
   1994, S. 41. Alle Zitate aus diesem Werk mit freundlicher Genehmigung des
   Lamuv Verlags
4 ebd. S. 42
5 ebd. S. 55
6 ebd. S. 191
7 ebd. S. 213
8 ebd. S. 87
9 ebd. S. 48
10 ebd. S. 89
11 ebd. S. 187
12 ebd. S. 89
13 Brigitte 25/92 S. 139
14 Elisabeth Burgos, Rigoberta Menchú, S. 125
15 ebd. S. 123
16 ebd. S. 124
17 ebd. S. 162
18 ebd. S. 183
19 ebd. S. 49
20 ebd. S. 214
21 ebd. S. 220
22 ebd. S. 221
23 ebd. S. 196
24 Rigoberta Menchú, Klage der Erde. Göttingen: Lamuv 1993, S. 28. Alle Zitate
   aus diesem Werk mit freundlicher Genehmigung des Lamuv Verlags
25 Elisabeth Burgos, Rigoberta Menchú, S. 62
26 ebd. S. 59
27 Rigoberta Menchú, Klage der Erde, S. 30
28 Elisabeth Burgos, Rigoberta Menchú, S. 121
29 ebd. S. 231
30 ebd. S. 233
31 ebd. S. 236
32 ebd. S. 238

33 Rigoberta Menchú, Klage der Erde, S. 25
34 Elisabeth Burgos, Rigoberta Menchú, S. 215
35 ebd. S. 216
36 ebd. S. 216
37 ebd. S. 240
38 Brigitte, 25/92 S. 139
39 Albert Sterr, Guatemala – Lautloser Aufstand im Land der Maya. Köln 1994,
    S. 35
40 ebd.
41 ebd.
42 Comité Mexico Munich, Boletín De Noticias Para la Red, 14.8.96
43 Elisabeth Burgos, Rigoberta Menchú, S. 60
44 Frankfurter Rundschau 28.6.1996, Eckhard Spoo
45 Neue Züricher Zeitung 17.6.1996
46 Comité Mexico Munich, Boletín De Noticias Para la Red, 14.8.96
47 ebd.
48 Zitiert aus Anne Hufschmidt, Die Saat des Friedens. In: taz 30.12.1996
49 Süddeutsche Zeitung 17.10.1995
50 ebd.

Bücher von Rigoberta Menchú

Rigoberta Menchú/Comité de Unidad Campesina, Klage der Erde. Der Kampf
der Campesinos in Guatemala. Göttingen: Lamuv Verlag 1993
Elisabeth Burgos: Rigoberta Menchú – Leben in Guatemala. Göttingen: Lamuv
Verlag 1984

Bücher über Guatemala und Rigoberta Menchú

Albert Sterr: Guatemala. Lautloser Aufstand im Land der Mayas. Köln: Neuer
ISP Verlag 1994
Informationsstelle Guatemala e. V. (Hrsg.): Guatemala. Der lange Weg zur Frei-
heit. Wuppertal: Peter Hammer Verlag 1982

*

Toni Morrison

 1 Toni Morrison, Nobelrede 1993. In: Nobelpreis für Literatur 1993, Coron-
    Reihe Nr. 88. Lachen am Zürichsee: Coron Verlag 1994, S. 33
 2 ebd. S. 34
 3 Interview Toni Morrison mit Barbara v. Bechtolsheim am 5. September 1989
    in Paris
 4 Colette Dowling, The Song of Toni Morrison, in: The New York Times
    Magazine, 20. Mai 1979
 5 Bettye J. Parker, Vielfalt: Toni Morrisons Frauen – ein Interview-Essay.
    Nachwort in: Toni Morrison, Sula, S. 180
 6 ebd. S. 182/183
 7 Jane Bakerman, Man darf die Nähte nicht sehen – Ein Interview mit Toni
    Morrison. Nachwort in: Toni Morrison, Sula, S. 191
 8 Interview Paris
 9 Angela Praesent, Portrait Toni Morrison, in: Rowohlt Revue 1/86, S. 12
10 Paul Ingendaay, Aus den Geschichten wächst das Leben: Toni Morrison, in:
    Nobelpreis für Literatur 1993, S. 52

11 Interview Paris
12 Interview Paris
13 Bill Moyers, A Conversation with Toni Morrison, in: Conversations with Toni Morrison. Hrsg. Danille Taylor-Guthrie. Jackson: University Press of Mississippi 1994, S. 271
14 Interview Paris
15 Paul Gilroy, Living Memory. Toni Morrison talks to Paul Gilroy. In: City Lim its Magazine, 339, 31.3.1988
16 Jane Bakerman, Man darf die Nähte nicht sehen, S. 139
17 Jane Bakerman, Man darf die Nähte nicht sehen, S. 194
18 Interview Toni Morrison mit Barbara v. Bechtolsheim am 13. Mai 1993 in Köln
19 Interview Köln
20 Interview Paris
21 Interview Paris
22 ebd.
23 Nellie McKay, An Interview with Toni Morrison, in: Contemporary Literature 24, (Winter 1983), S. 420
24 ebd. S. 37

Werke von Toni Morrison

Alle deutschen Ausgaben ihrer Werke, übersetzt von Helga Pfetsch, sind im Rowohlt Verlag, Reinbek, erschienen.
Sehr blaue Augen. Reinbek: Rowohlt Verlag 1979 Sula. Reinbek: Rowohlt Verlag 1980 (enthält auch Rezensionen und Interviews zu Sula)
Solomons Lied. Reinbek: Rowohlt Verlag 1979
Teerbaby. Reinbek: Rowohlt Verlag 1983
Menschenkind. Reinbek: Rowohlt Verlag 1989
Jazz. Reinbek: Rowohlt Verlag 1993
Im Dunkeln spielen. Weiße Kultur und literarische Imagination. Reinbek: Rowohlt Verlag 1994

Texte über Toni Morrison

Paul Ingendaay, Aus den Geschichten wächst das Leben: Toni Morrison. In: Nobelpreis für Literatur 1993. Coran-Reihe Nr. 88. Lachen am Zürichsee: Coron Verlag 1994, S. 45–60
Anne Koenen, Zeitgenössische afro-amerikanische Frauenliteratur: Selbstbild und Identität bei Toni Morrison, Alice Walker, Toni Cade Bambara und Gayle Jones. New York/Frankfurt: Campus Verlag 1985
Daniela Marquardt, Kleine Geschichte zur Zuerkennung des Nobelpreises an Toni Morrison, in: Nobelpreis für Literatur 1993, Coran-Reihe Nr. 88, Lachen am Zürichsee: Coron Verlag 1994, S. 11–23
Angela Praesent, Fibel zu: Toni Morrison, Menschenkind, Jahrhundert-Edition. Gütersloh: Bertelsmann Club, 1994

*

Christiane Nüsslein-Volhard

1 Presse-Information der Nobelversammlung des Karolinischen Instituts, Stockholm, vom 9.10.1995
2 Bericht in Schwäbisches Tagblatt, Tübingen, 10.10.1995
3 ebd.

4 Dieses und die weiteren nicht extra gekennzeichneten Zitate stammen aus Interviews anlässlich zweier mehrstündiger Besuche der Autorin am 3.4. und am 30.5.1996 im Max-Planck-Institut für Entwicklungsbiologie Tübingen und in der Privatwohnung von Christiane Nüsslein-Volhard

5 Christiane Nüsslein-Volhard, Biographical Note, Les Prix Nobel 1995, Nobel Foundation, Stockholm 1996

6 ebd.

7 Bericht in: Schwäbisches Tagblatt, Tübingen, 4.7.1996

8 Telefonisches Interview am 1.11.1996

9 Christiane Nüsslein-Volhard, Zur Situation der Wissenschaftlerinnen in der MPG. Referat, gehalten im November 1990 in Martinsried, veröffentlicht in: MPG-Spiegel (Zeitschrift der Max-Planck-Gesellschaft), München 3/1991

10 Evelyn Fox Keller, A Feeling for the Organism: The Life and Work of Barbara McClintock. San Francisco: W. H. Freeman and Company 1983

11 Christiane Nüsslein-Volhard, Zur Situation der Wissenschaftlerinnen ...

12 Telefonisches Interview am 1.11.1996

13 E-Mail von Eric Wieschaus, Princeton, an die Verfasserin, 6.11.1996

14 Presse-Information der Nobelversammlung

15 Bericht in den Stuttgarter Nachrichten, Stuttgart, 10.10.1995

16 Christiane Nüsslein-Volhard, Biographical Note

17 Brief an die Verfasserin, 5.6.1996

18 ebd.

19 Zitiert nach einem Bericht von Susanne Mayer (»Die Herrin der Fliegen«) in: DIE ZEIT, Hamburg, 19.9.1991

20 ebd.

21 Christiane Nüsslein-Volhard, Zur Situation der Wissenschaftlerinnen ...

22 P. M., München, 11/1992

23 Schwäbisches Tagblatt, Tübingen, 10.10.1995

Texte von Christiane Nüsslein-Volhard (Auswahl)

Vom Ei zum Organismus – Prinzipien der biologischen Gestaltbildung am Beispiel der Fliege. In: Jahrbuch der Max-Planck-Gesellschaft. Göttingen: Verlag Vandenhoeck & Ruprecht 1991, S. 37–52

Zur Situation der Wissenschaftlerinnen in der MPG, MPG-Spiegel (Zeitschrift der Max-Planck-Gesellschaft) 3/91, S. 33–35, München 1991 (gekürzter Nachdruck in: Emma, Mai/Juni 1996, S. 54f.)

Christiane Nüsslein-Volhard. In: Les Prix Nobel 1995, S. 263–272, Stockholm 1996 (kurze Autobiographie in englischer Sprache)

Gradienten als Organisatoren der Embryonalentwicklung. In: Spektrum der Wissenschaft, Oktober 1996, S. 38ff., Heidelberg 1996

Die Identifizierung von Genen, die die Entwicklung bei Fliegen und Fischen steuern (Nobel-Vortrag). Angewandte Chemie 108. Weinheim: VCH Verlagsgesellschaft 1996, S. 2317–2328

Texte über Christiane Nüsslein-Volhard

Susanne Mayer, Die Herrin der Fliegen. Porträt in: DIE ZEIT, Hamburg 19.9.1991

Ulrich Janßen, Ich will wissen, wie Leben funktioniert. Reportage in Die Tageszeitung, Berlin 9./10.12.1996

Hans Schuh, Muster von der Mutter. Interview in: DIE ZEIT, Hamburg, 13.10.1995

Evelyn Fox Keller, Drosophila Embryos as Transitional Objects: The Work of Donald F. Poulson and Christiane Nüsslein-Volhard. In: Historical Studies of the Physical and Biological Sciences, 26 (2). Berkeley/Kalifornien 1996, S. 313–346

*

Wisława Szymborska

1–2, 5–9, 11–14, 20–21, 28–33. Diese Zitate stammen aus verschiedenen polnischen Zeitungen und einem Fernsehinterview. Sie wurden von der Autorin für diesen Beitrag aus dem Polnischen ins Deutsche übertragen

  3 Wisława Szymborska, Hundert Freuden. Gedichte. Hrsg. und übertragen von Karl Dedecius. Frankfurt/M.: Suhrkamp Verlag 1986, S. 179

  4 Wisława Szymborska, Der Dichter und die Welt. Nobel Foundation Stockholm, zitiert aus Frankfurter Rundschau 11.12.1996, S. 12

10 Polnische Lyrik aus fünf Jahrzehnten. Hrsg. von Henryk Bereska und Heinrich Olschowsky. Berlin: Aufbau Verlag 1977, S. 320. © Aufbau-Verlag Berlin und Weimar 1975

15 Szymborska, Der Dichter und die Welt, S. 12

16 Szymborska, Hundert Freuden, S. 173

17 ebd. S. 107

18 ebd. S. 45

19 ebd. S. 154

22 ebd. S. 145

23 ebd. S. 27

24 Wisława Szymborska, Auf Wiedersehen. Bis morgen. Gedichte. Ausgewählt und übertragen von Karl Dedecius. Frankfurt/M. 1996: Suhrkamp Verlag, S. 59

25 Stanisław Jerzy Lec, Alle unfrisierten Gedanken. Hrsg. und übersetzt von Karl Dedecius. München: Hanser Verlag 1982, S. 286

26 Interview der Autorin mit Karl Dedecius am 13.10.1996 im Bayerischen Rundfunk (»Das Kulturjournal«)

27 Wisława Szymborska, Salz. Gedichte. Hrsg. und übersetzt von Karl Dedecius. Frankfurt/M.: Suhrkamp Verlag 1996, S. 103

34 Wisława Szymborska, Auf Wiedersehen, S. 57

Werke von Wisława Szymborska

Alle deutschen Ausgaben ihrer Lyrik, übersetzt von Karl Dedecius, sind im Suhrkamp Verlag, Frankfurt/M., erschienen und liegen inzwischen auch als Taschenbuch vor:

Salz, 1973, 1996
Deshalb leben wir, 1980, 1996
Hundert Freuden, 1986 (Polnische Bibliothek), 1996
Auf Wiedersehen. Bis morgen, 1995, 1996

Texte über Wisława Szymborska

Karl Dedecius, Salz weiblicher Weisheit. In: Wisława Szymborska, Salz. Gedichte. Frankfurt/M.: Suhrkamp Verlag 1996, S. 7–20
Vorwort von Elisabeth Borchers und Nachwort von Jerzy Kwiatkowski. In: Wisława Szymborska, Hundert Freuden. Gedichte. Frankfurt/M.: Suhrkamp Verlag 1986, S. 9–11 und S. 205–217

Jadwiga Zacharska, Wisława Szymborska. In: Literatur Polens 1944 bis 1985. Einzeldarstellungen. Von einem Autorenkollektiv unter Leitung von Andrzej Lam. Redaktion: Heinrich Olschowsky und Dietrich Scholze in Zusammenarbeit mit Petra Gruner und Hannelore Prosche. Berlin: Verlag Volk und Wissen 1990, S. 520–532

Andrzej Szczypiorski, Nichts als Gedanken. In: Die Woche, 11.10.1996

Bildnachweis

Marie Curie aus Robert Reid, Marie Curie. Biographie, Diederichs Verlag; *Bertha von Suttner, Selma Lagerlöf:* bpk, Berlin; *Sigrid Undset:* Süddeutscher Verlag; *E. Greene Balch:* Wellesley College Archives, Wellesley MA; *Rosalyn Yalow:* dpa; *Mutter Teresa:* Reuters; *G.B. Elion:* Burroughs Wellcome Co.; *Aung San Suu Kyi:* Knut Gielen; *Nadine Gordimer:* Isolde Ohlbaum; *Rigoberta Menchú:* Dorothea Schütze; *Toni Morrison:* Klaus Morgenstern; *Christine Nüsslein-Volhard:* Abisag Tüllmann; Wisława Szymborska: Claus Gretter.

Nobelpreisträgerinnen 1903–1998

Die vollständige Liste der neunundzwanzig Nobelpreisträgerinnen ist nach Fachgebieten und dem Jahr, in dem einer Frau der Nobelpreis zugesprochen wurde, geordnet. Der Hinweis *Band I, Band II* verweist auf die Ausgabe, in der das Porträt erschienen ist. *Band I:* »Nicht nur Madame Curie ...«, Weinheim: Beltz & Gelberg 1990. *Band II:* »Madame Curie und ihre Schwestern«, Weinheim: Beltz & Gelberg 1997.

Nobelpreis für Physik

1903 *Marie Curie* (7.11.1867–4.7.1934)
Französische Physikerin polnischer Herkunft
Thema: Erforschung der Erscheinung der Radioaktivität
Porträt Band II

1963 *Maria Goeppert Mayer* (28.6.1906–20.2.1972)
amerikanische Physikerin deutscher Herkunft
Thema: Schalenstruktur der Atomkerne
Porträt Band II

Nobelpreis für Chemie

1911 *Marie Curie*, s. unter Nobelpreis für Physik
Thema: Entdeckung von Radium und Polonium

1935 *Irène Joliot-Curie* (12.9.1897–17.3.1956)
Französische Physikerin
Thema: Künstliche Herstellung neuer radioaktiver Elemente
Porträt Band I

1964 *Dorothy Crowfoot Hodgkin* (12.5.1910–29.7.1994)
Britische Chemikerin
Thema: Röntgenographische Analyse der Struktur wichtiger biochemischer Substanzen zum Beispiel des Vitamins B_{12}
Porträt I

Nobelpreis für Physiologie und Medizin

1947 *Gerty Theresa Cori* (15.8.1896–26.10.1957)
Amerikanische Biochemikerin österreichischer Herkunft
Thema: Funktion der Enzyme und Kohlehydratstoffwechsel
Porträt Band I

1977 *Rosalyn Yalow* (*19.7.1921)
Amerikanische Physikerin und Nuklearmedizinerin
Thema: Methode zur Bestimmung der Peptid-Hormone
mittels Radioimmunessay
Porträt Band II

1983 *Barbara McClintock* (16.6.1902–2.9.1992)
Amerikanische Biologin
Thema: Entdeckung der springenden Gene
Porträt Band I

1986 *Rita Levi-Montalcini* (*22.4.1909)
Italienische Neurobiologin
Thema: Entdeckung des Nervenwachstumsfaktors
Porträt Band I

1988 *Gertrude B. Elion* (23.1.1918–21.2.1999)
Amerikanische Biochemikerin
Thema: Untersuchung des Stoffwechsels gesunder und kranker Gewebszellen, die eine medikamentöse Behandlung vieler Krankheiten, z.B. der Leukämie, ermöglicht hat.
Porträt Band II

1995 *Christiane Nüsslein-Volhard* (*20.10.1942)
Deutsche Entwicklungsbiologin
Thema: Entdeckung der Prinzipien der frühen Embryonalentwicklung.
Porträt Band II

Nobelpreis für Literatur

1909 *Selma Lagerlöf* (20.11.1858–16.3.1940)
Schwedische Schriftstellerin
Porträt Band II

1926 *Grazia Deledda* (27.9.1871–15.8.1936)
Italienische Schriftstellerin
Porträt Band I

1928 *Sigrid Undset* (20.5.1882–16.6.1949)
Norwegische Schriftstellerin
Porträt Band II

1938 *Pearl S. Buck* (26.6.1892–6.3.1973)
Amerikanische Schriftstellerin
Porträt Band I

1945 *Gabriela Mistral* (7.4.1889–10.11.957)
Chilenische Lyrikerin
Porträt Band I

1966 *Nelly Sachs* (10.12.1891–12.5.1970)
Deutsche Lyrikerin mit schwedischer Staatsbürgerschaft
Porträt Band I

1991 *Nadine Gordimer* (*20.11.1923)
Südafrikanische Schriftstellerin
Porträt Band II

1993 *Toni Morrison* (*18.2.1931)
Afro-amerikanische Schriftstellerin
Porträt Band II

1996 *Wislawa Szymborska* (*2.7.1923)
Polnische Lyrikerin
Porträt Band II

Friedensnobelpreis

1905 *Bertha von Suttner* (9.6.1843–21.6.1914)
Österreichische Autorin des Buches *Die Waffen nieder*,
Ehrenvorsitzende des Internationalen Friedensbüros
Porträt Band II

1931 *Jane Addams* (6.9.1860–21.5.1935)
Amerikanerin, Sozialarbeiterin und Pazifistin,
Vorsitzende der »Womens League for Peace and Freedom«
Porträt Band I

1946 *Emily Greene Balch* (8.1.1867–9.1.1961)
Amerikanerin, Sozialpolitikerin und Pazifistin,
Gründerin der »Womens League for Peace and Freedom«
Porträt Band II

1976 *Mayread Corrigan* (*27.1.1944)
Betty Williams (*22.5.1943)
Nordirinnen, Organisation eines Friedensmarsches und
Gründerinnen der nordirischen Friedensbewegung im Jahr
1976
Porträt Band I

1979 *Mutter Teresa* (27.8.1910–5.9.1997)
Albanische Nonne, lebte in Indien
Gründerin des Ordens »The Missionaries of Charity«, Leiterin der Sterbehäuser und Wohlfahrtsstationen in Kalkutta
Porträt Band II

1982 *Alva Myrdal* (31.1.1902–1.2.1986)
Schwedin, Diplomatin und Schriftstellerin,
tätig auf den Internationalen Abrüstungskonferenzen, Verfasserin des Buches *Falschspiel mit der Abrüstung*
Porträt Band I

1991   *Aung San Suu Kyi* (*19.6.1945)
       Birmesin, Mitbegründerin und Symbolfigur der Demokra-
       tiebewegung in Burma
       Porträt Band II
1992   *Rigoberta Menchú* (*9.1.1959)
       Gualtemaltekin und Quiché-Indianerin,
       Vorsitzende des Komitees für die Einheit der Bauern, seit
       1986 Mitglied im Rat der UN für die Rechte der Indios
       Porträt Band II
1997   *Jody Williams* (*9.10.1950)
       amerikanische Politikwissenschaftlerin, geboren in Brattle-
       boro, Vermont; sie lebt heute in Putney, Vermont. Den
       Preis teilte sie sich mit der 1992 entstandenen International
       Campaign to Band Landmines (ICBL). Diese Organisation,
       die sich für eine weltweite Ächtung von Landminen
       einsetzt, hat Williams mitbegründet, organisiert und durch
       öffentliche Auftritte bekannt gemacht.
       Literatur zum Weiterlesen:
       Shawn Roberts, Jody Williams: *After the Guns Fall Silent;
       The Endurin Legacy of Landmines* (1995)
       Ekkehard Launer: *Zum Beispiel Landminen*, Lamuv-Verlag
       1997

Weitere Informationen über die Nobelpreisträgerinnen unter
www.nobel.se

Autorinnenverzeichnis

Barbara von Bechtholsheim, geboren 1953 in Bonn, studierte Biologie und Germanistik in den USA. Seit 1987 ist sie als Journalistin für den Hörfunk (WDR und DLF) und die *Süddeutsche Zeitung* tätig. Sie arbeitet als literarische Übersetzerin und unterrichtet dieses Fach seit drei Jahren an der Universität Düsseldorf. Ihr Spezialgebiet ist die Literatur nordamerikanischer Frauen.

Claudia Eberhard-Metzger, geboren 1958 in Bingen am Rhein, studierte Biologie und Germanistik. Sie ist freiberufliche Wissenschaftsjournalistin und Sachbuchautorin mit den Themenschwerpunkten Biowissenschaften und Medizin. Sie lebt in Maikammer und hat einen Lehrauftrag für das Fach »Text im Kommunikationsprozess« an der Fachhochschule für Gestaltung in Mannheim. Sie schrieb zusammen mit Renate Ries *Die ungebrochene Macht der Seuchen*, Basel: Birkhäuser Verlag 1996.

Marta Kijowska, geboren 1955 in Krakau, studierte Germanistik in Krakau und München, wo sie heute lebt. Tätig als freie Journalistin hauptsächlich für die Süddeutsche Zeitung und den Hörfunk (BR und SWF). Ihr Spezialgebiet ist die Literatur und Kultur Polens. Sie war von 1987–1991 Redakteurin von »Kindlers neuem Literaturlexikon« und ist auch als literarische Übersetzerin tätig (1989 ausgezeichnet mit dem Österreichischen Jugendbuch-Übersetzungspreis).

Luitgard Koch, geboren 1953 in Wolznach, studierte Sozialpädagogik und arbeitete mit ausländischen Jugendlichen. Von 1984 bis 1991 Redakteurin bei der *taz*, danach leitete sie fünf Jahre das Kulturressort des Ökomagazins *natur* und war redaktionelle Mitarbeiterin beim ZDF-Frauenmagazin *Mona Lisa*.

Christiane von Korff, geboren 1960 in Münster, gelernte Buchhändlerin, studierte Germanistik, Geschichte und Kunstgeschichte in Bonn. Sie ist Absolventin der Springer Journalistenschule. Seither arbeitet sie als Kulturjournalistin in Hamburg u.a. für *Stern, Spiegel, Die Woche* und das *Magazin* der *Süddeutschen Zeitung*.

Dr. Hania Luczak, geboren 1955 in Danzig, studierte und promovierte im Fach Biochemie. Von 1987 bis 1990 Redakteurin im Wissenschaftsressort der Süddeutschen Zeitung, danach Wechsel in die GEO-Redaktion Hamburg. Sie erhielt den Journalistenpreis der deutschen Aids-Stiftung (1989) und der Deutschen Krankenhausgesellschaft (1992) und wurde 1994 mit dem internationalen Joseph-Roth-Preis ausgezeichnet. Ihre gesammelten Reportagen: *Träumende Seelen*, Stuttgart: Quell-Verlag 1996.

Susanne Paulsen, geboren 1962 in Husum, studierte Biologie. Nach einem Praktikum in einer Pressestelle wurde sie freie Wissenschaftsjournalistin. Sie lebt in Pinneberg und schreibt u.a. für *GEO* und andere Zeitschriften. Ihr besonderes Interesse gilt der Molekularbiologie und den Menschen, die in der Forschung arbeiten. In *Nicht nur Madame Curie ... Frauen, die den Nobelpreis bekamen* schrieb sie das Porträt von Gerty Theresa Cori.

Judith Rauch, geboren 1956 in Homburg/Saar, wurde nach ihrem Biologie-Diplom Journalistin und war u.a. Redakteurin der feministischen Monatszeitschrift *EMMA*. Danach arbeitete sie in Stuttgart für die Zeitschrift *Das Beste*. In *Nicht nur Madame Curie ... Frauen, die den Nobelpreis bekamen* schrieb sie das Porträt von Maria Goeppert-Meyer.

Renate Ries, geboren 1959 in Mainz, ist Diplombiologin. 1987/88 arbeitete sie als Journalistin u.a. für *GEO Wissen*, danach war sie sieben Jahre Redakteurin. Heute lebt sie als freie Wissenschaftsjournalistin und Sachbuchautorin in Heidelberg. Zusammen mit Claudia Eberhard-Metzger veröffentlichte sie: *Die ungebrochene Macht der Seuchen*, Basel: Birkhäuser Verlag 1996. In *Nicht nur Madame Curie ... Frauen, die den Nobelpreis bekamen* schrieb sie das Porträt von Barbara McClintock.

Dr. Birgitt Sickenberger, geboren 1963 in Frankfurt, studierte Chemie. Nach ihrer Promotion fand sie durch ein Stipendium des Fonds der Chemischen Industrie den Einstieg in den Wissenschaftsjournalismus. Anschließend arbeitete sie als Redakteurin bei einer internationalen PR-Agentur im Bereich Gesundheit. Seit 1997 ist sie in Frankfurt freiberuflich tätig.

Irene Stratenwerth, geboren 1954 in Göttingen, studierte Pädagogik und arbeitet heute als Journalistin für Printmedien, Hörfunk und Fernsehen (NDR, SWF) in Hamburg. Buchveröffentlichungen u.a.: *Süchtig geboren – Kinder von Drogenabhängigen*, Hamburg: Rasch und Röhrig Verlag 1991 (zus. mit Josh von Soes), *Wahn & Sinn. Verrückte Lebenswege von Frauen*, Hamburg: Klein-Verlag 1997. In *Nicht nur Madame Curie ... Frauen die den Nobelpreis bekamen* schrieb sie das Porträt von Jane Addams.

Cordula Tollmien, geboren 1951 in Göttingen, Studium der Mathematik, Physik und Geschichte, lebt in Hann.-Münden. Sie schreibt Kinderbücher und arbeitet wissenschaftlich als Historikerin. Für ihr Buch *La gatta heißt Katze*, Weinheim: Beltz & Gelberg 1986, erhielt sie 1986 den Peter-Härtling-Preis für Kinderliteratur. Ihre Biographie *Fürstin der Wissenschaft – Die Lebensgeschichte der Sofia Kowalewskaja*, Weinheim: Beltz & Gelberg 1995, kam 1996 auf die Auswahlliste zum Deutschen Jugendliteraturpreis.

Dorothee Wenner, geboren 1961 in Stockum. Nach einer Gärtnerlehre Studium der Geschichte und Germanistik. Sie arbeitet heute als freie Filmemacherin und Journalistin in Berlin, u.a. für die *taz*, den NDR und Deutschlandradio. Neben dem Thema Film ist ihr Spezialgebiet Südostasien. 1990 hat sie in Berlin das »Burma Project« mitbegründet, einen Verein zur Unterstützung der Demokratiebewegung in Burma.

Charlotte Kerner (Hrsg.)
Nicht nur Madame Curie …
Frauen, die den Nobelpreis bekamen
Band I. 464 Seiten, mit Fotos
Gulliver Taschenbuch (78839)
Auswahlliste Deutscher Jugendliteraturpreis

Nicht nur Madame Curie erhielt den Nobelpreis. Doch wenige
ihrer Nachfolgerinnen wurden so bekannt wie die französische
Naturwissenschaftlerin, die 1903 als erste Frau mit dem
Nobelpreis ausgezeichnet wurde. Die Lebensgeschichten von
vierzehn ihrer Nachfolgerinnen werden im ersten Band dieser viel
zitierten Anthologie nachgezeichnet. Die unkonventionellen
Porträts setzen Frauen ein Denkmal, die sich durch ihre
außergewöhnlichen Leistungen eine besondere Stellung in der
Gesellschaft zu erkämpfen wussten.

»Das Buch ist eine Fundgrube. Ein kleines Juwel zudem,
weil es beweist, dass lehrreiche Bücher keineswegs langweilig
geschrieben sein müssen.«
Der Tagesspiegel

Beltz & Gelberg
Beltz Verlag, Postfach 10 01 54, 69441 Weinheim

Charlotte Kerner
Lise, Atomphysikerin
Die Lebensgeschichte der Lise Meitner
Mit Fotos
Gulliver Taschenbuch (78812), 136 Seiten   *ab 14*
Deutscher Jugendliteraturpreis

Lise Meitner, geboren 1878 in Wien, ging einen Weg, der für eine
Frau auch heute noch ungewöhnlich ist. Die »höhere Tochter«
wurde eine leidenschaftliche Physikerin und eine Frau, die
Gleichberechtigung lebte. Die Nationalsozialisten vertrieben die
Jüdin Lise Meitner 1938 aus Berlin, kurz bevor Otto Hahn
die Kernspaltung entdeckte. Ihr langjähriger Kollege erhielt für
diese weltverändernde Entdeckung den Nobelpreis; ihr Anteil
geriet in Vergessenheit. Viele kennen sie nur als »Mitarbeiterin«
von Otto Hahn. Dabei gehört sie zu den bedeutendsten
Naturwissenschaftlerinnen dieses Jahrhunderts. Albert Einstein
nannte sie »unsere Madame Curie«. – Während des Zweiten
Weltkriegs lehnte die Physikerin alle Angebote ab, in den
Vereinigten Staaten an der Entwicklung der Atombombe
mitzuarbeiten. Bis ins hohe Alter – sie starb 1968 – trat Lise
Meitner für die friedliche Nutzung der Atomenergie ein.
Charlotte Kerner hat in ihrer Biographie zahlreiche, bisher
unveröffentlichte Briefe Lise Meitners eingearbeitet.

»Kerner hat die Lebensstationen der Lise Meitner behutsam,
sorgfältig und sachlich aufgezeichnet mit der Fähigkeit, in
knappen Strichen eine ganze Zeitspanne sichtbar zu machen.
Es ist ebenso aufregend wie spannend und beklemmend,
unser Atomzeitalter hier entstehen zu sehen.«
Nürnberger Zeitung

Beltz & Gelberg
Beltz Verlag, Postfach 10 01 54, 69441 Weinheim

Charlotte Kerner
Seidenraupe, Dschungelblüte
Die Lebensgeschichte der Maria Sibylla Merian
Mit teilweise farbigen Abbildungen
Gulliver Taschenbuch (78778), 112 Seiten *ab 14*

Im Jahre 1699 segelte eine 52-jährige Frau mit ihrer Tochter von
Amsterdam nach Südamerika, um im Dschungel von Surinam
Pflanzen und Schmetterlinge zu beobachten. Hundert Jahre vor
Alexander von Humboldt wagte Maria Sibylla Merian diese
abenteuerliche Forschungsreise. Geboren wurde die erste
deutsche Insektenforscherin am 2. April 1647 in Frankfurt am
Main als Tochter des berühmten Kupferstechers Matthäus Merian.
Schon mit dreizehn Jahren beobachtete sie die Seidenraupe.
Dadurch erkannte sie, dass Schmetterlinge die
Entwicklungsstufen Ei, Raupe, Puppe, Falter durchlaufen. Viele
ihrer Zeitgenossen glaubten noch, Mücken und Raupen seien aus
Schlamm gezeugte Teufelsbrut. Ihr Werk »Der Raupen
wunderbare Verwandelung und sonderbare Blumennahrung«
offenbart eine »moderne« Naturwissenschaftlerin; in den
eigenhändig gestochenen und kolorierten Kupferstichen drückt
sich eine große Künstlerin aus. Nach einem zweijährigen
Aufenthalt im tropischen Regenwald krönte sie ihr Lebenswerk
mit einem prächtigen Buch über die Insekten- und Pflanzenwelt
Surinams. Maria Sibylla Merian starb arm, aber weltberühmt im
Januar 1717 in Amsterdam.

»Eine aufregende, gewaltige Biographie: Geschichte einer Frau,
die sanft und stark gegen alle Fesseln des Jahrhunderts ihre
künstlerische Idee verwirklicht hat.« *DIE ZEIT*

Beltz & Gelberg
Beltz Verlag, Postfach 10 01 54, 69441 Weinheim